DIGITAL TRANSFORMATION IN BANKING
METHODOLOGY AND PRACTICE

银行数字化转型
方法与实践

主　编　王　炜　高　峰

副主编　张　斌　李　浩　李　炯
　　　　付晓岩　支宝才　孙中东

机械工业出版社
China Machine Press

图书在版编目（CIP）数据

银行数字化转型：方法与实践 / 王炜，高峰主编. -- 北京：机械工业出版社，2022.4
ISBN 978-7-111-70458-4

Ⅰ. ①银… Ⅱ. ①王… ②高… Ⅲ. ①银行业务 - 信息化 - 研究 Ⅳ. ① F830.49

中国版本图书馆 CIP 数据核字（2022）第 051034 号

银行数字化转型：方法与实践

出版发行：机械工业出版社（北京市西城区百万庄大街 22 号 邮政编码：100037）
责任编辑：罗词亮 责任校对：马荣敏
印　　刷：北京诚信伟业印刷有限公司 版　次：2022 年 5 月第 1 版第 1 次印刷
开　　本：170mm×230mm　1/16 印　张：27.5
书　　号：ISBN 978-7-111-70458-4 定　价：129.00 元

客服电话：(010) 88361066　88379833　68326294 投稿热线：(010) 88379604
华章网站：www.hzbook.com 读者信箱：hzjsj@hzbook.com

版权所有·侵权必究
封底无防伪标均为盗版

前言

数字经济已成国家战略。2021年3月,国家发布《中华人民共和国国民经济和社会发展第十四个五年规划和2035年远景目标纲要》,明确了以数字化转型整体驱动生产方式、生活方式和治理方式变革的发展蓝图,以此为纲领,逐渐形成数字化转型指导文件体系。在本书写作期间,中国人民银行《金融科技发展规划(2022—2025年)》和中国银保监会《关于银行业保险业数字化转型的指导意见》相继印发,从愿景目标、组织机制、能力建设等全方位提出明确要求,对正积极推进数字化转型工作的银行机构给出了提纲挈领的指导。

银行数字化转型课题组从2017年7月开始跟踪观察银行数字化转型实践,四年多时间里调研了大型银行、股份制银行、城商行、农商行(省联社)、互联网银行、金融科技公司等近50家有代表性的机构,在一定程度上见证了银行业数字化转型的实践历程。如果说银行最开始的数字化转型更多是应对互联网金融的被动之举,与之方便快捷的金融服务进行竞争,那么随着银行在融合场景、构建生态、建设开放银行等领域不断探索和创新,之后的转型更多意义上可以说是银行自我认知的觉醒,其对自身在数字经济、数字社会、数字政府建设中所承担的社会责任和历史责任的认识逐步明确,即通过数字化转型实现经营模式、管理模式变革,为推动实体经济与数字经济融合发展提供金融支持。

从这个意义上讲,银行的数字化转型历程有一条相对清晰的脉络:业务领域从零售业务到公司业务再到与智慧城市关联,构建与C端、B端、G端连接的数字化银行生态体系。银行服务融入场景,使金融服务更加高效便捷;公司业务与产业互联网连接,进一步促进经济结构转型升级。相应地,国内银行机构的数字化能力建设正在从营销、风控、客户分析等业务领域向技术能力、组织能力等后端推进，致力于打造差异化的数字竞争力。通过数字化转型，银行重塑业务流程，进行产品和服务创新，提升客户体验。

数字化转型已经是一道必答题，转型做得如何，将决定银行自身的竞争力。在转型前期实践中，银行逐渐明晰了数字化转型的内涵和外延是什么、为什么要进行数字化转型、数字化转型路径如何选择等问题的答案。在转型深化阶段，更核心问题的答案需要在不断探索中总结，例如：银行数字化转型的本质是什么？数字化转型需要具备哪些核心能力？不同类型银行的数字化转型差异如何？银行数字化转型评估体系如何构建？

在实践中，业内逐渐达成共识：数字化转型不是简单的技术升级，其本质是业务模式、管理模式的重塑。各银行机构依托自身的原有优势进行数字化建设，从战略、组织架构、运营、业务、渠道、营销、风险到IT等各领域，系统化工作因循不同的路径渐次展开，做法各异，特色凸显。

我们在调研中观察到，大中型银行多从以下方面进行数字化建设：基于企业级视角推动业务流程再造，搭场景、建生态，构建开放金融服务体系，打破以往服务客户的思维局限，以用户思维重新定义服务边界，围绕客户体验进行旅程管理，以"数据+技术"构建数字化经营体系；适应数字化转型的组织、机制、流程变革，打造"第二发展曲线"；在数字普惠金融、绿色金融领域积极探索。从市场表现看，各家银行经营差异化特征逐步增强，金融服务独特品质愈加凸显。

与大中型银行相比，数量更为众多的区域性银行面临资金、人才等短板，但在塑造数字竞争力的过程中，领先银行充分利用地域优势、经济特色，发挥自身离客户近的优势，快速应对客户需求的变化，通过敏捷组织、敏捷机制实现金融服务能力的提升。从已披露的年报数据看，区域性银行分化明显加剧。在规模路径依赖被打破之后，战略目标清晰的银行将服务区域经济、推动特色产业发展作为业务本源与核心价值，深耕本地市场，注重客户体验，提升服务能力和效率。在此背景之下，涌现出一批服务好、业绩好、竞争力强的区域性银行，有的甚至占据了当地金融市场的半壁江山，在与大型银行和股份制银行的竞争中毫不逊色，它们富有特色的实践探索成为区域性银行对标的样板。

数字化转型对于银行来说，是挑战，也是机遇。先行先试银行把创新实践与经验总结分享出来，将为业界提供借鉴和启迪，减少行业试错成本，加快银行业在探索中前行的步伐。这也是我们写作本书的初衷。

本书共38篇文章，包括聚焦业务模式转型升级、数据能力、架构能力、数字化营销与运营体系、数字化风控等领域的行业报告7篇，从数字领导力、科技能力、业务经营管理数字化等维度剖析转型实践和总结转型方法的文章30篇，探讨银行数字化转型评价的文章1篇。通过详述银行各领域的转型实践，详解科技助力银行转型，探讨银行业务重构，剖析转型重点和难点，共同探寻上述核心问题的答案。

精华汇聚，感谢每一位作者，你们的辛勤笔耕让读者得以纵观各领域探索过程并习得经验。感谢所有接受调研的机构，你们的无私分享让我们得以尝试汇总行业全貌。感谢众多的支持者和关注者，你们的鼓励和期待是我们前行的动力。感谢银行数字化转型课题组全体成员，一次次访谈、汇总、分析，一个个秉笔之夜能化为读者的点滴收获是我们共同的心愿。感谢机械工业出版社的编辑们，你们的默默付出让本书以最好的形式呈现给读者。

数字化进程是一场看不到终点的长跑，新阶段中国金融科技将从"立柱架梁"全面迈向"积厚成势"，我们将与银行业一同经历并见证这个历程，一起向未来！

王 炜

目录

前言

第一篇　银行数字化转型行业报告

01　未来银行业务模式转型升级　　2
02　银行数据能力建设　　13
03　数字银行架构能力升级　　29
04　构建有银行特色的数字化营销与运营体系　　47
05　银行风控决策体系智慧化转型　　64
06　审视银行数字化转型效能　　81
07　远程银行——银行数字化转型新动能　　90

第二篇　数字领导力

08　民生银行：数字领导力决定数字化转型成败　　100
09　华为：数字化转型，从战略到执行　　108

第三篇　数据能力

10　中国建设银行：建设合规与价值导向的数据治理体系　　120
11　中国光大银行：探索数据资产管理与运营新模式　　132
12　浙江农商联合银行：区域性银行零售数据资产管理应用探索　　142

第四篇　科技能力

13	杭州银行：中小银行科技自主能力建设	150
14	哈尔滨银行：技术能力与数据能力支撑数字金融服务新模式	159
15	阿里云：云原生分布式重塑银行核心系统	172
16	Ultipa：图计算——金融风险管理创新之"芯"	190

第五篇　数字化运营

17	中国工商银行：企业级互联网智慧运营管理平台应用实践	204
18	中国建设银行：全面数字化的客户旅程管理 2.0 模式	216
19	招商银行："数、智、盈"智慧财务管理实现四个转变	222

第六篇　数字化公司银行

20	招商银行："科技 + 金融"重塑银企合作新模式	236
21	江苏银行：对公业务跑出数字化发展"加速度"	245
22	徽商银行：多模态增效公司银行业务数字化	253
23	微众银行：微业贷践行小微企业普惠金融服务	261

第七篇　数字化零售银行

24	中国邮政储蓄银行：5D 体系赋能小微企业金融服务	274
25	上海农商银行："五个在线"打造智慧零售银行	282
26	青岛农商银行：以数字技术打造智慧银行发展新引擎	291
27	广东顺德农商银行：以数据获取洞察，为客户创造价值	299
28	广西北部湾银行：数据应用新基建赋能业务数字化	310
29	泰隆银行：数字化转型助力打造普惠金融好银行	319
30	海口农商银行：打造全员营销线上经营管理新模式	329

第八篇　数字化风控

| 31 | 厦门国际银行：智慧风控引领小微企业金融服务转型升级 | 338 |

32	郑州银行：数字化风控护航商贸物流金融业务转型	348
33	网商银行：数字化智能风控服务实体经济"毛细血管"	359
34	大数金融：联合运营助力银行信贷技术数字化进阶	370

第九篇　数字化转型策略

35	德勤管理咨询："01 银行"——远程银行的数字化新使命	384
36	波士顿咨询：公司银行数字化转型打造差异化竞争力	393
37	毕马威企业咨询：零售银行数字化转型，从新理念到新范式	402

第十篇　数字化转型评价

| 38 | 探索银行数字化转型评估体系构建 | 414 |

| 附录　从全行业视角看数字化转型成熟度 | 427 |

第一篇
银行数字化转型行业报告

01 未来银行业务模式转型升级
02 银行数据能力建设
03 数字银行架构能力升级
04 构建有银行特色的数字化营销与运营体系
05 银行风控决策体系智慧化转型
06 审视银行数字化转型效能
07 远程银行——银行数字化转型新动能

01 未来银行业务模式转型升级

支宝才　银行数字化转型课题组[一]

2021年是"十四五"开局之年,在"双碳"、企业社会责任、共同富裕等社会发展目标下,我国经济开启了进入高质量发展阶段的转型之路。银行业是支持经济发展的主力军,高质量服务实体经济,防范和化解金融风险,加大对小微企业支持力度,增强普惠金融服务,是各银行业务发展战略中的重要命题。

银行高质量发展的终极目标,是要满足企业和个人在社会发展新阶段的金融服务需求。目前数字经济已经深入企业生产和个人生活的方方面面,金融服务的内涵和模式必然要适应新的经济形态。数字经济在需求侧提升了人们对于时效、安全、质量的认知,在供给侧重新定义了企业服务水平。未来银行需要洞察用户的需求认知,提供与之相匹配的金融服务。

数字化是未来银行高质量发展的必经之路。"数字化转型不是选择题,而是必答题"成为行业的一致认知。不仅大型银行和股份制银行多年来一直在积极推进数字化,区域性银行也在加速数字化进程,并且大多数银行对数字化转型应该自上而下推动有共同的认识。

但同时,银行数字化转型课题组在与银行的交流中发现,在数字化转型的目标、范围,数字化如何改变经营模式,如何进行数字化投资以及如何评估投资收益等方面,各银行有许多不同的看法。以下具体问题在不同程度上困扰着银行决策者:

- 当前是银行加大数字化投资的好时机吗?
- 数字化时代银行将向哪个方向演进?

[一] 银行数字化转型课题组成员:王炜、付晓岩、支宝才、孙中东、高峰、陈涛、王汇川、张超、王鹏虎、韩笑、刘绍伦、林延、王世新、董治、朱斌、刘韧、刘天阳、乔紫艳等。

- 数字化会让传统银行在哪些方面发生根本性转变？
- 传统银行该如何行动？

第 1 节　重新评估数字化投资边际收益

2021 年课题组调研显示，当年银行预期数字化转型相关领域的直接投入占营收的比例约为 3%，且预期未来 3 年将有每年超过 20% 的增长。同时，很多银行决策者对数字化整体投资的经济性及其在某些领域的必要性仍持怀疑态度。因此我们有必要重新评估当前银行在数字化投资边际收益曲线上所处的位置。

技术创新或产业升级相关投资的边际收益曲线会表现为一个波动的形状：初期先发者会获取较大的先发优势，但因为市场和技术仍处于培育期，行业整体的投入产出在一段时间内会处于较低水平；随着时间的推移，收益曲线会逐步上行；伴随市场发展成熟，收益曲线将趋于平稳，并缓慢下行。如图 1-1 所示。

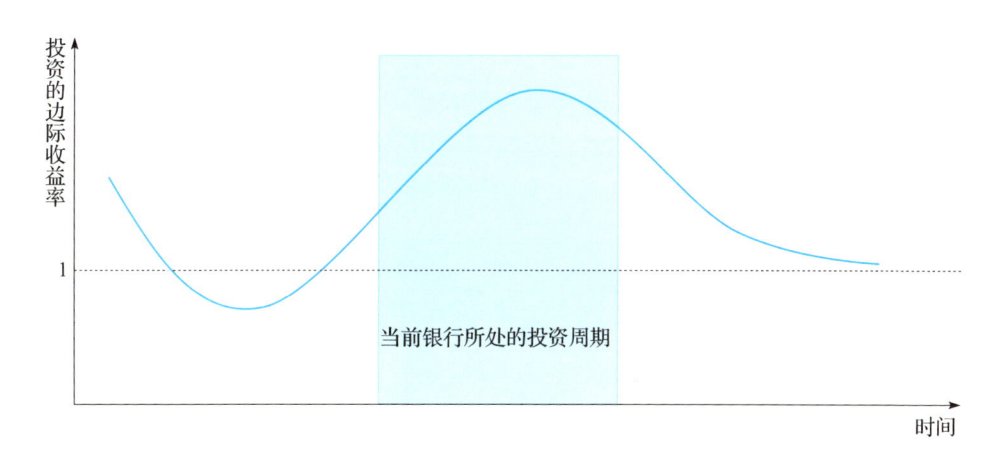

图 1-1　银行数字化投资的边际收益率

银行数字化投资目前正处于较高的投资回报阶段，原因如下：

- 银行个人客户已完全接受并高度依赖线上服务，特别是中老年和大量长尾客户的接受程度大幅度提高；
- 产业互联网、数字化政务发展迅猛，创造了更多能带来数字化投资回报的场景；
- 政策和监管机构的引导和支持；

- 资本市场、股东和利益相关方对银行数字化投资的认可；
- 相关技术逐渐成熟，使用成本下降；
- 市场中领先金融科技公司及领先银行为后来者提供了丰富的案例与经验；
- 服务于银行数字化的合作伙伴生态日趋成熟，特别是在规范互联网金融市场之后，银行和金融科技公司的合作具备了一定的制度基础。

从行业竞争来看，近年来虽然银行业数字化建设日新月异，但行业整体在数字化维度的竞争远远没有达到成熟期，除了少数大型银行和股份制银行、互联网银行外，多数银行的数字化水平仍然较低，投资数字化带来的能力提升在短期、中期能为银行带来更大的差异化竞争优势。例如某银行仅通过智能柜员排班模型优化柜面人员配置，预计一年内就可以减少近10%的柜员（FTE）。这种优化是在银行已经推进了近20年非常成熟的网点领域所取得的，而过去对此领域的基本共识是已经很难有优化空间了。

第2节　数字化视角下的未来银行

在讨论数字化转型将为银行带来哪些根本性转变之前，有必要对数字化视角下的未来银行进行展望（见图1-2）。

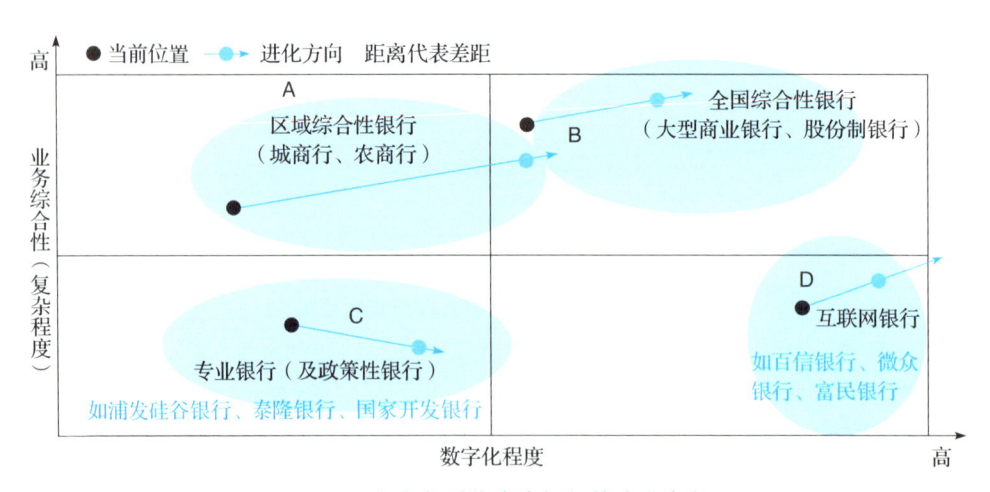

图1-2　数字化时代未来银行的演进方向

依据业务综合性（复杂程度）以及数字化程度（对客户经理等物理渠道的依赖程度），可以将银行分为全国综合性银行、区域综合性银行、互联网银行和专银行四个类型（见表 1-1）。

表 1-1 未来银行的特征

类型	典型特征	示例	需要具备的核心能力	数字化定位
全国综合性银行	全国范围内提供综合银行服务，如大型商业银行和股份制银行	中国工商银行、招商银行	牌照及规模优势带来的低负债成本和强定价能力 完备的业务资质 在跨境、跨区域、政府、大型企业、高净值客户方面的综合产品服务供给能力	全面业务赋能，满足客户线上化服务需求 应对互联网银行和互联网金融公司竞争的必要手段
区域综合性银行	在特定区域内提供综合银行服务，如多数城商行、农商行（农信社）	郑州银行、浙江农信	在区域市场领先的市场份额和本地客户的长期关系、对本地客户的深入理解和渠道覆盖能力 属地品牌力和本地客户认同感	尽快补足能力短板，避免在竞争中过度处于劣势 利用数字化手段，结合自身资源禀赋，构建差异化竞争优势
互联网银行	产品简单，仅提供线上服务，不直接建设物理渠道的直销银行或互联网银行	微众银行、百信银行、富民银行	低成本优势 对长尾客户的覆盖能力 灵活、敏捷，创新能力强 体制、机制优势	区别于传统银行的核心竞争力
专业银行	在某些业务领域或客群追求差异化竞争优势的银行	浦发硅谷银行、泰隆银行	单一客户或单笔交易的价值高 在特定领域形成专业壁垒（专业人才和特定行业经验）	优化客户服务，提升风险管理或降低运营成本的必要手段

数字化将如何改变传统银行

数字化对传统银行的改变不仅体现在技术领域，更体现在业务模式升级上。认为在系统、数据和数字化人才领域进行投资就能实现数字化，是非常危险的想法。

数字化对银行业务模式升级体现在五方面（见图 1-3）。

（1）升级业务运营模式

传统银行采取前中后台分离的运营模式，中台和后台远离前台，难免和客户需求脱节，其风控规则或系统开发往往从自身职能视角出发，带来管控流于形式、操作环节繁复、用户体验不佳、增加一线作业负担等问题。很多银行意识到这些问题，将产品、风险、科技等中后台部门前置到业务条线中，开展业务条线一体化运营的模式转型，以更快地响应市场需求（见图 1-4）。

	阶段一	阶段二	阶段三
业务运营模式	在总分制架构下，强调条线管理、前中后台分离	更贴近客户，逐渐将产品和风控能力前置	数字化驱动运营能力中台化，将运营效率推向极致
IT和业务的生产关系	科技定位为技术支撑，实现业务部门的信息化需求	业务和科技是伙伴，将科技能力前置到业务	前端实现科技和业务一体化
竞争力的迭代方式	流程变革驱动	产品创新驱动	持续优化的客户体验驱动
数据的价值体现	线上化、自动化	可视化、数据分析支持经营和决策	数据资产化，数据智能直接创造业务价值
经营边界	物理网点、销售团队	互联网银行、手机银行、第三方合作伙伴	开放银行、（BaaS）深度融合生态和场景

业务模式的迭代方向→

图1-3 数字化时代传统银行业务模式的五大变革方向

数字化通过"中台化"运营产品来提高运营效率。无论是前中后分离，还是风险、科技前置，仍然只是职能和人力的物理重新组合。数字化手段将运营能力通过模块化的运营产品实现，将人的操作工作降至最少，前台直接调用各运营模块实现完整作业。这种模式下，客户得到的体验是"快"，体现在线上一站式服务、秒级审贷放款、24小时客服快速响应、更便捷简单的交互操作等方面。"快"的背后是"中台化"运营模式，中台各模块间解耦并可自迭代。

近年来银行的中台能力日趋成熟，朝着标准化、智能化、可配置化方向发展，像智能客服、智能营销、智能风控等业务中台已经成为标准化产品。智能客服可与人多轮对话，智能风控可以秒级核额放款，智能营销可以展示千人千面的产品，且客服知识库、风控规则、营销策略均可进行定制化配置。运营效率在数字化赋能下进一步提升。

（2）重新定义IT和业务的生产关系

升级"中台化"运营模式对银行IT和业务团队间的生产关系提出了新要求。在原有模式下，业务部门和IT部门之间更像是上下游或者甲乙方关系，IT部门是业务支持者，完成业务交付。双方对彼此的领域都缺乏了解，科技产品和业务需求通常有差距。

移动互联网时代，业务创新需要依托技术实现，技术团队重新定位为"业务合作伙伴"。部分银行将IT前置到业务团队中，以提升二者的协同配合效率。这种方式虽然降低了沟通成本，缩短了开发周期，但本质上依然是业务提需求、IT来实现的协作关系。

01 未来银行业务模式转型升级

前中后台分离

客户
- 前台：渠道、产品
- 中台：风控等
- 后台：科技等

- 中台和后台远离前台，其风控规则或系统开发往往只从自身视角出发，带来操作环节繁复、用户体验不佳、增加一线作业负担等问题

业务条线一体化运营

信用卡业务：渠道、产品、风控、科技
基础零售：渠道、产品、风控、科技
交易银行：渠道、产品、风控、科技

- 将中后台部门前置到业务条线中，以更了解前线需求，更通畅地协作，更快地响应市场需求

"中台化"运营

前台：App、小程序、VTM……
中台：智能营销、智能客服、智能风控……

调用

- 前台调用中台能力模块为用户提供服务
- 中台可直接通过前台应用获取用户反馈，快速进行能力迭代

✓ 追求极致的运营效率，银行需要构建"中台化"运营能力，实现"研、产、供、销、服"全方位快速迭代能力

图 1-4 通过"中台化"运营升级传统业务运营模式

7

领先银行打造敏捷型组织，推动业务和科技融合。敏捷型组织让业务人员和技术人员组成联合团队，承担共同的业务目标或项目目标，牵引双方融合。技术人员参与到业务决策中，并从技术产品视角提出实现业务目标的建议，赋能业务团队从数字化角度思考业务行动。随着银行数字化的深入，产品迭代加速，对人才的要求将会以金融数字化复合型人才为主。总行产品团队应该既是懂金融业务的行家里手，也是掌握数字化实现手段的斫轮老手，他们将业务和数字化真正融为一体（见图1-5）。

（3）以持续优化数字化客户体验实现竞争力迭代

　　国内银行的"以客户为中心"由流程变革驱动，即从客户需求出发，通过业务流程再造，缩短业务办理时间，简化业务环节，减少不必要的线下场景，满足客户需求，提升管理效率。

　　随着经济的发展，客户的金融需求升级，结合互联网应用的普及，银行开始通过产品创新进行市场竞争，例如零售银行领域的线上信用贷款、扫码付、资产配置服务，公司银行领域的交易银行、场景化供应链金融、线上票据业务等。产品创新在一定时间内可以保持竞争优势，但同行间会互相效仿，产品优势将很快消失。

　　数字化时代，客户与银行的交互模式转向以人机交互为主，产品与服务通过数字化应用交付，客户体验的方方面面驱动着银行进一步提升竞争力。大到客户对产品功能的体验，小到客户对界面应用排布、填写信息的体验，都会对客户是否持续选择一家银行的服务带来影响。

　　数字化时代给客户体验的量化带来了可能。由于流程已经线上化，借助前端埋点等实时数据采集手段，银行可以清晰地评估客户实际体验与客户预期之间的差距，让客户体验不再是主观判断的黑盒。银行可以通过定义各交互环节上关键的客户体验评估指标，进行持续的指标监测，从而更精准地判断客户体验问题，并形成一套内生的企业进化机制，持续迭代与优化客户体验（见图1-6）。

（4）通过数据智能降本增效，更有效地控制风险，体现数据价值

　　当前数据已经成为银行转型加速的催化剂。数据不仅是支持流程自动化、赋能业务决策的关键输入，更是银行未来业务经营的关键资产。

　　数据智能的第一步是业务的线上化和自动化。从客户视角看，业务线上化与自动化可以提升客户体验，缩短客户办理业务的时间；从行内视角看，系统数据流转、机器计算处理等技术手段可以减少人工作业，降低操作风险。第二步是数

01　未来银行业务模式转型升级

作为业务支持者的IT部门

需求提出方
- 数字化能力和经验有限
- 平台产品设计考虑不足

业务支持方
- 对市场和业务不了解
- 难以引导业务预期效果

业务部门

IT部门

技术产品实现后难以达到业务预期效果

作为业务合作伙伴的IT部门

双方承担共同目标
- 围绕业务目标或项目建立敏捷小组
- 技术人员参与到业务决策的各个环节
- 从技术产品视角提出实现业务目标的建议

业务、IT联合团队

业务打法和项目交付的快速迭代

金融数字化复合型人才

- 深入理解金融机构业务运营的行家里手
- 掌握数字化实现手段、科技发展趋势的所行老手

金融业务和数字化复合型人才组织

升级 "中台化" 运营模式对银行的IT部门提出新要求，最终形成数字化复合型人才真正融合为一体

图1-5　重新定义IT人员和业务团队间的生产关系

流程驱动阶段

强调服务的便捷性、全流程使用更顺畅

领先银行业务流程以适应互联网时代用户内的行为习惯
- 业务流程再造
- 缩短业务办理时间
- 简化业务环节
- 减少不必要的线下场景
- ……

产品驱动阶段

强调产品创新以适应客户的金融需求等升级

零售领域
- 线上信用贷款
- 扫码付
- 财富资产配置服务
- ……

对公领域
- 交易银行
- 场景化供应链金融
- 线上票据业务
- ……

客户体验驱动阶段

极致的客户体验，端到端的客户旅程优化
- 借助前端埋点和实时数据采集，让客户体验不再是主观判断的黑盒

问题持续判断精准化
- 定义和持续监测各业务环节上关键的客户体验评估指标，从而更精准地判断问题触点

优化迭代持续化
- 形成一套内生的企业内进化机制，围绕客户需求持续优化

当各流程已经达到极致，产品差异化低时，亟须从客户体验角度，用数字化手段重新定义与客户的交互模式

图1-6　围绕数字化客户体验持续优化

9

据分析支持经营。数字化经营分析工具可以将数据转化为经营成果和过程的可视化反馈。银行利用数据分析，打造驾驶舱、仪表盘等数字化管理工具，实现对战略、业务、运营和组织架构的量化检视，支持管理决策。

更先进的分析手段如大数据、机器学习等，能帮助银行从数据中更深入了解客户的诉求及其背后的逻辑，进而预测客户行为，指引经营。例如基于消费数据等推荐客户感兴趣的服务权益，通过多维度数据进行精准的客户信用额度测算，通过商户经营数据判断场景价值，通过网点业务数据预测编排值班计划等。数据智能应用成为数字化业务模式重构的关键驱动力（见图1-7）。

（5）突破传统银行业务的经营边界

银行业经营扩张的第一个阶段是通过增加线下物理网点来拓展服务覆盖范围。随着网点数量饱和及客流量下降，线下渠道的投入产出比不断下降，银行业迎来了经营扩张的第二个阶段：打造互联网银行，进行线上扩张。通过线上化方式，银行不需要网点柜台便能为用户提供金融服务，不仅降低了经营和管理费用，而且更重要的是突破了物理渠道服务半径的限制。

进入数字经济时代，银行线上业务经过前期的快速扩张，因缺乏与应用场景的联系，客户数量和业务规模增长很快陷入瓶颈。开放银行应运而生，这里的"开放"指的不是技术上的银行服务接入方式，而是银行需要打造一种平台化的商业模式，将业务嵌入C、B、G端用户的高频日常场景，打破金融场景的孤立格局，实现金融服务无处不在，也就是我们常说的BaaS（银行即服务）（见图1-8）。

例如在C端，银行通过构建衣食住行场景或与头部互联网企业协作，嵌入存贷支付能力，提升金融场景的用户黏性。在B端，现金管理、供应链金融将会越发依赖于账户和交易数据的开放共享与实时分析，这些都将是开放银行技术输出的潜在领域。在G端，银行与法院、监管机构、海关等有较多资金流场景的机关联合打造多样化银政场景，提升执行款归集、发放效率，赋能"智慧城市"建设。

无论是将金融服务能力输出，接入合作的互联网场景应用程序中，还是自建生态场景平台，开放平台模式都能够让银行更高效地触达更广泛的用户群体，建立更多的客户触点，更深入地了解客户在不同场景下的需求，以更加贴近用户生活的方式提供金融服务。

01 未来银行业务模式转型升级

数据分析支持经营

业务线上化和自动化

客户感知
- 提升客户体验
- 缩短客户办理业务时间

行内员工
- 减少人工作业,降低操作风险
- 在满足严格和不断变化的监管要求的同时,改变手工、数据密集型的频繁操作

自动报表 → 仪表盘 → 驾驶舱

业务:客户数 AUM LUM ……
运营:盈利性 安全性 流动性 ……
组织架构:分行家数 客户经理人数 ……

数据智能赋能业务决策

非传统数据
- 用户行为数据
- 社交舆情数据
- 业务交易数据

要素新技术
- 大数据
- 人工智能
- 机器学习

赋能业务决策
- 更精准的客户营销和风控
- 更灵活的产品设计
- 更极致的客户体验等

✓ 通过业务线上化与自动化,奠定数据支持经营、赋能决策真正成为银行发展的重要资产,使数据真正成为银行发展的重要资产

图 1-7 数据智能赋能业务发展

物理网点+客户经理

离不开的物理网点
- ATM
- 电话银行
- 电话呼入
- 信用卡和借记卡占主导地位
- PC端个人财务管理

互联网银行

电子技术延伸物理网点
- 基于互联网的银行
- 电脑、手机等远程渠道业务办理
- 在线个人财务管理
- 数字信用卡发放

开放银行

BaaS,银行无处不在

C端
- 构建衣食住行场景或与头部互联网企业协作,嵌入存贷支付等能力

B端
- 现金管理、供应链金融等数据开放将共享与实时分析,它们都将是开放银行技术输出的潜在领域

G端
- 与法院、监管、海关等有较多资金流场景的机关将会打造多样化银政场景

✓ 将银行业务嵌入C、B、G端用户的高频日常场景,打破金融场景的孤立格局,实现金融服务无处不在

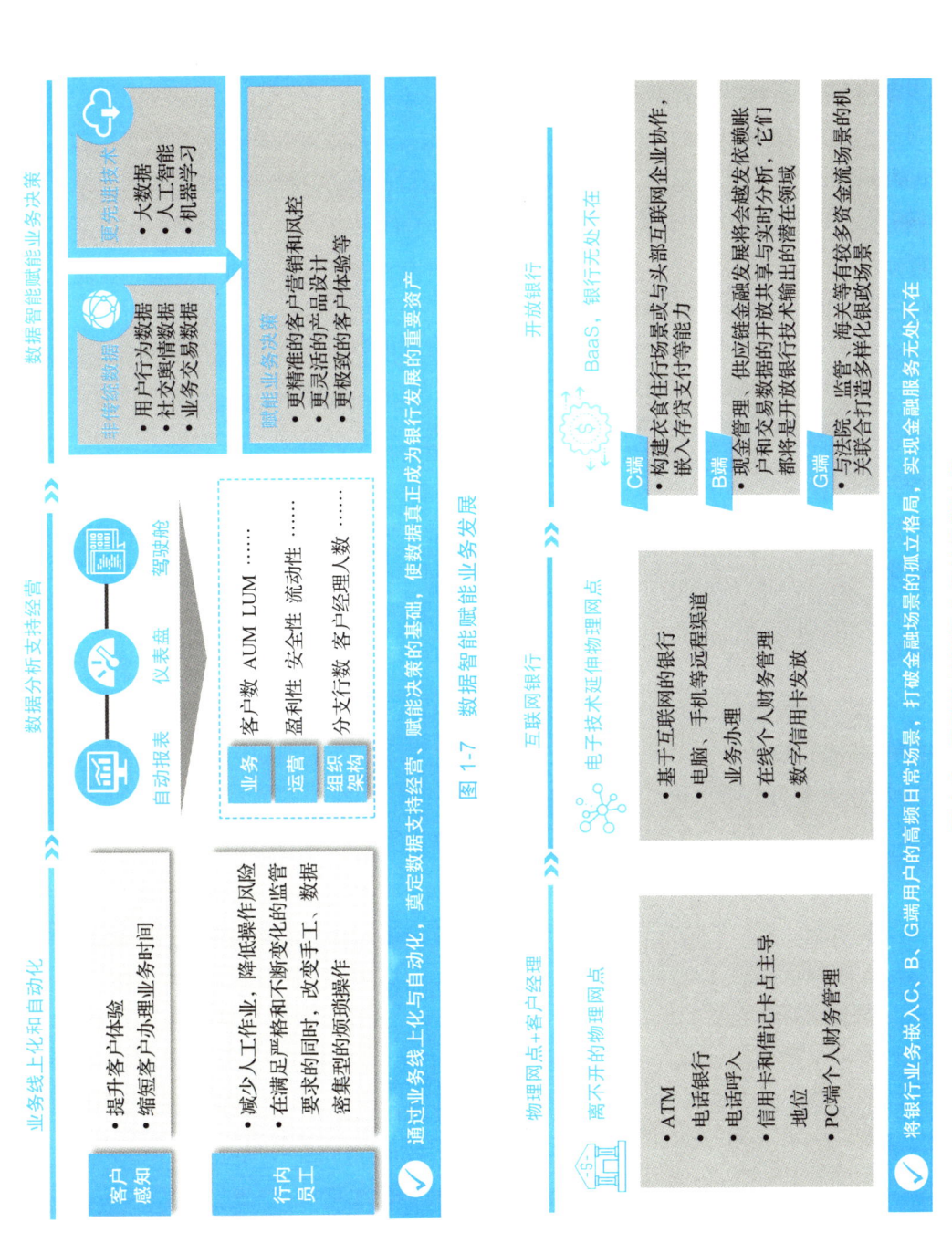

图 1-8 突破传统银行业务的经营边界

11

第 3 节　银行数字化转型实施建议

综上所述，数字化转型不仅是银行的一次技术升级，更将从根本上改变银行的行业生态，颠覆银行的业务模式。当前支持银行开展数字化转型的技术和生态环境已经进入成熟期，很多互联网金融企业和银行同业的探索与实践也给其他银行提供了可以借鉴的成功经验或教训。我们为传统银行总结了 9 条数字化转型建议：

- 开展数字化能力评估，并制订清晰的数字化转型规划；
- 结合自身发展阶段，董事会和经营层就合理的数字化投资达成共识；
- 关注并优先解决顶层设计问题，在组织和机制上实现突破；
- 加速提高数字化人才占比，提升全员的数字化能力；
- 坚持业务驱动的数字化转型路径；
- 鼓励创新，允许试错；
- 加强客户隐私保护和数据安全管理；
- 建立科学的数字化投入产出衡量标准，兼顾短期收益和长期价值；
- 用好外力，打造数字化生态合作伙伴圈。

未来银行发展之路，将是"条条大路通罗马"。实践中，不同类别、不同规模的银行正在积极探索，创新服务模式，提高服务效率，提升风险管控能力，打造差异化竞争力。数字化可谓未来银行发展的"倚天剑"，利器在手，银行借其闯关夺阵，走出一条适合自己的高质量发展之路。

02　银行数据能力建设

孙中东　陈　涛　银行数字化转型课题组

在数字化时代，银行是数字经济发展最亲密的伙伴，各行各业打造数字化企业，构建数字化产业链，培育数字化生态，都离不开银行提供的金融服务。数字化技术正在重塑甚至颠覆传统企业现有的商业模式。数字化时代银行之间的竞争，很大程度上是数据能力的竞争，打造领先的数据能力是银行"数据制胜"的必经之路。

第 1 节　数据能力是银行数字化转型的强劲引擎

1. 银行数据能力的痛点

在银行的数字化转型实践中，数据应用相关的问题尤为突出。银行，尤其是中小银行，在数据能力领域主要存在以下几方面的痛点。

数据基础底座。主要表现在：数据采集不全面，客户行为类数据缺失；生产基础数据质量问题多，客户、产品、交易等业务主题的全局数据整合不彻底；数据管控不严，数据变更缺乏有效的流程规范；业务标准和规则制定缺位，客户、产品等核心业务主数据的数据项对应业务标准（规则）缺乏权威、统一的管理方，管理精细度不足；尚未构建起完善的指标体系，指标的计算口径、分析维度等亟待厘清。

数字化工具体系。建设了一些独立、零散的客户经营工具，例如用户画像、CRM 系统等，但未有效整合，无法构建数据使用、追踪、反馈、分析、再使用的数据分析闭环，很难形成数据驱动业务发展的氛围。

数据驱动经营体系。处于起步阶段，正在尝试建立客户数据整合、客户标签、指标库等数据驱动基础平台和工具，数据驱动的经营模式呈现"多点分散"的建设状态，整体上看尚未形成体系。

组织资源整体投入。数据应用配套所需的资源投入不足，业务部门没有设置数据分析类岗位，技术部门也缺少专职数据分析支持人员，尚未建立起配套的数据分析研发支持机制。

相比大型银行与股份制银行，种种问题叠加，突显了中小银行数据能力相对薄弱的现状。

2. 数据能力特征

数据能力主要分为管理能力和应用能力两方面。数据管理能力以"管"为主，数据应用能力以"用"为主，即从数据中获取业务价值并运用在经营中，驱动业务增长。数据应用的范围越广，程度越深，影响力越强，其业务价值体现就越明显，企业的数据能力也就越强。

具备领先数据能力的银行在数据应用方面具有以下特征。

- **数据自动化程度**：数据处理的自动化程度更高，数据的采集、提取、清洗、转换、模型构建、指标计算等形成自动化的数据流水线。
- **数据易用性**：提供集中统一的数据发现和获取方式，拥有可视化分析工具，操作方便，简单易用。
- **数据灵活性和定制能力**：支持业务人员进行探索性的灵活分析，用户可以随时根据经营需求自主定制业务指标和标签，并根据分析需要基于特定维度进行切片、钻取。
- **分析类型和深度**：支持描述分析、诊断分析、预测分析等多种分析类型，能够结合多种分析方法，基于全面信息精准定位问题，实时输出业务洞察，有效生成业务策略。
- **生态化的数据共享与运营机制**：全员具备数据化思维与理念，并形成全行范围内的良好数据分析文化、交流共享生态和数据驱动业务的运营机制。

在数字经济时代，数据能力是业务之根、立行之本，更是创新的原动力。因此，建设领先的数据能力成为银行数字化转型的首要任务。

第 2 节　数据能力建设方法论

1. 追根溯源，识别数字化需求特征

传统银行业务经营以流程驱动的业务模式为主，主要依赖人的直觉和经验进

行判断和决策，数据分析只起辅助作用。当前不少银行，尤其是大多数中小银行的数据应用模式还是传统的决策支持模式。

在数据驱动的业务模式下，数据分析将成为业务策略、业务行动的主要决定因素，更多的一线运营人员、产品经理、基层管理者将在日常的业务运作和策略制订过程中使用数据分析和实验，并根据结果执行相应的业务行动。例如对新注册用户，手机银行App首页推什么金融产品？信用卡部门发现新增发卡量下降，原因是什么，应该采取什么对策，会有什么效果和影响？类似问题，都将由数据分析给出答案。

在数据驱动模式下，数据需求也随之变化（见表2-1）。

表 2-1 数据驱动模式与传统模式的需求特征对比

业务模式	应用场景	应用方式	分析方法	分析层次	响应时效
传统模式	面向单一的监管报表，管理决策支持场景的低频、静态需求	静态、批量、手工处理方式，简单的提供和使用的关系	固定报表、可视化展示为主，辅以少量简单的即席查询和多维分析	描述性分析为主，少量诊断性分析	T+N
数据驱动模式	涉及营销、风控、运营、监管等全业务场景的高频、动态需求	动态、实时、系统对接方式，生态合作关系	探索性分析、敏捷业务看板、自动化策略生成、深度挖掘、机器学习、实时推荐等	描述性分析、诊断性分析、预测性分析、处方性分析	实时、准实时

简而言之，数字化时代的数据需求从"低频、静态的管理决策支持"向"高频、动态的日常业务经营"转变，数据应用模式趋于敏捷化，呈现出更加多样化、个性化、深层次、实时化的特征，并要求更快的响应。银行需要根据自身业务战略和经营特色，全面细致地梳理数字化过程中的数据需求。

2. 抽丝剥茧，剖析数据价值生产过程

数据是数字化时代的"石油"，数据的价值需要经过清洗、转换、分析的过程才能体现，这个过程就是数据价值生产过程。传统银行的数据价值生产过程主要通过数据应用的研发和运维流程来体现。

典型的银行数据应用研发流程（见图2-1）包括多个开发环节，涉及来自业务、研发、数据管理、科技等部门的众多数据研发角色。这一套数据研发体系、流程和支撑工具平台是基于传统软件开发生命周期管理模式的演进结果，在应对数字化时代敏捷数据需求时有些力不从心，主要表现在以下五方面。

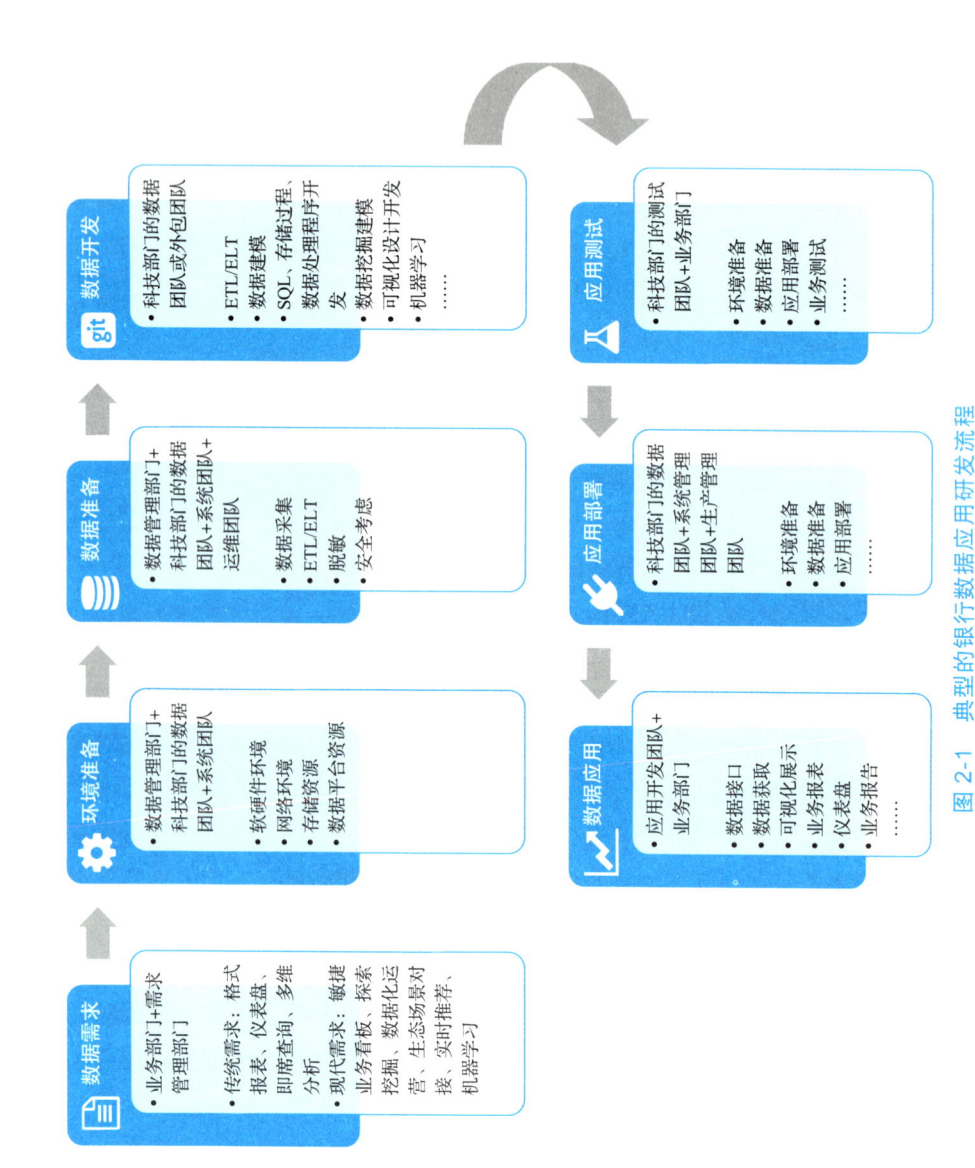

数据开发
- 科技部门的数据团队或外包团队
- ETL/ELT
- 数据建模
- SQL、存储过程、数据处理程序开发
- 数据挖掘建模
- 可视化设计开发
- 机器学习
- ……

数据准备
- 数据管理部门+科技部门的数据团队+系统团队+运维团队
- 数据采集
- ETL/ELT
- 脱敏
- 安全考虑

环境准备
- 数据管理部门+科技部门的数据团队+系统团队
- 软硬件环境
- 网络环境
- 存储资源
- 数据平台资源

数据需求
- 业务部门+需求管理部门
- 传统需求：格式报表、仪表盘、即席查询、多维分析
- 现代需求：敏捷业务看板、数据化运营、生态场景对接、实时推荐、机器学习

应用测试
- 科技部门的测试团队+业务部门
- 环境准备
- 数据准备
- 应用部署
- 业务测试
- ……

应用部署
- 科技部门的数据团队+系统管理团队+生产管理团队
- 环境准备
- 数据准备
- 应用部署
- ……

数据应用
- 应用开发团队+业务部门
- 数据接口
- 数据获取
- 可视化展示
- 业务报表
- 仪表盘
- 业务报告
- ……

图 2-1　典型的银行数据应用研发流程

- **数据**：数据的申请、提取、移动等都需要人工处理，涉及多个部门和复杂的审批流程，需要大量时间准备数据。
- **平台和架构**：数据研发过程涉及的技术平台和应用系统众多，技术架构和数据架构不够灵活，等待IT资源、建立数据环境和解决技术问题需要大量的时间。
- **开发技术**：目前的数据开发方式仍以代码编写为主，数据处理逻辑需要通过程序实现，技术门槛较高。
- **流程协作**：缺少自动化系统支持，数据价值生产过程是零散、割裂的，研发环节之间需要大量的跨部门、跨团队的线下沟通和协作，人工流程多，容易形成流程瓶颈，无法即时响应数据需求。
- **管理粒度**：数据研发流程的设计和管理不够精细，微小的业务逻辑调整也要经过代码级别的变更流程，导致效率低下并且容易产生操作风险。

理想情况下，数据研发团队应该和业务用户合作，对于新的想法和创意，能快速实施、部署、试验和观察效果，并且持续迭代和优化。但在目前的数据研发模式下，一个分析思路或业务创意可能只需要稍微修改一下业务规则就能实现，现实中却需要几周甚至几个月时间来完成。

究其根本原因，传统数据研发流程基本上是照搬软件开发生命周期管理过程，采用管理代码交付的方法来管理数据价值交付，并未针对数据研发的特点、参与者及目标进行优化。事实上，软件的交付和现代数据价值交付之间存在很大的差异。后者的管理对象以数据为主，除了传统软件研发涉及的程序管理之外，还需要应对异构的数据平台整合，经常性提取、转换和搬运数据，频繁进行数据探索、测试和实验等。当前采用的数据研发工具和平台的整合程度普遍不高，缺乏统一规范和集成方法，数据研发和分析人员的技能也参差不齐，因而导致以上种种问题。

中小银行数据研发体系还没有根深蒂固，这为数据价值生产过程的转型和重塑提供了较高的灵活性和较大的改进空间。中小银行应该抓住数字化转型机遇，因势利导，以敏捷的数据价值交付为目标，深入剖析本行数据研发过程现状，打造敏捷的数据价值生产体系和流程。

3. 对症下药，规划数据能力框架

经过全面细致的需求梳理和现状分析之后，需要建立数据能力框架（见图 2-2）。

图 2-2　企业数据能力金字塔

数据管理能力是企业数据硬实力的体现，是基础能力，能力建设重在打基础，不容易直接体现出业务价值或造就竞争优势。

而数据应用能力则是企业数据软实力的体现，容易被忽视，并且容易在实施过程中落实不到位，需要在企业文化、数据战略、组织人才、技术工具、应用模式等方面齐下功夫。事实上，数据应用能力领先所带来的数据软实力提升，将产生直接的差异化竞争优势，是业务领先和超越的机会。

企业数据能力金字塔中的数据应用能力包括三方面。

- **数据萃取能力**：通过整合、加工、建模等方法对原始数据资源进行处理，并加以统计、分析和挖掘，提取出有业务价值的数据资产的能力。

- **数据和分析民主化**：简而言之，是指通过一定的方法，使数据的获取、处理和分析能力能够被大企业成员所掌握并运用在业务过程中的能力。

- **数据驱动经营能力**：在策略制订、业务运营等过程中应用数据的能力。需要对管理和经营理念进行改革，通过组织架构、决策模式、制度流程等多方面的调整和优化，结合敏捷的工作机制，小步快跑，实现快速迭代与创新。

这三方面的能力是由表及里、逐层递进的关系：首先利用数据萃取能力从原始数据资源中提炼出业务化的数据资产，再利用数据和分析民主化使更多的人从中获益，最后利用数据驱动经营能力带动业务敏捷运作，加速业务增长，产生业务收益，体现数据价值。

数据应用能力的本质是将数据资源转化为业务价值的能力，通过对这个转化

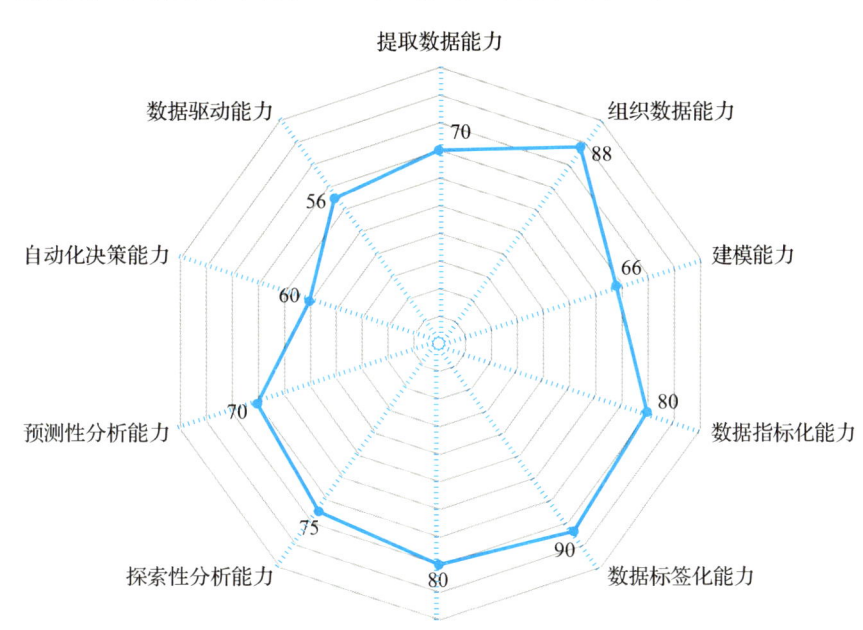

过程进行进一步拆解和细化,可以形成数据应用能力模型(见图2-3)。

图 2-3 数据应用能力模型示例

银行的数据基础底座普遍不够扎实,缺乏完善的数字化工具体系和成型的数据驱动经营体系,中小银行在这方面的问题尤为突出。在数字化转型过程中,银行可以利用遗留系统包袱较轻、执行力强的优势,结合自身数据应用能力诊断和评估,参照能力模型,整体规划,打造数据综合实力。

4. 赋能全员,推行数据和分析民主化

在全面采用数据驱动的业务模式下,数据的应用场景、频率和范围都在飞速拓展,传统的"需求+开发"这种集中式的数据应用模式已经成为提升数据响应力和业务驱动力的瓶颈,数据和分析民主化是解决这个问题的有效途径。数据和分析平台与工具的推广、普及,使企业全员都成为数字化的参与者,并培养了全员自主发现、获取、分析、运用数据的能力和习惯,这样不仅可以提升业务敏捷性,还能促进全员的数据思维和企业数据文化的建立,使数据成为每个岗位支撑业务经营的基础工具,最终形成可以持续改进的数字化企业经营生态。

同时,数据和分析民主化可以提高企业全员的数字化参与度和主观能动性,

充分发挥群体智慧的优势，激发更强的数据洞察力和多元化的业务创意，且符合现代商业敏捷创新和发展的趋势，是目前数据应用领域的重要技术方向之一。

在实践数据和分析民主化的过程中，企业会面临许多挑战，其中数据资源体系和分析能力方面的问题尤为突出。大部分银行的数据资源看起来很丰富，但最大的问题是过于零散、杂乱和技术化，并未形成业务友好的数据资源体系。推行数据和分析民主化，首要任务是确保数据资源向业务人员广泛开放，并且方便查找、检索且容易理解。

同时，业务人员需要解读数据才能发现潜在的业务模式，阐释因果关系，产生业务洞察和制订行动策略，这个过程需要分析能力的支撑。数据分析是一项对综合能力要求非常高的工作，既需要了解银行业务的经营和运作，也要熟悉数据资源，并具备数据分析思维和方法，在操作层面还需掌握数据处理方面的技能。如何降低技术门槛是推行数据和分析民主化面临的重大挑战。

银行在以上两方面的积累普遍较为薄弱，建议采用赋能模式解决问题。赋能存在多种方式，例如基于传统的"传、帮、带"模式，基于"平台＋工具"的技术赋能模式，以及基于预测性分析、机器学习的 AI 赋能模式。在实践中可以多种模式结合使用。

第 3 节　数据能力建设实践

数据能力的建设包括需求梳理、现状分析、蓝图规划、具体实施和推广，是一个长期迭代循环、持续积累和优化的过程。

1. 数据能力实施要素

数据能力实施包括四大核心要素。

要素一：复合型数据团队组织架构

目前国内商业银行多采用传统职能式组织架构，数据需求的响应和处理是集中接单式的过程，业务部门提出的数据查询、提取、分析等需求，遵循 IT 需求管理流程，汇集到数据团队排期研发解决。如果所有的数据查询、分析和业务策略都必须通过集中的数据团队来完成，那么随着数字化进程的深入和数据驱动业务模式的普及，团队的响应能力将成为瓶颈。对此，通常有两种解决方案：

- 组建集中式的大型数据团队，并随业务发展而不断扩大规模；

- 通过赋能，使业务用户能够独立探索数据并获取业务洞察与策略。

在现代数据应用环境中，数据分析是一项需要团队协作完成的工作，数据分析类工作岗位将细分和专业化（见图2-4）。

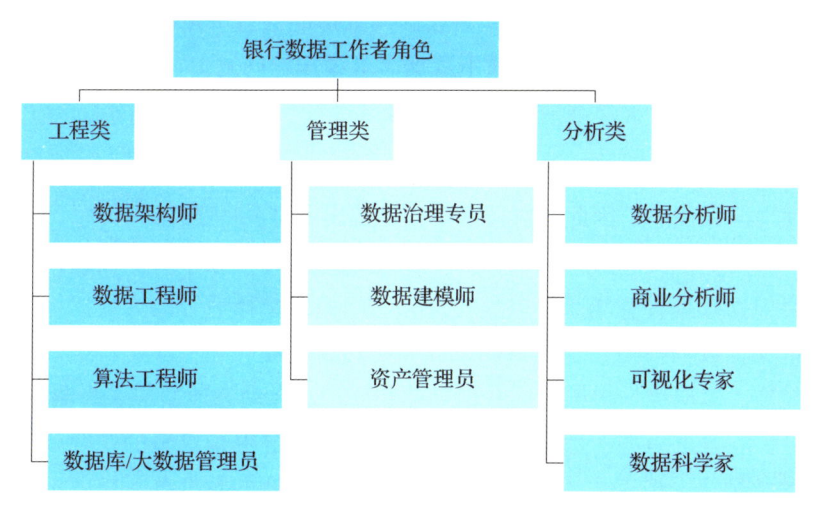

图 2-4　银行数据工作者角色

对于工程类和管理类的团队，建议采用集中方式组建。而对于数据分析类工作，建议基于数据和分析民主化的思路，通过赋能使得数据分析工作者（包括普通业务用户）具备不同程度的独立数据获取和分析的能力，从而将数据需求逐级分散化处理（见图2-5）。

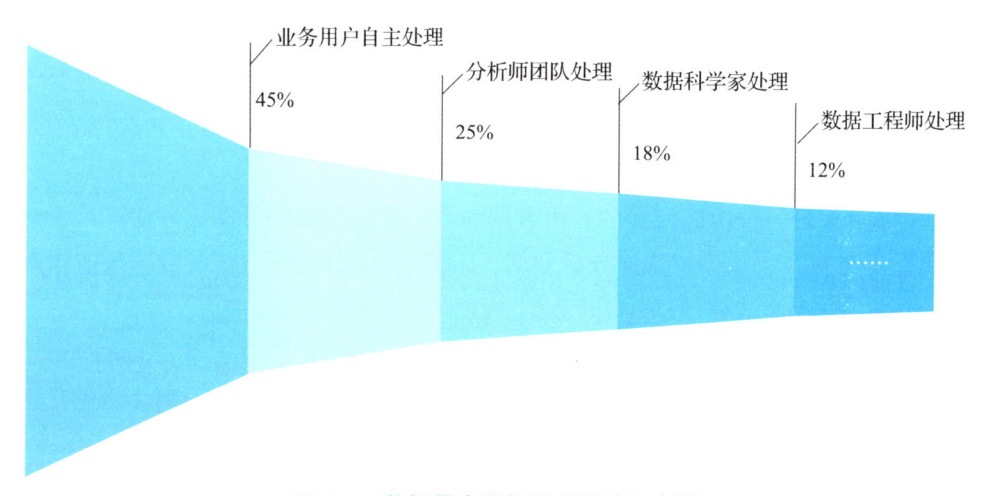

图 2-5　数据需求分级处理漏斗示意图

在数据团队建设过程中，建议银行将这两个思路相结合，建立"集中管理＋分散应用"的复合型数据团队组织架构，实现从传统的集中接单向分散赋能方向转型，使得数据分析工作者不仅是数据分析工具的用户，更是数据分析工具、分析模板的贡献者和推广者，并使普通业务人员都能拥有一定的数据分析能力，从容、可持续地应对数字化经营场景下数据需求爆炸的问题。

要素二：先进的大数据技术架构

具备领先数据能力的银行在数据分析的自动化程度、灵活性、分析深度等方面都表现出巨大优势，因此其对技术架构也提出了更高的要求。

总体架构要求更灵活： 软硬件等基础设施需要具备分布式处理和弹性扩展能力，需要根据数据计算场景、数据特征和访问模式选择适合的大数据保存、处理和访问框架；数据模型、数据流的设计需要对业务概念和特征进行合理抽象，支持不同粒度、多层级、多维度的数据存储和处理，并动态地适应未来业务变化。

计算性能要求更高： 数据分析的普及给数据系统带来更多的访问请求，并且和传统的批量式、报表式的数据分析模式不同，在新的数据分析模式下，用户需要随时随地进行数据分析并希望及时获取结果，因此数据系统的整体计算性能要同步提升，包括计算速度、存储读写、网络传输、高并发处理等多方面。

数据接口和标准支持更丰富： 企业的数据来源将会不断增加，大数据技术架构需要考虑对于多样化的数据源接口的适配，支持主流的数据交互协议和数据访问标准。

计算模型更多样： 除了传统的 SQL 编程模型，还需支持常用的分布式编程模型、机器学习、图计算、流计算等。

技术架构是构建领先数据能力的基础保障。很多银行都在基于分布式大数据技术框架建设大数据技术平台，以满足数据系统灵活变化的技术要求。

要素三：DataOps 数据实践平台

DataOps 是一种面向流程的、由数据和分析团队使用的自动化方法，目标是提高数据分析质量和缩短数据分析周期。DataOps 实践是改进传统数据价值生产和交付过程的有效方法。DataOps 数据实践平台需具备四方面能力。

环境准备能力： 通过应用虚拟化、配置管理、自动部署等技术，DataOps 能够帮助数据工作者快速创建和管理独立的数据工作环境，并实施隔离，避免互相影响，从而准确高效地完成数据探索实验、开发、测试和生产环境的准备工作。

自动化能力： 自动化是提升数据需求处理效率的重要手段。DataOps 平台需要在数据研发和分析的全生命周期内提供广泛的自动化支持，包括环境建立、数据移动与分发、程序构建、测试、部署等。新想法可以尽快得到验证和部署并投入运营，减少重复手工劳动。

任务编排和监控能力：在企业级数据流水线中，运行着大量的数据处理任务，有的进行数据加载，有的进行数据清洗和转换，有的进行数据测试和验证，有的按照分析逻辑进行统计和计算，有的进行机器学习模型训练，等等，DataOps 平台需要对它们进行编排、调度并持续监控。

生产协作能力：DataOps 平台能够打通数据研发和分析全生命周期的各个环节，集中管理数据流水线涉及的各种研发组件，使团队之间形成统一的研发视图。它支持在线环境申请和数据准备、版本管理、团队开发等协同实践，团队之间可以通过标准化方式进行沟通与合作，以加速信息的流转和同步，提升团队协作能力。

要素四：面向业务的分析资源和工具

在业务数字化进程中，数据用户将是一个广义概念，既包括数据团队的工作者，也包括普通业务人员。考虑到不同用户在数据认知、分析技能、工作目标等方面存在差异，需要建立一个多层次的分析资源体系，以满足不同类别数据用户的需求（见图 2-6）。

分析场景	业务场景									分析方法				
	客户经营	风险管理	营销管理	交易分析	渠道优化	运营优化	体验监测	效益提升	财务分析	……	对比分析	结构分析	漏斗分析	归因分析	趋势分析	……
	维度分解								
	客群	产品	时间	机构	渠道	区域	旅程	活动	行业	……

数据体系	业务主数据					业务主题/场景模型				指标体系			资产目录
	客户	账户	产品	机构	交易	客户细分	营销获客	客户提升	客户挽留	指标拆解	一致维度	指标归因	
	总账	资产	地域	营销	渠道				普惠风控……				

图 2-6　面向业务的银行数据分析资源体系

业务主数据从金融行业的抽象化概念模型出发，把原始数据按照典型的银行业务主题进行整合和汇总。这个层次的数据模型适应能力强，相对稳定，是整个数据体系的数据基础。

业务主题/场景模型是一组用于组合、整理或筛选业务数据的处理逻辑，既可以是数据表之间的关联组合与数据映射的定义，也可以是经过数据挖掘建模或者机器学习产生的统计推断和预测模型。业务模型屏蔽了复杂的数据来源关系和数据处理逻辑，对业务模式进行了归纳和总结，也是建模者的业务经验积累和沉淀，为特定的业务场景或业务主题提供了灵活和智能的数据处理方式。

指标或标签则是业务用户最容易理解的数据元素，贴近业务思维，业务用户可以看懂并理解其中的业务含义和影响。我们需要对业务指标或标签进行拆解，并梳理层次结构和归因关系，同时统一业务维度，才能得到全行一致、有效的指标或标签体系。

分析场景则是对数据资源的运用方式的总结和归纳，包括提炼典型分析场景、梳理常用分析维度以及以模板的方式固化成熟的分析方法。

数据分析需要的技能涉及数学、统计学、计算机科学及业务领域知识等综合知识。在分析资源已具备的基础上，还需要通过软件工具对这些技能进行封装，提供简单易用的操作功能和直观的展示界面，同时固化成熟有效的分析思路和方法，并形成平台内自由分享、交流的机制，使数据工作者和普通业务用户都能够自发运用分析工具参与到数据分析和业务策略改进的过程当中，从而形成良好的数据和业务协作的运营生态。

2. 基于"三台一线"落地数据能力

银行数据能力建设是一个综合性的系统工程，需要制订具体落地载体和实施路径（见图2-7）。

图 2-7 基于"三台一线"的数据能力落地框架

（1）技术平台

技术平台的主要工作是设计并实施数据采集、存储和计算需要的技术架构，为各类数据需求场景提供对应的技术组件，并完成数据源的对接，形成稳定、高效的数据供给流水线。

当前大数据领域的新技术和新框架层出不穷，银行技术部门需要充分研究、判断和决策，重点关注两方面：技术方面，重点跟进大数据主流技术路线并掌握核心架构设计；数据方面，重点放在对接数据源系统、提升数据处理性能、增强自动化程度等技术性环节，保障数据的稳定、高效和及时供给。

技术平台作为典型的企业数据硬实力，其重要性不言而喻，所以大部分银行在此领域已有布局。银行可以结合本行技术平台现状和业界先进架构，取长补短，筑牢企业"数据大厦"技术底座。

（2）数据中台

数据中台的目标是提供可供前台复用的公用能力，支持前台快速创新迭代，加强用户响应力，成为取得差异化竞争优势的驱动引擎。能力和敏捷是其中两个关键因素。

- **能力**：数据中台的功能定位是"授之以渔"，通过建设提供数据整合、治理、价值萃取、共享服务的能力，使最终用户可以访问到高质量、业务化，具备准确、一致、明确和完整特征的数据，自主完成业务经营中的数据驱动过程。
- **敏捷**：改进传统数据研发模式和流程，使数据价值生产过程能以小步快跑的方式拥抱变化，支持数据驱动业务经营过程中频繁、快速的实验模式。

具体来看，数据中台需要提供五个核心功能模块。

- **数据体系建设**：通常采用层次化的数据组织形式，可参照实施要素四中的数据体系规划，确定每个层次的数据来源、特征、功能定位、数据模型、质量规范、接口标准、应用场景、管理方式等，为数据加工建立基础框架。
- **持续数据集成**：通过开发和部署自动化的数据集成流水线，按照数据中台的数据体系层次，持续对底层对接的系统源数据进行采集、加载、清洗和转换，将数据源不断地集成进来。
- **DataOps 平台**：基于 DataOps 实践建立平台化的数据价值生产流水线，实现端到端的数据价值敏捷交付。DataOps 平台是数据中台能力建设的关键，也是实施难度最大的部分。
- **数据资产管理**：与数据价值的生产过程对接，自动采集和存储数据资产元数据，同时利用自然语言处理、知识图谱和搜索引擎技术，使资产的检索和使用更加方便、智能。
- **数据服务**：充分考虑银行数据消费场景需求，灵活定制数据 API，无论对内的营销、风控、运营，还是对外的场景对接、合作方流程协作等，都可以方便、快捷地交换数据，打造"找得到、看得懂、用得好"的数据消费体验。

数据中台是企业"数据大厦"的基础框架，可以用"数管盘数"四个字来总结。"盘数"有两层含义：能够对全行数据资产进行整合"盘点"，做到全盘考虑、心中有数；"盘活"全行数据资产，通过准备高质量的业务化数据资产并为全员提供赋能工具，充分激发企业全员的数据思维和活力，呈现出数据的生命力。

（3）业务工作台

业务工作台为业务人员提供直观、简便、易用的数据分析操作界面，展示友好、易读的分析资源，提供与具体业务场景紧密结合的分析操作功能，解决数据价值交付的"最后一公里"问题。业务工作台可以为不同层级的业务用户赋予自主的数据能力。

- **中高层决策者**：以决策支持为主，主要需求为管理驾驶舱、仪表盘、固定报表应用。业务报告的格式和内容相对固定，变更频率较低，几乎没有个性化需求。
- **中层和基层管理者**：以经营洞察为主，支持日常经营分析，主要需求为固定报表，但也会有部分动态的个性化分析需求。分析报告的变更频率较高，通常按天甚至按需实时产生；需要支持灵活的指标上下钻取。
- **一线经营和管理者**：以策略指导为主，支持日常业务策略需求，有固定报表需求，但临时、动态的个性化分析需求更多。分析报告的频率不固定，经常按需产生；分析维度也不确定，需要结合业务场景变化和策略随时调整，开展数据测试和实验。

业务工作台需要提供四个核心功能模块。

- **数据资产门户**：为全行人员提供一站式的企业数据服务门户，建立全行统一的数据服务入口，提供数据资产浏览、展示、查找、搜索、发布、申请、分发等功能；支持自服务式数据访问流程，提升数据获取和使用效率。

- **业务建模工具**：为熟悉数据的业务分析师、熟悉数据资产的管理人员提供自主整理和组织数据的工具，实现针对特定业务主题或业务场景的数据准备，既便于业务分析，也能提高数据利用率。
- **业务指标/标签设计工具**：把从原始数据到数据价值转化的过程中需要完成的数据加工步骤封装成图形化的操作界面，业务人员可以自行完成业务指标/标签的设计和发布。
- **场景化分析工具**：为业务人员提供的日常分析工具，内置常用分析方法和模板，具备展示直观、定制灵活、操作简单、内容共享的特点。

建设自传播、社区化的数据分析生态和数据驱动型经营文化，能够让企业全员都积极参与其中并互动，贡献优秀的分析思路和方法。在实现数据业务价值的同时，平台可以持续积累分析成果，业务用户也能不断强化数据思维，实现自我提升。

（4）数据价值生产线

打造技术平台、数据中台和业务工作台的最终目标是通过"三台"的融会贯通，建成数据价值生产线。它是银行实现数据价值交付的"高速公路"，是一种基于"1+N"模式的"数据+程序"的复合交付模式（见图2-8）。

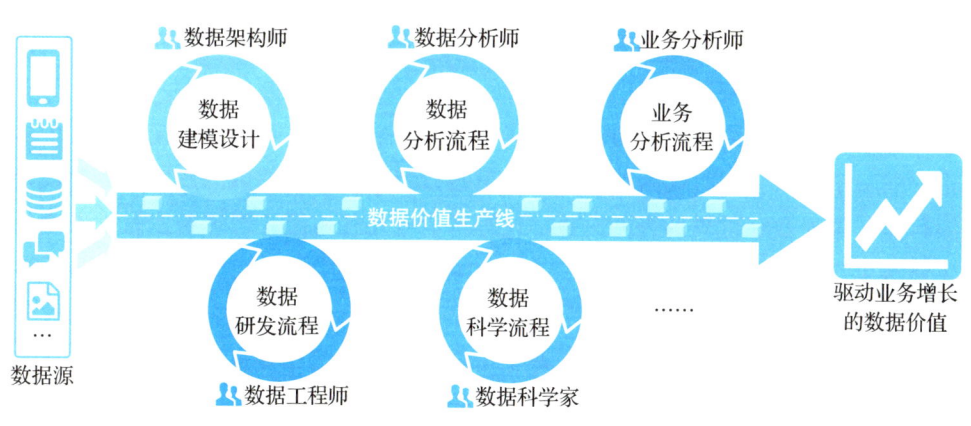

图2-8 "1+N"模式的数据价值生产线

"1+N"里的"1"是指一条以内容产出为主的流水线，其中生产原材料是持续从各来源系统流入的源数据，数据加工方式和分析逻辑保持相对稳定，产出的是体现数据价值的业务洞察、经营策略、行动指引等。这条生产流水线在全行的逻辑架构上是集中整合的。

"N"指 N 条以方法产出为主的数据探索、分析、开发流程，其目标是为数据价值生产线贡献数据加工和分析方法，产出包括数据清洗/转换/加载程序、指标计算规则、标签打标逻辑、机器学习模型训练和推断过程等。在"三台"架构支撑下，包括最终业务用户在内的各类数据工作者都可以参与到数据价值的生产过程中，成为 N 中之一。他们可以使用量身定制的数据工具，在特定的数据需求场景中自主进行分析和创新，得到确认的数据处理和分析逻辑将发布到内容产出主流水线中，持续不断地为银行数据价值转换增添新的思路和创意。

数据价值生产线可以充分发挥数据和分析民主化的优势。在日常经营中，深入贯彻落实数据驱动的模式包括以下几种。

- 挖掘、沉淀经营分析逻辑：基于业务管理与经营场景，总结分析思路和规律，沉淀共性的经营分析逻辑，并持续挖掘新的经营分析场景。
- 探索新的业务策略：基于数据洞察，持续产生新的业务策略，例如营销、个性化服务、价值提升、动态定价策略等，并跟踪业务行动，收集执行反馈。
- 优化决策分析资源和工具：根据业务执行效果和反馈数据，持续推动配套的数据资源体系建设和相关系统与工具的优化，拓展赋能广度和深度。

如此形成持续迭代的经营闭环，不断积累、改进，保持数据资产生命力与数据驱动业务的活力，为银行不断创造业务价值。

银行数字化转型能否成功，存在多方面的影响因素，数据能力无疑是其中最重要的一个。数字化时代的竞争，取决于银行对数字世界探索的广度和深度以及银行业务融入数字世界的程度。数字化银行业务就像电影《黑客帝国》中黑底绿字终端上飞速闪动的 0 和 1 一样，需要"数据超能力"才能看懂。大数据技术、数据中台、DataOps、数据和分析民主化等都是赋予银行数据能力的利器，能够让我们看清数字世界中的客户、行业、市场等商业要素，并从中获取深刻的业务洞察和行动指引。我们不妨积极开拓，大胆尝试，走进数字化的商业世界，看看那些不一样的 0 和 1。

03　数字银行架构能力升级

付晓岩　银行数字化转型课题组

企业架构是数字时代的企业管理思维，是数字银行的中枢体系，连接着战略、业务、技术，是构建对外部变化快速适应、对新技术合理运用、对数据驱动业务有深刻理解的银行所必备的工具。企业架构旨在打破数据孤岛，培养业务和技术复合型人才。企业进行数字化转型要有长期思维，要有战略定力，而支持这些的管理工具，正是企业架构。

如何理解、展望数字银行？如何掌握、设计数字银行架构？我们从技术发展可能会诱发的变化趋势讲起。

第 1 节　技术推动的金融数字化趋势

技术的发展从来不是一项技术"包打天下"，不要过度解读单一技术带来的改变，而应关注技术的综合作用。

1. 主流技术的应用与发展趋势

提起数字化，人们经常会说到云计算、大数据、人工智能、物联网、通信技术、区块链等几大主流技术。

云计算是统筹管理算力和存储的技术，已成为大中型金融机构首选的资源管理方式。从私有云、公有云到混合云，云的形态在向多云融合方向发展，而新型数据中心也在朝着绿色环保型的云计算数据中心发展。在国家政策推动与核心企业带动下，未来大部分企业都将在云上有"一席之地"。

大数据与人工智能堪称目前最受瞩目的金融科技方向，数据驱动的银行、智能的银行,已成为银行科技战略的目标。大数据技术正在由传统批量处理方式转向实时处理方式,以提升对数据"时间价值"的榨取。大数据的底座正在从数据仓库转向数据湖、湖仓一体以及最新类型——库仓一体,实现库仓一体将极大提升数据处理的实时性,减少业务数据库到数据分析平台的数据"搬家"时间。

基于大数据平台的人工智能在银行中的应用已经有了长足进步,从客户管理到营销,再到运营、风控,无处不在。随着技术的发展,与体验相关的人工智能将会带来更大的改变,语音控制、多轮对话、数字人(2D、3D虚拟员工)、AR、VR等技术会日趋成熟。量子计算的发展可能会给以"暴力计算"见长的大数据和人工智能技术带来更大的发展空间。

物联网是未来数据采集、客户触达的重要终端,是感知客户需求、提升客户体验的"最后一公里"。目前在银行端物联网应用还处于探索阶段,尽管大型银行可以连接的物联终端已经有数百万个,但就银行业总体而言,还是偏运营管理(比如智能金库)和风险控制(比如对仓单业务涉及的仓库、物资的监测等)。结合人工智能的AIoT正在加速发展,边缘计算的兴起将使物联网逐步走入"体验类技术"的行列。

通信技术是计算机世界发展的"加速器",网络速度越快,延迟越低,软件带给客户的体验就会越及时,越真实。4G网络已在国内普及,5G正在加速推进,6G已提上日程。网络的发展是近20年信息化发展的重要基石,没有通信技术的大幅度进步,就没有移动互联网的今天,更没有虚拟现实的明天。

区块链技术的发展逐渐打破之前的一些技术瓶颈,尤其在联盟链的效率方面,已经可以满足很多对公业务场景的需要,在低频场景方面更为突出。联盟链的网络形态符合一般企业生态圈的形态,即多数供应链都是有中心节点而非完全去中心化的,更符合自然情况的需要。

每一种主流技术的发展都在改变着银行或银行的客户,都在孕育新的发展机会和业务形态的变化。深入理解、前瞻性展望这些技术对于适应数字时代非常重要。

2. 对业务的最大潜在影响

过去十年技术对业务发展影响最大的地方莫过于渠道变化。移动互联网虽然没有改变金融业务的逻辑,但其带来的渠道变化让银行大变样:加速了手机银行的发展,使业务离柜率大幅上升,已达90%。移动端带来小额支付频率的大幅上升,高业务并发量要求传统架构更新,以适应更有弹性的业务节奏。移动支付让银行本身后端化，同时带来了新的风险类型，例如互联网交易欺诈风险，开放的网络环境甚至产生了数据安全隐患，包括"拖库"风险。移动端对现金的削弱直接导致了大量ATM机"下岗"，同时催生了新的多功能智能终端机。青年一代喜欢的互联网渠道，也是银行需要进一步熟悉的经营方式。

新技术的发展将使3D渠道逐渐浮出水面，这将引发下一轮由渠道带动的金融变革，哪怕业务逻辑依然不变。

3. 新基建带来新协作

国家分别于2020年、2021年出台了《关于加快构建全国一体化大数据中心协同创新体系的指导意见》和《关于印发〈全国一体化大数据中心协同创新体系算力枢纽实施方案〉的通知》，根据这两项数据中心建设指导意见，再结合《中华人民共和国国民经济和社会发展第十四个五年规划和2035年远景目标纲要》（以下简称《纲要》）中的相关内容，可知数据中心将成为最重要的基础设施类建设之一。各地区的数据中心，少数E级、10E级算力中心，都将成为社会算力设施，为企业使用算力、存储提供有利条件。在这样的数字化基础设施上，各类企业都可以完成"上云"工作。

客户存在的地方，就是金融服务存在的地方。银行随着行业云、金融云的发展，也将和客户一起走上"云端"，新故事也将上演。

4. 元宇宙很遥远吗

"元宇宙"是一个在2021年再度火热的旧词，其实褪去表面浮华，结合上述对新技术和新基建的介绍，我们可以预想"云端"新故事就是一场面向虚拟空间的渠道升维，从今天的2D渠道升级到全新沉浸式体验的3D渠道。

今天我们说的打破年龄导致的数字鸿沟，往往会集中在手机界面字体放大、功能简化上，而下一步就是更好的语音操控，通过语音交互和控制提供金融服务，使老年人更容易使用新技术。再进一步就是通过数字人提供体验更好的交互式服务。清华大学的数字学生"华智冰"、阿里巴巴的数字员工"AYAYI"都是新技术试验的典型代表。大数据和人工智能导向的不再是基于海量数据"猜"个体需求，而是结合更多的交互"问"个体需求。

在数字化浪潮加速的背景下，渠道的变化可能比我们想象的来得更快。新渠道升维会使"数字员工"应用更加广泛，因此也将带来真正需要考虑的人机协作问题，这有可能是业务系统大改造的又一个引爆点。

第 2 节　银行的架构发展趋势

展望技术发展是为了对将来进行合理预期，以终为始地规划发展路径。要发挥大数据和人工智能的优势，业务全面自动化是一个必然的发展趋势。要实现自动化的业务过程，就必然要做好业务的标准化、数据的标准化，这是企业架构中业务架构设计的关键。梳理好银行的整体架构，尤其是其中的业务架构，是为未来奠定基础。做好企业架构是为了提升思维的结构化，为了实现全面数字化转型。

1. 银行架构发展趋势

从技术视角看，为适应业务发展，银行的核心系统正在向分布式架构切换。从传统核心到分布式核心，再到基于云的分布式核心及云原生核心，业务系统的重构不可避免，集中式架构、单体应用、SOA 体系在逐步向分布式逻辑单元化架构、微服务体系转换，必然涉及业务流程的重新梳理和再造。这也推动了银行重新审视企业架构的作用。

目前很多银行在增加对金融科技的投入，而新技术如何通过技术架构形成合力，更好地渗入业务流程、金融产品中，则需要结合企业技术平台的布局、内外部资源进行综合考虑，也需要改变原有开发过程，让业务和技术可以随时随地产生融合机会。一些银行已经在开展部落制等敏捷方法，寻求适合自己机构特点、推动业技融合的工程组织模式。

2. 整体转型会不会成为必然选择

《纲要》提出"以数字化转型整体驱动生产方式、生活方式和治理方式变革"，所以从长期看，数字化转型必然是整体转型。对银行而言，从技术底层到外部环境都会发生变化，最终没有哪个银行会"躲过"整体转型。银行对整体开展数字化转型没有必要疑虑，否则可能贻误战机。

整体转型不仅可以培养银行以前没有的整体设计能力，而且可以带来促进深度融合的机会。很少有企业架构这样的工程方式能够提供如此好的机会，让业务人员和技术人员坐在一起深入探讨业务全局和细节，这个过程形成的架构资产和培养出来的人才都是银行宝贵的财富。

第3节　企业架构方法的现状与问题

企业架构是每个想实现数字化转型的企业都有必要去尝试、去内化的，尤其是银行这种服务型、适合高度数字化的企业，但是企业架构实施难度大，方法论不易理解，导致其内在价值一直被忽视。

1. 企业架构方法现状

企业架构方法论诞生于1987年，第一个公认的企业架构方法论框架被称为"Zachman框架"。该框架提出，在企业内设计软件的合理方法是采用多视角架构去整体认知企业，以保证软件设计的合理性。也就是说，单独分析一个个的功能，离散实现一个个的系统，并不能保证企业软件设计的合理性，只有从整体上综合体现不同的利益诉求，才有可能对众多软件进行合理的设计。

1995年Open Group提出了"开放组架构框架"（The Open Group Architecture Framework），将企业架构视角分为业务架构、应用架构、信息架构和技术架构，即企业架构领域的"4A架构"。此后，联邦企业架构框架（FEAF，2002年）、美国国防部架构框架（DoDAF，2004年）、IBM的业务组件模型（CBM，2004年）等先后涌现。为了更好地开展敏捷开发，2003年Eric Evans提出了领域驱动设计（DDD），该方法论也被认为是业务架构理论。2018年，国内互联网企业提出"中台"理念，国外也在CBM的基础上进化出具有微服务色彩的银行业架构网络（BIAN）方法论。2020年年底，Thoughtworks提出了现代企业架构框架（MEAF）。企业架构理论一直在自我进化。

企业架构理论因为内容宏大，工程复杂，所以实践者多为大企业，而且完整实施案例不多，这导致其有效性始终受到争议。

2. 推广企业架构方法遇到的障碍

架构方法本身的不足。比如：业务架构本应成为业务与技术之间的桥梁，但实际上却仍停留在技术人员的作业范围内，很少被业务人员了解，也没有被业务人员应用到业务领域中去解决问题；架构设计上至今也没有非常好的工具，设计工作都落在架构师身上，业务资产、IT资产缺乏有效管理和连接，这是一个从

Zachman 时期延续至今的问题；对项目周期、速度的过分关注，导致架构管控工作僵化、生硬，架构的弹性和创造性没有得到应有的关注，反而使架构成了不灵活的管控工具。这些现象导致对企业架构价值的轻视和不正确的架构观，使不好的执行被当成架构方法论的缺陷，从而限制了企业架构理论和实践的良性发展。

结构化思维在企业内部的缺失。企业架构最重要的价值是能解决业务和技术的深度融合问题，而融合并非人们想象的需要依靠"炼金术"一般的秘密技术，而是非常简单的能"聊"到一起。共同的语言、思维模式才能使业务人员和技术人员真正接近。这种思维模式就是结构化思维，是企业架构的核心思维模式。

结构化思维不会过度增加业务的学习成本，因为业务人员需要结构化地理解数据。流程和数据是企业架构需要结构化的关键对象。企业架构不融入企业管理中，企业就无法在各个层面促成深度的业技融合，无法真正用数字化的思维思考，使自己处于内部无法管理两个领域（企业原有的业务和 IT）而形不成合力的"数字化管理窘境"。

对企业架构理论的本土化和创新不足。我们处在一个迫切需要企业架构方法论创新发展的时代，这是帮助所有企业完成数字化转型乃至完成全社会数字化转型的必经之路。架构的自主可控是企业核心能力自主可控的标志，企业架构方法论也需要实现"道路自信、理论自信"。我们已经有 40 多年信息化建设经验，工程和架构创新之路需要认真走下去，而这条路的开端，笔者认为应该放在业务架构上。

3. 数字银行需要什么样的企业架构方法

银行不应当被企业架构庞大的身影迷惑，甚至产生畏惧，清晰的企业架构方法是在解释银行的复杂性，银行业的复杂性不会因此而升高，也不会因为不采用企业架构方法而降低。

有助于提升行业标准化的企业架构方法。企业架构会关注企业的战略、组织、业务、技术等方面，是对架构设计对象，也就是银行整体情况的描述。但仅描述清楚情况无法解决大规模快速生产软件的问题，因为超越银行自身的、行业级别的"软件混乱"，导致行业通用功能既无法很好地由商业套件提供，也无法通过开源手段简单获取，这是跨银行的定义、标准、理解的不一致产生的"混乱"。企业架构应有助于解决这一问题，但需要跨越银行边界进行标准化——行业级的标准化——提炼。不同规模的银行，其架构依然可以是不同的，可以是按照银行规模分层的企业架构。

支持大规模快速软件构建的企业架构方法。基于对标准化分层企业架构的提炼，可以孕育"量产"型的架构设计生产能力。当然，这并非绝对的量产，而是与当前长周期、人力型企业架构生产方式相对应的量产。在企业架构工具的支持下，少量企业架构师应当可以有效指导一个银行的快速架构设计工作，这里需要明确，是"指导"而非"生产"，因为企业架构设计是整个银行的工作。

支持面向数字生态进行共建的企业架构方法。基于跨银行甚至跨行业标准化、量产的企业架构，也应该是采用生态方式构建的企业架构。生态是开放的，开放的企业架构必然是可以共建的，如同现在银行谈场景一样，一切皆可共建。企业架构也可以是像开源社区一样的"开源企业架构社区"，可以是民主化、分布式的架构设计能力，而非中心化的架构产品。以构件为单位的架构设计，其架构构件、关系说明应当可以开源，或者有偿提供构件级的产品，从而为架构设计提供可以快速生长的生态。如果构件本身已经包含实现，这就是更好的、不以单一系统为生长边界的"开源企业架构社区"。当然，要有国家的支持力量和专利管理，才有可能平衡社区的运营。

第 4 节　适合数字银行的企业架构：聚合架构

数字生态的发展会带来众多事物的演进，企业架构理论也不例外。经过多年的企业架构实践和研习，笔者提出了企业架构的改进思路，即"聚合架构"，它是一种构件化的企业架构设计方法。

1. 聚合架构的方向

传统企业架构方法在业务与技术深度融合、流程与数据深度结合、业务架构与应用架构衔接、瀑布方法与敏捷方法兼容等方面，依然存在一定的不足。21 世纪出现的一些方法，如领域驱动开发（DDD），又缺少与企业管理层面的有效结合。因此，企业架构方法论需要一次结合以往优秀经验的"强力融合"。

仅仅吸收以往的经验依然不够，新方法论还必须面对在社会层面如何形成大规模软件制造能力的问题。而这种大规模制造能力还应当是与"新基建"相结合的混合云原生设计能力，有助于进行"构件"级别、更为灵活的 SaaS 生产能力建设，而非"套件"级别、不易组合的 SaaS 生产能力。云上 SaaS 是今后银行业数字化进程中的必选方向之一。

2. 聚合架构核心：元模型与构件化企业

（1）聚合架构元模型

元模型（Meta Model）又称为"模型的模型"（见图 3-1），体现了方法论的架构观，即方法论是如何理解设计对象的。强大、简洁的元模型有助于理解进行企业架构设计时应关注的核心要点，从而避免被纷繁复杂的设计对象尤其是数据庞大的业务细节缠住，影响最关键的设计目标。

战略元模型、组织元模型、业务元模型和业务构件元模型组成业务架构元模型，这是传统业务架构与数据架构融合后的业务架构；应用架构元模型承接业务架构元模型，技术架构元模型实现应用架构元模型，并受其一定程度的约束。标记了五角星的元素为该元模型较以往方法论的重点改良元素。未标注连线的元素之间可以通过其共同连接的元素传递连接关系，比如组织元模型中"岗位"执行"业务活动"，"业务活动"活动于"空间"，可以认为"岗位"也是活动于"空间"的，这种关系与数据建模中数据实体之间的关系类似。

战略元模型重点强调对战略的能力分解，战略能力是最终支持银行实现目标的必要条件；组织元模型侧重岗位的标准化，尤其对于希望更多实现自动化的银行而言，战略能力要尽可能落实在岗位上，这些岗位将被自动化；业务元模型关注对业务的分解，将业务分解成任务和数据，这是对知识型企业的支持；业务构件元模型关注最终的、流程和数据结合的标准化构件的提炼，这是形成聚合架构的核心；应用架构元模型关注对业务构件的承接和实现；技术架构元模型关注技术的合理布局。

整个元模型体现了底层元素向高层元素的"聚合"，这种聚合是银行架构灵活性、扩展性的来源。能力支持战略，岗位聚合成组织，业务活动聚合成业务领域，业务构件聚合成业务组件，应用构件聚合成应用组件，物理构件聚合成技术平台。只有底层构件逐渐标准化、独立化，业务的灵活组装、企业的快速响应才有可能真正实现。

这种面向标准化能力的设计方法，对归纳业务中台是很有帮助的。

（2）构件化企业

通过聚合架构形成的企业，就是构件化企业（见图 3-2）。

03 数字银行架构能力升级

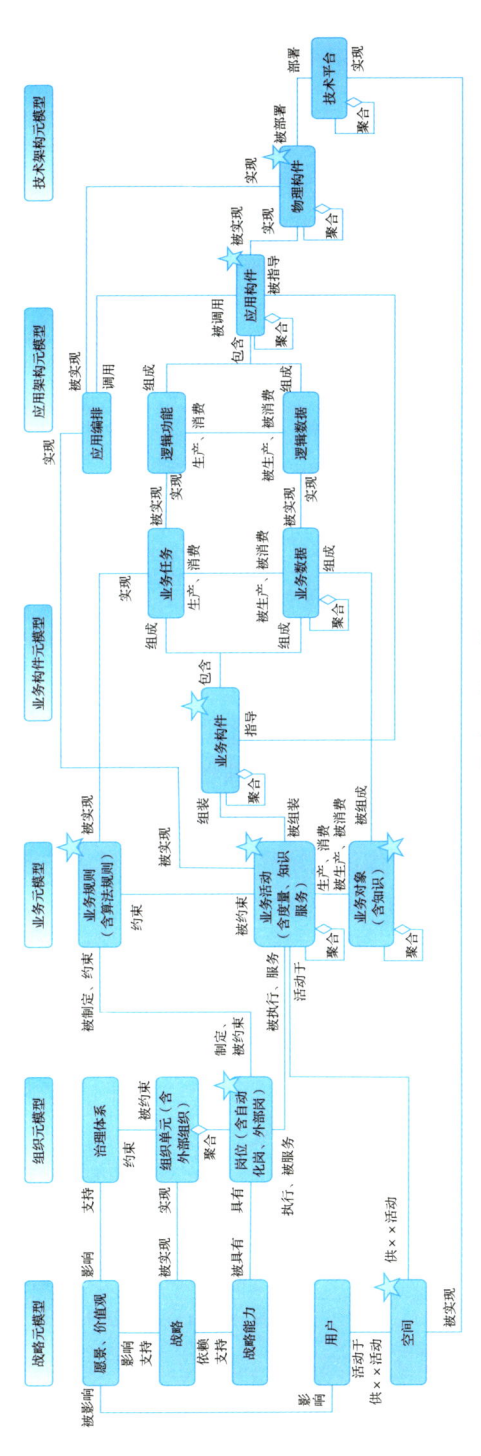

图 3-1 聚合架构元模型

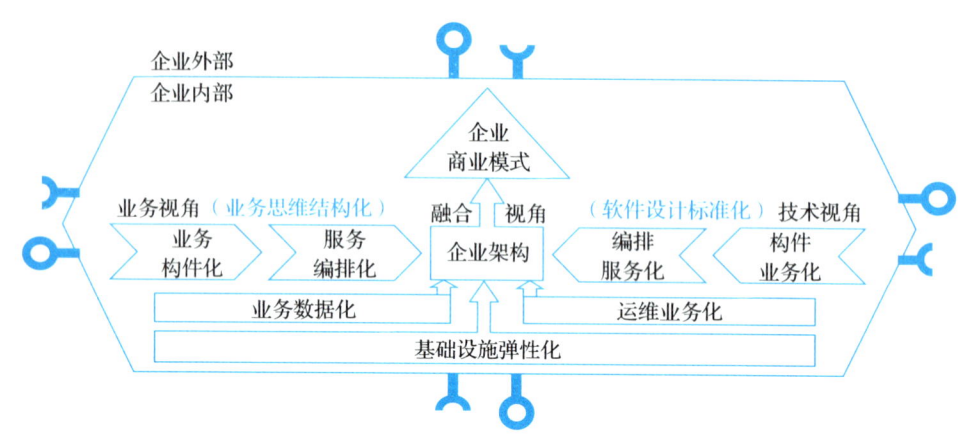

图 3-2 构件化企业概念图

数字化时代是依靠大规模软件生产支持社会生产的时代,大规模软件生产能力的形成需要与之相匹配的思维方式。当软件成为主要生产方式时,结构化思维就成为这个时代最基础的思维方式,而提升生产者(包括业务人员和技术人员)的结构化思维能力是最重要的思维转型方向。

业务人员结构化思维转型是指能结构化地看待业务、理解业务,更容易适应在数字化时代看到的事物(很可能先以软件形态呈现)和从事业务活动、开展业务创新的方式。结构化的业务视角更有利于将业务映射到技术实现,也更有利于业务人员利用已有的软件资产像组装乐高积木那样进行业务创新。

技术人员结构化思维转型,则是要能够结构化地看待业务构成与技术实现的关系,从而更好地将业务分解成合适的"乐高积木",这是在技术人员原有结构化思维方式上的一种深化。这意味着技术人员要更主动地接受标准化"约束",从个体化改进软件向公用化改进"标准"发展。这是数字化时代进行大规模软件生产需要的技术思维方式。

以上逻辑综合起来就是,在业务领域,应当能够看到业务构件化、服务编排化,业务人员应具有利用构件化软件资产创新和协助生产构件化软件资产的能力;在技术领域,应当能够看到构件业务化、编排服务化,技术人员具有按照业务含义准确设计标准化构件,并将构件编排作为一种服务向业务领域提供的能力。具备这种标准化架构的企业必然会成为开放式架构中的构件化企业,组成更大的行业级、社会级的开放互联。

3. 聚合架构实施过程

聚合架构的实施过程是一个企业级工程的实施过程，可以分成两大部分：首次实施和循环开发管理。

（1）首次实施

首次实施意味着银行之前没有形成企业级架构，尚不具备整体设计能力，因此，这可能是一个比较重的大工程。一般的实施路径见图 3-3。

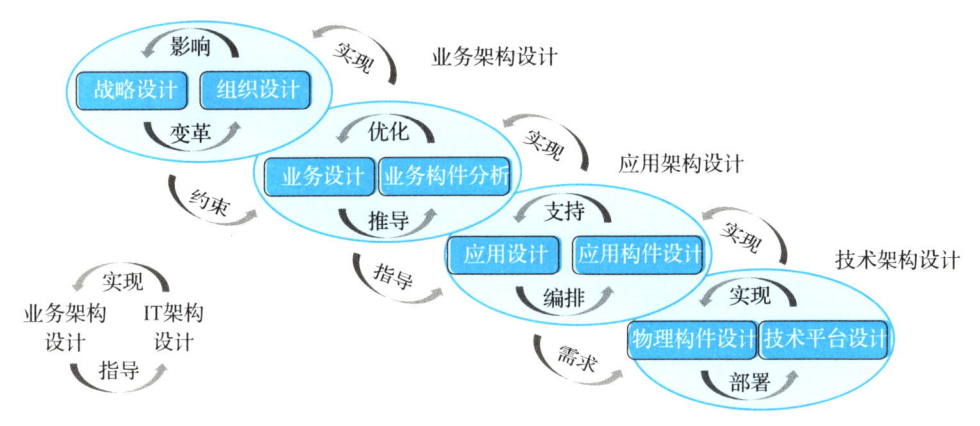

图 3-3 聚合架构实施过程

首次实施过程与元模型反应的过程一样，聚合架构元模型本身就降低了抽象程度，并且结合了实施过程的元模型。实施企业级工程是为了让技术融入业务，实现对业务的支持，这个过程必然从业务架构设计开始，再传到应用架构设计，应用架构设计成果会在技术架构的基础上实现。业务分析会对技术架构有一定的直接约束，这主要体现在一些与效率、效能相关的非功能需求上。

上述过程与传统企业架构实施最大的差别，在于将数据架构的设计融入了业务架构、应用架构、技术架构的设计过程中。在技术领域，行为和数据结合在一起的设计倾向已经出现，无论是微服务还是逻辑单元化，都有这种倾向，只差业务领域的设计依然是流程和数据分离的。"一切业务数据化，一切数据业务化"这一发展趋势，要求我们在业务架构中融合流程和数据的分析，这一点体现在聚合架构方法论中业务构件的设计过程里。

按照聚合架构设计的企业架构，其总体逻辑见图 3-4。

图 3-4 聚合架构逻辑全景图

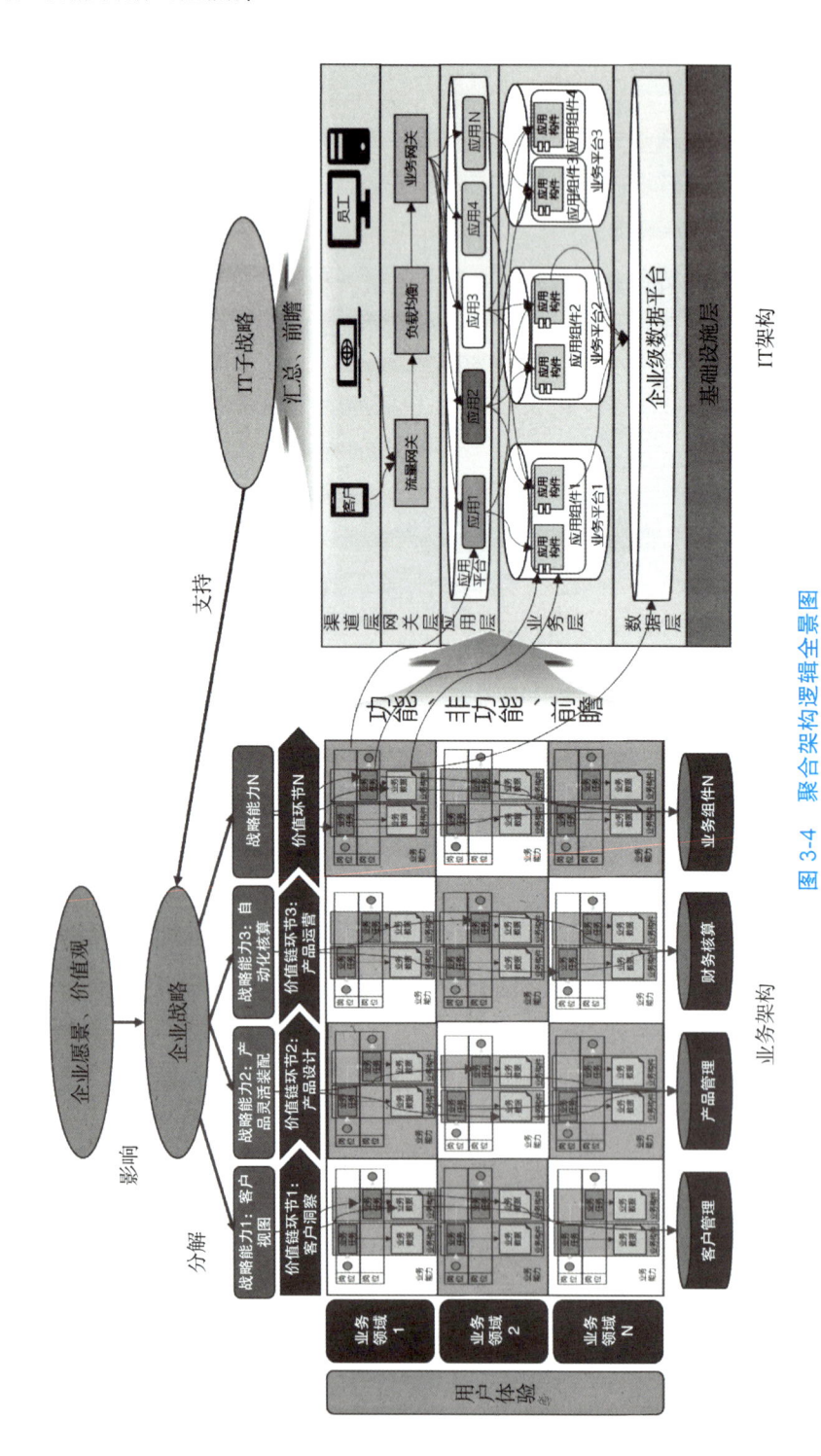

聚合架构设计不仅可以用于支持自身的设计，也可以用于规划银行的业务中台、数据中台和技术中台。

企业级工程的组织一定要有业务人员的深度参与，如果银行内部"业务人员提需求，技术人员管实现"这种近似于甲乙方的合作模式不改变，不能进入业务人员与技术人员融合共创的开发模式，那么银行的数字化转型将无法真正实现。数字化转型最终转变的一定是业务思维。

（2）循环开发管理

做企业架构时如果将其当作项目对待，可以在一个确定的周期内集中大量人力物力，而之后能否将"战时体制"顺利转化为"常态"很重要。企业架构项目的"收口"并不是项目的结束，而正是体制转化的开始。业务需求、系统改动、系统重构这些事情永远不会停下来，即便是做了企业级工程，该有新需求照样有，该有系统变更照样变。系统开发循环不止，那企业架构怎么发挥作用呢？

从元模型中可以看到，企业架构已经连接了所有对银行而言最为关键的要素，每次有新价值观、新战略、新用户群、新业务出现，都可以通过企业架构实现从业务端到技术端的串联，这是对银行现有业务资产、技术资产最高效的利用方式。

依托企业架构的循环开发过程见图3-5。

为了更好地提升循环开发效能，应该让企业架构师尤其是其中的业务架构师向业务端延伸，可以直接将其派驻到业务部门，随时跟进业务人员的创新想法，进行可行性研究。双方建立充分信任，可以提升业务人员与技术人员的整体沟通效率。

业务架构师处于可以引导很多想法的关键位置，好的业务架构师可以为业务部门带来更多的技术想象力，从而提高需求质量。对于确定的需求意向，企业架构师组织设计企业架构解决方案，这时的企业架构解决方案不像刚做企业级工程时从零起步，而是有企业架构资产做基础，是增量设计。所以，如果能够执行基于企业架构的循环开发，那企业架构维护就是个自然的设计过程。

在银行开发管理中的立项环节，各方共同配合完成材料准备。通常在立项材料中，业务部门负责阐述业务价值、业务目标，企业架构师阐述企业架构方案，项目组架构师、技术人员、需求分析人员或产品经理协助提供项目实施方案、资源预估、计划预估，然后根据企业立项评审机制进行立项评审，通过后由PMO进行计划编排和任务分包。

图 3-5 循环开发管理过程示意图

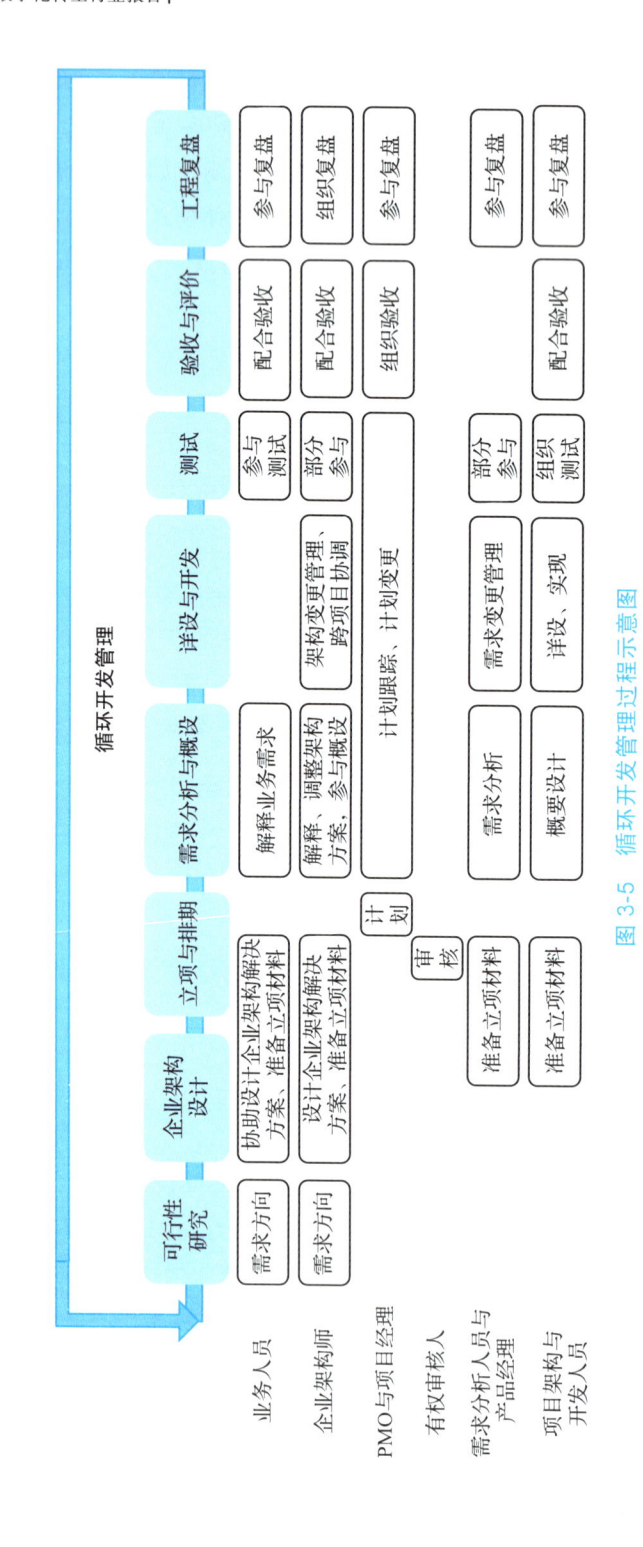

在项目实施环节，与进行企业级工程实施时的要求一样，有问题找架构，没问题就不要随意改动架构。项目结束后，建议由企业架构师组织工程复盘，这非常重要。因为既然建立了以企业架构为发动机的循环开发管理，就要经常研究和调整自己的企业架构方法论，以将实施经验转化为知识，并把知识逻辑化、体系化，再提炼出架构决策原则，便于今后开展架构工作。

4. 加强标准化管理

标准化本身是企业架构设计中的一项重要工作，也是企业形成可复用资产的基础，无论是建设企业架构、中台架构还是实施聚合架构，都离不开标准化处理过程。而实现数字生态的互联更需要标准化。例如开放银行，发展过程中接口会起来越多，如果没有标准化，银行将为接口所累。国外BIAN（银行业架构网络）框架正是因其对开放银行的推动作用而获得一定发展的。

标准化是对于业务流程和业务数据的企业级统一定义。标准化并非来自技术要求，而是出于业务本身需要。标准化应该是行业级的。对银行业而言，行业级标准化不仅会使业务的内外部衔接更容易，也会使监管制度的执行更容易。

第5节　数字银行需持续提升架构能力

聚合架构方法论有助于银行进行整体转型规划，尤其适合尚不具备整体设计能力的银行用来建立自己的设计能力。数字化转型是长期的复杂过程，通过提升架构能力来持续掌控自己的数字化进程很重要。

1. 以全局视角展望数字化转型路径

数字化发展要做好对"第二发展曲线"的顶层设计，而顶层设计必然要求全局视野，"不畏浮云遮望眼，自缘身在最高层。"数字化技术尽管复杂多变，但是总体发展依然是有迹可循的（见图3-6）。

银行总体上将从流程型、人力型银行走向智慧型、生态型银行，经过信息化的充分发展，终将跃迁到数字化这条"第二发展曲线"。就整体架构而言，银行将从梳理自身内部的业务架构走向面向生态采用开放式聚合架构，使面向客户和场景的生态连接更顺畅、更高效。系统的应用设计将从微服务演进到基于业务含义的构件化设计，并最终走向更加高效的行业级标准化构件。

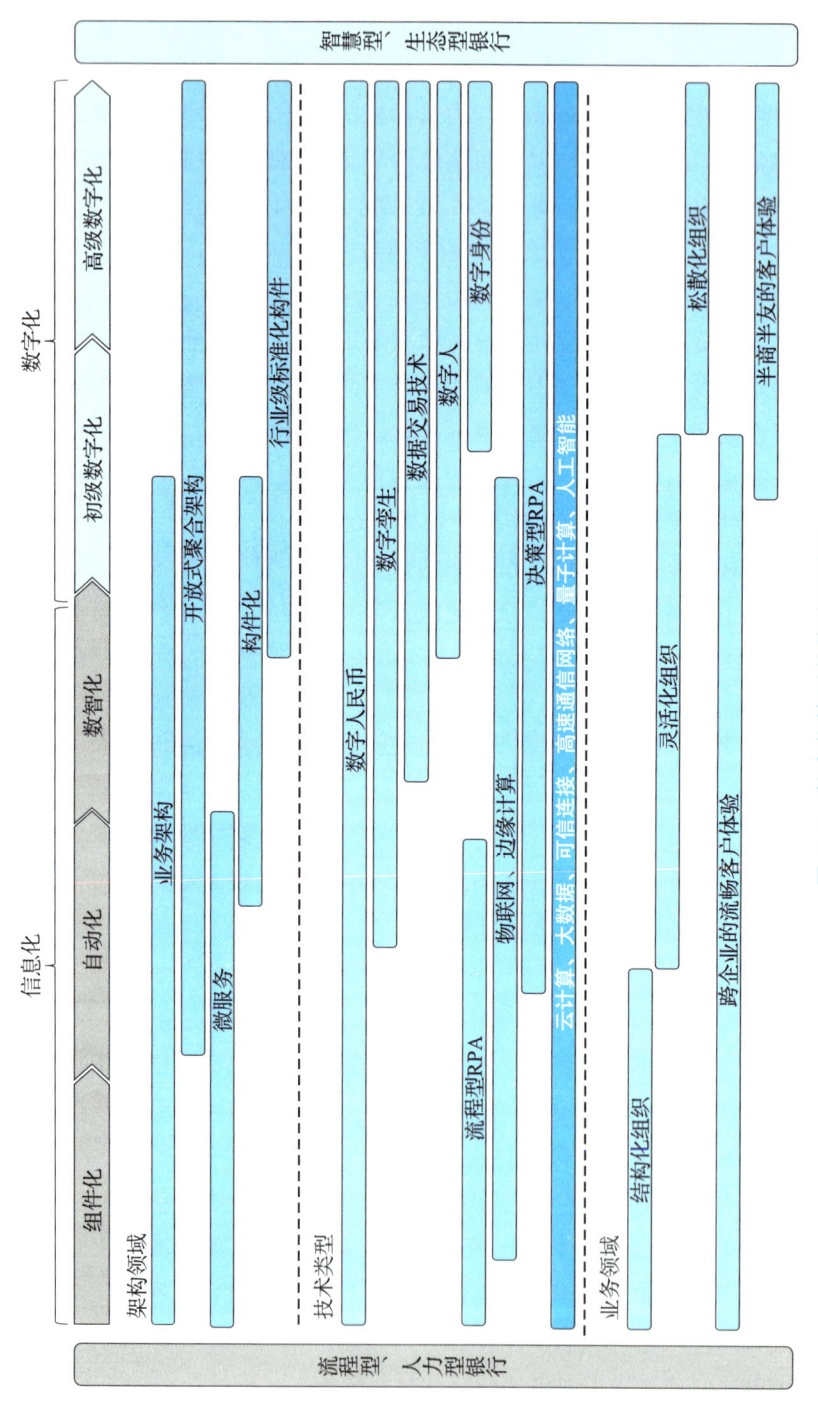

图 3-6 数字化转型整体演进路径

就具体技术而言，RPA、物联网、边缘计算、云计算、大数据、区块链、通信、人工智能、量子计算等技术，总体可以采用信息化视角进行管理，而数字人民币、数字孪生、数据交易技术、数字人和数字身份等则是与数字化远景更为相关的技术。在银行对待不同技术的策略中，对待信息化技术可以采用相对传统的 IT 规划方法，而对待数字化技术则要采取战略性方法，多关注其走势，多尝试，而非总去关注其投入产出比。由技术延伸到业务领域，客户体验在今天已经强调跨企业的流畅感，并且会随着人工智能技术的发展，导向一种基于"算法加人工"协作的友谊型客户关系管理。

随着数字化的发展，银行为此而做出的调整很可能是巨大的。如同前文所述，这是渠道和生产方式的改变，在不改变金融业务核心逻辑的前提下，业态的改变依然可以是很大的，甚至是不得不变的。

2. 以整体设计能力把控数字化底座

对于数字化的发展，银行能做的是尽力做好自己的技术布局、业务调整和战略演进。从技术视角看，银行的技术架构完全可能向图 3-7 所示的方向调整。

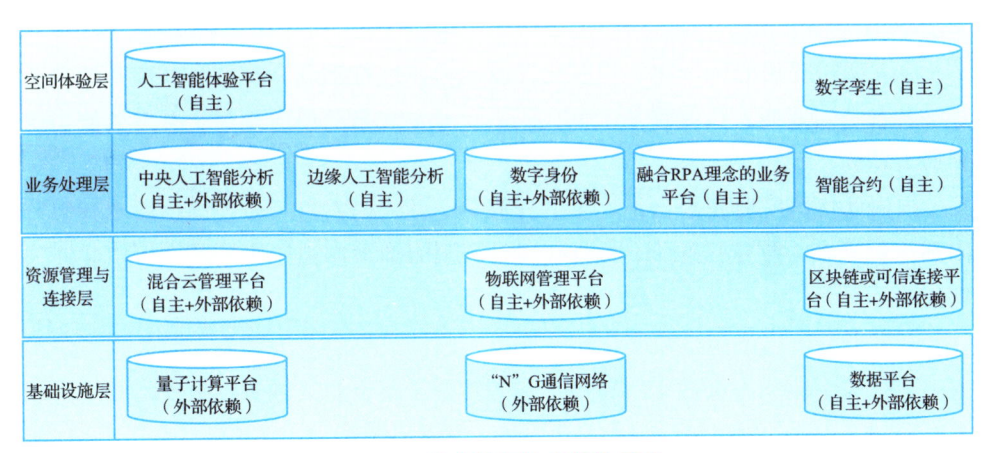

空间体验层	人工智能体验平台（自主）				数字孪生（自主）
业务处理层	中央人工智能分析（自主+外部依赖）	边缘人工智能分析（自主）	数字身份（自主+外部依赖）	融合RPA理念的业务平台（自主）	智能合约（自主）
资源管理与连接层	混合云管理平台（自主+外部依赖）		物联网管理平台（自主+外部依赖）		区块链或可信连接平台（自主+外部依赖）
基础设施层	量子计算平台（外部依赖）		"N"G通信网络（外部依赖）		数据平台（自主+外部依赖）

图 3-7 数字银行技术架构展望

随着数据技术和算力技术的发展，不仅银行可能依赖外部云平台提供技术基础设施，而且在"湖仓一体""库仓一体"的演进趋势下，纯业务平台和纯数据平台的分野会逐渐淡化，即在业务平台上做分析和在数据平台上做业务都会是很正常的设计。继而，人工智能平台与业务平台的融合将会出现，物联网和自动化的高度发展是必然趋势。最后，引起渠道最大变革的人工智能体验、数字孪生虚拟空间会彻底改变现有的业务受理模式。

虽然只是设想，但是这张图体现了对于银行而言有能力演进自己的技术布局是非常重要的，这是掌握数字银行命脉的基础。

3. 以自动化为方向改进业务体验

依托构建的技术栈，银行可以将自己的业务逐步演进到自动化、智能化方向。这一过程是对业务流程的持续梳理和改进。数字化转型通常要转的是业务，技术对所有银行而言是平等的，适配问题通常出现在组织架构、业务设计上。

企业架构并不能直接解决这一问题，它只是尝试解决这一问题时可以使用的工具。但是，离开企业架构强调的全局视角，业务只能走向有限的局部自动化。全要素、全价值链的数字化离不开全局的自动化设计。当然这并非以人工替代为目的，实现自动化更重要的是解放员工的操作性工作压力，将更大的精力投入到真正的服务中去，而不是耗费在"办理"中。"半商半友"的客户体验要靠人机协作来创造，而业务办理速度、反馈速度的提升则是自动化大展拳脚之处。

4. 以低代码形态推动开发左移

企业架构提供的标准化、构件化开发能力，终将推动开发左移，即开发向业务端转移。当业务人员能够基于低代码平台开发大量简单应用时，开发效能会得到最大释放。

国内低代码厂商和平台正处于上升势头。低代码的进一步发展，离不开银行内部进行更多的业务标准化、构件化设计，只有业务厘清了自己的"可组装性"，低代码甚至无代码平台才能真正发挥威力。

开发左移可以认为是数字化转型取得阶段性成果的一大标志，因为它一定程度上也代表了业务人员的思维转型、能力转型，而企业架构对它的支持应当是非常可期的。为此，银行更应该提升自己的架构设计能力。

综上，银行的数字化转型绝非易事，但迎难而上是时代转型的必然要求。通过提升自身的整体设计能力，以全局视角、长期思维应对数字化转型，是银行必须采取的对策。为此，银行要重视企业架构、中台架构方法。

银行业经历了40余年的信息化发展，我们有充分的实践，也应当有基于自身实践的适合自己的企业架构方法。聚合架构是一个尝试，希望借此激起对企业架构方法论领域的研究热情，支持数字中国建设。

04　构建有银行特色的数字化营销与运营体系

王汇川　韩　笑　银行数字化转型课题组

　　银行业数字化创新之路走得并不轻松,每隔几年就涌现出一些"颠覆者",迫使银行加快步伐。过去七八年里,互联网金融扮演了"颠覆者"的角色,它们在短时间内异军突起,给银行带来巨大的冲击与挑战,同时也带来了创新和活力。在数字化营销领域,银行从互联网竞争者身上学到打造技术平台的硬实力,却容易忽视其在构建运营体系、培养数字化人才方面的软实力。相比于借鉴先进技术,将技术层面的突破与业务深度融合,以及改变思维方式,在业务模式上进行创新要难得多。

　　在营销领域的创新上银行会受到内部流程和审慎文化的影响,因而选择更加稳健的道路,但我们仍能看到数字化营销转型领域的巨大成长空间。银行应结合自身特点探索数字化营销转型之道,聚焦三大关键问题:如何充分发挥科技领域积淀的深厚能力;如何拥抱互联网营销生态,找到创新的获客模式;如何更好地连接存量客户,构建高黏性、高活跃度的互动关系。

第1节　起点:数据与营销技术

　　驱动营销创新与变革的因素不只有工具,还有使用工具的人。只有当数字化的人才驾驭了数据与营销技术,将其作为业务部门的利器,银行才能真正获得飞速发展。数据能否作为生产要素进入价值创造环节,取决于数据使用者能否识别出有价值的数据,能否利用合适的工具来应用这些数据,能否从中获得洞见,能否驱动并指导业务决策。要充分利用数据，在营销与运营领域"火力全开"，应抓住三个关键点。

1. 全面认知数据的产生

银行数据体系庞大，玩转数据的前提是明确需要哪些数据、这些数据通常是如何产生的以及如何获取它们。

数字化营销与运营所需要的数据通常具备如下特点。

- 能够精准识别和区分客户。这类数据以客户的静态属性信息为主，例如性别、年龄、职业、所属地域、账龄等。
- 能够反映客户的习惯和偏好。这类数据以客户交易信息、渠道信息和交互行为信息为主，例如产品购买和持有，交易频率、偏好和趋势，渠道活跃频率，App、微信、H5 页面的访问量和点击率等。
- 能够用于评判营销与运营的效果。这类数据以营销活动信息、互联网广告投放、监测信息为主，例如活动触达、活动参与、权益兑换、平台访问，以及广告的查看、点击、转化等。

根据来源，这些数据可以划分为公域数据和私域数据。由这两个域构建的全域数据体系形成银行对客户全方位的认知。

公域数据通常指外部数据，它弥补了银行某些数据维度的缺失，但是无法由银行直接获取、存储和使用，只能在特定场景（广告投放、联合建模）中发挥作用。随着《个人信息保护法》《数据安全法》等法规的施行，公域数据的使用受到较为严格的限定，在匿名化、最小范围收集、同意授权等方面对使用者提出了较高要求。同时，隐私计算快速发展，正在成为解决数据使用和数据安全平衡问题的重要手段。在特定场景下，隐私计算能够帮助银行合法、合规地解决营销效率和精准度问题。

私域数据通常指银行客户触点（App、微信公众号、网站、H5 页面等）产生的数据以及日常经营中收集的客户信息和交易购买数据。私域数据蕴藏着极高的价值，但并不容易挖掘出来。其主要原因有二：一是多数银行没有专门针对营销与运营场景建立完善的数据体系，而通用的客户标签无法满足数据驱动的精细化需要；二是缺乏有经验的数字化人才，其既能完成日常营销与运营工作，又能够提出相关的数据采集、分析和应用需求。

只有提升认知数据本质的能力，才能从杂乱、支离破碎的数据中挖掘出有价值的信息，拼出问题全貌，找到解决问题的突破口。

> **案例分析：银行私域数据获取能力比较**
>
> A 银行 App 有 30 万日活，B 银行 App 有 40 万日活，总体用户运营规模相差不大，但采集和分析客户线上行为的能力却大相径庭（见图 4-1）。直观来看，B 银行每日能采集与分析 120GB 的用户数据，是 A 银行的 6 倍多。差异在于 A 银行仅对 App 各主要页面的用户访问、点击情况进行了统计；而 B 银行则根据用户旅程，梳理不同渠道来源的客户在不同场景和流程环节的埋点分析需求，并且建立了统一归口部门，制定了标准化的管理规范，有成熟的将业务需求拆解到数据采集需求的管理机制，因此其能通过数据清楚地解答营销与运营人员的各类问题。

25～87条日志/日活用户

数据治理原则
- 统一归口管理（数据采集管理办法）
- 标准化管理（命名规范、流程规范）
- 业务需求驱动（场景–埋点–数据指标/标签）

B银行App日活：40万
34 970 000条日志/天
120GB数据

A银行App日活：30万
7 730 000条日志/天
19GB数据

图 4-1　银行数据获取能力比较

2. 深度理解数据在业务层面的应用场景

夯实了数据基础，知道数据如何产生、如何被加工处理，下一步是借助数据解决业务问题。这个过程中最大的挑战是如何将业务问题转化为数据问题。

通常可以将工作中遇到的业务问题划分为 4 个层级，其难度和价值逐层递增，分别对应不同的数据应用场景（见图 4-2）。

描述性问题：发生了什么？该层级问题只需要通过数据对已发生的事实进行客观描述，重点关注数据质量和口径定义，避免发生业务理解偏差。例如本月信贷产品新增放款量较上月增长 23%。

1 描述性

例：本月信贷产品新增放款量较上月增长23%

需要知道什么：
每月信贷产品新增放款

如何通过分析找到答案：
查询/挖掘、报表、仪表板

2 诊断性

为何会增长？

需要知道什么：
每月新增授信人数、申贷人数、申请授信率、减免券发放与使用情况

如何通过分析找到答案：
数据可视化、根因分析、相关性分析

3 预测性

将会发生什么？

需要知道什么：
计划发券人数、平均申请授信率

如何通过分析找到答案：
模拟、预测模型

4 指导性

要如何应对？

需要知道什么：
息费减免券的平均成本、哪类人群对减免券敏感、券发放的边际回报、客户营销响应率

如何通过分析找到答案：
最优化业务规则、线性/非线性规划

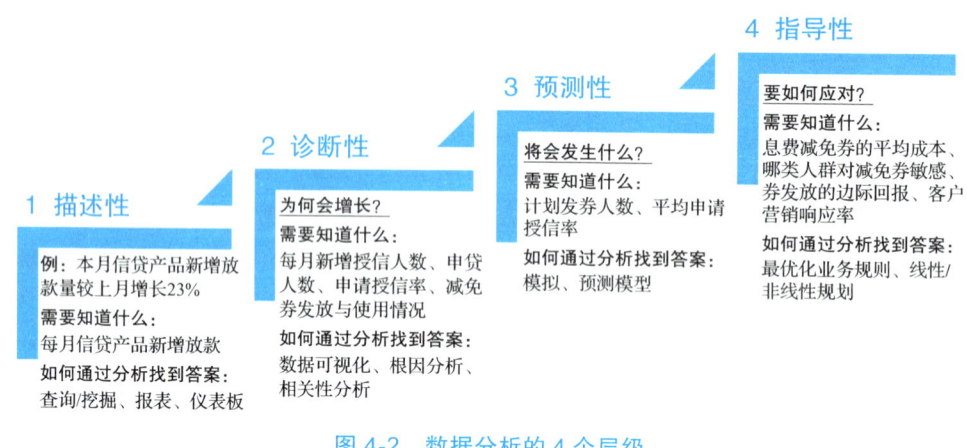

图 4-2 数据分析的 4 个层级

诊断性问题：为何发生？ 该层级问题需要在对客观现象进行描述性分析的基础上探索根因。例如上述新增放款变化是否源自授信人数增长，授信人数增长是否受申贷人数增长或申请授信率增长影响。其背后的根本原因，可能是获客渠道发生变化，发放息费减免券起到了效果，或者对用户旅程进行了优化。

预测性问题：将会发生什么？ 该层级问题需要综合诊断性分析和描述性分析所发现的规律，对未来进行合理预估。例如，假设用户旅程优化导致了申请授信率变化，从而促使信贷放款量发生变化，那么可以较为精准地预测申贷人数和新增放款量的关系。

指导性问题：要如何应对？ 该层级问题实质上是将数据应用到业务决策中，围绕特定业务目标，提供行动方案。例如，假设息费减免券发放带来了增长，那么对什么客群发券能够带来最大的业务收益？要实现更大规模的业务增长，需要发放多少券？要解决这类问题，需要一系列的描述性分析（例如息费减免券平均成本）、诊断性分析（例如哪类人群对减免券敏感）和预测性分析（例如券发放的边际回报、客户营销响应率），最终给出量化判断（例如对预测出的营销响应率排名前 25% 的客户发放息费减免券，能实现收益最大化）。

总体而言，当面对业务问题时，需要将其拆分为上述 4 类问题中的任意一种，然后抽丝剥茧，不断追问"需要知道什么，如何通过分析找到答案"。经过一段时间的训练，定能掌握数据应用的窍门。

3. 熟练掌握数据的分析和应用工具

过去十年，营销技术（MarTech）领域的解决方案数量呈几何级数增长。营销

技术发展的一个重要方向是"平民化",即通过降低技术使用门槛,让更多不懂代码的人能够熟练运用数字化工具来提升工作效率(见图4-3)。

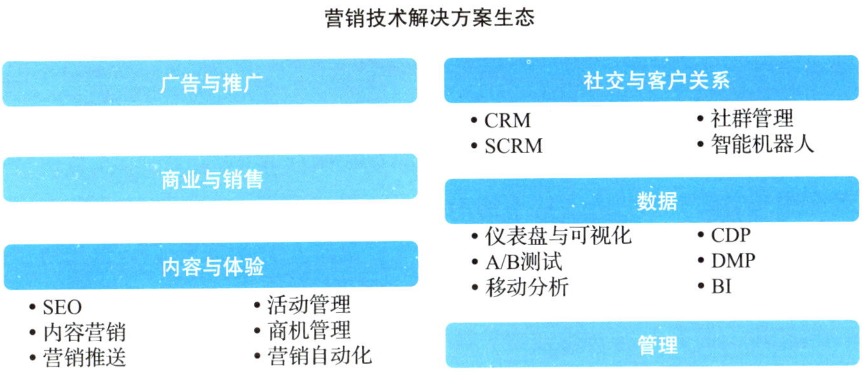

营销技术解决方案生态

广告与推广	社交与客户关系
	• CRM　　　• 社群管理 • SCRM　　 • 智能机器人

商业与销售	数据
	• 仪表盘与可视化　• CDP • A/B测试　　　　• DMP • 移动分析　　　　• BI

内容与体验	管理
• SEO　　　• 活动管理 • 内容营销　• 商机管理 • 营销推送　• 营销自动化	

图 4-3　营销技术分类

过去五年,银行在营销技术方面的投入逐步加大,主要聚焦在内容与体验、社交与客户关系、数据三方面。其中最值得关注的提效工具如下。

- SCRM:与传统销售导向的CRM系统不同,它更关注银行与客户、客户与客户之间的互动,将社会化媒体与银行内部系统结合,能够生产、分析多个平台客户的动态数据。
- CDP(客户数据平台):旨在汇集所有客户数据(包括非银行持卡客户,例如App注册用户、小程序授权用户等),对客户进行打标签、分层、分群,服务于营销与运营。
- 营销自动化工具:主要负责执行重复性的营销任务,例如根据制订的个性化营销策略定期将营销活动信息发送给目标客户,并跟踪与评估活动转化效果。它将人们从烦琐的取数、分包上传、配置名单等工作中解放出来,让其能够将精力放在更有创造力的工作上。
- 移动分析工具:面向App、微信(小程序、公众号)、H5等移动端,通过SDK埋点采集用户的交互行为数据,以了解页面访客概况、分析业务转化漏斗并洞察用户偏好。

营销与运营的基本框架从未改变,只需在合适时间通过合适渠道把合适产品推送给适用的客群。在日常工作中要建立一套行之有效的数字化营销与运营体系,认知数据、理解其应用场景、熟练掌握相关工具这三点缺一不可。

第 2 节　跨越：数字化驱动营销获客新模式

随着银行数字化转型步入深水区，营销相关的需求也逐步从数字化基建、大数据分析应用、多触点融合走向数字化应用的"金字塔顶端"——数据驱动下的营销获客。

营销获客长期以来都是银行最为关注的工作项，然而，我们却很少在互联网营销生态中看到银行的身影。例如在某头部互联网获客平台，每年各类信贷产品投放收入中来自银行的收入占比不到 10%。这表明银行迫切的营销获客需求与互联网流量之间存在能力障碍，无法融入其中。银行一方面需要了解互联网营销生态的主流合作模式，另一方面需要构建数据驱动的全链路营销模型体系。通过不断尝试和优化，提升获客转化效率，降低获客成本，激发互联网获客的潜能，开拓新的增长空间。

1. 营销生态主流合作模式

据统计，截至 2021 年 9 月，中国移动互联网月活用户达 11.67 亿，线上成为当下最大的流量入口。目前，互联网企业与金融企业包括银行机构合作的流量变现模式主要有以下三种（不包含应用商店优化、搜索引擎优化、应用商城等）。

（1）广告投放类

头部互联网公司多有统一的广告投放平台，接入其生态体系中的各类流量中，自有产品带来的流量称为主站量，非自有产品带来的流量称为联盟量。针对金融行业，国内信息流投放规模最大的投放平台是巨量引擎，其次是广点通。其中联盟量贡献收入占比约为 10%。此类广告投放业务的计费模式有 4 种：按日计费（CPT）、按广告点击计费（CPC）、按广告千次展示计费（CPM）、按广告优化效果计费（oCPX）。

（2）联合运营类

联合运营是一种业务切入的方式。在贷款业务领域，头部互联网公司多已直接或间接获得银行、消费金融、小贷牌照，在自有资金杠杆满足的情况下，通过自有资金进行放贷；如不满足，超出部分则通过 API 接入合作的资金方以联合贷的方式放款。未持牌的流量平台则会通过助贷、贷款超市的方式进行放贷。而针对信用卡、借记卡、二类账户等业务，会采用联合运营的方式合作，共同推广联名卡。从互联网公司的视角看，联合运营模式虽然满足了 C 端用户的多样化需求，但仍要考核单 UV 营收，因此一般会将该类业务放入一个单独的流量入口（如钱包入口）进行运营和考核。联合运营业务计费模式一般为按效果计费（CPA），如核卡、首刷、授信等。

（3）主动触达类

针对用户量较大但活跃度较低的工具型 App，互联网公司对存量用户进行需求分层并主动推荐产品。这种模式类似于互联网公司的"中收业务"，属于联合运营模式的升级补充。联合运营类属于利用自然流量变现，主动触达类则属于利用各种触达工具主动变现。主动触达业务计费模式一般为 CPA，如核卡、首刷、授信等。

案例：信贷场景营销转化分析方法

以信贷场景为例，需要从用户旅程视角建立营销获客的转化公式，以明确优化目标及优化重点。不论通过何种营销生态获客，最终的考核重点都会放在单个授信成本可控的情况下最大化获取授信客户数量。

在授信节点往前看，整个用户旅程可以分成用户触达、响应、完件、授信。

单用户授信成本 =（触达用户数 × 单用户触达成本）/（触达用户数 × 用户激活率 × 用户完件率 × 用户授信率）

= 单用户触达成本 /（用户响应率 × 用户完件率 × 用户授信率）

授信客户量 = 触达用户数 × 用户响应率 × 用户完件率 × 用户授信率

其中，触达用户数、触达成本由渠道端主导；用户授信率主要由产品定价和银行风险容忍度决定，但与响应率、完件率一样，需要通过双方合作联动来提升。这也是数字化营销获客的关键转化指标。

通过上述公式可以看到，如果单用户授信成本控制严格，同时关键转化指标如用户响应率、完件率、授信率不理想，必然要求降低渠道的单用户触达成本。而营销渠道考量的是单用户价值，即单用户触达费用，在金融机构出价较低的情况下，能拿到的触达用户数就会随之减少，授信客户量下降，金融机构的获客信心和动力将进一步削弱。

为了提升营销获客效率，建议将触达、响应、完件、授信作为一个整体进行优化。目前，越来越多的金融机构将注册未首登、首登未完件、授信未首借的用户归为新户客群进行统一经营，想必也是看到了上述情况。

2. 全链路营销模型

传统金融机构在零售业务数字化转型过程中，如果无法克服和头部互联网渠道在营销获客合作上的"水土不服"，在营销时无法获取最优质的客户，逆向选择问题将会愈发严重。也许短期的业务规模仍会较快增长，但从中长期来看则后患无穷。因此，需要通过全链路营销模型体系来管理营销获客，实现数字化驱动。

全链路营销模型包含用户筛选（Filter）、用户触达（Acquire）、用户完件（Submit）和用户交易（Transact）四个模块，简称 FAST 模型。其中，用户筛选和用户触达属于互联网渠道营销视角的解决方案，用户完件和用户交易属于金融机构渠道营销视角的解决方案。

（1）互联网渠道营销解决方案：广告投放类场景

广告投放类营销场景中目前最主流的触达方式是信息流广告，以字节跳动巨量引擎为例，从用户筛选到广告展现的投放漏斗如图 4-4 所示。

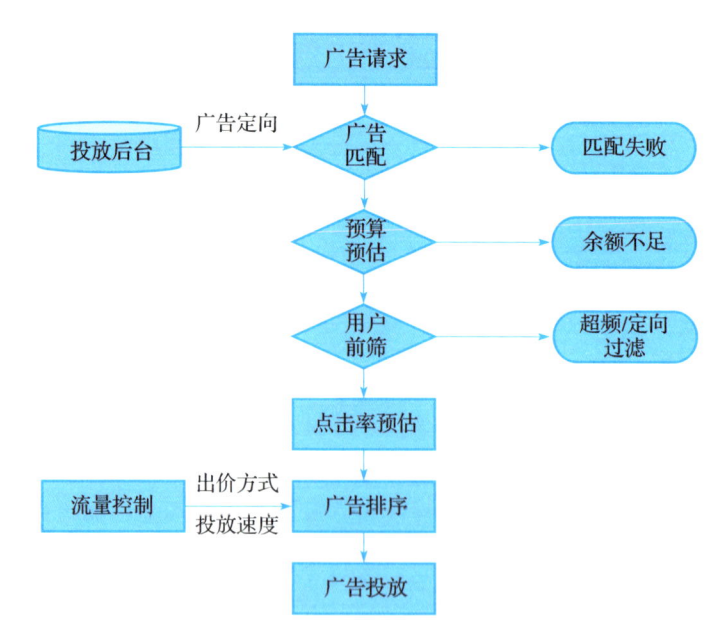

图 4-4 巨量引擎信息流投放漏斗

广告投放类场景根据在投放漏斗的筛选先后，一般利用三种优化工具实现用户筛选（F）：联合建模，一般在投放漏斗的广告匹配阶段进行用户过滤；oCPX，一般在投放漏斗的广告排序阶段进行出价优化；RTA，一般在投放漏斗的广告排序阶段进行用户过滤及出价优化。

（2）互联网渠道营销解决方案：主动触达类场景

由于联合运营类在流量端一般采用固定流量位的方式，自然流量的优化空间相对有限，目前，越来越多的垂直类流量采用主动触达模式对与其合作的金融产品进行推荐。

以某互联网渠道为例，从用户筛选到主动触达的投放漏斗如图4-5所示。

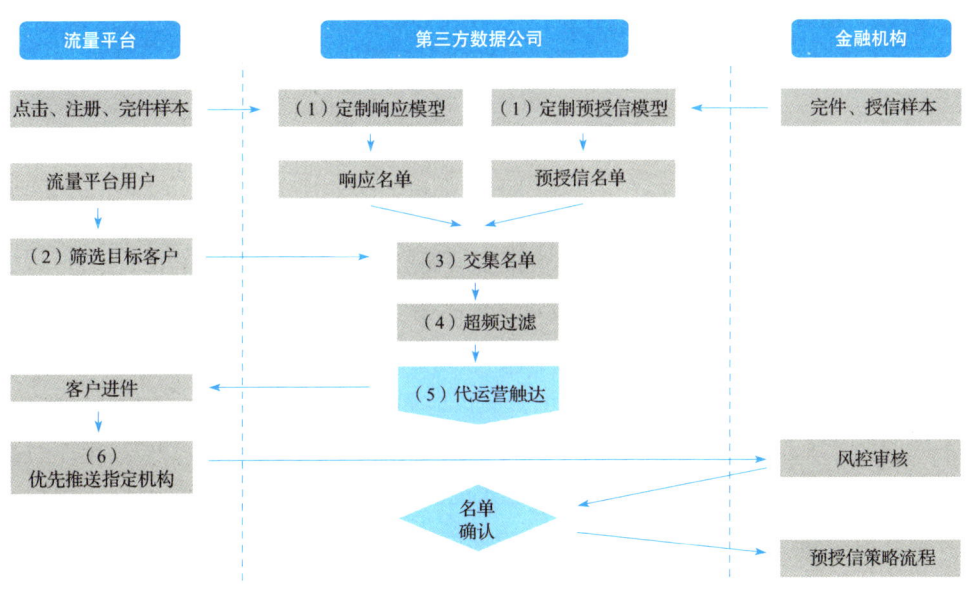

图 4-5　垂直类流量主动触达营销投放漏斗

实践中，由于垂直类流量端对于用户的意向识别能力有限（一般通过埋点数据进行识别，只能覆盖相对活跃的用户），因此需要与第三方数据公司合作，对用户的意愿度及风险等级进行白名单筛选。

（3）金融机构渠道营销解决方案

完成了用户筛选和触达，主动权就从互联网渠道转向了金融机构。此时，渠道成本已经发生，优化用户转化漏斗，一方面对于优化目标（例如授信单价）达成有着临门一脚的作用，另一方面也对渠道 ROI 评估以及能否扩量起着决定性作用。

对于如何促动用户进行完件和交易，建议采用西瓜图的方法论进行策略体系的设计。在营销策略的制订上一般有三个优化维度：用户分群、工具优化、权益组合（见图 4-6）。

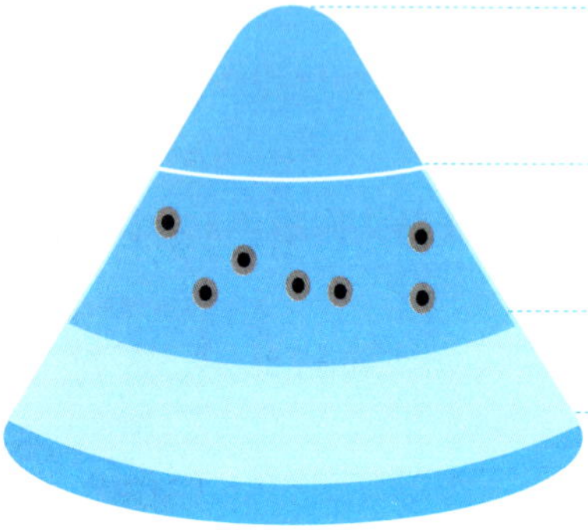

西瓜	处理	客群	策略
甜且无籽	自然流量	当前目标客群	客户画像
甜但有籽	主动营销	潜在目标	客户分群、营销匹配
一般甜度	主动营销	需挖掘目标	营销组合、客户提升
不能吃	削除	无价值	过滤体系

图 4-6 "西瓜图"策略体系设计方法

甜且无籽部分是最优质的目标用户，一般以自然流量为主，主要关注点在对他的洞察，对这部分用户进行画像并将其作为获取前端流量的"指南针"。甜但有籽部分属于潜在目标用户，一般以短时间脱落用户为主，建议针对用户的不同脱落节点（身份认证、基本信息等）及脱落时间进行分群，并根据转化目标配置不同的触达工具（人工实时电销、AI 语音＋挂机短信、短信等）及权益组合（免息券、立减券等）进行主动营销。一般甜度部分属于待挖掘目标用户，一般以长时间脱落用户为主，建议结合金融机构内部数据及第三方数据公司的评分能力，对用户的关键时刻（MOT）以及资质情况进行识别，从而完成用户分群，同样可根据转化目标配置不同的触达工具及权益组合，进行主动营销。不能吃的部分是需要过滤的用户，属于在前链路营销端由于各种原因没有被屏蔽的"漏网之鱼"，因此建议在用户进件环节采取前置挡板策略进行用户过滤（例如地域、年龄、黑名单等），不进行营销。

总之，银行在搭建数据驱动的营销获客业务体系时，FAST 营销模型是数字获客的关键。它以指标达成为目标，融合了当下主流线上营销模式及自身不断优化提升的电销模式，具有比传统模式更高的营销转化效率和获客能力。互联网渠道营销生态与银行渠道的联动能力，是银行下一阶段数字化转型的"试金石"。其一方面可以对过往数字化能力建设进行有效检验和反哺，形成营销前后链路的能力闭环；另一方面可以利用自身优势，形成具有银行特色的数字化营销之路，在快速变化的市场环境中守正出奇，脱颖而出。

第3节 再出发：私域运营给存客经营带来新机遇

1. 什么是私域运营

"私域"是近些年兴起的一个概念，而与之相对的则是"公域"。在私域渠道（例如银行App、官网、小程序等）里，银行能够主动触达客户，与客户进行个性化交互，没有沟通限制，几乎没有触达成本。私域流量对银行而言是自主可控的用户资产。

"运营"对银行来说是个相对陌生的词。传统银行以产品销售为导向，由客户经理负责与客户接触。在数字化转型背景之下，银行业务逐步实现线上化，这时运营岗位起到了在金融产品与客户之间进行连接、润滑的作用。运营与客户虽然没有进行面对面的接触，但是运营的策略通过内容、活动等形式呈现出来，一方面能让客户感受到银行个性化的产品服务，另一方面也能帮助银行提升客户黏性，促进交易活跃，激发客户价值转化（见图4-7）。

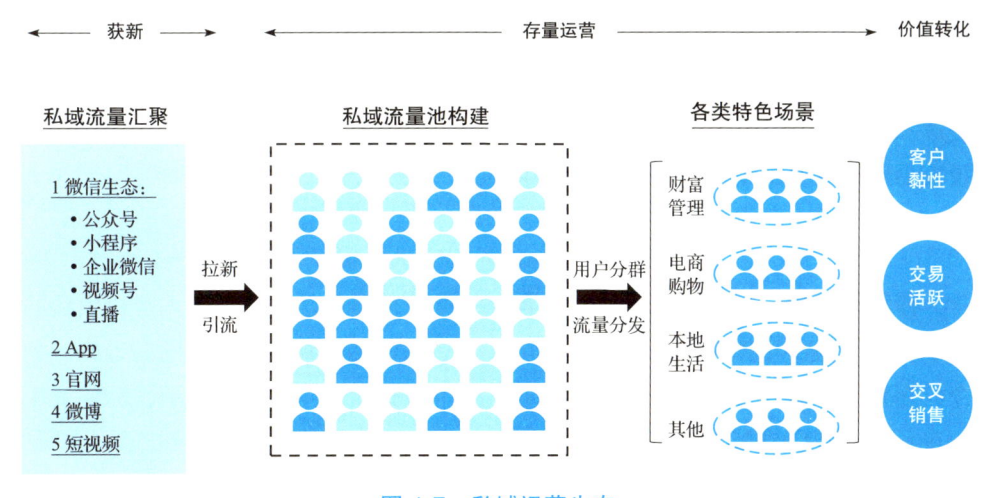

图4-7 私域运营生态

既然私域流量是十分重要的客户资产，那么银行就需要将这个"流量"变为"留量"。通过对用户进行精细化运营，融入银行的财富管理、消费信贷、支付结算、本地生活等产品服务，才能将用户价值沉淀下来。新冠肺炎疫情暴发，短视频、企业微信、直播为私域生态带来了新玩法。用户习惯也发生着变化，手机占据了用户的大量时间，而这些时间分配到了看视频、社交和玩游戏等场景中。银行应当对这些变化保持关注，探索私域流量经营的新模式，挖掘创新带来的价值红利。

2. 什么力量推动了私域兴起

虽然私域这一概念的真正兴起发生在近两年，但是它背后的生态已经存在很长一段时间了。

三大力量重塑私域生态

新渠道： 小程序日趋成熟，短视频、直播平台火爆，这些新渠道成为激活私域生态的重要力量。从数据看，移动互联网用户平均在线时长为 6.1 小时/天，其中移动视频、移动社交两项占比超过 64%，而金融类 App 的使用时长则较短。银行通过在新渠道发力，主动融入客户活跃的生态中，更好地连接存量客户，进一步提升客户渗透率和客户黏性。

新技术： 内容生产和管理工具为种草、直播带货等新玩法提供了支撑。CDP、SCRM 为数据驱动的营销与运营提供了保障，新技术降低了工具使用门槛，大大提升了私域运营的效率，减少了人力资源的投入。

新政策： 《个人信息保护法》对数字营销行业带来了深远的影响。由于平台投放和跨平台合作模式受到限制，品牌方减少了前链路的营销投入，转而将精力投入到后链路的私域运营，打造高黏性的用户流量池。

3. 为什么银行需要再造私域运营能力

存量博弈时代，银行需要建立与客户的可持续连接，将业务融入客户生活的各个方面。但由于银行产品严重同质化，客户很难感受到银行服务的亲近感。如今，多数互联网用户已经习惯了在私域生态中与企业交互，调查显示，74% 的用户表示其决策受到私域内容的影响。运营好私域触点，让客户感受到同质化产品背后的个性化服务，是银行实现差异化经营的重要突破口。

再造私域运营能力的难点在于如何将运营能力与数字化能力结合。数字化帮助银行实现了私域各渠道数据的汇聚，并在此之上建立起用户运营与分析体系。然而，再完善的数据体系也需要运营人才结合具体应用场景才能发挥价值。银行有优秀的产品经理、研发工程师，但是缺乏运营方面的人才，更缺乏具备数字化能力、能将先进系统平台用好的人才。从运营团队架构的梳理（用户运营、活动运营、内容运营、渠道运营、社群运营等），到指标体系的建设（将业务指标与运营指标连接），再到运营的日常分析（用户旅程、转化路径等），最后到长期运营过程中经验的沉淀，都需要具有创新能力的人才。

许多银行已经开始积极尝试私域运营，但在实践中遇到了诸多挑战。例如：银行在微信生态的运营目标不明确，运营模式相对单一，通常以企业微信加好友，邀请客户进入福利群为主，推广的产品服务主要是信用卡权益、电商商品和积分兑换。银行想要充分利用微信生态资源，玩转拉新、促活和留存，仍有较多问题待解决。私域运营主要体现在邀约、加入微信群、关注公众号、交易购买、流量再分发五个环节（见图4-8）。

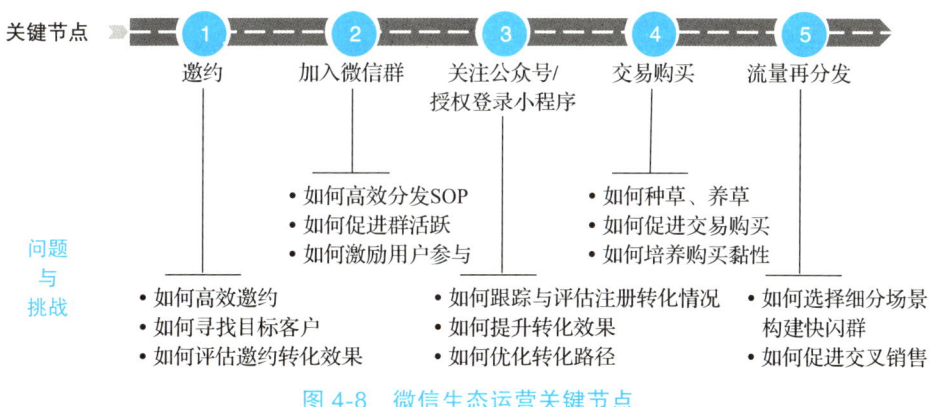

图4-8 微信生态运营关键节点

总之，新的流量热点和机会不断出现，只有构建了体系化的运营能力，不断尝试和优化，才能应对自如，赢得先机。

4. 私域运营能为银行带来什么价值

私域流量的争夺，实际上是用户注意力的争夺，其价值不言而喻。我们一般将私域运营的价值变现路径拆分为四个环节。

- 流量聚集：在私域构建起以微信生态和App为核心的"超级流量池"，通过签到、定时团购、积分兑换活动等运营手段维持活跃度，奠定用户的黏性基础。

- 营销增效：广泛应用数据模型和分析方法，挖掘出客户在不同场景下的需求，提供个性化营销服务，提升流量转化效率。

- **业务赋能**：通过各个触点将客户精准引流到特定业务场景（消费信贷、财富管理、支付结算等），实现流量分发，为业务赋能。
- **价值变现**：持续促动客户完成产品购买，实现价值变现。

银行依托私域生态的"高渗透、强黏性、低成本"三大优势，构建数字化运营能力，与客户建立新的信任关系。这些在私域活跃的客户也将为业务带来持续的增长动力。

第4节 复盘：数字化营销与运营领域常见误区

误区一：认为银行的数据很丰富，但能用的数据却不多

营销领域所需要的数据并不在乎多，够用就好。银行每天会产生海量数据，但业务部门到了使用数据时，却免不了要抱怨数据不够用。以下四种情形基本涵盖了数据不好用、不能用的主要原因。

没采集：用于监管报送或经营分析的数据，核心系统在建设之初已经将这些需求考虑在内，所以不用关注数据采集问题。如今在营销与运营领域，会用到大量的客户在各渠道（例如 App、微信、H5 页面）与银行发生交互的行为数据，如果不在产品规划和流程设计环节提前做好采集准备，真到了使用的时候发现没数据，肯定无力回天。

没存储：数据都有生命周期，管理数据部门会从业务需要和运营维护成本等多方面考虑存储周期。对于一些非业务类数据，如活动报名数据、电话外呼表单、权益发放名单等，如果没有业务部门提出要求，可能就不会存储或只是短时间存储。

没整合：业务人员通常并不了解数据的来源和产生机制，而在想要做分析报告时往往会发现没有现成的数据。虽然数据都存在那里，但要从割裂的系统中拼凑、整合出想要的东西，还需要付出不少代价。

没治理：数据代表的含义藏在定义里。要想真正了解数据，避免产生理解偏差，需要长期的经验积累。只有参与过数据治理的人才能懂得每一个标准定义、每一条检验规则背后需要付出的努力。

误区二：认为算法模型是提升营销业绩的利器

算法模型的应用固然能成为数字化营销转型的重要里程碑，但仍应理性看待算法价值在业绩增长中的作用。算法模型在精准营销方面发挥三大价值：为营销

人员的策略制订提供量化依据；提升目标客群筛选精准度，提高整体效率；将业务经验或者知识固化成代码，并持续优化。

在实际应用中，不宜夸大算法模型对营销业绩的提升效果。首先，算法模型只是解决了战术层面的问题，影响业绩提升的重要因素则有太多，例如人才、机制、品牌、执行力等；其次，算法模型需要广泛应用才能发挥出规模效应，带来价值，如果只是部署一两个模型，更多可能是装门面；再者，算法模型需要人来驾驭，既包括算法工程师，也包括营销和运营人员，双方通力合作才能发挥出算法模型的真正价值；最后，算法模型对数据有较高要求，只有有了维度丰富、稳定可靠的数据，才能做出效果好的模型。

误区三：认为银行营销的渠道过于单一

从营销视角来看，与客户发生交互的触点越多越好。与互联网金融、新零售相比，银行的渠道肯定不算少。大多数领先银行都有 2 个以上 App，此外还运营了网站、公众号和各类小程序，日常营销大量使用短信、邮件、AI 外呼和人工外呼渠道与客户交互。

是什么原因导致许多银行员工持有"银行营销渠道单一"的看法？从以下三方面可能找到线索。

- 广告渠道投放少：在互联网广告体系中，银行业一直以来都参与不多，在互联网社交媒体、垂直媒体曝光不足。
- 渠道活跃度低：除少数领先银行，银行系 App 活跃度都较低，因而产生的客户交互也不足。
- 渠道资源过于集中：短信和人工外呼仍然是最主要的营销渠道，银行分支机构得不到银行 App 和微信生态的资源支持。

误区四：认为营销好坏的唯一评判标准是业绩指标是否增长

数字化营销转型顺应了银行精细化管理的需求，在效果评估方面应摒弃粗放模式。业绩指标增长只是反映了部分结果，我们更需要关心增长背后的原因是什么，付出了什么代价（成本和资源投入），增长的质量如何，是市场机遇找到了我们，还是我们主动出击打了胜仗。

想要正确评判营销效果并不容易。首先，不同管理层级所关注的目标有一定差异，应在事前达成一致；其次，过程数据和结果数据的获取和分析加工都需要投入资源；最后，整合渠道进行的评估和归因需要从数据与业务两个视角加以分析和判断。

对营销评估体系进行重新设计意味着银行数字化转型已经进入深水区。除了对每个活动设定完善的过程指标（转化漏斗分析、响应/留存分析等）和效果指标（规模指标、利润指标、ROI 等），体现营销实际效果，还应设计对比测试方案（或者冠军挑战组），反映相对提升效果。营销效果的提升并非一蹴而就的，需要持续地迭代与优化。

误区五：认为短信营销和电话营销是落后的营销方式

几乎每个人都接到过营销电话，收到过营销短信，这种突如其来的打扰通常不招人喜欢。但是，我们多多少少也接听过几次营销电话，打开过一两条营销短信，最终为营销 KPI 做了贡献。其实，这与我们在社交媒体、短视频媒体、搜索网页上刷到的广告并没有太大差别，都是在试图引起目标受众的关注。

之所以很多银行业务人员觉得短信营销和电话营销落后，主要是因为四点：这两种模式已经存在很长时间，显得比较陈旧；主动推送模式容易造成对受众的打扰，而浏览资讯时"不经意"看到的广告显得比较温和；文字和语言的表现形式千篇一律，与互联网图文、视频等形式相比不够生动；一些诈骗行为常常披上电话/短信营销的外衣，令人深恶痛绝。

短信和电话营销存在上述问题，为什么银行仍要使用呢？因为这两种模式都能够精准触达目标客户。

在营销方案中，短信、电话只是触达渠道的选择，并不能用于评判方案是否落后。例如，全渠道整合营销方案能够针对不同客群制订差异化的渠道触达策略，并且在用户旅程的不同环节触发不同渠道的营销策略。由此可见，选择恰当的渠道才是营销方案的关键。如果想要比较不同渠道在特定营销场景的效果优劣，不妨从下列维度进行评估：

- 渠道对目标客户的覆盖度
- 渠道总体营销产能
- 渠道的单客转化成本

误区六：认为人人都能成为数字化营销专家

从前落地一个精准营销方案需要耗费银行大量人力资源：首先，需要由数据工程师、前端开发工程师、交互设计师、营销策划人员等组成跨领域的专业团队；其次，每位专家都要配备自己擅长的特定工具；最后，需要专职的项目管理人员来确保大家目标一致、沟通顺畅、按期完工。

如今营销技术快速发展，工具的使用门槛大大降低，对人才专业性的要求也随之降低，同样的工作只需要过去一半的人员和时间就能完成。然而，工具的"平民化"并不意味着对人才综合能力要求的降低。相反，数字化营销专家由于承担了过去多个角色的工作，对其能力要求有增无减。优秀的数字化营销专家既要懂数据，掌握数据分析、应用工具，还要擅长用数据解决业务问题，并将其熟练地运用于日常的营销与运营工作中。

技术是银行数字化转型赖以实现的工具，但一家机构变革的速度永远赶不上技术创新的速度。银行不应执着于技术层面上的追赶，而应注重符合银行营销与运营特点的体系化解决方案。数字化营销与运营需要业务与技术深度融合，银行除了要有科技能力作为支撑，还要有懂数据、会营销、熟练使用系统工具的人才。银行在数字化营销转型的道路上已攻克技术的难点，下一个难点将是如何构建数据驱动的营销与运营体系，让人的价值得到最大化发挥。

05　银行风控决策体系智慧化转型

张　超　银行数字化转型课题组

随着新一轮科技革命和产业变革的迅猛发展，商业银行的发展环境变得更为复杂。在行业竞争加剧的大背景下，金融服务市场逐步向行业头部集中的趋势愈加明显。我国银行业正处于行业分化期，大型银行转型迅速，较好地应对了经济变化和科技对行业带来的冲击，但中小银行在面对经济转型和疫情影响时抗风险能力较弱，亟须加速转型。商业银行的数字化转型是大势所趋，风险管理因其天然的技术属性，是银行数字化转型落地较早的领域之一。

第1节　数字化风控的六大能力

在当前环境下，数字化风控应包含数字化、数模化、数智化三个层次：数字化是将风险管理的经验、流程、方法从人工升级到 IT 系统；数模化，即数据模型化，指采用模型策略等方法提高风控的准确性和稳定性；数智化是指将数据模型技术提高到 AI 层面，用最新的智能手段控制和预测风险，辅助业务决策。这三个层次层层递进，构成银行数字化风控的优化路径。目前国内银行分别处于三个层次的不同阶段。

为实现数字化、数模化、数智化的风控远景目标，银行应着力构建围绕六大能力的转型框架（见图 5-1）。

1. 数据整合能力

企业级数据仓库和数据中台已逐渐成为银行数据基础设施的主流方向。银行不同部门在切入不同的风控场景时经常会共用数据，因此需要对内部和外部数据进行整合，以全行数据中台为底座，形成多维度、跨场景的整合风险数据资产，

05 银行风控决策体系智慧化转型

图 5-1 数字化风控能力框架

通过数据治理框架来完善数据的整合，提升数据质量。

2. 算法技术研发能力

对于银行而言，算法层面研发的投入与产出未必匹配，因此，算法技术研发仅适用于少数大型银行。一方面，大型银行的金融科技子公司具有市场化输出的需求；另一方面，大型银行中的技术实力领先者对算法研究进行投入，有助于确立其长期的领先地位。

3. 系统建设能力

系统建设主要指对风控系统的整体设计。数字化风控系统既是某些专门的系统平台，如风险数据集市、全面风险监测系统、风险预警系统等，也是某些业务系统、管理系统中的风控模块，例如信贷系统中的诸多环节、一体化资金交易系统中的风控环节等。在数字化转型整体设计过程中，风控系统会涉及数十至上百个系统，需要专业的风控系统专家予以通盘考虑。

4. 技术与金融场景结合的能力

相比于科技企业，银行本身拥有场景、大量有价值的业务数据和技术能力，在将技术与场景结合方面具有先天优势。银行应在部门间的分工及考核机制等方面提供更顺畅的平台，使业务更好地对技术进行输入，在技术层面更贴合业务的真实诉求，减少不接地气、重复建设等现象，使风控技术不局限于应对监管合规，更要对业务中的风险控制进行更直接的赋能。

5. 模型开发能力

银行使用数据分析方法辅助决策是必然趋势。大型银行和股份制银行具备较强的模型开发能力，投入的资源也很可观，但相比新兴的金融科技公司仍需继续加强。规模较小银行的模型水平目前参差不齐，但其业务竞争更为激烈，因此它们只有打造自身的模型开发能力，才能更好地实现差异化竞争，避免在数字化转型过程中错失机会。

6. 团队治理能力

风险管理团队不仅是银行风险管理部门的团队，而且是由所有从事风险管理专业的人员形成的庞大组织。尽管团队成员分别隶属于不同部门和业务条线，但应从全行视角来看风险管理各团队的协同，例如技术与场景的结合、数据安全管理三道防线间的协同等。可以在数字化风控转型过程中，建立更多的柔性组织和敏捷机制来提升效率。

第 2 节　数字化风控支柱之一：面向场景

数字化风控有三大支柱。

面向场景的风控：业务驱动型，除普适性的风控场景外，适用于特定业务场景。例如消费贷场景适用的风控，无论是黑白名单筛选还是使用了大量外部数据的 AI 客户评分模型，都是从消费贷业务模式出发设计的，具有通用性低、针对性强、迭代速度快等特点，不适用于其他场景。

面向技术的风控：具有一定的多场景适用性，例如人脸识别、区块链等技术天生就具有防范欺诈的属性，从这些技术出发可以产生多种风控应用场景。

面向数据的风控：数据是数字化风控的根基，基于什么样的数据就会产生什么样的风控，从数据维度、数据可获得性、数据质量和数据标准出发，可以使风控技术更具针对性，做到有的放矢。

风控的根本目的是服务于业务发展。随着银行业务场景的复杂化，风控手段和技术的差异化也逐步加大。除合规要求外，面向具体场景的风控手段应运而生，数字化技术与业务场景的结合势在必行。

以供应链金融为例，传统模式即"1+N"供应链模式，依赖于核心企业信用，银行通过对核心企业授信并结合真实的交易背景，将融资服务扩展到链上的上下游企业。由于信息不对称等原因，传统供应链金融发展并不顺利。数字化风控能力的发展使供应链金融重新孕育了生机，社会经济和产业的数字化催生了供应链金融从传统模式到数字化模式的变革，大数据风控技术赋能银行以更有效的方式来开展供应链金融业务。基于数字化风控的供应链金融模式，有别于传统模式下只关注债项层面，银行对供应链上融资企业的主体信用、主体意愿更为重视，对链上企业的经营和交易行为特征的关注代替了以往对特定交易的关注。

在融资企业提出融资申请并通过黑白名单过滤后，通过嵌入主体评级、审批决策、风险预警模型与规则实现贷前、贷中、贷后的全流程自动化。主要从以下两方面进行。

1）解决数据问题。适合银行主导的供应链金融场景，首先应当是熟悉的产业，银行应立足本地特色和行业积累，深刻理解产业模式，避免过于宽泛；其次应当是弱核心企业的供应链，原因在于，强核心企业对产业链掌控力过强，银行在数据方面容易成为弱势一方，难以获取最全面的数据，从而削弱其风控能力。

当今产业的数字化进程已经重塑了供应链数据。通过物联网、5G、区块链等数字技术，许多行业的中小企业已能够实现全面、准确、及时地采集和传输数据，企业已部分实现了数字化转型。例如仓储物流，由产业细分发展出了仓储物流服务，而非仓储和物流本身，目的就是对仓库和物流的整个链条进行管理和优化。从运输方式的线上部署、运营优化，到仓库的堆料、保管、监控的数字化运营，全部实现了 SaaS 化。再如，利用区块链分布式记账、无法篡改的特性，通过基于区块链集成芯片的"企业小脑"，实现链上企业数据互通和信息共享，信息的真实性和完整性得到了提升。区块链上的数字化合同、单证、支付、仓单等结构化数据便于核实交易是否真实存在，生产、贸易、资金、物流等数据也为风控建模提供了可信的基础。除供应链上的交易类数据外，更多数据维度的使用也会在风控领域达成显著效果（见图 5-2）。

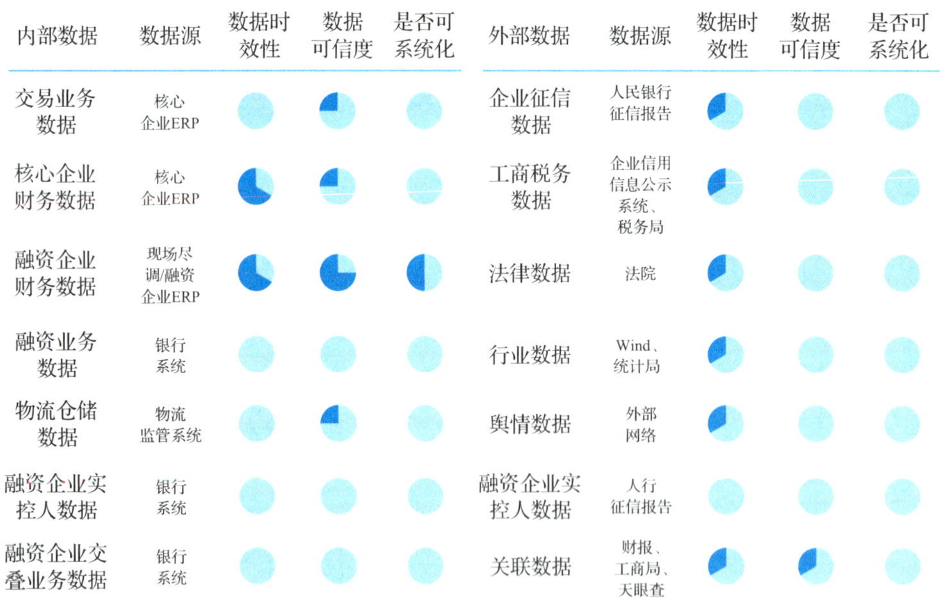

内部数据	数据源	数据时效性	数据可信度	是否可系统化	外部数据	数据源	数据时效性	数据可信度	是否可系统化
交易业务数据	核心企业ERP	◐	◕	●	企业征信数据	人民银行征信报告	◕	●	●
核心企业财务数据	核心企业ERP	◕	◕	●	工商税务数据	企业信用信息公示系统、税务局	●	●	●
融资企业财务数据	现场尽调/融资企业ERP	◕	◕	◕	法律数据	法院	◕	●	●
融资业务数据	银行系统	●	●	●	行业数据	Wind、统计局	●	●	●
物流仓储数据	物流监管系统	●	◕	●	舆情数据	外部网络	●	●	●
融资企业实控人数据	银行系统	●	●	●	融资企业实控人数据	人行征信报告	●	●	●
融资企业交叠业务数据	银行系统	●	●	●	关联数据	财报、工商局、天眼查	◕	◕	●

图 5-2 "1+N"供应链融资大数据风控数据类型示例

2）对主体进行风险画像和模型规则开发。场景化风控的特点就在于较高的个性化程度，不同行业的供应链，其风险模型既需要有共性模型，又需要有个性化的模型。因此，供应链金融模型可以采用分层式的模型架构，主模型对各个行业通用，子模型则是依据行业特点和数据要素构建的细分模型。主模型主要完成对企业风险的基本刻画，子模型则加载行业特点，用于差异化调整。

供应链金融的风险模型框架覆盖了从贷前的预审批、审批，到贷中的额度、定价、还款方式，再到贷后的风险预警和催收处置整个流程，是一系列量化模型和策略规则的组合（见图 5-3）。在通用策略的基础上进行差异化部署，形成适合于"1+N"供应链融资业务的风控策略。

需要强调的是，不同于巴塞尔协议下的客户评级模型或债项评级模型，基于供应链场景的模型需要更灵活的架构并使用更多的数据。例如：采用 AI 模型与逻辑回归模型相结合的方式，对某些变量（如关联交易识别、舆情分析等）在加工时采用 AI 模型输出变量，在计算风险评分时采用解释性更强的逻辑回归模型，同时将更多的专家模型和策略规则也包括在内，这样模型的迭代频率更高，一旦模型表现出衰减态势，便能够快速更新模型。

相较于传统信贷业务，在供应链融资业务中，是否存在通过关联交易、虚假交易或经营数据等手段造假套取银行贷款的行为更受关注。通过对交易的真实性、资金流信息和物流信息的多维数据交叉验证，建立反欺诈模型，对交易的合理性进行评分。例如银行基于对产业的理解，对交易价格水平、税务明细、资金流水、账期、周期性等因素进行综合核验，全流程监控造假甚至是合谋造假的可疑行为，并结合策略规则及时采取加入黑名单、冻结账户等措施。

在以上从数据到模型策略应用的过程中，银行深入研究具体的产业场景，并依赖其数字化能力来主导风险管理，比之前仅从事资金和交易的置换有了更多可控性。对于适合的产业链，银行构建以自身为主体的供应链金融平台，发挥产业研究的能力，可以与产业主导和第三方主导的供应链金融平台形成共赢之势。

第 3 节　数字化风控支柱之二：面向技术

新技术的出现推动了银行用技术去"找场景"。特别是科技实力雄厚的大型银行和一些创新能力较强的股份制与区域性银行，希望通过采用新技术进一步筑深经营管理的"护城河"或实现"弯道超车"（见图 5-4）。近年来，银行在科技方面的投入大幅增加，许多银行增设了新的科技、数据部门和智能风控中心，这都是从科技入手引领管理能力提升的举措。

	预审批	审批	额度	定价	还款方式	风险预警	催收
策略设计目的	▲ 符合行内相关政策规定 ▲ 上下游企业基本信息核验	▲ 申请反欺诈 ▲ 交易真实性审查 ▲ 关联交易识别 ▲ 客户风险审查	▲ 额度设置 ▲ 动产质押评估 ▲ 还款能力评估 ▲ 配合行内风险偏好	▲ 依据风险等级建立利率档级 ▲ 配合行内风险偏好	▲ 依据风险等级匹配还款方式 ▲ 配合行内风险偏好	▲ 交易反欺诈风险预警 ▲ 实时监控资金链、物资流	▲ 企业贷后管理提前识别风险进行处置控制损失
策略类型	▲ 信息核验类 ▲ 产品规则对比 ▲ 授信主体禁止条件 ▲ 授信主体准入条件 ▲ 黑名单	▲ 进件规则 ▲ 反欺诈规则 ▲ 严拒规则 ▲ 申请评分规则 ▲ 可变规则 ▲ cut off规则	▲ 申请评分规则 ▲ 还款能力规则 ▲ 产品及客户期望 ▲ 抵押品规则	▲ 申请评分规则 ▲ 特殊行业 ▲ 特殊客群 ▲ 政策倾斜 ▲ 经营稳定度	▲ 申请评分规则 ▲ 申请期限 ▲ 贷款用途 ▲ 政策倾斜	▲ 特定行为预警规则 ▲ 征信预警规则 ▲ 行为评分预警规则 ▲ 黑名单 ▲ 白名单 ▲ 灰名单	▲ 催收评分卡规则 ▲ 舆情及行业变动 ▲ 抵质押品监控 ▲ 客户纾困
模型类型	▲ 白名单模型	▲ 反欺诈模型 ▲ 统计评分卡 ▲ 专家评分模型 ▲ 评级模型 ▲ 分池模型	▲ 行为评分卡 ▲ 额度模型 ▲ 定价模型 ▲ 评级模型 ▲ 分池模型			▲ 风险预警模型 ▲ 评级模型 ▲ 分池模型	▲ 催收评分卡 ▲ 评级模型 ▲ 分池模型

图 5-3 "1+N" 供应链融资整体风控策略/模型规划

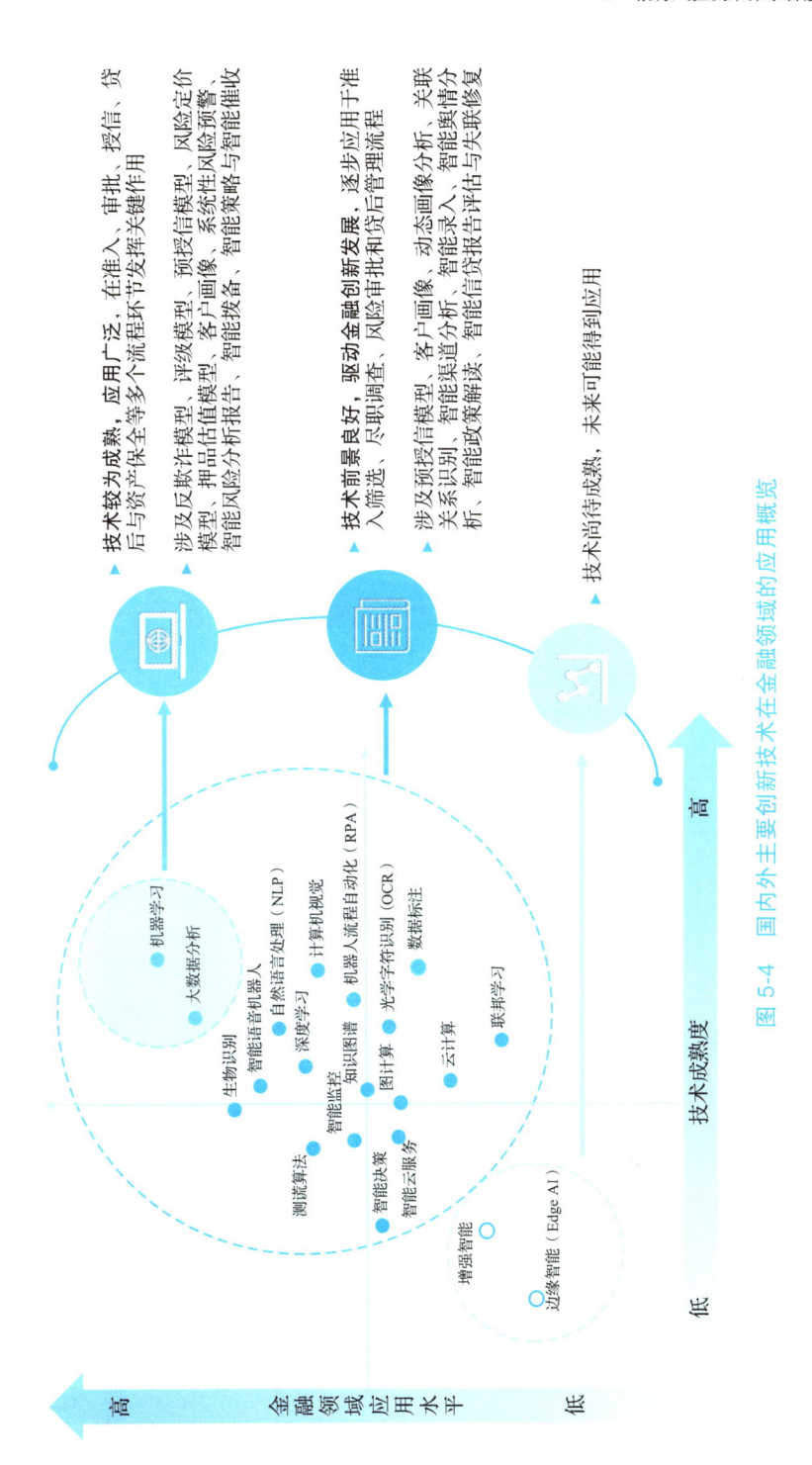

05 银行风控决策体系智慧化转型

- 技术较为成熟，应用广泛，在准入、审批、授信、贷后与资产保全等多个流程环节发挥关键作用
  - 涉及反欺诈模型、评级模型、预授信模型、风险定价模型、押品估值模型、客户画像、系统性风险预警、智能风险分析报告、智能投资、智能策略与智能催收

- 技术前景良好，驱动金融创新发展，逐步应用于准入筛选、尽职调查、风险审批和贷后管理流程
  - 涉及预授信模型、客户画像、动态画像分析、关联关系识别、智能渠道分析、智能录入、智能舆情分析、智能政策解读、智能信贷报告评估与失联修复

- 技术尚待成熟，未来可能得到应用

图 5-4 国内外主要创新技术在金融领域的应用概览

中国人民银行 2019 年 8 月印发《金融科技（FinTech）发展规划（2019—2021 年）》，将"增强金融风险技防能力"作为六大重点任务之一。三年来大数据、机器学习、生物特征识别、机器人流程自动化（RPA）等技术得到更广泛的应用，自然语言处理（NLP）、图计算、隐私计算等新技术也在帮助银行应对更为复杂的风险场景。

自然语言处理（NLP）

金融风险管理强调数据的重要性，但除结构化数据外，还有大量非结构化数据存在于文本、图片、视频、音频当中，这其中很大一部分是人类的语言。这些非结构化数据的处理方式不同于结构化数据，需要用到 NLP 技术。NLP 融合了语言学、计算机科学、数学等多项学科，其自我学习迭代能力和场景泛化能力大大提升。在数字化风控领域，NLP 技术虽不能完全替代人工，特别是专家的经验，但已经可以在很多场景下辅助人工对大量文字进行解析，相当于助手角色。

目前，NLP 语义理解已超越过去以提炼标签和情感分析为主的基础应用场景，进入对文章语义进行理解，从而支持专业政策和行业分析层面（见图 5-5）。

政策解读

- 政策背景
  - 剖析政策出台背景，加深政策理解
- 政策内容
  - 梳理相关政策脉络
  - 自动生成政策摘要，提高信息获取效率
- 推荐阅读
  - 智能推送相关文章
  - 自动摘要技术提示要点
- 业务风险
  - 分析集团业务影响量
  - 提示受影响的业务产品范围
- 风险提示
  - 提示政策相关的合规风险、业务风险

行业画像

- 产业链图谱
  - 还原产业全景，提供行业上下游信息
- 行业资讯
  - 捕捉最新行业信息
  - 分析行业关注热点
- 行业政策
  - 检索行业最新政策动态
- 企业动态
  - 掌握龙头企业最新动态
  - 提供行业企业负面舆情信息
- 行业数据
  - 汇集行业数据，提供多维度数据分析
- 行业解析
  - 知名券商行业研究，全方位解析行业前景

图 5-5 基于 NLP 的智能解读方案

智能政策解读是基于 NLP 技术，对监管政策进行分析、摘要、梳理、解读的一种前沿数字化解决方案，在银行风控、合规、业务管理等方面有广泛的应用场景。智能政策解读在自动获取官网的监管政策和全网的相关政策分析文章基础上，可以提供四个实时功能：一是政策的来龙去脉，包括出台背景、前序政策及高度相关政策的脉络分析；二是政策摘要，文本摘要功能提供了便捷、快速了解政策观点的功能；三是政策解读，采用"对解读的解读"的方法，自动搜集全网高质量信息源，汇总对新出台监管政策的解读文章，进行语义分析，汇总分析观点，并能做到逐条对应解读；四是风险分析，对应政策涉及的银行业务和产品，生成风险云图，提升业务风险分析水平。

智能行业画像是基于 NLP 技术开发的辅助行研产品，用于广泛意义上的业务管理和中观层面的风险管理，可以实时提供三个功能：其一是产业链图谱，是知识图谱技术的一个应用场景，能够动态地呈现包括上下游信息的行业全景；其二是行业动态，包括行业层面的资讯、热点和汇总数据，以及龙头企业的主要数据、舆情等；其三是采用"对解读的解读"的方法，对大量行业研报进行结构化信息抽取并建模，提炼内在价值，揭示深层次的风险。

第 4 节　数字化风控支柱之三：面向数据

数字化风控的场景和技术都是以数据为基础的，数据质量决定了数字化风控的命脉。监管部门分别从数据的真实性、准确性、完整性和及时性四方面对数据质量进行了界定，这其中暗含了一个前提，即数据都是合法取得的。

数字化风控对数据治理提出了更高的要求，自 2018 年 5 月银保监会颁布《银行业金融机构数据治理指引》以来，银行数据治理工作有了长足发展。除完善数据治理外，一部分银行还引入了数据中台，通过服务功能模块使数据更加贴近业务，也使数据的采集、处理和应用更加便捷。

重要的数据底层技术——隐私计算

数据作为生产要素，只有进入市场流通、相互融合、打破数据孤岛，才能形成生产力，成为数字经济的核心要素。同时，数据在流通过程中的权属问题及隐私问题便由此凸显出来。保障数据所有者权益是银行有效利用外部数据的关键，随着《数据安全法》和《个人信息保护法》的出台，银行也面临合规压力。此前的风控场景下，银行接入外部数据通常是通过协议约定拿到内部使用，或将数据脱敏后接进来使用，即联合建模。这种直接调用的方式在目前环境下已不可行，协议无法完全规避法律风险，数据脱敏导致信息一定程度的失真，使模型性能不佳。

作为有效解决计算过程中数据隐私保护问题的技术手段之一，隐私计算技术受到了市场的广泛青睐，其核心优势是分离数据的所有权和使用权，通过技术手段完整地保留数据的使用价值，同时保证数据明文不被泄露，甚至可以通过计算合约来精确限制数据使用的次数和频率，确保数据融合后各数据所有权方的信息安全。

目前，市场上应用于金融场景的隐私计算技术主要分为三类：一是基于密码学协议的多方安全计算，采用一系列密码协议，如秘密分享、不经意传输、零知识证明等隐私计算协议，达到在数据无损情况下与明文数据相同的使用价值；二是基于统计方法的联邦学习，将数据通过统计方法转化为中间参数，并交换中间参数，反复交替，形成一个虚拟的联合建模，实现"数据不动而模型动"的效果；三是基于硬件的可信执行环境，在对硬件信任的基础上构建一个安全区域，由主处理器保护区域访问权限。在可信执行环境中，得到安全验证的程序代码才可被执行。这类技术实现了敏感数据在隔离和可信环境中的存储、处理和保护，兼顾了保密性和完整性。基于硬件安全的隐私计算技术运行在芯片层级，可有效抵御恶意软件的攻击。

目前一些大型银行已构建企业级隐私计算平台，正在打造企业级隐私计算技术体系。市场上也存在行业级隐私计算平台，为更多金融机构提供具有公信力的隐私计算服务。

在风控领域，在数据强监管、"断直连"的大背景下，隐私计算或将成为银行的刚需。隐私计算平台在银行业的应用场景十分广泛，例如：将银行拥有的零售客户的行内交易行为、逾期信息、征信数据与外部的电商数据、运营商数据等其他社会行为数据相结合，对客户行为评分进行优化；在产融场景中，小企业经营数据、ESG数据等存储在政府搭建的区块链平台上，可以通过隐私计算平台与银行数据联合建模，进行信用风险实时预警；在反洗钱侦测场景中，银行面临着资金流向的数据孤岛问题，缺乏"坏样本"使可疑交易筛查模型筛选出的可疑交易量过大，不易认定真正的洗钱行为，但通过金融机构间的行业隐私平台，可以把资金链变成资金网，极大提升反洗钱效率，对行业总体成本也会是较大节约。

隐私计算的全行业生态建设刚刚起步，其并不只是技术攻关问题，尚有大量的法律、监管、标准和基础设施的问题需要同步解决。未来几年，隐私计算将成为类似区块链、物联网等面向"信任、互联、共识"的重要底层技术之一，推动数据这一风控基础的发展和新数据生态的形成。

第 5 节　智能风控技术带来的挑战

在当前智慧化转型阶段，数据、算法、模型和科技硬件成为智能风控的核心抓手，也是数据价值发掘与实现的核心技术手段。在赋能风控的同时，新技术也带来了新的技术风险、法律风险和伦理风险。例如：复杂 AI 模型超越了《巴塞尔协议》的监管范畴，其基本假设、模型哲学、模型性能可能存在缺陷，会影响银行的稳健经营；大数据的使用面临着隐私保护的风险；智能风控模型和策略出现过歧视、杀熟等侵害消费者权益的问题；等等。

以模型为例，越来越多的模型被应用到金融机构内部的管理决策中。据统计，当前全球领先银行的模型数量已达到 5000 余个，并以每年 10%～25% 的速度快速增长。伴随着模型数量激增，模型的应用范围也在快速扩大，被广泛运用到包括客群发现、客户营销、客户准入、产品定价、风险管理等的方方面面。从简单的线性回归到复杂的机器学习（如决策树、随机森林等）乃至深度学习算法（如各类神经网络算法等），模型结构日趋复杂，可读性和可解释性随着算法复杂度的提升而不断降低。

随着金融业务种类持续拓宽，模型数量及种类也不断增多，模型风险管理的重要性与必要性逐渐显现。一旦模型存在内生性风险或被错误使用，可能会导致金融机构战略或业务决策出现偏差、资源配置失效或业务风险控制失灵，继而导致财务损失，甚至引发合规风险和声誉风险。

为了有效防范模型风险，早在 2000 年美国货币监理署（OCC）就提出了"模型风险"的概念，其在《模型风险监管指引》（SR11-7）中指出，模型是指基于统计、经济、金融或数学的理论、方法及假设，将输入的数据转化为定量估计的计量方法、过程或系统，要求银行加强独立验证，发起"有效挑战"以大幅降低模型风险。欧洲银行监管机构（EBA）和英国宏观审慎监管机构（PRA）也在 2016 年和 2018 年相继推出模型风险监管指引，欧洲的系统性重要银行也在此期间对银行自身的模型管理能力进行了类似的改造和提升。

在我国，近年来银保监会逐步认识到模型风险管理的重要性。2012年出台的《商业银行资本管理办法》对资本计量模型验证体系提出了具体要求。2020年7月施行的《商业银行互联网贷款管理暂行办法》，首次提出互联网金融中所使用各种模型的模型治理和模型管理（开发测试、评审、检测、退出、记录），虽然仅仅是针对互联网金融业务中的模型，但是其中的管理方式和理念则完全能拓展并运用于银行现有的各类模型，必将推动商业银行模型管理水平大幅提升。

与此同时，监管机构也在进行数字化转型，除了对业务进行监管之外，还将监管和规范技术。对于监管部门来说，完全的"黑箱"是有隐患的。提升算法的可解释性、透明性和公平性，将是未来的监管趋势和智能风控面临的挑战。

1. 模型风险管什么

模型数量繁多，到底什么算作模型？什么是模型风险？在管理资源有限的情况下，哪些模型必须优先进行风险管理？可参考《模型风险监管指引》（SR11-7）中的模型定义对金融机构的内部模型进行统一认定，并建设模型库用于模型标记与信息存储。构成模型的要素，如数据质量、变量表现、模型表现及模型支持体系，存在局限性或被不当使用，均可视为模型风险。可根据模型覆盖的敞口范围、模型的应用场景、模型对业务的影响以及监管合规性的要求，确定模型风险控制的优先等级。例如对用于资本计量的客户评级及债项评级模型，可将模型风险控制等级设置为高。对模型风险控制优先等级为高级的模型，优先进行模型风险管理，再逐步递进，从而实现企业层级的全量模型的风险管理。

2. 谁需要参与模型风险管理

模型从开发、上线运行到下线的整个过程涉及众多部门，由谁来牵头模型风险管理？各部门应以什么角色参与模型风险管理？笔者认为，首先需要对模型的生命周期进行划分，并依次进行模型风险管理流程的设计。将模型管理全流程划分为发起、开发、投产前验证、审批、投产、监控（第一道防线和第二道防线）、投产后验证（第二道防线）和下线八个步骤，并逐一界定各步骤的管理机制、职责分工和管理流程（见图5-6）。通常，可由第二道防线的模型验证部门牵头进行模型风险管理，也可由数据资产的所属部门牵头。

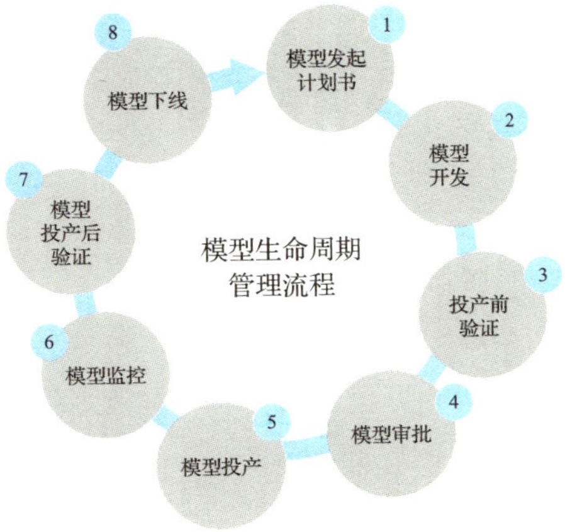

05 银行风控决策体系智慧化转型

模型生命周期步骤	具体职责和工作内容	主要角色
1 模型发起计划书	• 充分理解业务需求，明确开发目的 • 确认开发、验证、投产、监控计划	模型所属部门
2 模型开发	• 开发要与使用用目的相一致，应完整记录设计、理论依据及模型逻辑 • 对开发过程中使用的数据，需进行全面质量论证	模型所属部门
3 投产前验证	• 第二道防线部门确认模型框架是否合理，所用数据是否准确、用途是否符合设定目的	模型验证部门
4 模型审批	• 为模型投产的前置条件 • 审批主体提出调整建议，模型所属部门进行修改 • 审批主体确认整改结果 • 模型所属部门上传审批结论与审批意见	模型审批主体
5 模型投产	• 包括模型部署、用户验收测试（UAT）及模型使用培训等步骤 • 按照既定目的投产并使用，第二道防线对投产情况进行验证	模型所属部门
6 模型监控	• 第一道防线模型所属部门应定期持续监控、监测模型的性质、表现、适用性等 • 模型监测应设定阈值	模型所属部门
7 模型投产后验证	• 模型验证部门工作作为第二道防线，负责识别模型风险点，除投产前验证外，应对已上线使用模型进行尽职监督，包括但不限于持续监控及模型投产后验证	模型验证部门
8 模型下线	• 下线原因包括但不限于：模型原因导致暂停、已无法满足业务需求 • 针对进行重大变更的模型，一旦完成优化与重新开发，则应启动下线环节	模型所属部门

图 5-6 模型全生命周期管理流程

3. 如何进行模型风险管理

模型在结构、应用场景、应用目标、监管要求等方面的侧重点各有不同，对于不同的模型应怎样进行管理？模型的风险应如何进行统一量化？可以依靠哪些手段来提高模型风险的管理效率？笔者认为可根据模型分类，结合应用目标，按类别进行模型风险管理指标体系及阈值体系的建设，覆盖投产前、持续监控和投产后三个阶段，包括统计量化指标（如区分能力 KS、稳定性 PSI 指标等）及业务策略指标（如衡量策略目标实现度的命中率、拒真率、授伪率等），并根据阈值分类进行三色亮灯机制设计（红灯代表风险等级为高，黄灯代表风险等级为中，绿灯代表风险等级为低），将模型风险等级量化到统一维度。

另外，可通过建设全景式模型风险管理平台，通过三大功能设计，实现集约化管理，以及高频、高效的模型系统监控，提升模型风控的数字化程度。一是对模型及其要素进行标准化和动态记录，形成模型全景视图；二是对模型进行全生命周期的线上管理，实现职责权限、重要信息、关键工作节点等功能的数字化管控；三是对模型表现进行高效、高频的持续监控，提升模型风险管理效率和及时性（见图 5-7）。

第 6 节　对未来智能风控的思考

数字化风控的三大支柱既是现在，也是未来。

风控全面前移进入业务场景。不是银行创造场景，而是银行利用场景（企业、个人和政府等的社会经济活动场景）创新相应的金融服务。风险管理作为银行的核心竞争力之一，必然会更加贴近并融入场景和业务。银行应深刻理解业务场景的实质，做到风险管理手段的个性化和差异化，并设计配套的风险管理产品。银行风险管理应前移到业务中。

金融科技与产业科技相配合。未来，大型领先银行会继续向科技公司转型，通过新技术优势逐步抵消和降低信息不对称劣势，继续保持领先地位。新的金融科技，特别是人工智能在更多风险场景中的应用，是风险管理技术研究的方向。人工智能目前在零售端的应用远远领先于其他场景，但在中小微企业、三农、投行、科创等业务场景下，银行所面临风险的复杂程度要远高于零售业务，人工智能在这些领域的应用是一项系统性工程，需要金融科技与产业科技相互配合，风

05 银行风控决策体系智慧化转型

完善的模型风险管理系统实现模型全景视图、模型全生命周期管理、模型风险持续监控三大功能

请选择相应系统模块

| 模型库系统模块 | 模型全生命周期管理系统模块 | 模型监控系统模块 | 系统管理 |

模型生命阶段	模型管理系统可实现的功能
模型发起	• 提交模型开发需求文件、开发计划、验证计划等 • 发起模型开发审批 • 确认模型风险控制等级 • 模型资助方模型管理委员会进行模型开发需求审批
模型开发	• 更新模型库中模型信息,包括模型上下游关系等 • 发起模型验证请求
模型验证	• 记录模型验证发现及整改追踪状态 • 提交模型验证报告、显示模型风险等级
模型审批	• 发起模型投产审批 • 模型资助方模型管理委员会进行模型审核
模型投产与监控	• 运行数据质量、模型表现等相关报表 • 自动发送监控报表至模型所属方、使用方、验证方 • 模型上下游变更时,自动提示各系统模型所属方、使用方及验证方

示例:单个模型监测报表

整体模型风险监测报表

模型全生命周期管理

模型风险管理系统

模型全景视图

模型风险持续监控

模型全景视图(模型库系统模块)展示各个模型的信息数据,包括模型基本信息以及发起、审批、投产及监控等流程的信息数据

模型全生命周期管理(模型全生命周期管理模块)将模型全生命周期管理流程固化在系统中,实现流程集约化,信息数据标准化,资料数据集中化管理

模型风险持续监控(模型监控系统模块)可以高频、高效地持续监控模型表现,实现监控结果数据的友好展示,反时防范使用过程中出现的各类风险

图 5-7 模型风险管理系统

79

险管理领域的从业者应同时做到对科技的深刻理解和充分关注。

数据资产管理从服务成为业务。 数据资产管理、数据定价、数据确权、数据交易等一系列数据要素市场的发展是全社会层面的演进方向，银行在数据资产的供给和需求方面都发挥着举足轻重的作用。因此，银行风控数据是建立在企业级数据资产管理之上的，数据资产管理将作为一项业务从银行中后台逐渐被分离出来。数据除了起服务于金融业务这一本质作用之外，还将成为有价值的资产，并最终体现于银行的资产负债表上。银行建立数据资产管理体系，是对从治理架构到政策制度再到技术支撑等环节的一系列重构。风控职能将建立自身的数据价值流通闭环，对风控数据进行"小运营"，同时利用风险技术性较强的优势赋能全行的数据资产管理。

展望不远的未来，银行的风险管理一定会循着数字化、数模化到最终数智化的路径，实现全面的智慧转型。

06 审视银行数字化转型效能

王鹏虎　银行数字化转型课题组

在大力发展数字经济、实现产业升级和动能转换的大背景下，银行业加大了对数字化转型的投入，取得了显著的创新成果，提升了服务客户和实体经济的效能，强化了风险防控能力，但也存在投资效能低、未实现预期目标等问题。从审计角度思考银行数字化转型的效能，查找问题及其表现形式，分析问题成因，提出针对性建议，是银行内部审计部门在数字时代新发展阶段需要承担的任务，也是其在数字化转型中的责任。

第1节　银行数字化转型投入巨大

银行业作为一个需要高度依赖和充分应用数据的行业，历来都是信息科技应用最为领先的行业之一。从威尼斯出现第一家现代银行至今，银行业的发展经历了传统物理银行、电子银行、移动银行和数字银行等阶段，即通常所说的银行1.0到银行4.0。从电子银行（银行2.0）阶段开始，现代信息科技在银行业的发展中起到了越来越重要的作用，银行对信息科技的应用在不断扩展和深化。

在数字银行（银行4.0）阶段，银行业将信息科技的应用范围进一步扩展到市场营销、客户服务、风险管理、运营支持、合规审计及管理决策等领域，客户服务对象从2C到2B，业务范围从零售银行到交易银行再到投资银行，应用深度从前台的客户服务、市场营销到中台的产品创新、风险管理、定价管理、合规控制，再到后台的运营支持、招聘考核、广告投放等管理活动。

同时，银行还进一步融入互联网各类场景，开放银行、场景金融、生态金融等新型业态出现，进一步扩展了银行业的数字技术应用范围，加大了银行业的科技投入。2020年中国银行业信息科技投入达到2078亿元,同比增长20%(见图6-1)。其中六大国有银行投入957亿元,同比增长33%。科技投入占营业收入比例最高的为招商银行,4.1%(见图6-2)。

图6-1 2013～2020年中国银行业科技投入(单位:亿元人民币)

图6-2 2020年银行科技投入及占营业收入比例情况(单位:亿元人民币)

近年来银行科技人员规模呈现快速增长趋势,股份制银行和大行科技人员从

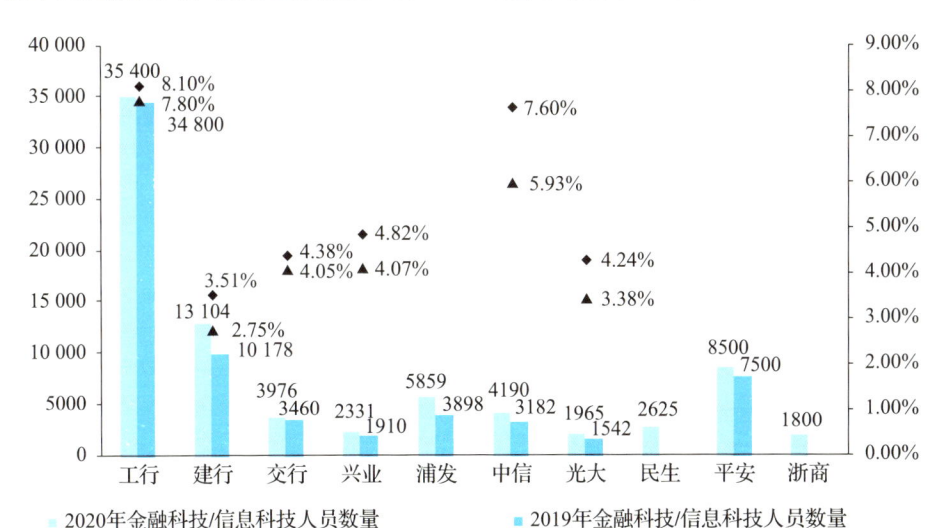

数千人到数万人，占比也多数在 3% ～ 8% 之间（见图 6-3）。

图 6-3 2019 年和 2020 年大型银行与股份制银行科技人员数量及占比

数据来源：各上市银行 2020 年和 2019 年年报

注：平安和浙商金融科技 / 信息科技人员含外包人员。中信科技人员不含子公司。浦发数据为母公司科技开发相关人员。建行占比为占集团人数比例。浦发、民生、平安和浙商未披露金融科技 / 信息科技人员占比，民生、浙商自 2020 年年报开始披露金融科技 / 信息科技人员数量，因此暂无 2019 年比较数据。

金融科技投入已经成为银行业金融机构的一项主要战略投资，而且呈现出逐年上升和快速增长的趋势。但与国外发达国家的银行业相比，国内银行业的科技投入仍有待进一步提高。瑞银（UBS）研究报告显示，2019 年美国银行业科技投入达 1000 亿美元，其中摩根大通（JPMorgan）、美国银行（Bank of America）、富国银行（Wells Fargo）和花旗银行（Citi Bank）投入预算分别为 114 亿美元、100 亿美元、90 亿美元和 80 亿美元，科技投入占营业收入比例均在 10% 以上。

第 2 节 银行数字化转型存在的效能问题

企业在数字化转型中可以获得显著的经济效益。牛津经济研究院和华为的研究显示，数字经济的成长速度是传统经济的 2.5 倍。IDC 公司数据显示，目前约有 90% 以上区域性银行在进行数字化转型，预计使银行盈利能力提高 26%，市值提高 12% 以上。

尽管从理论上和总体上来看，数字化转型具有正向的经济效益，但是实践中仍然有大量企业的数字化转型未能达到预期目标，甚至遭遇失败。数字化转型的投入产出未达预期，出现了效能低下的问题，其表现形式是多方面的，大致可以分为重复投资、无效投资、结构不合理和产出效益不显著等。

重复投资是最为普遍的问题。企业内部各个部门和单位之间缺乏协同和协作，又缺少高层的统一协调和规划，导致系统重复建设、数据重复购买、模型重复开发等问题，出现了企业内部的系统割裂、数据孤岛和管理交叉现象。商业银行的重复投资普遍是在电子银行渠道、客户关系管理系统开发、外部数据采购和营销风控模型开发等方面。

在网上银行和手机银行阶段，大多数银行尚能统一客户的服务渠道，但是在开放银行场景建设中，各个业务部门和客户部门出现了大量部门级、产品级的渠道和服务终端，有些渠道和终端缺乏持续投入，功能单一，甚至存在安全隐患。还有些场景是第三方开发的，银行缺乏自主掌控。这种做法浪费了财务资源，同时还造成了客户困扰和体验较差的问题，严重时还会影响到银行的市场形象和诚信度，甚至出现安全隐患。

客户关系管理系统（CRM 系统）也是一个容易出现重复开发的系统，很多客户部门各自为战，面向自己的客户开发管理系统，形成了战略客户、机构客户、普惠客户、私行客户、财富管理客户等的不同 CRM 系统，甚至有些产品部门也开发了 CRM 系统，或者开展客户画像之类的数据分析工作。而这些客户之间存在大量重复和相互转化的现象，按照客户部门和产品进行不同的客群分析和系统管理，必然会出现资源虚耗的问题。

外部数据采购也存在重复投资现象。以工商数据为例，客户部门可能用于客户营销，风险部门用于风险监测和预警，运营部门用于开户资料核验，合规部门用于反洗钱和员工行为排查，采购部门用于供货商管理，不同部门应用数据的目标不同，范围也不同，如果没有一个企业级的数据采购管理部门，就很容易出现数据重复采购的问题。

数据分析模型是数字化转型中的重要工具。银行在营销、风控、运营、审计和反洗钱、反欺诈、反舞弊等经营管理活动中会越来越多地应用模型，特别是用于图像识别、流程自动化和自然语言处理的通用模型，几乎每个部门都会用到，但又存在应用场景的差异，就会出现部门各自为战、独立开发而不能共享的现象。甚至一些客户风险监测和预警的模型也存在一道防线的客户产品部门、二道防线的风险合规部门和三道防线的审计部门各自独立开发的问题。

很多银行没有AI中台，一些银行没有统一的模型开发和管理平台，无法完整掌握全行的模型资产，各部门、各机构的模型处于自产自用状态，不仅浪费了人力资源和财务资源，还会出现重复预警现象，给基层经营机构、一线客户经理和客户带来重复性风险排查工作。

无效投资主要是有些项目评估缺乏科学性和针对性，存在盲目攀比和盲目乐观的问题。一些中小银行看到大型银行的某些技术应用取得了成效，就盲目效仿，没有考虑自己的客群特点、业务规模和产品特色。有些应用，如果数据没有达到一定的量级，完全不需要信息科技，依靠传统人工方式更为经济，有些产品并不适合线上化或智能化，没有足够的违约数据，无法构建相应的模型。盲目开发系统和模型，会导致产出无法覆盖投资，或者出现风险无法控制的问题，甚至出现数字资产无法适配而被废弃的现象。

投资结构不合理的问题普遍存在。一是技术投入大，而体系建设投入不足。一些银行在系统建设、软件与数据采购、模型开发等技术投资方面不遗余力，而在数字化转型规划、市场研究、技术选型论证、人才培养、制度重构、流程再造等体系建设方面投入严重不足。二是在营销、风控、客服、运营和产品研发等具体应用方面投入巨大，而在数据标准、数据字典、数据管理平台等数据治理和技术安全合规等基础方面投入不足。三是在零售板块和渠道建设上投入巨大，而在批发金融、金融市场板块和风险合规条线投入不足。四是在业务和经营领域投入巨大，而在管理领域投入较少。投资结构不合理使得大量投资因缺乏全面性、系统性和协调性而出现失衡和低效问题，在投入过度的领域出现边际效应递减，投入不足的领域又成了短板，从而制约了整体数字化转型的效能发挥。

投资效益未达预期的问题。首先，很多项目缺少立项阶段的科学评估，或者完全由发起部门自行评估，夸大项目的经济效益；其次，很多项目没有后评估机制，没有对项目产出进行定期评估，无法做出项目是否达到预期目标的判断，进而对后期的持续投入无法进行合理的调整；最后，一些低效或无效的项目和相应的技术资产没有退出和下架机制，长期占用资源而没有或很少应用，更谈不上经济效益。

银行整体的数字化转型投入不只有可见的科技投入成本，宽口径的投入还应该包括行员成本、办公成本和管理成本。此外，银行内部各个部门在数字化转型上的投入目前无法计量和分摊，无法准确地计算投入。

在产出端，银行业很难独立衡量哪些经济效益是数字化转型带来的。理论上，数字化转型可以降低成本、提高效率、控制风险和增加价值，但是这些效益如何准确地识别和计量，目前仍没有科学的方法论。除了个别新产品可以独立计算，多数产品和业务还是在传统产品基础上进行数字化改造，而改造的过程不只是技术升级，也有流程优化和管理提升，实践中无法准确地剥离出技术投入带来的经济效益。

第3节　银行数字化转型效能成因分析与提升建议

尽管业界对数字化转型的方向和价值已经达成基本共识，投入也在逐年加大，但很多银行还是出现了数字化转型效能低下的问题。分析问题成因，有利于找到针对性的解决措施。

1. 认识上存在的误区

没有将数字化转型上升到全行战略高度，误将部门层级的技术应用等同于数字化转型。没有数字化专业人才进入高级管理层，没有董监高层面的深度介入，缺少针对银行自身特点的数字化转型规划，转型工作停留在具体业务、产品和渠道层面，无法形成从生产力到生产关系再到意识形态的完整体系。有的高管层仅停留在认识层面和喊口号阶段，没有切实推动并指导相关工作。不少银行没有把数字化转型当作一个全面、系统和持续的工程来长期谋划和推动，缺乏总体协调和统筹，任由部门各自为战。

误认为数字化转型是技术部门的工作，只要加大技术投入就可以见效。技术之外的配套投入不足导致整体结构失衡，有些技术投入没有配套支撑，无法发挥效能。没有规划、研究、管理和业务领域的配套投入，技术部门主导的技术投入无法真正体现经营管理的需要，先进技术找不到恰当的应用场景，无法达到预期效果。技术的应用须有与之配套的制度和流程，伴随人才结构和理念变化，甚至组织架构调整。技术应用没有配套的制度重构、流程再造、团队提升、文化重塑，先进生产力缺乏与之匹配的生产关系的支撑，效能很难充分发挥。

重视应用能力而忽视基础能力提升。国外一些银行通过收购金融科技公司或依托自身科技力量，会在一些关键基础技术领域形成技术壁垒。而我国多数银行的技术研发储备不足，少有专利技术，多数是简单的技术应用。即便在应用层面，也多相互模仿和抄袭，缺乏结合自身客户和业务特点的个性化、差异化应用，产品同质化严重，无法形成特色经营和错位竞争。而数字时代技术创新有着显著的马太效应，市场会过度奖赏领先的创新者，而对跟随者造成极大压制。采取跟随战略的银行，其数字化转型成效会显得更差。

2. 执行上存在的偏差

部门文化造成各自为战。由于缺乏整体规划和专业职能部门统筹协调，数字化转型成为部门层级的工作，各部门很难横向协调，各自从部门利益和需求出发考虑数字技术的应用。每个部门都在努力构建全面数字化能力，系统很少是企业级的，多数都是部门级甚至产品级的，形成烟囱式的系统竖井和数据孤岛，加大了数据共享和内部协作的难度，造成客户体验下降和银行整体竞争力下降。极端情况下，随着技术应用的扩展和加深，流程更加冗长，效率更加低下，管理真空和职能重叠现象加重，银行整体经营管理能力将更加弱化。

科技公司的影响和驱动。一方面，银行因金融科技公司不断侵蚀其业务领域而焦虑；另一方面，银行在很多数字化技术上并不专业，容易被科技公司裹挟和诱导，盲目采购和扩大投资。银行目前缺乏有效手段去评估每个项目投资的有效性，也没有相应的人员和手段去管控重复建设和采购，而这加剧了资源浪费。

在技术焦虑和能力恐慌之下，银行被迫开展新基建"军备竞赛"。和大型银行相比，中小银行的财务实力相差较大，科技投入规模要小很多，中小银行如果盲目和大银行攀比，势必带来采购投资的盲目性。很多项目需要大量投资才能达到想要的效果，投资小根本达不到预期。在数字化转型中，中小银行要结合自身实力和特点，选择一些小而美、小而专的领域进行重点投入。同时，中小银行要壮大自己的科技队伍，不能过度依赖外包和采购，否则有限的资源更容易被浪费。此外，中小银行还可以选择和大型银行的科技公司长期全面合作，借助大型银行成熟的经验，最大限度地减少投资失误。

第 4 节 提升银行数字化转型效能的建议

明确愿景和战略目标。清晰的愿景和战略目标对于成功转型至关重要。一般来说，数字化转型目标包括提高效率、降低成本、管控风险、增加价值、扩大客群、提高服务能力、增加收入和利润、强化核心能力等。须确定主要目标、次要目标以及若干目标的优先顺序，否则可能会由于目标过多或过于分散而不能聚焦战略和集中投入资源，导致所有目标都不能满意达成。愿景和战略目标确定之后，后续规划和实施等工作才有基础，才能避免过程中出现重大失误。

制订可行的战略规划，并按规划持续推进各方面的工作。数字化转型战略并非传统 IT 战略升级，而是 IT 战略和业务战略相融合的新型战略模式。数字化转型是一个系统性工程，不只是技术的简单应用，其涉及企业经营管理的方方面面，特别是组织变革、制度重构、流程再造、文化重塑和团队提升。应构建总体框架并依之开展工作，以最大限度地发挥数字技术的作用（见图 6-4）。

数字化转型是一个漫长而艰难的过程，需要经历谋划、规划、实施、释能和完善等环节，持续推进，久久为功。

图 6-4 银行数字化转型体系化

以合理的治理架构提供组织保障。数字化转型的性质决定了需要强有力的领导和治理以支持过程中的决策。董事会和高管层要参与数字化转型战略目标和规划的制订并对重大决策负责。要成立专门的职能部门具体负责数字化转型工作，人员要包括各方面的专业人才，尤其是有业务和技术复合背景的专业人才。各部门要有专职人员负责与职能部门对接，与外部合作机构对接。

做好内部资源整合和外部资源利用。必须对银行内部的数据、模型、工具和系统等数字资产进行统一管理。建立规范的需求管理和项目管理流程，严把立项关，成立由数字化转型职能部门牵头、由各相关部门专家组成的需求论证小组和项目管理小组，对部门和产品层级项目进行专业论证，最大限度地复用已有数字资产成果。建立统一的数据标准、项目标准和产品标准，搭建企业级数据、模型和工具管理平台，**采用微服务架构、插件式开发平台和低代码开发技术**，做好开源软件利用和风险管理，以最大限度地减少无效和低效开发建设。建立统一的外部数据和软件采购管理流程与标准，采购立项过程中要考虑各部门需求，建立企业级的应用和数据库，以提高数字资产利用效能。

做好效能评估和审计。银行数字化转型资源投入大，持续时间长，对银行长远发展具有战略意义，因此要及时开展阶段性评估和审计，并针对其中的重大项目进行评估和审计，以保障战略目标实现和效能提升。

第 5 节　内部审计对银行数字化转型的意义

基于内部审计的独特地位与价值，以及内部审计对于数据应用的广度与深度，内部审计部门可以在银行数字化转型中发挥积极作用，成为银行数字化转型的重要推手、示范基地和能力中心。

首先，要发挥内部审计部门作为银行数字化转型重要推手的作用，为转型提供保障。在银行数字化转型过程中常常会存在缺乏规划和体系、内部协同不足、重复建设等问题，内部各机构数字化能力差异较大，进展快慢不一，甚至存在相互推诿、指责的现象。内部审计部门可以通过行使法律赋予自己的监督权、评价权和建议权，推动转型进程。探索建立数字化能力评估体系，对转型中的规划水平、技术先进性和有效性、资源投入合理性和效能、数字化应用广度和深度等方面进行专业评价，发现存在的风险和问题，提出合理化建议，帮助银行逐步建立高效协同的数字化经营管理体系，顺畅完成数字化转型。

上述作用也是内部审计部门作为银行内部咨询机构的新型职能，可以减少外部咨询机构和科技公司采购服务时的盲目性，推动银行数字化转型取得更大实效。

其次，要发挥内部审计部门作为银行数字化转型示范基地的作用，为转型提供宝贵经验。内部审计部门的数字化转型和其他部门乃至银行整体的数字化转型具有同质同构的特征，其目标、方法论和实施路径对后者都具有较大的借鉴意义。内部审计部门本身注重流程规范和实施效能，可最大限度地降低数字化转型过程中的风险并减少资源浪费，因此内部审计部门完成数字化转型可以为其他部门积累经验。

最后，要发挥内部审计部门作为银行数字化转型能力中心的作用，为转型提供支撑。内部审计部门是银行最大的数据应用部门，也必然会成为银行内部数据应用范围最广、能力最强的部门。内部审计部门可以将其在数字化转型中积累的数据、模型、工具和系统等方面的能力在银行内部开放出来，与其他一二道线的部门进行"共商、共建、共享"，为其他条线赋能，提升三道线整体数字化能力，强化风险联防联控效能，为银行创造更大价值。

此外，内部审计部门在其数字化能力达到一定的行业领先地位之后，还可以对外进行能力输出，并将数字化能力作为营销和服务客户的独特而有效的手段，从而将自己从成本中心转变为利润中心。

07　远程银行
——银行数字化转型新动能

高　峰[一]　中国银行业协会

当前数字信息技术与金融业深度融合，推动金融科技飞速发展，尤其在新冠肺炎疫情的影响下，客户对线上化、个性化、非接触式服务需求强烈，迫使银行业数字化转型加快升级。

数字化转型是依托数字技术，构建一个全感知、全联结、全场景、全智能的数字世界，进而优化再造物理世界的业务，对传统管理模式、业务模式、商业模式进行创新和重塑，实现价值新增长。银行数字化转型过程中应该用数字技术重新认知银行的业务流程和发展逻辑，用数字化思维去领会客户、渠道和服务等概念。银行的发展逻辑原来是靠规模效应，现在要转变为以数据驱动创造价值。

第1节　中小银行数字化转型六大趋势

大多数中小银行在数字化转型过程中面临困境。如何发挥自身优势，在准确把握数字化转型趋势的前提下，运用新理念、新技术、新方法进一步优化数字化转型路径，是值得中小银行思考的重要问题。

1. 通过投入有效性评价提升数字化转型质效

近年来银行业数字化建设进入高速发展阶段。根据银保监会的数据，2020年银行机构的信息科技总投入为2078亿元，同比增长20%。同时，银行科技投入

[一]　作者系中国银行业协会首席信息官。

在营收中的占比大幅上升，已经超过2%，接近3%，部分达到4%以上。持续的IT投入是否真正发挥了作用、发挥了何种作用，成为银行管理层关注的重点问题。

2. 数据领导力是实现数据价值的关键

具备数字化技能的高管将在转型中起主导作用。数字化技术与知识储备是制定长远战略的前提条件，没有精通数字化的领导者，企业将难以理解数字化转型带来的机遇和影响。

数据领导力（Data Leadership）框架由数据安全、数据架构、数据梳理、数据开发、操作和运维五个类别组成，此框架有助于实现人员、流程、技术和数据管理功能之间的平衡，以实现数据价值最大化。数据领导力是利用有限的资源建设数据能力，从而促进业务发展。

目前银行管理层在选人时越来越看重数字化知识和技能，常常倾向于设立首席信息官（CIO）或首席数据官（CDO）职位来弥补其管理弱点。据IDC调查数据显示，46.7%的CIO在数字化转型中起主导作用。

3. 隐私计算技术开始在金融机构落地

金融是当下隐私计算技术应用最为活跃的领域。隐私计算参与方之间共享的是算法而非数据本身，这从根本上避免了数据泄露，实现了数据安全与隐私保护。

在信贷业务风控环节，隐私计算可以帮助金融机构将内部数据和外部数据联合起来进行分析，从而有效识别信用等级，降低多头信贷、欺诈等风险，也有助于信贷及保险等金融产品的精准定价。在产品营销环节，通过应用隐私计算技术，可以利用更多维度的数据来为客户构建更加精准的画像，从而实现精准营销。

此外，隐私计算与区块链技术结合，可以改变更多金融场景。例如中国工商银行的联邦学习已应用于多个场景。目前隐私计算在银行业主要运用在风控与市场营销领域，未来隐私计算还将在银行间数据共享、银行内部组织协同等方面发挥重要作用，打通"数据孤岛"，实现跨界流通，成为防范风险的重要手段。

4. 金融云是银行业数字化转型的重要选择

与大行和股份制银行对金融科技的大投入相比，中小银行在科技投入上受限，需要思考如何利用科技资源共享配置，更有效率地解决数字化转型中的技术问题。金融云将成为数字化转型中技术创新和模式转变的选择，云计算将成为关键要素。

金融云要解决的核心问题是产品服务创新与经营模式转变。未来金融云不仅包括一些底层技术，例如以大数据、人工智能、区块链、物联网等技术构成的云底座，还包括实现业务增长的多场景解决方案，如贷款、存款、汇款等业务。这些多场景解决方案不全是以 SaaS 形式对外输出的，大部分金融机构希望解决方案能够本地化，因为只有依托于本地的数据、本地的业务、本地的生产系统，解决方案才能对金融机构产生应用价值，带来业务增长。

此外，银行数字化转型中最重要的是与产业相结合，"金融云+产业云"是银行业数智化转型的发展方向。金融云能够帮助金融机构聚合金融服务，成为高度开放共享的金融服务平台，从而联结产业云，将自身的云体系与不同的产业数据、产业场景进行联结。这将会对于未来中小银行的发展起到助推作用。

5. 数字金融人才将成为转型的核心竞争力

推进金融业数字化转型以驱动高质量发展，数字金融人才成为转型的核心竞争力。

数字金融人才的特征主要体现在四方面：
- 复合型，不仅是知识复合，更重要的是能力复合；
- 应用型，重点在于数据驱动的金融场景应用；
- 创新型，强调以金融科技的逻辑思维优化业务流程；
- 国际化，强调引进掌握国际先进技术的优秀人才。

数字金融人才应该具备五项能力要素：学习与研究能力、业务与创新能力、沟通与拓展能力、业绩与贡献能力、伦理道德与风险防范能力。

6. 科技伦理治理开始受到重视

近年来现代信息技术蓬勃发展，推动金融服务模式创新，重塑金融行业竞争格局，有力提高了金融服务效率。但同时，金融科技的快速发展也使市场参与者的行为变化加快，金融交易日趋复杂，金融边界日益模糊，带来侵犯个人隐私等各种伦理道德问题，数据保护和数据安全问题日益重要和紧迫。数字化转型不可避免地会带来新的伦理问题，比如人工智能、机器人的应用，个人信息安全与隐私权的问题。此外，还有虚假信息泛滥及数据鸿沟问题。

数字化时代，必须警惕和防范技术滥用可能带来的伦理风险。党的十九届四中全会提出"健全科技伦理治理体制"。科学求真，伦理求善。没有底线的金融走不远，没有约束的科技很危险。近年来技术滥用引发了监管套利等问题。金融业要秉持以人民为中心的发展思想，聚焦当下科技伦理突出问题，尽快制定金融领域科技伦理行动指南和自律公约，将伦理道德作为衡量金融科技发展的重要尺度，科技向善。科技伦理建设已纳入"十四五"规划纲要，成为新时期国家科技创新体系建设中的重要一环。

第 2 节　远程银行新业态赋能数字化转型

大中型银行借助科技投入优势，逐步打破对网点的依赖，场景布局中"高举高打"，在细分生态领域做大、做强。而中小银行数字化转型的关键在于依托数字技术，借力地方政府信息平台资源，链接本地特色场景金融，走出差异化道路，打造具有区域特色的数字化核心竞争力。金融场景建设应坚持守正创新，其中远程银行是最好的策略。

1. 远程银行开启服务运营新模式

远程银行（Air Bank），即单独组建，由客户服务中心转型形成，具有组织和运营银行业务职能，借助现代化科技手段，通过远程方式开展客户服务、客户经营的综合金融服务中心（见图 7-1）。远程银行是继直销银行、互联网银行后的又一数字化银行全新运营模式。远程银行是新业态，互联网银行是其"大脑"，直销银行和手机银行是其"两翼"，营业网点则是其支点。发展远程银行最重要的是运用互联网思维。

发展远程银行的指导思想包括前台场景化、中台智能化、后台云端化，强调远程银行是综合金融服务中心、智慧中台。凭借金融科技的优势，与传统线下银行相比，远程银行未来会实现银行服务模式的转变，主要体现在三方面：一是从"客户服务"到"客户经营"的转变；二是从"语音载体"到"多元载体"的转变，摒弃依靠传统、单一服务渠道为客户提供服务的模式，采用网络、多媒体等平台为客户提供全方位、立体化、零距离远程综合金融服务；三是从"服务咨询"到"业务办理"的转变，依托智能化建设，丰富线上服务能力，能实时、全面、快速、专业地满足客户对各类银行交易、顾问式投资理财与增值服务的业务办理需求。远程银行不同于直销银行和互联网银行,其特有的发展模式经过了实践的初步检验,并在疫情期间加速推进。

图 7-1 远程银行的客户服务与经营规范

国外也有类似的远程用户运营模式,如嘉信理财的"人+机"模式、摩根士丹利的远程财富管理模式。

2. 远程银行构建数字化核心能力

远程银行融合手机银行、营业网点、场景金融等服务渠道优势,具有新连接、新生态价值属性。不论是从乡村振兴战略实施还是从疫情时期的应对来看,远程银行都有着独特的优势。

1)全面提升各渠道、各业务的客户体验。

以科技赋能、数据驱动打破时间与空间限制,通过提升渠道运营与经营能力,实现服务载体从电话向多渠道横向扩展、服务内容从咨询向办理业务纵向扩展,实现从服务向经营的升级,提升客户规模承载力、在线一站式解决能力,以满足客户需求。

在金融科技发展、业务变革、场景体验优化的带动之下,远程银行正在全面转型升级。一是创新"有智慧"的数字化产品，二是打造"有温度"的数字化服务，三是构建"有广度"的数字化渠道生态，四是完善"有深度"的大数据风控。依托金融科技，远程银行以其全时全域、全媒体全场景、"智能+人工"服务，成为提高线上金融服务效率、优化"非接触金融服务"的重要渠道。

2）依托金融科技赋能数字化建设，提升数智化服务能力。

推进业务智能化：智能语音导航、声纹智能核身、智能质检、智能人机协同、智能化知识管理等智能技术得到广泛应用。2020年全行业智能技术综合使用率上升至81%。

推进业务数据化：搭建覆盖文字、图片、音频、视频、生物特征等多种类型的数据存储平台，提升数据收集与治理能力、模型开发能力和数据运算能力，以数据驱动自身运营。

推进业务可视化：在5G加持下，远程音视频新技术得到逐步应用。视频银行重塑远程银行服务模式，以"空中营业厅"方式把线下营业网点搬到"空中"，实现7×24小时服务，没有地域限制，不分客户层级，既有温度，又有交互，用户体验越来越好。很多中小银行一步切入有温度的视频银行，实现跨越式发展。

推进渠道融合化：2020年全行业采用金融云技术的客服中心与远程银行占比达26%。通过渠道整合与创新，进一步打通电话、App、微信、短信等多媒体渠道入口。

3）聚焦客户体验提升和价值创造，提供线上综合金融服务解决方案。

深化大数据应用：2020年已有33%的远程银行在线上经营中建立了专业的数据人才队伍，通过客户标签、画像、建模等实现对客户需求的有效预判和精准挖掘。

丰富产品配置：通过加强客户分层分群管理，提供存款、贷款、财富管理、信用卡开卡及分期等更加丰富的产品配置组合。

创新线上经营场景：以线上直播、企业微信、云工作室等为代表的新经营渠道逐步得到推广和使用。

4）创新机制提升管理水平，加速数字化转型。

发展新型岗位：2020年33家客服中心与远程银行新设机器人训练师类岗位，视频客服岗位占比达到25%，投资顾问岗位占比达到16%。

加强数据安全与风险管理：建立健全的规章制度及业务流程，推进合规文化建设，提升风控能力，加强客户信息保护和生产数据治理，保障线上交易安全，确保远程客户服务与经营合规、有序、健康发展。

3. 远程银行数智化建设之路

（1）远程银行发展瓶颈

远程银行作为一种数字金融的全新业态，在建设启动阶段通常会遇到四大瓶颈：

一是在意识层面，因对远程银行的认知不到位、不全面，无法形成系统的指导思想和实施方案；

二是在体制机制层面，建设远程银行会涉及一场银行生产关系的大变革，组织架构、部门职能定位等方面的配套调整不及时、不到位，会影响远程银行的推进力度和质量；

三是在人才层面，金融科技人才匮乏会掣肘远程银行建设深度和长远发展；

四是在系统和技术层面，现有系统和技术对发展远程银行的支撑能力比较有限，仅体现在线下业务向线上的简单迁移，严重缺乏基于线上特点和客户体验对业务逻辑进行深刻变革的系统改造。

实践中，大型银行和股份制银行的远程银行建设还存在一些其他痛点。一方面，远程银行中心无法触动分支行客群。大行的营销活动需要调动总行及各分支行、各业务条线的部门全员配合，从线上到线下，总行到分行信息往往会层层衰减，在这种模式下影响力会大打折扣。另一方面，远程银行营销场景还不够丰富。目前，有些远程银行的建设思路还是以产品为中心，以业务服务为主，本身不具备太多与用户互动的场景，而金融产品本身又是低频交易，除了存量客户在业务办理时使用远程银行，行外新客户很难被吸引，更难以实现获客、留客。

（2）远程银行的新时代特征

远程银行在数字化时代面临新的业务环境。一是用户行为移动线上化。从业务咨询到业务办理，用户逐渐从线下物理网点向线上渠道迁移。以招商银行为例，2020年上半年，招行银行网络经营服务中心服务客户数量约为网点的5.3倍。二是服务渠道多元化、碎片化。传统银行服务渠道集中在电话、网点、App、微信等个别渠道，而当前银行可拓展的渠道达到40个以上。渠道的快速增加使银行对客户的经营变得更碎片化，需要加速整合渠道服务，统一客户体验。三是业务场景线上平台化。在远程开户、远程理财等金融服务之外，生活缴费、娱乐消费等非金融需求逐渐成为银行产品服务的衍生需求。因此，非金融服务与金融服务的融合也是远程银行需要考虑的内容。

面对用户需求的线上化、服务渠道的碎片化及业务场景化,远程银行必须应用好多渠道的协同能力,确保业务的一致性和连续性。同时,全面建设金融与非金融生态,将打造一站式、综合化、智能化的远程服务体系作为重要的战略发展目标。

(3)远程银行建设策略

远程银行数智化建设需要构建适应银行数字化转型的组织模式,强化移动端能力、智能化运营和全渠道建设。

完善体制机制。 远程银行建设模式不是单一的,需要结合银行总体发展战略确定具体定位和组织架构,进而选择与定位相适应的发展道路和运营管理模式。在实践中,大行更偏向于"综合金融服务模式",服务大客户、集团业务等方向,属于大金融范畴;中小银行多采取"重点领域主营模式",突出自身资源禀赋,侧重于客户服务、客户经营或远程集中运营等环节。通常当银行将远程银行定位于大零售板块或大运营板块时,这一模式与其定位比较契合,如"空中"财富管理、远程业务办理、线上客户活跃度提升、长尾客户经营等。在从客户服务向客户经营转型的过程中,绝大多数远程银行尚未建立体系化、配套性的综合管理体制,难以充分挖掘客户经营产能潜力,尚未充分发挥其营销执行力强的优势。应建立一套合理促进远程银行与总行、远程银行与分支机构协同发展的体制机制。

多渠道协同。 在数字经济时代背景下,客户服务载体与沟通方式进一步多元化,客服中心与远程银行成为银行网络化综合服务的集散中心。借助 AI、5G 等新技术的应用,远程银行整合现有服务资源,融入更多业务场景,嵌入更多业务流程,覆盖更多业务产品,大力推进线下线上渠道融合发展,逐步实现各渠道之间信息实时共享、服务无缝对接,构建物理与虚拟、传统与新兴的渠道融合平台,从而满足客户一站式、个性化的金融服务需求。远程银行充分对接网上银行、手机银行、小程序等互联网渠道,提供丰富的非接触服务场景,创新推出以智能机器人、视频客服等为代表的远程服务模式,及时满足客户的金融需求。

提升核心竞争力。 作为一项系统工程,远程银行需要从以下四方面提升核心竞争力。

第一,**数据支撑是基础**。传统零售业务依赖于线下网点,客户数据有限,交互性不强,对存量客户无法深耕。网上银行、手机银行、微信小程序等的出现,提升了金融服务的可触达性,为银行积累客户数据、分析客户行为奠定了基础。

97

数据化分析能力将是银行零售业务发展的核心竞争力之一，有利于银行了解客户行为、完成客户群体画像，并依此定制服务，深耕已有客群，更精准地发掘潜在客户群。

第二，**数字化客群经营是驱动**。精准营销主要研究触达某一个点的最佳方式和路径，是基于客户成长价值路径和客户体验提升目标设计的一个跨渠道、跨平台、复合产品和内容的综合体系，也是数字化营销从点到面的进化。银行应用大数据的能力正在从精准营销向数字化客群经营进化。从精准营销的"点"，到数字化经营的"面"，数字化客群经营不是简单挖掘精准目标客户，而是基于经营目标制订精细化经营策略，并确保各项策略落实到各业务流程。

第三，**极致客户体验是目标**。通过客户画像和行为分析，实现界面功能展示的"千人千面"，并能通过认知大脑分析客户偏好、客户资产和行为偏好，自动推荐适合产品，可从手机银行的上百项功能中直接定位到客户所需的业务功能，并识别客户意图，提升客户体验。

第四，**场景布局是关键**。各银行均力争在远程银行上做到更精准的营销投放、多资源整合及场景应用。一方面，金融服务应用场景向线上迁移，加强场景生态建设，丰富获客、活客渠道和方式；另一方面，加强线下线上金融服务融合，构建场景生态圈，拓宽服务领域，延伸服务周期，将服务交付场所逐渐由实体网点向各类生活消费场景转移、融合。在吃喝玩乐、衣食住行等生活服务领域的诸多场景中，巧妙融入营销，既不会让用户反感，又能借活动引流。

目前不同银行在远程银行建设方面水平不一，需要根据自身情况调整建设步伐。将远程银行数智化建设理解成只是作为信息技术、业务产品和服务渠道的创新手段，是对远程银行发展的误解。如果忽视金融科技对银行业的战略布局、业务逻辑、运行方式、风控模式、盈利模式、组织体系和企业文化全方位的改变和颠覆，就可能错过新一轮转型和变革的良机。借力远程银行，中小银行能够有序推进线上化、智能化、平台化、生态化，实现数字化转型弯道超车。

第二篇
数字领导力

08 民生银行：数字领导力决定数字化转型成败
09 华为：数字化转型，从战略到执行

08 民生银行：数字领导力决定数字化转型成败

张　斌[一]　中国民生银行

人类社会正迈入数字时代新纪元，数字技术革命的广泛性和复杂性前所未有，数字技术也改变了社会和经济的运行环境与运行模式。个人生活和数字化产品与互联网紧密相连，企业经营变得日益数字化和智能化，消费互联网、产业互联网（工业 4.0）、数字政务成为数字经济的载体和连接器。数字化浪潮对旧有格局和模式的解构与重塑影响着行业发展和企业生存。目前，领先银行的数字化转型已步入深水区，深刻理解数字化转型的性质，充分发挥数字领导力的作用，将有助于进一步摆脱观念上的束缚，克服前行路上的困难和阻力，带领组织抵达数字化转型的彼岸。

第 1 节　数字化转型的定义与挑战

对于数字化转型，咨询机构国际数据公司（IDC）给出的定义是：**利用数字化技术和能力来驱动企业商业模式创新和商业生态系统重构的一种途径与方法。其目的是实现企业的转型、创新和增长。** 互联网巨头谷歌（Google）的定义是：**数字化转型是指业务活动、流程、能力和模式的深刻和加速转型，以战略性和优先性的方式充分利用数字技术的变化和机遇及其对全社会的影响。** 在《华为数字化转型》一书中我们能看到华为的理解：**数字化转型是数字技术驱动的创新，同时**

[一]　作者系中国民生银行首席信息官。

超越技术，涉及公司战略、组织和文化的变革。

在历经持续努力已实现高度信息化的银行业，业务创新与数字技术正日益融合，呈现出快速发展的趋势。互联网企业的技术创新和服务创新重新定义了客户体验，数字驱动的线上化、智能化金融服务需要重构银行传统的业务流程和运营模式。数字经济的发展使金融服务从工商业活动中独立出来，历经专业化发展后又重新融入场景，平台化、生态化经营要求银行以新的视角看待与外部合作伙伴和网络生态的合作与竞争关系。以数字货币、数字资产、区块链等为代表的数字原生的金融工具、服务和生态，也展现出重构金融体系运行方式的可能和潜力。

数字化转型要求银行具备三项基础能力。

- **敏捷能力**：在持续变化的动态环境下开展数字化转型，银行需要敏锐感知外部环境和技术变化并快速做出反应。快速反应依赖于对客户真实需求的洞察，跨职能、跨组织边界的高效协同，以及基于敏捷开发和持续交付的产品迭代。
- **数据能力**：数据资产管理、数据治理是数据能力建设的基石，为管理数据和发挥数据价值奠定基础。数据处理和 AI 能力平台化是以数据大规模智能化应用实现数据驱动的关键。同时，要为数据合规有序共享、个人信息隐私保护建立制度和技术保障。
- **技术能力**：以金融服务数字化、智能化和场景化为目标，建立支持敏捷创新和卓越用户体验的企业架构和技术体系，建立促进科技与业务融合、开放的科技治理模式，将 DevOps、用户体验和自动化全面引入 IT 服务管理体系。

因此，不同于过去银行全面控制产品和交付流程、侧重内部职能和局部优化、以提升效率和便利性为主要目标的信息化建设，银行数字化转型是在经济社会迈向数字化时代的背景下，以客户为中心，以数字技术驱动的银行产品和服务、客户经营、风险控制、作业模式以及与外部合作伙伴和生态关系的一次跳跃性演进，是全面而深刻的变革（见图 8-1）。这场变革几乎涉及组织的所有成员和职能部门，其实质是引入数字化基因，实现工作方式和运营模式的转变。传统银行高度的信息化水平为数字化转型奠定了较好的基础，但过往以产品为中心的文化，以职能和层级为特征的组织架构，以及对创新失败的低容忍度，都是数字化转型道路上必须跨越的阻碍。

以客户为中心，多措并举，端到端重塑客户旅程

图 8-1 以价值链重构实现银行数字化转型

银行数字化转型是经营管理的一次深刻变革，也是一项复杂的系统工程，需要各级管理层和员工广泛和深入参与，过程具有高度的艰巨性和不确定性。一方面，银行最高决策层的领导力对数字化转型成败发挥决定性作用；另一方面，各级管理层和员工发挥领导力同样对数字化转型进程具有重大影响。

第 2 节 领导理论的定义与发展

领导力是通过影响、激励和帮助他人，实现一个共同目标的能力。它是一种广泛存在的复杂社会现象，对个体与团队行为，以及组织和社会发展发挥重大影响，一直受到学者和实践者的广泛关注。领导理论研究领导的有效性，通过回答领导力从何而来、领导力如何发挥作用这两个核心问题，发现提高领导有效性的方法和途径。领导力研究主要采用理论分析、案例研究、定性分析和实证研究的方法，理论和模型的构建普遍运用了心理学、社会学、组织行为学、管理学、经济学等领域的知识和成果。

领导力来源和影响机制的复杂性，以及随着技术进步和社会演进而不断出现的新问题，使领导力研究始终处于持续深化中。以变革领导理论为分水岭，领导力的学术研究主要形成了传统领导理论和新型领导理论两个派别。

传统领导理论发源于 20 世纪 20 年代，主要历经了领导特质理论、领导行为理论和领导权变理论三个阶段。领导特质理论发端于"天赋伟人说"，认为领导

力来源于领导者与生俱来或后天获得的特质，被领导者对这些特质的认同是领导力发挥作用的机制。领导行为理论否认领导素质是与生俱来的，强调领导素质可以通过学习和实践获得，领导的有效性取决于领导者的行为表现，即领导者与被领导者的互动方式。领导权变理论将一些环境因素纳入领导力框架，认为领导依赖于情境，如员工技能和任务特征等，有效的领导风格需要与特定情境相适应。

进入20世纪70年代，出现了以领导成员交换理论、魅力型领导理论和变革型领导理论等为代表的新型领导理论。其中，变革型领导理论因吸收了已有领导力研究在不同视角和层次上取得的成果，以及对实践具有指导作用而受到关注，成为领导权变理论后领导理论研究的新热点。在伯恩斯（Burns）1978年出版的经典著作《领导力》中，**变革型领导者被描述为"能够激发追随者的积极性，从而更好地实现领导者和追随者目标的个体，领导者通过让员工意识到其所承担任务的重要意义和责任，激发下属的高层次需要或扩展下属的需要和愿望，使下属为团队、组织和更大的政治利益超越个人利益"**。之后，阿沃利奥（Avolio）将变革领导力要素归纳为四个维度：理想化影响力、鼓舞性激励、智力激发和个性化关怀。

第3节 数字领导力

数字技术为社会和经济带来变革的同时，对领导者、被领导者、领导过程和领导情景产生了深刻影响，传统领导风格已不能有效地应对数字化带来的机遇与挑战，需要为领导力注入新的元素。

数字领导力指战略性地使用公司数字资产实现业务目标的能力。领导者前瞻性地提出清晰的数字愿景，拥有相关知识、技能和心态，带领并依靠他人去实现这一愿景。在以数字技术作为核心变量的数字化进程中，领导力与变革管理紧密相连。数字领导力可以被看作变革领导与数字能力（数字化思维、数字化技能）的紧密结合，有效应对数字化和新经济带来的机遇和挑战的能力，是数字时代领导力的新范式（见图8-2）。

对于数字领导力的特征和作用，可以从个体和组织两个层面进行探讨。

1. 个体层面的数字领导力

个体层面，数字领导力要素由一系列技能、行为、特质和知识构成。理论和实证研究表明，数字领导力主要包括 10 个要素，每个要素代表了数字领导力某一方面的特征，同时又与其他要素存在内在的联系。

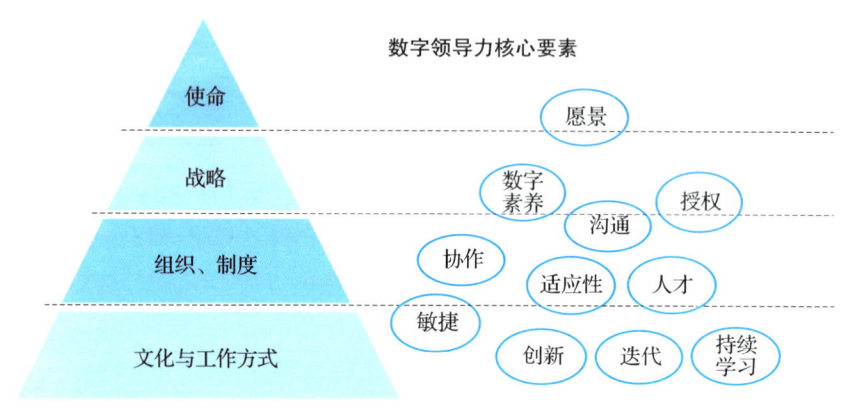

图 8-2 数字领导力核心要素

愿景：提出和构建一个清晰、有意义且令人振奋的数字化愿景，并通过在组织和团队中激发和分享这个愿景来指明方向，凝聚人心。实证研究表明，构建和传播愿景是卓越数字化领导者的一个关键特征。

沟通：运用数字化工具传递和获取信息，促进思想交流和情感传递，提升信息共享和协作水平，建立和维系有价值的社会关系网络，是数字领导力的一项基本技能。数字化带来的信息透明使领导者在不同社会关系和利益相关者中展现出的一致性，对于建立信任、发挥影响力产生了重大影响。

数字素养：理解数字技术及其演进，以及技术如何对个体、组织、行业和社会产生影响，是把握数字化趋势带来的机遇和威胁，提出清晰的数字化愿景，在不确定性中做出明智决策的基础。数字素养包含数字技能维度，涉及领导力时重点是判断和把握能力，并不要求高层领导者都成为数字技术和数据科学的专家。

战略：成功的领导者不仅提出数字化愿景，还通过制订规划使数字化转型成为公司／银行战略的核心组成部分，并通过倡导数字文化、变革组织体系和建立激励机制来推动战略的实施。

创新：数字化转型的核心是创新，领导者应率先拥抱数字技术及其带来的变革，以战略为指引开展以客户为中心的产品、服务和流程创新，以及商业模式创新。领导者应建立鼓励创新、容忍失败的文化，在失败中快速学习，同时有效管理风险。

适应性：属于个体的特质范畴，领导者认识并接受变化是常态，应始终保持开放的心态，善于听取各种反馈意见，在遇到未能预见的变化时能够灵活应对和调整，并能持续更新知识和技能。

协作：倡导围绕价值创造开展广泛的合作与协同，利用数字化工具和平台提升协作效率和水平。跨职能协作是以客户为中心重塑客户旅程的前提，同时促进思想碰撞，激发创新灵感。协作不限于组织内部，建立与外部生态伙伴的高效协作机制同等重要。

授权：通过授权以信任、责任代替控制，获得承诺，激发活力，让组织在变化的环境中能够快速做出响应，捕捉机会。对于知识型员工，授权能够最大限度地激发潜能，促进员工发展。给予资源支持，信息的实时和透明为授权提供了保障。

敏捷：采用新的工作方式和运营模式以快速响应和适应不断变化的环境，通过建立敏捷的数字化团队，实现整个组织的大规模敏捷，在复杂、动态的环境中为组织赢得竞争优势。敏捷实践涉及共享愿景和目标、跨职能协作、快速决策、迭代和实验、持续学习。

人才：数字化人才是数字化转型成功的关键因素。优秀数字化人才供给不足的问题突出，卓越领导者会把发现、培养和留住数字化人才作为个人和组织的优先事项。数字化人才包括精通技术和数据的科技人才，以及精通数字战略规划、数字化营销、数字化运营、数字化风控的复合型人才。

2. 组织层面的数字领导力

既然领导力的本质是一种影响力，那么就需要从组织的整体视角看待和发展领导力。在工业经济向数字经济转型的过程中，组织面临日益复杂、动态变化的外部环境，需要成员个体和团队在某种情况或某个时刻发挥领导作用。与此同时，完成任务、创造价值也更加依赖于组织中各层级个体和团队的紧密协作。因此，组织中不同层级个体和团队的领导力，以及它们之间的相互作用和影响，成为组织领导力的有机组成部分。

另外，数字化转型过程中基于共同愿景形成的文化、组织结构和制度体系等非人格化要素，不仅是变革的成果，也成为组织支持敏捷创新的稳定内核，为全员领导力的发挥和战略的持续性提供保障。波士顿咨询研究显示，专注于文化的公司，其数字化转型取得突破性成果的可能性是那些不专注于文化的公司的数倍。由此可见，组织作为一个复杂、开放的系统，其领导力是组织中个体领导力、团队领导力以及文化、组织和制度要素的综合。

数字化转型中组织变革的一项重要举措是通过授权建立敏捷团队。敏捷创新中个体和团队领导力的发挥，需要文化和价值观指引方向，制度流程提供支撑。数字化产生广泛网络连接，组织边界日益模糊，强大的组织领导力有助于建立信任，形成组织在生态中的影响力，为社会创造更大价值的同时建立起牢固的竞争优势。无疑，文化和制度还将激励追求自我实现的高素质员工和知识工作者发挥领导力，仅依靠高层领导听取意见做决策已不能满足数字化变革的需要。正如一位学者所说："领导活动可以发生在任何方向上，有时甚至可能打破谁在领导、谁在追随的界限。"

为带领组织完成数字化转型的使命，高层管理者需要重视组织各层级领导力的发展，同时注重通过建立与数字化愿景相适应的文化、组织体系和制度流程，促进组织整体领导力的提升。

第4节　社会责任与风险管理

1. 领导力与社会责任

数字化转型既是挑战，也是银行实现跨越式发展的机遇。旧有规则和模式被打破，新的商业模式被不断探索和建立起来，这给利益相关者带来了广泛影响。因此，有必要将社会责任纳入数字化领导力的讨论范畴。

金融服务于实体经济和广大民众，服务于经济社会高质量发展，数字金融愿景的构建、数字化战略的制订和实施都必须坚守这个宗旨。在通过数字化转型提升市场竞争力的同时，领导者应牢记并履行金融机构的社会责任：一是充分利用数字技术服务于小微企业和个体经营者，探索和建立商业可持续的普惠金融发展模式；二是利用线上线下相结合的经营模式，创新数字金融产品和服务，为乡村和边远地区服务；三是关注弱势群体，消除数字鸿沟，让所有人都能够享受到数字金融带来的便利；四是坚持守正创新，合规经营，切实保护消费者权益；五是通过数字技能培训，提升员工数字素养，帮助员工成长。

2. 领导力与风险管理

金融是现代经济的核心，对社会经济发展具有重大影响。金融的本质是经营风险，同时金融又具有很强的外部性。领导者需将风险管理视为领导力天然的组成要素，正确处理风险管理与变革创新的关系。

一方面，领导者应认识和把握数字技术及其应用可能带来的风险，倡导将风险与合规意识融入产品和流程创新活动中，运用管理与技术手段控制和缓释风险。在数字化转型过程中，应避免进入与自身能力和资源禀赋不相符的业务领域，同时应重点关注广泛的数字连接和生态合作带来的系统集成风险、核心能力丧失风险、算法和模型风险，以及网络和信息安全风险。

另一方面，不应将风险管理与变革创新对立起来，而应引导和推动利用数字技术创新风险管理手段和模式，在产品形态和业务流程改变后仍能对风险进行实质性控制。大数据、物联网和区块链技术为及时、精准识别和控制风险提供了新的手段。建立在数据智能和闭环流程上的场景金融不仅提供了更好的服务体验，也能更有效地控制风险。另外，应加强创新活动中与监管的沟通，主动参与创新课题研究，利用监管沙箱机制推动创新试点。

09　华为：数字化转型，从战略到执行

李　红　华为

从目前的宏观环境看，数字化转型已经势在必行：其一，客户的数字化程度日益提高，迫使银行重新审视自身的数字化程度；其二，从银行面临的压力与挑战看，数字化转型已经是银行的生存问题，而不只是发展问题；其三，从国家战略和监管要求来说，数字化转型是银行未来3～5年最重要的事项。如果数字化转型是一场变革，怎么做变革才能成功？

第 1 节　什么是数字化转型

业界普遍认为，数字化转型是引入数字技术、优化流程或创建新的业务模式，以改善客户体验并提升运营效率和绩效。基于自身实践，华为对数字化转型的定义是：数字化转型是指通过数字技术构建新的赛道，改变做事方式，形成新的价值主张，形成系统性、架构性的效率变革，相对于传统赛道形成非对称竞争优势，从而实现新的商业模式和价值主张。从这个视角看，数字化转型至少应该给银行带来以下三方面的业务价值。

体验提升：用户不仅指银行客户、内部员工和管理者，还包括业务生态中的合作伙伴、供应商等。银行数字化转型就是要关注业务参与者的体验，要能够满足他们的需求，解决他们的问题，使得客户满意、员工幸福、合作伙伴信任等。

效率提升：数字化转型为企业带来的效率提升不是相对优势，而是绝对优势。对于银行来说，是要更快地获取最优成本的资金来源，在风险可控及满足监管合规的情况下增加优质资产转换率，包括网链式批量获客、精准营销、金融服务产

品快速创新、风险快速识别、业务自动化智能处理等。

模式创新：数字化转型最终一定要支持模式创新。模式创新包括交易模式、运作模式、组织模式和企业治理模式的创新，简单地说，就是交易模式从线下到线上，运作模式从人工到智能，组织模式从职能到平台，以及共享共通的企业治理模式。模式创新不仅可以让银行服务触达原来不能覆盖的群体（比如借助于产融合作平台深入三农行业实现 2G2B2C），也可以让银行开展原来很难开展的业务（比如借助 IoT 技术深入动产质押领域等）。

第 2 节　从华为变革实践看企业数字化转型

华为认为，数字化转型要避免赶时髦，要与企业战略深度互锁，并提出"高质量的变革规划是数字化成功的起点"。例如，1998 年的 IT Strategy & Planning 项目（简称 IT S&P）是华为一系列变革的起点。

IT S&P 虽然是 IT 变革规划，但它首先提出了一个鲜明的目标："我们的目标不是成为世界级的 IT 公司，而是成就世界级的华为。"也就是说，做 IT 变革，甚至是现在的数字化转型，都不是为了让 IT 技术本身取得什么样的成绩，而是为了帮助公司跨越裂谷，找到增长之路，最终成为百年老店。

IT S&P 对华为当时的战略定位进行了评估，在今天看来这是最关键的一步。当时华为高层认为华为是一家创新的、靠产品竞争力和员工孜孜不倦努力成就客户的领先的中国企业。而 IBM 顾问通过调研，访谈了 100 多个客户后却得到了不同的观点，不同于华为对于自身的认知。客户认为"产品稳定性和售后服务"是他们选择产品时最重要的考虑因素，而恰恰在这两方面华为与友商有着明显的差距。因此，IBM 当时给出的建议是，华为公司是一家依靠产品标准化、规模化经营的企业。针对华为到底是一家什么样的企业，IBM 和华为高层进行了多日深刻、激烈的讨论，最终任正非先生被说服。回顾华为的发展历史也能看到，自此，华为在依靠产品标准化、规模化经营的道路上一路前行 20 年。

IT S&P 除了进行战略目标定位外，还制订了变革相应的业务举措、IT 举措以及分步实施计划。华为 20 多年管理体系变革，包括 2016 年开始的数字化转型变革，基本上都延续了 IT S&P 变革规划的思路和框架，建立了集中统一的管理平台和较完整的流程体系，有效应对了全球环境下的商业与技术挑战，实现了快速增长（见图 9-1）。

图 9-1 华为公司业务成长史

华为在 2016 年明确了"数字化转型是公司未来的唯一业务变革方向"。总结起来，华为从三个层面来推动公司的数字化转型：一是面向对象的精益协同，对准用户体验的提升，面向具体的业务场景，实现三个重构（重构体验、重构流程、重构运营）；二是与业界合作伙伴共同打造智能企业所需要的数字平台；三是积极推进先进基础设施的建设。

重构体验：对准 6 类用户提供 ROADS 体验，即实时（Real-time）、按需（On-demand）、全在线（All-online）、服务自助（DIY）和社交化（Social），实现从"人找应用"到"应用找人"的转变。比如员工出差以前有 7 个电子流，出差申请、异地打卡、客户接待、费用报销等，每个都要员工主动填写电子流。现在出差电子流申请完成，后面自动关联考勤、差旅和报销等应用。一方面员工不再需要填写其他电子流，另一方面出差行程的各项安排可以做到自动提醒，包括机票酒店预订、飞机高铁起飞提醒、酒店住宿确认提醒、报销提醒等，甚至后续的发票也仅需要员工用手机扫描进入系统即可完成报销。

重构流程：要求流程能够反映业务，通过 IT 支撑实现自动化和智能化处理。在简化流程上采用川普日落法：每新增加一个流程节点，必须关闭另两个流程节点。到目前为止，华为系统里有大约 2 万个数字员工处理原来海量、重复、简单的人工操作，很好地支撑了"收入翻番，而人员不显著增长"的经营目标。

重构运营：建立不同层级、不同部门的智能运营中心（IOC），包括运营商、财经、制造 IOC 等。通过 IOC，除了能看到全领域数据外，还能够深度钻取、挖掘数据价值，找出业务本质，更能够通过引入智能模型进行多维分析，实现自动预警和辅助审视，最后还能够连接相关干系人进行实时决策处理，这直接改变了华为内部以前开会时看 PPT 和 Excel 的习惯，而改为看 IOC 大屏。

打造数字平台： 这个平台被比喻为数字化操作系统。企业数字化后就像一台电脑，操作系统对上连着所有企业的应用，对下应该能管理到企业所有的外设或各种资源，左边是强大的企业安全保障（包括数字安全、网络安全等），右边支撑着企业所有的智能决策应用。通过建设数字化的平台能力，释放企业数字化战斗力，加速企业数字化进程。

推进先进的基础设施： 重新构建了云化的基础设施，包括各类装备设施。目前已经实现了 90 大类 1500 小类 600 万个装备的打通，并在华为各个工作场所，包括办公室、会议室、展厅、工厂等都实现了标准设备清单，由行政部门参考配置清单购买、安装硬件和终端，由流程 IT 部门负责各类软件的上线和运营。

第 3 节　银行数字化转型要做什么

从上述华为变革实践可以看到，数字化转型首先需要企业制定清晰的战略目标和业务定位，然后打造支撑数字化转型的平台，对准企业业务重构体验、重构流程等。这些对于银行也是适用的。

1. 数字化转型战略定位要适应未来发展趋势

未来银行的发展主要呈现出四个趋势。

（1）回归本源，服务实体经济

2021 年年底的中央经济工作会议再次强调要加大金融对于实体经济的扶持，商业银行要以市场化方式为实体经济服务，中小银行更是需要全方位融入地方发展。

（2）重视企业社会价值，促进社会生态改善

一方面，银行是国家金融体系框架的重要组成部分和落地机构；另一方面，银行作为经营信用的主体，其风险偏好对客户的生产、生活具有引导作用，影响用户（包括企业和个人）的经营、生活行为，使其朝着更为健康的方向发展。

（3）拒绝同质化，力求差异化发展

差异化经营体现在诸多方面，如渠道服务、产品构成、客户定位、行业深耕、生态场景等。以生态场景构建为例，可以围绕社区，以周边商户和居民为目标群体，链接社区周边的社会生态，整合商户资源和客户生活需求，打造用于客户体验和居民线下活动场所的金融商店，激发用户对金融产品的兴趣和客户活跃度，打造小而美的社区服务银行。

（4）严守风险底线，满足监管合规

2021年政府工作报告明确提出，强化金融控股公司和金融科技监管，确保金融创新在审慎监管的前提下进行。对于金融创新，政府强化监管和稳妥发展的态度更加明确，将金融科技中涉及的金融业务活动全面纳入监管，强化持牌经营。金融监管的加强，约束了平台类金融科技企业的无序扩张，有利于金融市场健康发展。

2. 未来银行业态

未来发展趋势很明显，究竟以什么形态向未来银行转型、如何构造差异化竞争优势，各银行需要依据自身战略定位、特色与资源优势而定。这里列出典型策略或业态供参考。

（1）平台化银行

平台化银行以平台运营思维为指导，探索银行业务模式与经营管理模式。平台化银行以"科技+金融+行业+企业"构建生态体系，通过"开放共享、合纵连横"让金融服务变得灵活、敏捷、无界，嵌入家庭的生活消费、企业的生产经营和资金管理活动之中，捕捉其中的人流、财流、物流等信息流，以平台数据为运营支撑，及时把握线索，捕获商机，对接平台各参与方。由此，银行的服务边界被大大延伸。

（2）社区银行

社区银行不是物理网点的延伸，而是一种新的深耕本地的业务模式与管理模式。社区银行招募熟悉当地情况的员工，与社区物业联合举办线下活动、在线沙龙，持续不懈地与社区居民建立并维护信任关系，与政府公共资源对接，与合作伙伴联合服务，深度融入社区居民的生活消费与生产经营之中，坚持以"源自社区，扎根社区，服务社区，贡献社区"为经营理念，回归金融本源，改善民生，服务实体经济，推动当地经济发展。

（3）产融银行

产融银行是以产业为核心、以平台为拓展方式的产融生态圈模式，以支持产业、服务产业的方式，开展金融撮合乃至金融业务，通过平台化方式集合商流、物流、资金流、信息流，并通过科技手段实现线上化发展。

（4）大零售银行

零售业务因风险分散、抗经济下行周期等特点，逐渐成为银行转型热点。消费金融业务在金融科技的推动下发生了从量到质的转变。零售转型的质变、线上服务需求的增加以及客户对财富管理需求的重新界定，均促使银行积极拥抱新零售，场景化泛金融服务是未来银行的重要发展方向。

3. 重新定义金融服务过程

银行数字化转型应该能够涵盖其复杂的业务场景和完整的业务能力，既包括对客的业务部版块（零售、对公、小微、金融市场等），也包括内部复杂的运营场景（风控、财务、内控、IT等流程），更要涵盖行业特殊性带来的对于业务连续性、安全性的更高要求（见图9-2）。

对于银行来说，数字化转型也是重新定义其金融服务的过程，包括重新定义服务对象（从客户到用户）、服务边界（从银行卡到App）、服务流程（从传统交易到嵌入生态场景）、服务方式（从集中到开放）。按照银行的业务流程可以用"六化"来阐述，即"数字化体验、数字化营销、数字化产品服务、数字化风控、数字化经营管理、数字化生态"。

数字化体验： 通过打造超级App，多触点对准用户提供极致体验，实现跨功能、跨平台、跨业务的一站式体验，用数字化手段做深与用户的连接。对于零售客户，按照马斯洛需求模型，除了满足标准的金融服务功能外，更要关注用户精神层面的需求，比如各大行纷纷采用鸿蒙系统打造超级终端，提供更流畅、更极致的操作体验；对于企业客户，则要关注其所处的行业、发展趋势、经营情况并提供合适的金融服务；而对于银行员工，特别是对于"00后"一代，提供更加便利的工具让其顺利地工作，同时提升其工作成就感。

数字化营销： 融合更多的数据源，依托智能技术，更好地触达客户，更敏捷地开展营销。除了搭建智慧营销平台实现事件营销、精准营销外，还需要采用风险决策分析为客户旅程保驾护航，深入场景响应个性化客户需求，让客户参与业务的策略整合等。

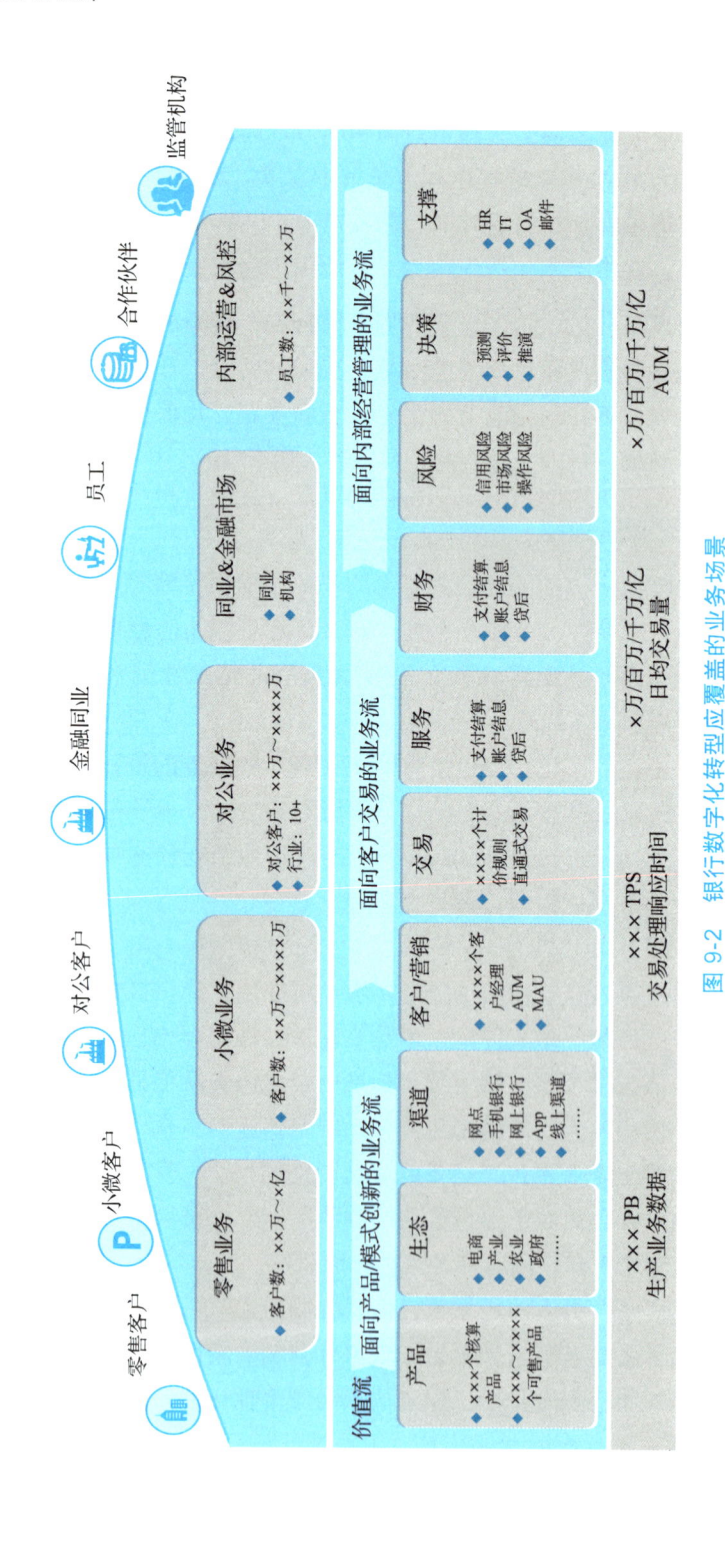

图 9-2 银行数字化转型应覆盖的业务场景

数字化产品服务： 金融产品和服务更加线上化、便捷化，高效快捷，让金融服务无处不在。强化产品服务客群、产品赋能客户的理念，深入场景应用。对于个人客户，除了可以给高净值客户提供专属的财富管理外，还可以针对新型客群，比如养老客群等，提供针对性的产品；对于企业客户，除了场景化的交易银行服务外，还可以提供定制化投资银行、个性化企业家服务等，同时也可以在绿色金融、乡村振兴、科技输出等新兴领域形成可持续发展的产品体系。

数字化风控： 搭建全流程智慧风险管理平台。通过整合内外部数据，夯实数据基础，构建数字信用体系，统一全行层面的风险偏好，覆盖贷前、贷中、贷后全流程；利用大数据为欺诈识别、风险评估、监测预警、差异化策略等提供决策依据，实现对全客户风险的自动识别、自动审批、自动监测预警和自动履职行为排查等；通过对核心指标数字的管理驱动业务增长，提升经营效率。

数字化经营管理： 打造智能运营中心（IOC），使经营管理精细化、智能化、自动化。除了为各经营单元提供全天候、全维度、全视角的数据支持之外，还通过引入智能模型进行多维分析，帮助管理者更有效地审视经营和运营结果，并集成事件管理和智能调度平台，实现中央决策、平台调度、末端响应的快速响应机制，以及业务与业务、人与人的连接，对准结果形成有效闭环。

数字化生态： 通过开放服务给生态、自建生态平台、与异业头部客户联合运营生态等多种方式建立银行生态体系，进一步帮助银行在获客、活客、留客等方面获得更好的效果和收益。

4. 数字应用的三个核心要素

随着各行各业数字化转型的开展和深入（见图9-3），形成了人和人、人和物、物和物的万物互联，这个连接不局限于企业内部，而是打破了企业边界，实现了企业和客户、企业和上下游以及合作伙伴之间的连接。在这个连接之后会形成共生状态，这使得银行数字化转型应该思考的深度和涉及的范围有了时空上的增长。对于数字化转型最重要的数据，在采集和使用时应该抓住三个核心要素：全量全要素的链接、安全与保护、智能化与自动化。

（1）全量全要素的链接

要跨越组织边界去采集衍生范围里更多、更全的开放数据，并将它们全部打通、链接，纳入同一个数字化系统中。比如房产抵押登记，从原来的手工登记房产证信息到自动接入互联网不动产登记平台，自动采集信息、录入抵质押系统。

随着万物互联的发展，不久后还应该能够通过城市监控设备自动采集房子的实时信息（比如火灾、地震、装修）。这还不够，这些数据要能随时被调用、被看到、被感知到，即实时反馈，比如自动在抵质押系统里对该房产重新估值等。

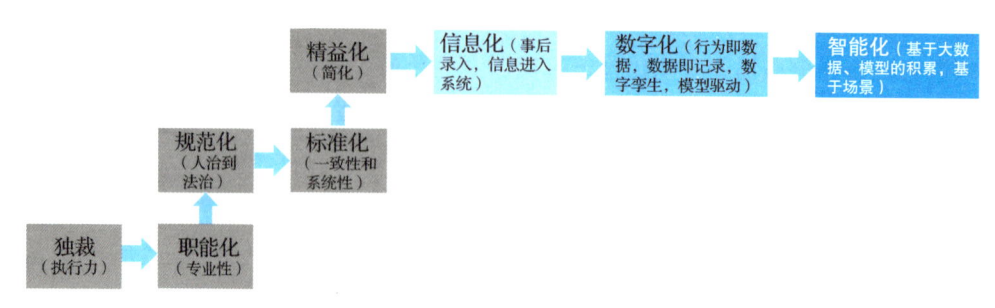

图 9-3　传统企业数字化建设通常路径

（2）安全与保护

数字化转型的基础是全量全要素的链接和实时反馈，但是当数据进来了后，企业有了大量的数据资产，需要关注潜在的安全风险，坚持严守法律法规底线不可突破，包括《数据安全法》《个人信息保护法》《网络安全法》等，实现银行经营安全与效率的持续平衡。

（3）智能化与自动化

根据 2020 年针对中国企业的数字化转型统计，只有 7% 的企业认为自己数字化转型成功了。为什么有了数据，该线上化的都线上化了，大部分企业仍然没感受到数字化转型带来的成果？数字化要把着力点放到指导业务运营和决策上，要形成三点认知：直接指导行动，形成自动化的行动；卷入更多的人，即数字化系统不只决策者能用，产业链上的所有人都能用；卷入更多的设备，即常说的万物互联，甚至可以直接通过卷入的设备和工具执行决策。对于银行来说道理相同，目前领先银行不仅开始大量引入 RPA 数字员工实现业务的互联、自动化处理，而且还深入百姓的生活场景以及企业的产业场景，在场景中自动提供金融服务。而在不久的将来可以期待这些金融服务可能是由一台冰箱、一个电表、一个水表来完成的。

第 4 节　银行如何进行数字化转型

从华为变革实践来看，为了保障变革的成功实施，银行需要落实三个关键保障举措：打造数字化平台，建立变革治理体系，以及实施从战略到执行的一系列流程体系和方法。

打造数字化平台：包括先进的基础设施及数字化企业平台，具体为云化的基础设施和互联互通的先进装备设施；大数据、5G、IoT、区块链、AI+RPA、分布式等先进技术的运用和集成；统一的数据资产底座；沉淀企业级共享能力中心的数字平台；通过灵活编排实现快速业务响应的低代码平台等。

建立变革治理体系：建立业务变革、IT、流程治理体系，有效推进管理变革，形成业务与IT一体化的组织体系，确保变革的组织保障和资源保障；梳理变革业务流程，例如华为内部是17个一级公司业务流程，这和领先银行采用企业架构的思路是一样的，银行业务流程进行企业级梳理和建模，业务部门是变革从规划、实施到运营的E2E Owner，对变革的ROI负责。

实施从战略到执行的一系列流程体系和方法：实施从战略规划、年度业务计划与预算到管理执行与监控的全流程，例如华为是一级流程中的DSTE流程。

数字化转型是一场长期变革，并不能一蹴而就。华为在进行IT S&P规划后的第一阶段只启动了IPD和ISC两个项目，到2007年第二阶段才启动IFS和CRM等项目。从华为的实践看，我们建议银行数字化转型采用**总体规划、分步实施**的策略。

在数字化转型初期，银行可以根据需要引入数字化变革的文化，统一管理者的认知并进行相应领导力的建设。在变革规划阶段，需要清楚地知道银行现状，制定清晰的业务定位和愿景以及对应的业务举措，并采用企业架构的方法细化、分解成可落地的项目。在数字化实施过程中，要对准用户体验和业务搭建数字化平台，同时采用一系列的变革项目管理办法来保障项目的实施。在运营评估阶段，需要用变革评估模型（TAM）来评估变革的效果，找出差距，不断迭代（见图9-4）。

综上所述，做好数字化转型需要：统一思想，做好总体规划，选取试点业务（零售、对公、小微、信用卡等）；落地时抓住三个核心挑战——对准体验、对准业务、搭建平台；分四步迭代实施——战略引导、蓝图规划、变革实施、运营评估。

117

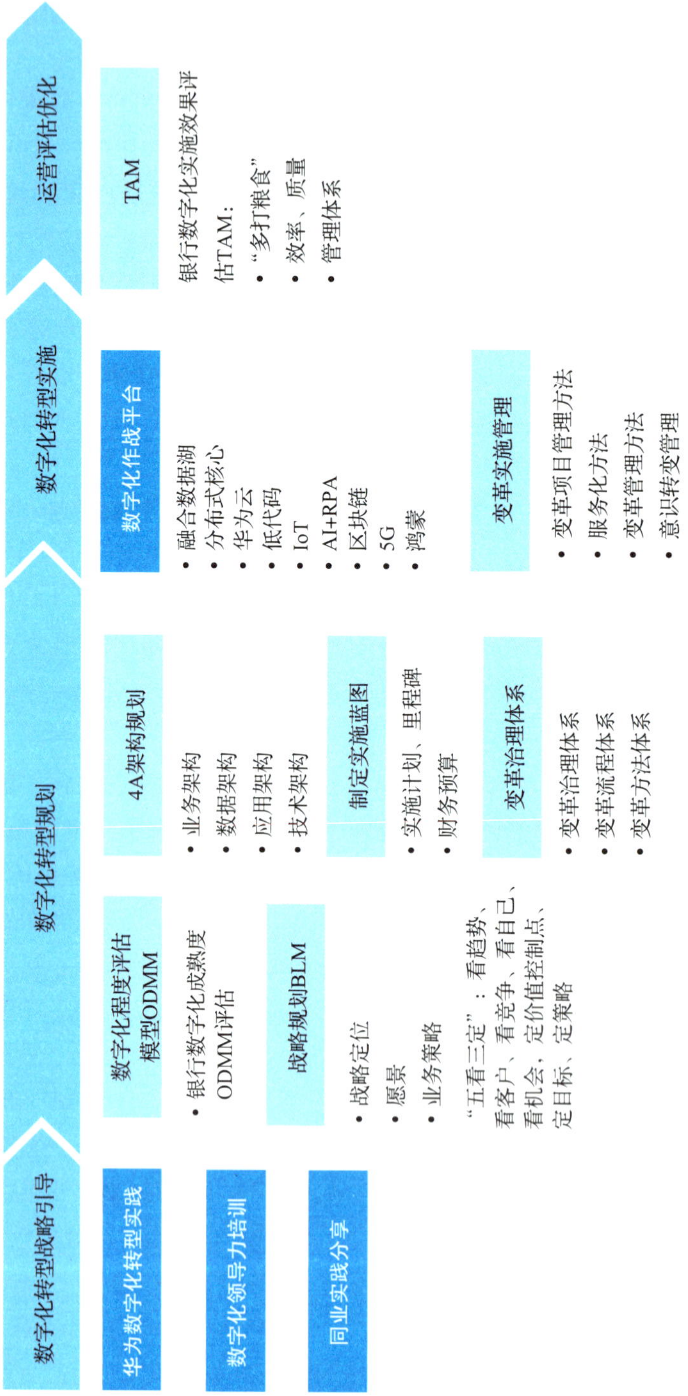

第二篇 数字领导力

数字化转型战略引导

华为数字化转型实践

数字化程度评估：数字化程度成熟度模型ODMM
- 银行数字化成熟度ODMM评估

战略规划BLM
- 战略定位
- 愿景
- 业务策略

"五看三定"：看趋势、看客户、看竞争、看自己、看机会，定价值控制点、定目标、定策略

数字化领导力培训

同业实践分享

数字化转型规划

4A架构规划
- 业务架构
- 数据架构
- 应用架构
- 技术架构

制定实施蓝图
- 实施计划、里程碑
- 财务预算

变革治理体系
- 变革治理体系
- 变革流程体系
- 变革方法体系

数字化转型实施

数字化作战平台
- 融合数据湖
- 分布式核心
- 华为云
- 低代码
- IoT
- AI+RPA
- 区块链
- 5G
- 鸿蒙

变革实施管理
- 变革项目管理方法
- 服务化管理方法
- 变革管理方法
- 意识转变管理

运营评估优化

TAM
- 银行数字化实施效果评估TAM：
- "多打粮食"
- 效率、质量
- 管理体系

图9-4 银行数字化转型实施步骤

第三篇
数据能力

10　中国建设银行：建设合规与价值导向的数据治理体系
11　中国光大银行：探索数据资产管理与运营新模式
12　浙江农商联合银行：区域性银行零售数据资产管理应用探索

10　中国建设银行：建设合规与价值导向的数据治理体系

刘贤荣[一]　中国建设银行

数据正在成为经济社会发展的战略性资源，被称作"21世纪的石油"。全球各主要经济体都高度重视数据的重要作用并做出前瞻性布局。2020年4月，中共中央、国务院印发《关于构建更加完善的要素市场化配置体制机制的意见》，将数据与土地、劳动力、资本、技术一起列为生产要素，并对加快培育数据要素市场进行部署，探索建立数据要素参与价值分配的体系。

第1节　银行数据治理历程与发展现状

商业银行本质上是经营数据的企业，银行收集、应用数据的能力将在很大程度上塑造未来的核心竞争能力。充分激活数据要素潜能，加快产品创新、客户服务、业务运营、风险管控、信息披露和管理决策等业务领域数字化转型，已成为各商业银行的必然选择。数据的准确性、全面性、精细度、活跃度往往决定了数字化转型战略的成败。可以说，银行数字化转型的关键不是前端业务界面或者技术体系，而是在数字化过程中沉淀下来的坚实的数据底层能力。数字化转型成功的银行，一定具备数据收集、数据标准化、数据集成、数据应用和数据治理方面的深层功底，在这个基础上不断适应迅速变化的内外部环境，支持敏捷化业务创新。

[一] 作者系中国建设银行数据管理部副总经理。

对银行业而言，发挥数据要素作用的基础和前提工作是数据治理，"无治理，不数据"。随着银行数据应用程度的提升，数据逐渐在银行业务流程中扮演关键角色，对数据治理的要求也越来越高。监管机构也面临同样的问题。银保监会 2018 年 5 月发布《银行业金融机构数据治理指引》，对银行业金融机构数据治理的原则理念、治理架构、数据管理、数据质量控制、数据价值实现等做出了规定，并于 2021 年将数据治理纳入银行监管评级。中国人民银行 2021 年 2 月印发《金融业数据能力建设指引》，从数据战略、数据治理、数据架构、数据规范、数据保护、数据质量、数据应用、数据生存周期管理等方面划分了 8 个能力域和 29 个对应的能力项，为金融机构开展金融数据工作提供全面指导。2021 年 9 月《数据安全法》正式实施，2021 年 11 月《个人信息保护法》实施，两者成为国家安全领域的重要法律，对商业银行数据治理提出了更高的要求。

国际大型商业银行在数字化经营过程中均高度重视数据治理工作，着力培养"数据创造价值"的商业银行文化。例如美国银行、摩根大通近年来在推动数据治理和公司治理融合的基础上，实现了智能化、自动化、体系化的数据治理模式，逐步建立了相对完善的数据治理能力框架，包括元数据管理、主数据管理、数据生命周期、数据质量、数据安全、数据共享开放等专业能力体系。

国内商业银行数据治理工作起步于 21 世纪初的数据大集中，之后随着数据仓库建设、互联网银行冲击、数据中台风行等，银行对数据治理的重视程度越来越高，数据治理逐步成为公司治理的重要组成部分。大型商业银行总行普遍设立了行领导牵头的数据治理领导机构，并成立了专门的数据资产管理部门，以全面推动数据治理工作。

以中国建设银行（以下简称"建设银行"）为例，其在数据治理方面的主要历程如下。

2003 年，实现全国数据大集中后，以数据标准和企业级数据仓库建设为出发点，正式启动全行数据治理工作，成立信息中心（2014 年更名为"数据管理部"）。

2005 年，企业级数据仓库建成投产。

2006 年，与美国银行实施战略合作，推动全行数据管控体系建设。

2012 年，启动新一代核心系统建设，在总结以往数据治理工作经验的基础上，将数据能力建设作为新一代建设的核心内容之一，建立了企业级数据模型和数据规范体系，并将模型和规范在系统中严格落地执行，初步实现了对数据资产的统一管理，建成数据管理应用体系，构建了完整的数据治理框架。

2015年，设立上海大数据智慧中心，着眼于数据价值挖掘，着力从数据治理中挖掘价值。之后，开始提升数据治理精细化水平。

2019年，明确了董事会、监事会、高级管理层、总行部门、境内外分行、子公司等参与方在数据治理工作中的定位与分工；明确了数据管理的专业领域范围，从制度层面确立数据治理体系成为公司治理的重要组成部分。

2020年，全面推进数字化经营，启动实施数字力工程，加快打造数据中台，提出构建即时赋能、安全可信的全域数据供应网的能力建设目标，建设"数据与分析"智能中枢，强化数据治理。

目前，建设银行已经形成行领导任组长的数据治理领导小组主管、数据管理部和上海大数据智慧中心数据能力主建、金融科技能力支撑、各业务条线和分支机构全面参与的系统化数据治理体系，该体系成为银行数字化转型过程中的关键支柱。

总结商业银行在数据治理方面的工作历程，分析数据治理面临的主要挑战和问题，聚焦数据治理关键要素，有助于银行建立并完善数据治理体系，从而优化决策、缩减成本、降低风险、提升数据资产价值，增强核心竞争力。

第2节 银行数据治理领域核心工作

1. 跨部门协同、权责界定和价值评估是银行数据治理面临的主要问题和挑战

在数字化转型过程中，商业银行数据治理的主要挑战包括数据质量难以满足监管机构要求，数据权利和责任无法落实到业务流程，数据安全和隐私保护挑战巨大，数据价值在各业务条线间差距明显，数据治理专业人才稀缺等。挑战主要来自三方面。

其一，如何协同开展数据治理领域的各项专业工作。元数据、数据集成、参考数据和主数据管理、数据规范、数据质量和数据安全等是大型商业银行数据治理的核心，它们之间虽有专业上的分工，但更应该协调一致，尤其在满足监管等数据质量高要求的目标下更是如此。然而在实际工作中，各项专业工作一般由不同团队完成，大家各有各的工作目标和方法，难以统一协同。如何协调开展各项数据治理工作，形成合力，实现数据成效最大化，是摆在大型商业银行面前的一个重要课题。

其二，如何将数据治理责任落实到各业务线和系统，进而评估数据治理工作的价值和成效。数据治理不只是技术和数据部门的事情，要在业务流程中严格落实治理要求，客观上需要清晰划分责任和权利。同时，数据治理工作价值

与传统业务指标有较大不同，不仅要从宏观机制层面评价数据治理，更要根据各领域的数据应用成效来评价。数据治理工作的最终目标是提高数据质量，发挥数据在业务经营管理中的价值，同时兼顾数据安全和处理成本。银行虽然普遍建立了数据认责机制，但如何解决部门间横向的质量考核、效益评价，如何将数据质量和数据安全要求落实到业务流程并评价数据应用成效，仍是其当前面临的较大挑战。

其三，银行内部的数据管理部门、业务部门、金融科技部门能否有效协作，以确保数据治理工作高效开展。大型商业银行机构多、客户数量大、业务繁杂，为了有效发挥各业务条线的主动性，其数据采集、加工、管理、使用往往都分布于不同部门、不同条线，数据链路长且交互复杂。如何明确数据管理部门、业务部门、金融科技部门的职责分工，共同促进数据治理工作的高效开展，是数据治理工作的关键问题。

2. 银行数据治理首先要着眼于监管合规底线，提升业务的监管合规水平

银行业务管理的本质是对风险的经营，随着银行监管体系逐步成熟，监管数字化和智能化水平提升，对监管数据的要求越来越严，数据治理"强监管"已成为常态。从分支行的角度看，数据质量或数据安全已成为仅次于信贷违规的第二大监管处罚领域。2021年银保监会明显提高了数据治理要求，一方面将数据治理纳入银行监管评级，另一方面加强了监管通报。

监管数据严要求已经成为商业银行加强数据治理的第一推动力。在国家宏观层面，已经形成了以中国人民银行金融综合统计、国家金融基础数据库、银保监会1104报表、EAST为代表的监管数据报送体系，不同监管机构对银行的业务监管范围可能重合，但在监管数据要求上并不完全一致。为了提高报送数据的质量，银行不但要建立符合监管统计框架的内部报送体系，更重要的是，还要保证向不同的监管机构提供一致、可信的数据基础。随着EAST报送体系、中国人民银行国家金融基础数据库等制度的实施，围绕业务明细数据管理建立银行的各项数据治理机制已经成为监管数据合规的基础性工作。银行必须建立跨业务条线的数据治理组织，完善数据管理机制，改善业务系统数据质量，以满足监管机构的数据治理要求。监管数据质量要求的提升正在倒逼银行不断提升数据治理能力，客观上成为银行数字化转型过程中的主要外部驱动力。同时，随着《数据安全法》《个人信息保护法》等法律法规的实施，银行数据安全已经成为合规管理中的

重要内容，对银行提升数据治理能力提出了更高要求。

总结过去十几年，可以说满足监管要求一直是银行数据治理活动的第一动力。银行要适应严监管的环境，认真梳理和分析监管数据报送体系提出的各类需求，强化数据安全管理，将监管数据治理有机纳入业务流程、系统开发和日常经营管理，加强监管报送体系与数据治理体系建设的工作联系，为建设行之有效的数据治理体系提供方向指导。

3. 数据治理工作的最终目标是实现业务价值，核心逻辑是实现数据与业务的有机融合

银行开展数据治理工作表面上是提高数据质量，根本上是为应对加速变化的外部商业环境、提升服务能力而提供良好的数据支持。近年来，国内商业银行聚焦于数据治理领域，最根本的目的是利用数据支持风险管控、业务创新和效率优化，持续解决制约数据价值实现的各类质量问题，提升数据资产价值，保证银行能够有效应对各类颠覆性创新。

事实证明，良好的数据治理能力是支撑数字化转型的关键。以建设银行为例，在零售信贷领域，建设银行基于各类内外部数据不断创新产品，有效摆脱了过去小微信贷发放难、成本高、不良高的困境。在良好数据治理能力的支持下，业务模型开发速度越来越快。例如，信用评分产品"龙信商"的开发上线周期仅一个月左右，该产品有力支撑了后期线上零售信贷产品"快贷"的蓬勃发展。建设银行数据产品创新能力的背后，是企业级数据模型等规范体系，以及数据中台、数据质量治理、分析模型开发等系列数据治理能力体系，基于良好的数据能力基础，能够快速开发出符合市场竞争需要的数据产品。随着数据挖掘分析和机器学习的普及，银行在业务运营、风险管控等领域的技术限制等正在被解除，竞争的焦点转向对数据资产的掌控和应用。数据治理不再止步于成本节约活动，在价值创造领域还有更加广阔的空间。

为了实现业务价值这一最终目标，商业银行不仅要将数据治理作为相对独立的专业工作领域，更要探寻数据治理有机融入业务经营管理的途径。寻找确定的业务场景是数据治理工作的切入点。数据价值的大小取决于业务场景的实际情况，同时业务场景的价值也会因数据的助力变得更大。随着大数据服务能力和价值度越来越高，与其紧密绑定的业务场景价值也越来越大，未来的数据服务模式主要是通过数据分析模型和数据应用对外提供服务，形成符合业务场景需求的数

据产品，不断深化对业务场景的理解，实现基于场景的数据闭环，发挥数据的真正价值。随着场景中数据闭环的价值提升，依赖于数据支持的业务场景所建立的壁垒也会越来越高。对于基础设施相对完善的行业，如金融、数字营销、政务等，数据应用即将进入成熟阶段，数据渗透越来越深。做好场景的管理，需要建立一套完善的数据管理体系。

数据资产价值评估也已成为商业银行数据治理的关键。数据的内在价值和使用价值有一个可操作的量化指标，可对数据进行多角度价值评估，利用评估结果对工作提出整改建议，从而提升数据运营管理水平。要进行数据资产价值评估，首先要对数据资产进行盘点，例如建设银行已经建立了数据资产管理平台。在此基础上，探索构造数据资产价值评估指标体系，例如光大银行发布的《数据资产白皮书》，根据组织进行数据资产价值评估的目的，区分数据本身价值及数据应用价值，构造数据资产价值评估指标体系。

4. 建立符合银行实际情况的治理体系和模型是提升数据治理能力的关键

商业银行应该结合发展战略，根据自身的实际情况来制订符合组织现状的数据治理战略目标，从而为组织顺利开展数据治理工作奠定良好的基础。根据部门的独特性，着重考虑资源和资金分配的实际情况对战略计划进行细化，并且通过制定数据治理方针来进一步落实数据治理工作。根据数据治理战略计划制订具体的数据治理战略落实措施，并且要求各部门贯彻执行。建立对数据治理战略落实情况的定期考核制度，以推动数据治理战略的贯彻执行，并且需要定期评审数据治理战略执行情况，以判断数据治理战略是否需要更新。

数据治理模型要明确数据治理目标与原则，加强数据治理立法，制定完善的政策体系，不断适应新的业务环境，突出自身数据治理特色要素，广泛开展跨部门的数据治理合作，重视 AI 等新技术的应用，通过隐私计算等解决数据共享和数据安全的痛点问题。

第 3 节　建设银行数据治理体系建设实践

在明确了数据治理价值驱动因素、数据治理核心工作后，银行需要着手制订符合本身实际需要的数据治理体系。以建设银行等大型银行数据治理工作实践为例，这主要包括以下几方面的工作。

1）制定数据战略，将数据要素有机融入经营管理，发挥数据资产价值。

建设银行在长期数据治理工作的基础上，于2015年在业界率先制定了大数据战略，将数据视为关键生产要素和经营变革的主驱动力，确定了数据和技术"双轮"驱动的金融科技发展体系。通过建设数据中台这一"新基建"，让数据要素像水一样融入业务经营。建设全域数据供应网，加强数据资产的建设与运营，持续沉淀共享、复用的数据能力，构建"智能敏捷、安全稳定、质量可靠"的数据产品服务体系，赋能业务创新，释放数据红利。在全行范围坚持"一切用数据说话"，数据团队从传统的支撑角色逐步向企业运营支持角色转变。

2020年以来，建设银行按照"建生态、搭场景、扩用户"的数字化经营理念，开启全新数字化经营商业模式。为支持数字化经营，建立了数据资产管理体系，探索建立全行数字化经营指标体系，实时展现数字化经营成果；积极运用机器学习等技术，深挖客户需求和商机，为前台提供准确的火力支援；着力推动成效数据回流，促进数据闭环。同时，通过关联银行内部数据与工商、税务、海关、司法等外部数据，基于大数据挖掘，实现智能化风控，创新普惠金融服务方式，引导金融资源更为精准地投放，提供了破解小微企业融资难题的可行路径，成为数据要素催生金融服务创新的典型案例（见图10-1）。

图 10-1 数据价值发展的演变路径

2）构建适应数字化经营新要求的差别化数据治理体系，夯实数据管理基础。

近几年来，建设银行根据业务需求不断完善企业级数据规范，并结合数字化经营新要求探索建设差别化治理体系。传统的数据治理体系主要包括监管报送、管理报告、风险管理等，特点是对数据完整性、准确性要求高，对时效性要求相对较低，往往是基于全量交易核算的数据处理。随着数字化转型的深入，数据在业务流程中需要实时发挥价值，对埋点数据、行为数据等新型数据和生态数据的需求越来越大，对时效性的要求越来越高，需要建立与传统管理能力有所区别的新型治理体系（见图10-2）。

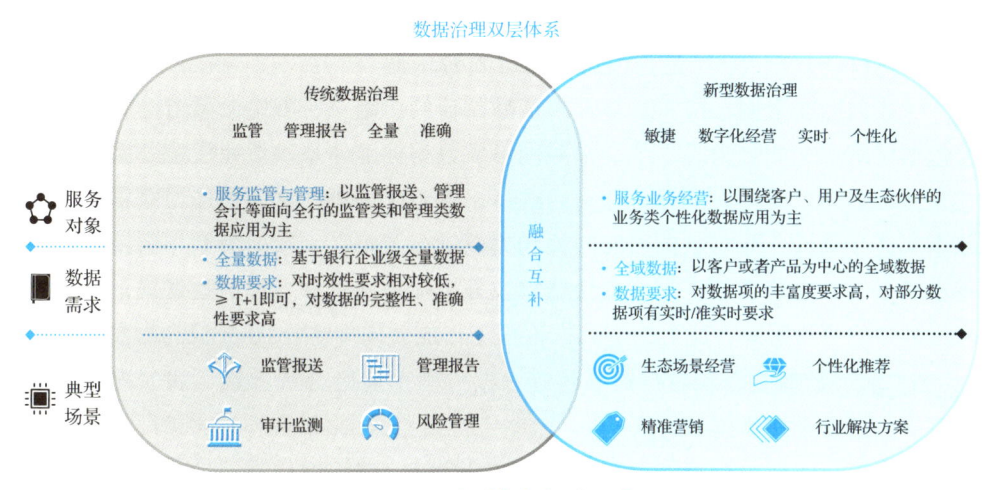

数据治理双层体系

传统数据治理
监管　管理报告　全量　准确

- **服务监管与管理**：以监管报送、管理会计等面向全行的监管类和管理类数据应用为主
- **全量数据**：基于银行企业级全量数据
- **数据要求**：对时效性要求相对较低，≥T+1即可，对数据的完整性、准确性要求高

典型场景：监管报送、管理报告、审计监测、风险管理

新型数据治理
敏捷　数字化经营　实时　个性化

- **服务业务经营**：以围绕客户、用户及生态伙伴的业务类个性化数据应用为主
- **全域数据**：以客户或者产品为中心的全域数据
- **数据要求**：对数据项的丰富度要求高，对部分数据项有实时/准实时要求

典型场景：生态场景经营、个性化推荐、精准营销、行业解决方案

融合互补

服务对象　数据需求　典型场景

图 10-2　差别化数据治理体系

3）建立完善的数据需求管理体系，确保将企业范围内的所有数据纳入治理范畴。

数据需求是数据治理工作的出发点，通过数据需求管理，可以确定所需采集的各类内外部数据，准确理解业务经营对数据的要求，使治理工作目标清晰。在梳理本行实际的工作流程后，制订数据需求统筹管理办法，规范企业范围内数据需求提出、分析、分派、实施和跟踪交付的流程。数据主管部门对数据需求进行统筹管理，管理内容包括数据需求接收和登记，区分数据规范需求、数据服务需求和数据分析挖掘需求等不同类别，建立相应的数据需求处理流程，并跟踪评估需求实现的效果。

要加强数据需求人才的统筹，考虑数据需求管理的不同能力要求，建立处理业务术语、数据标准、商业银行级数据模型和衍生数据视图的数据规范管理团队，处理日常业务数据报表和临时统计数据的专业数据服务团队，以及专门处理数据分析挖掘的数据分析中心。

4）强化企业级数据模型和数据标准管理，在系统开发和业务流程中严格执行数据规范。

长期以来，银行各业务条线普遍存在各类数据竖井，在数据整合过程中面临巨大的挑战，关键问题就是不同系统间存在不同的数据规范，难以有效打通。为此，建立数据规范体系，严格将数据规范落地到系统开发和业务流程中，达到"书同文、车同轨"，是银行数据治理中最重要的一环。

建设银行在数据治理工作中，结合业务实际情况，建立了包括业务术语、数据模型、数据标准等在内的数万项数据规范，对银行所有业务涉及的基础数据的业务含义、格式和取值进行规范化定义，并通过设计工艺将这些数据规范在系统中落地执行，保证了各类数据治理工作的顺利开展。

以数据标准为例，按照参与人、产品、合约、账户、事件、渠道等分类，每类数据标准下又细分为若干子类，共同形成数据标准体系。新一代核心系统建立了企业级数据模型，对全行业务信息进行了规范化、概括性的描述，完整定义了数据实体、属性，并对数据项间的关联关系进行了定义。数据模型作为衔接业务需求和系统开发的核心工具，支持全行业务敏捷创新，并实现了数据规范在系统全流程中的严格落地，成为推进数据治理工作的关键（见图10-3）。

5）加强数据安全和数据隐私管理，坚守数据风险合规底线，同时探索隐私计算等数据安全共享技术的应用。

商业银行掌握了客户的金融数据，这是全社会关注度最高、价值密度最大的一类数据，其中很多是敏感信息。过去十年，在互联网金融等的冲击下，包括征信数据等在内的银行数据成为一些新型金融机构的购买对象，客观上造成了系列数据泄露案件。随着《数据安全法》的实施，数据安全正成为银行数据治理的最核心目标。未来，银行必须像管理客户资金安全一样，管理客户的数据安全和数据隐私，将重要业务数据作为银行核心业务资产，围绕重要业务数据的安全管理，持续完善数据安全管理体系。

首先，银行要针对掌握的大量内外部数据建立数据安全等级划分标准，制定全行层面的数据分类分级原则和要求，对数据进行全面分类分级，并针对具体关键业务场景制订数据分类分级保护的实施细则，包括对不同级别的数据进行标记区分，明确不同数据的访问人员和访问方式、采取的安全保护措施（如加密、脱敏等）。其次，针对数据泄露防护上面临的问题，建立以数据安全为核心的动态保护机制，通过对数据采集、传输、存储、处理、使用、销毁等各个节点的管控，进行风险识别、态势感知、风险预警、监测审计，实现流动中的数据资产保护，进行主动风险控制，实现对数据资产的全生命周期保护。最后，银行要建立数据安全管理的三道防线，尤其是要严格落实业务经营管理中数据保护的首要责任，在数据采集、应用中保证数据安全合规。

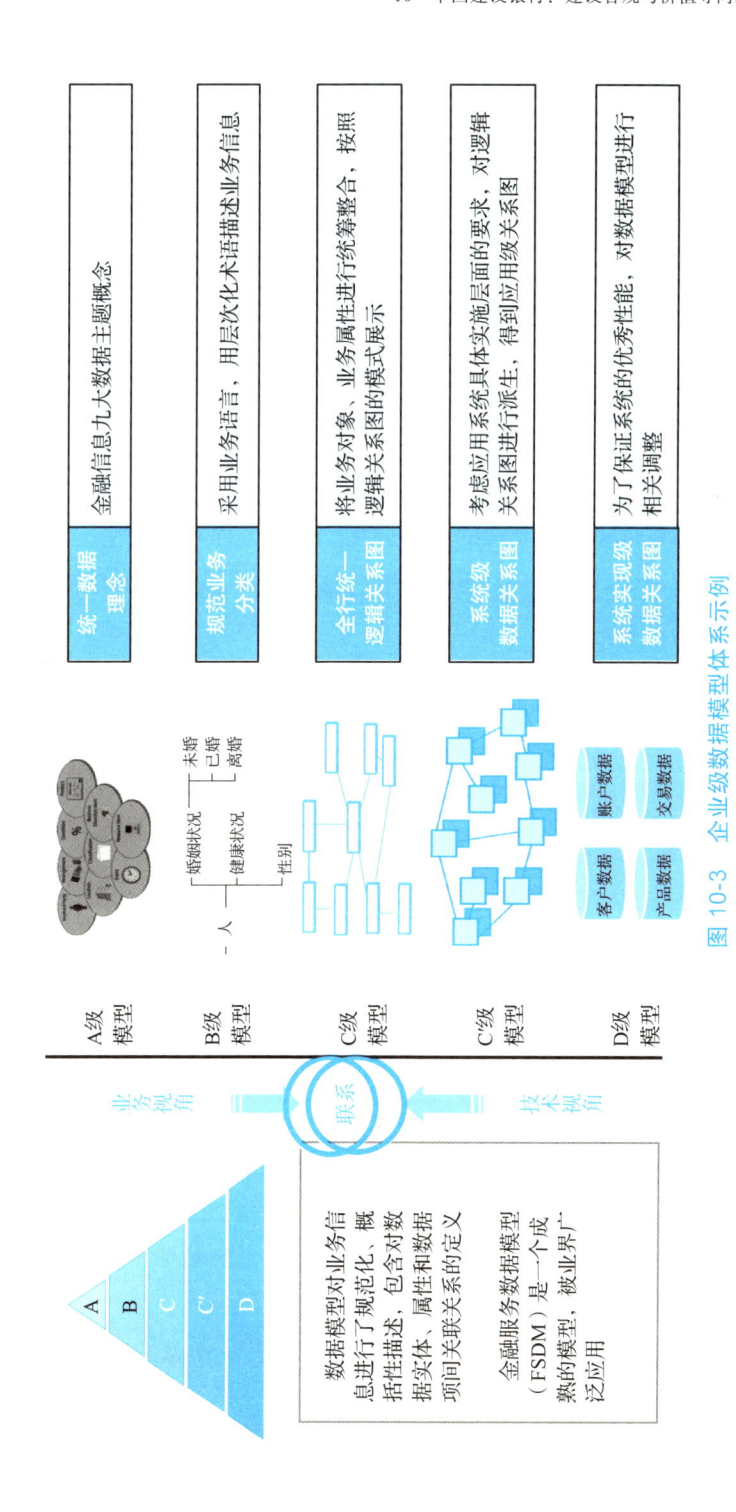

10 中国建设银行：建设合规与价值导向的数据治理体系

图 10-3 企业级数据模型体系示例

随着开放银行趋势的发展，银行在业务上与第三方开展的数据合作越来越广泛，数据治理不再局限于银行内部的数据，还需要着眼于银行业务的全局数据使用情况。近两年，银行开始探索数据隐私计算等技术，实现数据可用而不可见，取得了良好的效果。例如，建设银行已经搭建了联邦学习平台，探索在集团母子公司间、银行与第三方合作伙伴间开展联邦学习，取得了良好成效。未来，以联邦学习为代表的隐私计算在解决银行数据安全和数据共享应用的平衡问题中将起到越来越重要的作用。

6）加强数据架构管理，建立企业级数据全生命周期治理体系。

数据架构是数据治理的核心工具，它决定了银行要管理哪些数据、这些数据如何分布，包括数据模型、数据生命周期、数据采集、基准数据、数据分布和数据集成等。大型银行应建立专业的数据架构团队，确保数据架构要求得到严格执行。建设银行在新一代核心系统建设中实现了模型驱动、基于 SOA 和组件化的体系结构，对业务数据通过企业级业务建模，对于行级数据模型中的数据实体与流程模型的任务进行严格对接，确定了每个业务数据归属的主数据系统，从而避免了银行内部的数据冗余存放和数据间的不一致性。系统间的批量数据都向行级数据仓库提交数据集成接口，由行级数据仓库对数据进行整合后再交换，以保证各系统间数据的一致性。

7）将保证数据质量视作数据治理的首要目标，建立数据质量管控体系。

数据质量是数据治理工作的"生命线"。随着数据在银行中的作用越来越大，对数据质量的要求也越来越高，尤其是对主要依赖数据模型的线上业务。差的数据不仅影响业务效率，更将成为系统性重大风险。银行数据质量管理是一项基础工作，需要在宏观制度制定、方法体系建设、质量认责、监测、修正等方面建立管理体系，培养数据质量文化。

建设银行在总行层面制定了数据质量管理办法和若干质量监测与考核制度，以规范全行数据质量工作，明确全行数据质量管理的职责分工、工作机制、流程和方法，形成了包括数据质量定义、过程控制、数据质量监测、问题分析、问题整改、评估与考核等 6 个环节及商业银行内部统一的数据质量管理方法。同时还开发了数据质量监测平台，集中对系统数据质量进行监测，将数据质量控制嵌入信息系统开发工艺中，实现了从数据采集源头控制数据质量的成果。

8）加强业务和技术元数据管理，完善数据资产运营，提升用户使用体验。

建设银行针对业务和技术元数据制订了规范和采集模板、管理流程，在企业级数据资产管理平台中开发了元数据管理工具，实现了数据规范、数据模型、数据字典等商业银行元数据资产的统一采集和集中可视化管理，能够使用户方便地进行元数据检索、数据血缘分析等。从数据资源属性和价值创造视角出发，建设数据资产管理平台，对数据资产进行系统盘点、分类分级，统筹管理全行各类数据资产，实现了数据资产一点登入、全行共享，全面支持数据治理和应用工作。

总的来看，商业银行需要将数据治理工作作为应对监管要求、提升数字化能力、应对市场竞争的有效手段，要明确数据治理目标，在系统中严格遵守数据规范，在业务流程中落实数据治理要求，落实业务、数据、技术各方责任并让各方密切协作，才能取得良好的数据治理成效。银行要持续加强数据应用，例如：借助大数据挖掘技术提升服务实体能力；利用内外部数据构建风险监控预警模型，实现智能化风控；基于海量数据洞察客户需求、挖掘营销商机；支持全行员工自主用数，提供管理决策的量化依据；运用数据为业务运营提供各种场景化服务，实现一线员工业绩的自动化计量，推动业务运营智能化发展。数据应用是数据治理价值的最终体系，要在工作中加速释放数据价值，形成数据驱动业务发展的良好局面。

11 中国光大银行：探索数据资产管理与运营新模式

王 磊[一] 中国光大银行

当下，商业银行数字化转型正处于深水区。银行业纷纷依托大数据、AI 等多种新兴技术手段，加速数据在经营决策、营销运营、风险管控等重点领域的业务价值探索与创新，这一过程对银行业传统的数据管理理念和应用模式都产生了颠覆性冲击。打造创新的数据资产管理能力，为数据赋能业务、发挥数据价值提供有力保障和基础，已成为商业银行无法回避和亟待突破的重大课题。

第 1 节 银行数据资产管理现状

数据要素化市场进入发展快轨，数据资产成为关键生产要素。 2020 年 4 月，中共中央、国务院印发《关于构建更加完善的要素市场化配置体制机制的意见》，首次将"数据"纳入生产要素，明确提出"加快培育数据要素市场"。2021 年 3 月，"十四五"规划提出"迎接数字时代，激活数据要素潜能"。部分省市率先探索数据要素市场化改革，2021 年广东、上海等地相继出台《数据要素市场化配置改革行动方案》《数据条例》等法规和指导文件，北京、上海、深圳的国际大数据交易所等机构相继成立。数据要素市场的发展坚定了产业界推进数字化转型的决心。

监管和银行业对数据资产的需求和关注度日益提升。 商业银行是我国国民经济的重要单元，具有天然的数据禀赋。银行 4.0 时代，数据资产化作为商业银行

[一] 作者系中国光大银行科技部副总经理。

持续创造财富的"内燃机",如何有效提升金融数据的规范性、科学性,释放数据生产力,充分激活数据资产潜能,已成为行业关注焦点。同时,监管部门加强了对数据治理的要求和指引。2021 年,银保监会在《商业银行监管评级办法》中首次增加"数据治理"要素(占比 5%)。中国人民银行发布的《金融业数据能力建设指引》以及银保监会即将的发布《关于银行业保险业数字化转型的指导意见》,均对大数据各方面提出指导意见,自上而下推动行业数字化转型。

以上情况表明,数据资产管理是商业银行数字化转型的基石,是数字化转型的核心驱动力。商业银行数字化转型的不断深入,依托的是对数据资产更深层次的价值挖掘。在这个过程中,谁能率先认识到数据资产的重要性,对丰富的数据资产进行科学治理、深度挖掘及合理运用,谁就能迅速把握时代风口,抢占行业先机,推动新一轮数字化转型与变革,成为"弯道超车"的赢家。

1. 数据资产定义和八大特点

数据具有巨大潜在价值早已成为业界共识,但在探讨数据资产管理与价值释放前,厘清数据资产相关的概念仍是十分必要的。

结合数据、资产、无形资产的定义以及国家标准、行业指引、研究实践等,从商业银行应用角度,应将数据资产定义为"企业过去的交易或事项形成的,由企业合法拥有或控制,且预期在未来一定时期内为企业带来经济利益的以电子方式记录的数据资源"。

具体来说,数据资产拥有的"非实体和无消耗性、可加工性、形式多样性、多次衍生性、可共享性、零成本复制性、依托性、价值易变性"八大特点,是其区别于传统资产的根本特点。例如,数据资产价值并不会因为正常的使用频率增加而磨损或消耗;可被多维度地加工,成为一种新的数据资产;可被多样化地展示、应用以及在多种形式中转换,满足不同数据消费者的需求;可被无限地进行交换、转让和使用,为他人所共享。数据资产不能独立存在,需要依托于某种介质进行存储和加工,其价值容易受到数据技术的发展、相关政策的变化、数据应用场景的丰富等因素的影响。了解数据资产的特点是加强数据资产管理、发挥数据资产价值的必要前提。

2. 数据资产发展与实践

数据资产管理已成为银行发展主旋律。 从 2005 年开始,银行业的数据管理经历了从局部管理到统筹管理，再到管理运营的发展阶段。在大数据时代，银行业的数据政策、管理手段、运营模式不断修正与重塑，从简单的支持经营分析与业务决策向推动业务创新、资源整合应用以及数据价值变现方向跨越，并根据自身特色开展数据资产管理与运营实践。伴随着银行业与各行业融合度的不断加深，金融数据治理逐渐体现出了资产化、科技化和价值化的特点，延展出了生态治理、标准治理、中台治理的趋势，银行加速向数字金融、网络金融、智能金融方向推进。

国内数据资产管理与业务价值实现的实践。 银行业作为数据密集型行业，率先在释放数据资产价值、赋能服务提质增效等领域探索实践，积累了大量领先的经验和案例。例如：中国建设银行深刻洞察大数据发展趋势，全面推进数字化经营，启动实施数字力工程，加快打造数据中台，建设"数据与分析"智能中枢，建立了较为完善的数据管控体系，实现了数据标准、数据模型企业级统一管理，全面提升了数据管理能力；浦发银行发布《商业银行数据资产管理体系实践报告》，以价值创造思维为导向，以数据资产经营报表为抓手，构建数据资产管理平台，全行协同开展数据资产确权、估值和运营流通的落地。

在其他行业，华为基于统一的规则与平台，支撑业务数字化运营。通过数据湖和数据主题联结的建设，打破数据孤岛。通过一站式平台，使数据治理各个板块紧密结合，实现数据资产管理能力系统化、可视化，有效提升数据资产的管理能力与价值释放的效率。阿里基于 OneData 体系建设，形成公共数据中心，实现用户统一、企业统一、基础数据统一，进而驱动全集团业务，实现全盘把握与科学分析、清晰查看与快速使用、智能诊断与高效管理，支持数据资产化建设。

3. 数据资产应用面临的挑战

数据资产价值化是商业银行数字化转型的必然选择。新时代，新机遇，但也遇到了诸多新困难、新挑战，可以总结为四大痛点。

缺乏整体规划，投入大，产出小。 数据资产管理与运营是一个系统化工程，需要用全局的角度和统筹的方法构建数据资产管理与运营生态。目前，大多数银行缺少明确可落地的数据资产管理与运营整体规划，采用"头痛医头，脚痛医脚"的方式开展数据资产管理工作。

数据使用者"不知、不懂、不会"问题依旧显著。 目前大部分银行建立了数据资产统一管理门户，但往往是单纯地汇总并展示数据，使用者需要较多数据背景，才能抽丝剥茧般地找到数据，数据服务效率较低。同时，对数据的描述往往缺失或不够权威，用户无法判断数据是否可信可用，导致数据无法被真正使用起来。

数据应用单点发力，缺少统一的运营管理。 受限于数据规模和数据源种类的丰富程度，多数银行的数据应用刚刚起步，主要集中在精准营销、舆情感知和风险控制等单点场景，并且由于没有统一的数据资产运营规划，应用场景深度不够，且不成体系，发展缓慢，难以全面发挥数据价值。

数据价值难以估算，无法准确衡量数据效能。 由于数据的价值很难评估，数据的成本及其对业务的贡献也很难评估，银行难以像运营有形资产一样管理数据资产，无法有针对性地进行数据效能评估，从而精准地进行资源倾斜，快速发挥数据资产价值。

第 2 节　光大银行数据资产管理与运营

数据资产管理是数据与业务深度融合的催化剂，是银行金融科技发展与创新的基石，更是银行数字化转型的制胜关键。中国光大银行（以下简称"光大银行"）在数据资产管理、数据资产估值、数据产品创新等方面积极探索实践，为推动数据要素市场繁荣发展贡献力量。

1. 完善顶层设计，构建"123+N"数字光大发展体系

经过多年实践，探索出独具特色的"123+N"数字光大发展体系，为数据资产管理提供了坚实可靠的方法论。

"123+N"数字光大发展体系包括一个智慧大脑、两大技术平台、三项服务能力和 N 个数字化名品。一个大脑是指智能思维左脑和生物感知右脑：左脑基于数据挖掘、机器学习等技术打造智能决策和思维能力；右脑基于生物识别、自然语言处理等技术打造生物感知和交互能力。基于云计算平台和大数据平台两个底座，为智慧金融大脑提供算力、存储、资源部署和数据分析等技术支持，加速培育移动化、开放化和生态化的三项能力，增强数据产品的生命力。基于金融科技创新应用孵化，涌现出云缴费、云支付、随心贷等 N 个数字化名品，这些名品成为激活数据价值、促进银行金融科技数字化转型的有力抓手。

2. 形成统一规划，以运营思路开展数据资产管理

在金融科技的战略目标和体系框架下，光大银行紧跟时代发展，牢抓数据特征，不断开展数据变革，酝酿新模式，开启新征程。

2012 年首次启动数据体系规划，建立了数据治理整体框架，统筹开展数据管理和服务的各项工作。伴随着大数据时代的到来，2016 年重检升级为大数据体系框架，加强大数据治理、数据资产管理、数据服务转型。2019 年建立"业务＋数据＋科技"三位一体的数据资产管理与运营体系，加强数据中台建设、数据安全管理和数据资产运营管理，开启数据资产元年，以数据资产化管理提升数据服务的生产力，进而促进各业务条线的数字化转型，释放数据价值。

3. 数据资产管理与运营为数字化转型护航

数据只有用起来才有价值。数据资产管理与运营体系的落地，需要管理与执行并重。光大银行提出"全面、权威、智能、敏捷、生态"的核心目标，开展内容建设、平台建设和机制建设，覆盖全行数据资产登记、管理、服务、估值全流程。以"服务"驱动数据资产管理，助力数据内容更准确、完整、透明、安全；以"运营"打通数据资产链路，使数据使用过程更人性化、快捷、智能，推进业务数字化、数字价值化、科技智能化。同时，催生出"数据银行""数据信托"等新产品，使数据资产的价值真正得以实现，稳健可持续地为银行数字化转型提供数据支撑（见图 11-1）。

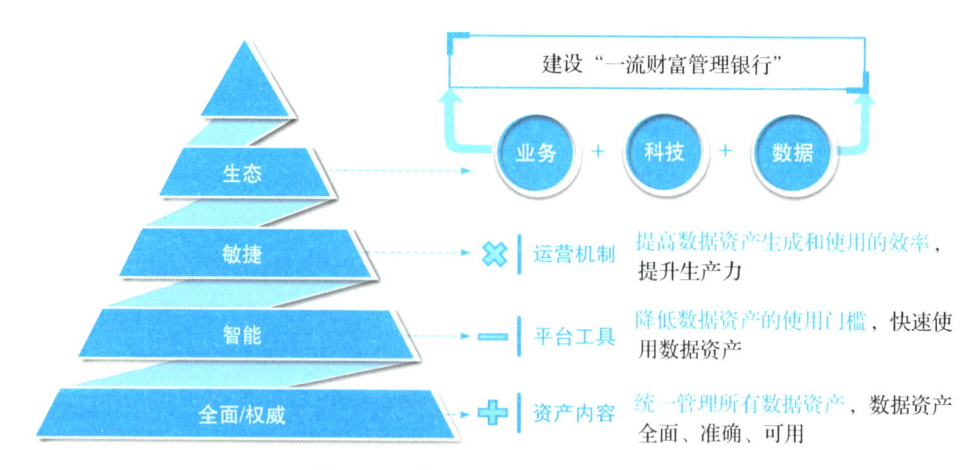

图 11-1 数据资产管理核心目标

全面的数据资产视图提高数据资产管理能力。通过构建全行统一、智能的数据资产管理平台和工具，实现不同种类、不同形式的数据资产自动采集与统一管理，覆盖 200 多个系统、平台以及 4 万多名用户，解决数据分布零散的痛点，达到数据内容全面"可见"。目前，数据资产已涵盖内部数据和外部数据、结构化数据和非结构化数据，高效采集了全行千万级的生产元数据，精准沉淀出全行 35 万数据资产，其中数据字典等基础类资产 32.6 万个，算法模型、特征、指标、加工报表等加工类资产 1.8 万个，数据标准等管理类资产近 5000 个。

权威的数据管理要求促进数据质量前置提升。将数据标准、数据质量、数据安全等数据管理的要求系统化结合，通过平台工具与项目、数据开发的日常工作相结合，解决管理、执行"两张皮"的痛点，真正发挥管理指挥棒的作用，确保数据资产内容权威、可信。事前以数据模型设计工具为抓手，嵌入数据标准等要求，在支持全行 200 多个系统进行模型设计的同时，将要求智能化落地，从源头上提升数据质量。事后以数据资产管理平台为抓手，开展登记阶段的数据模型探查、管理阶段的数据质量检核、使用阶段的数据安全等场景盘点等功能，构建权威的数据资产画像，完成数据资产评价与估值，实现数据资产全生命周期管理落地。

支持一站式智能服务，保障数据资产服务提速增效。将自然语言处理（NLP）、机器学习、深度学习等智能化技术与自定义金融词库、Elasticsearch 搜索引擎相结合，以技术驱动数据资产服务，实现"搜索一下，数据资产全知道"，解决数据使用者"不知、不懂、不会"的痛点，降低数据使用门槛，实现服务敏捷"可用"。数据资产管理平台支持关键字、模糊匹配、组合等智能搜索"任性搜"；根据不同场景和标签，实现引导式智能导航"贴心查"；通过算法，匹配关联度、活跃度等变量，实现智能推荐"随心看"；对数据质量、数据分布、数据使用开展多维评价，实现智能评价"放心用"。目前，数据资产 360° 画像已构建数据安全、外部数据、数据湖等 4 个权威场景以及云缴费、手机银行、对私客户营销等 16 个热门场景。以场景驱动数据资产应用，累计为 2 万多用户提供智能敏捷的价值挖掘服务，助力平台月活突破 6000 人，使得和谐创新的数据生态逐步形成，加速数字化转型。

4. 多元化大数据平台夯实数字化转型算力底座

随着银行业务的发展，高性能数据处理等需求飞速提升，只有实现算力与数据的融合，才能承载企业智能化发展、数字化创新。目前，光大银行已建成

Hadoop 和 MPP 双体系的算力底座，完成了"一湖一仓"的基本布局。

2013 年，光大银行率先使用大数据技术 Hadoop 解决银行核心历史交易数据查询的问题。2016 年建成企业级大数据平台，为智能运营、智能营销、智能风控、智能审计等 70 多个应用系统提供强大的算力支撑。大数据技术打破了系统间的数据孤岛，真正实现了数据的互联互通，让大数据的"算力底座"为银行业务高质量发展保驾护航，构建出"算力＋数据＋算法"智能化 IT 应用建设的新格局。

光大银行还构建了以 GaussDB 主批量集群为中心，以报表集群、高斯探索集群和全栈国产化备份集群多套集群为辅的数据仓库运行平台，以满足不同金融业务人员的使用场景。主批量集群负责加载行内各业务系统提供的行内外数据。高斯报表集群为多个系统的报表生成、报送提供更高效快速的查询体验。全栈国产化备份集群实现主集群的数据表级备份和生产数据向测试环境恢复，有效降低信息安全风险。为满足数据科学家进行多样的数据研究分析，支持业务人员更为复杂灵活的查询需求，未来，探索集群将支撑起各种探索和分析型应用，成为数据价值挖掘、数据创新研究的新沃土。

5. 智能化服务体系赋能数字化转型

光大银行以客户经营为中心，修炼数据智商，通过数据分析挖掘，全方位助推全行风险管理、经营决策、基础支撑等领域的数字化转型。

以客户经营为中心，构建数据价值体系。建立全行级零售客户标签体系、私行客户全生命周期模型体系、缴费用户标签体系以及零售客户价值 360°统一视图，实现客户标签的离线和实时加工，支撑手机银行、电话银行等线上渠道产品活动推荐等的千人千面，助力私行客户、云缴费用户经营和产品营销，实现高净值客户价值提升。

建立智能风控体系，重塑风控新模式。运用大数据技术和多维度数据融合，在互联网信贷管理、运管智能反欺诈、智能反洗钱和信贷审批风险监控四方面奋力冲刺。累计支持近 50 款互联网信贷产品，自动化审批超 1500 亿元有效资产；构建数百维账户风险特征，持续挖掘和监控高风险账户等各种风险，将数据成果刚性应用在业务管理过程中，提早预防客户风险，提升信用风险管理能力。

助力数字化经营，提升精细化管理水平。将数据智能融合，推动智慧财务，助力资产负债管理等。在业内率先实现了银行账户的 EaR/VaR 高级功能、Proforma FTP 等高级功能，完成 LCR 与 NSFR 计量模块，满足《巴塞尔协议Ⅲ》

监管要求；实现各条线保全数据的集中管理和多维度深入分析，提高资产收益率，增加资产流动性。

6. 数据资产估值推动数据要素市场建设

数据要素市场建设如火如荼，作为重要驱动因素之一，数据资产估值是实现数据价值量化、数据交易流通，完成数字化转型必须攻克的难关。光大银行在该领域先行先试，阐释了金融领域一系列创新的数据资产估值框架和落地实践。

行业首次发布可落地的数据资产计算框架。 经过对传统货币、非货币估值方法的对比研究，结合商业银行数据资产特性，构建出可操作、可落地的数据资产估值方案（见图 11-2），将估值思路化繁为简，总结为先明确"算什么"，再确定"怎么算"，最后计算价值。

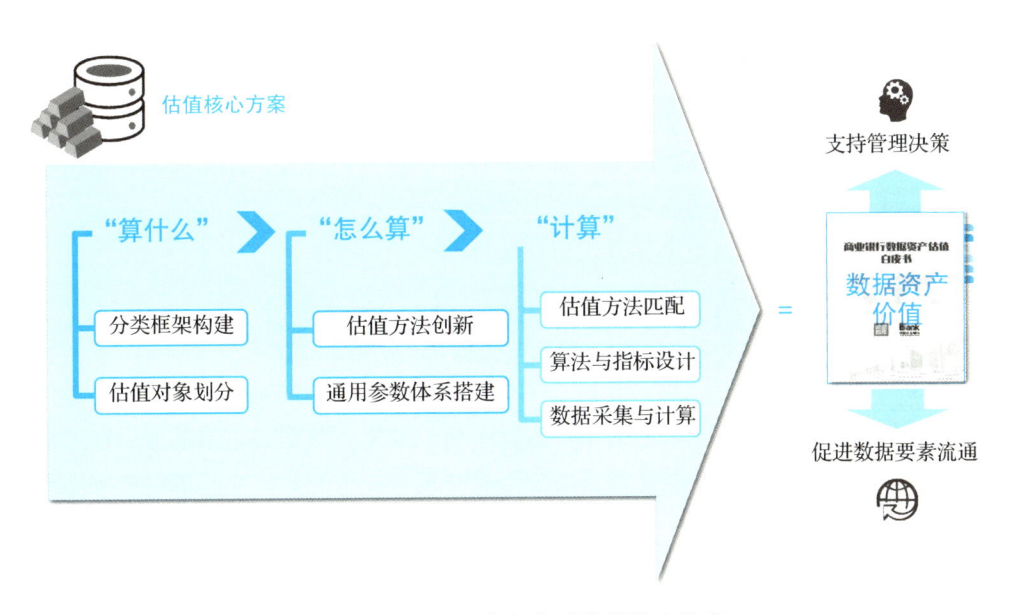

图 11-2 光大银行数据资产估值核心方案

"算什么"的关键是确定数据资产估值对象及计算的颗粒度。依据独立性、整体性、稳定性、成熟度及合理性五大原则，结合数据资产的生命周期、价值来源形式、业务特点等因素，将银行数据划分为原始类、过程类及应用类三大类。**"怎么算"的关键是明确具体算法和参数。** 众多研究实践表明，货币估值方式能更直观地体现数据资产价值，对未来数据要素流通市场建设更有实践意义。因此光大银行将非货币方法各维度作为计算因子，内化到货币化方法中，形成了货币度量为主、非货币建模优化为辅的数据资产估值体系。这一探索成果已通过《商业银行数据资产估值白皮书》向社会共享，为全行业实现数据要素市场化奠定基础，带动数据资产估值走向规范化、市场化。

行业内首次实现数据资产价值货币化计量。众所周知，方法只有在实践中不断尝试，才能茁壮成长。光大银行以全面、权威的数据资产管理与运营成果为支撑，率先量化全行数据资产价值分布。由于同一数据资产既可以用于内部管理产生价值，也可用于外部交易产生收益，光大银行对同一个数据资产采用不同的估值方法并加总，首次计算出全行超千亿元的数据资产价值。这一成果为管理层提供数据战略决策支持，可针对性扩大数据规模，深挖数据应用场景，提升数据资产价值，为数字化转型提供参考。

行业内首次实现个人客户数据资产精细化定价。估值是实现定价的基础，光大银行率先实现单个客户的数据资产价值衡量。综合考虑客户数据资产的广度、深度及盈利能力三方面，通过客户基础信息完整度、持有产品数、活跃次数、九项资产余额及经济利润分摊因子，将数据资产价值逆向分摊，并将成果在手机银行 App 上对客发布，覆盖全行上亿个人客户，让公众直接体验数据资产价值。

第 3 节　数据资产运营与管理展望

2021 年是"十四五"规划开局之年，处于数字化转型的风口期，数据的地位日益凸显，科技正以前所未有的速度迭代向前。未来，数据必将与业务、技术深度融合，迅速积聚数据资产能量，在公开、公正、公平的数据交易市场中有序流通，释放巨大的数据资产价值。

1. 数据资产运营与数据广泛引用

在数字经济时代，商业银行的数据模式转变为以价值驱动、主动型、服务式的数据资产管理模式是必然趋势。在数据应用方面，更多自动化、智能化的新兴技术将应用于数据资产运营流程闭环，形成较为成熟的数据资产监控、评价指标，构建数据资产画像，助力银行内部数据流通市场的建立，赋予数据蓬勃生命力。在用户应用方面，数据资产运营成果将加速更多特色数据产品的孵化，数据使用门槛在降低，数据资产服务向一线延伸，未来更多用户将享受到数据资产红利。

2. 数据资产管理与数据开发

传统侵入式的管理模式将转变为数据资产管理与数据开发敏捷、高效协作的"双循环"生态。一方面，一站式数据资产开发平台可使数据集成、数据开发、数据资产和数据服务各个板块紧密结合，在加速数据资产快速积累的同时，助力数据标准、安全、质量等管理要求落地；另一方面，形式多样、内容权威的数据资产有利于加速构建数智化业务全场景，建立健全、科学的统计计量管理体系，协同推进相关领域的数据应用，实现数据驱动的运营、风控、管理和决策。

3. 数据资产定价与交易流通

随着数据要素市场建设的全面提速，数据要素红利效应将进一步释放。数据资产确权、数据资产估值和数据资产交易机制三大驱动力将发挥协同作用，共同推动数据要素市场的高效配置。

数据权益领域，随着银行业乃至全社会的共同参与，数据主体的合法权益、市场参与方及数据的控制边界和使用范围界定等一系列问题将逐步厘清。

数据资产估值领域，随着估值方案的推广，数据资产估值将逐步形成统一的规范准则体系，为数据资产作为企业资产入表奠定基础。

数据资产交易市场领域，随着未来交易流程相关制度和技术的完善，数据资产的交易机制将向成本降低、效率增高、安全保障提升的方向发展。

未来，光大银行将持续践行"敏捷、科技、生态"的战略，以金融科技创新为支撑，在保证数据信息安全的前提下，积极拓展新技术实践和业务场景应用，为共筑数据资产新生态，持续促进金融业乃至全社会的数据要素融合贡献智慧和力量。

12　浙江农商联合银行：区域性银行零售数据资产管理应用探索

徐庆国　黄丽丽　浙江农商联合银行

目前数字化已经成为主流趋势，数据作为新的核心生产要素，推动着产业升级和各行各业转型，成为产业高质量发展的基础"燃料"。2020年3月，中共中央、国务院发布《关于构建更加完善的要素市场化配置体制机制的意见》，首次将数据要素与土地、劳动力、资本、技术等要素并列，体现了数据作为国家基础性、战略性资源的重要地位。2021年以来，滴滴公司被安全审查、个人信息"断直连"等情况接踵而至，为数据安全管理敲响了警钟。预计未来数据开放共享、合理合规提升社会数据价值、加强数据资源整合和安全保护将是国家数据工作的重要方向。

从银行业看，数据能力是银行转型发展的基础。近几年在数字化转型的驱动下，数据对提升银行核心竞争力的作用持续显现，掌握丰富的高价值数据资产日益成为抢占未来发展主动权的前提和保障。纵观数据体系的发展历程，先后经历了数据管理、数据治理和数据资产管理几个重要阶段，关注重点从技术管理、内容管理向价值管理转变。折射到银行业数字化转型，所面临的挑战也愈发清晰且艰巨。

一方面，银行业务线众多，每天海量的交易数据千头万绪，如何开展数据能力建设，实现海量数据的统一存储、整合、联动、应用，并通过业务与技术融合，更有效地利用大数据能力与工具，开展场景化数据资产的深度挖掘，发挥数据资产价值，亟待深度探索。另一方面，随着数据安全监管趋严，尤其是《个人信息法》等陆续推出，如何合理、合法、合规推动数据治理，开展大数据工作，成为业内面临的重大课题。

浙江省近年来全面启动数字化改革，打造数字金融高地。浙江农商银行系统自

2019 年启动数字化改革以来，历经 3 年迭代升级，通过数字赋能，解决系统应用的需求，已进入全面数字化改革阶段，并将进一步打通平台，融汇数据，充分发挥全系统多年来积累的业务数据优势，通过数据资产管理与应用，实现管理和业务降本增效，推动零售业务高质量和精细化发展，提升核心竞争力。

第 1 节　零售数据资产管理

零售业务种类繁杂、服务客群数量众多，是数据资产管理应用的最佳试验田。数字化改革以来，浙江农商银行系统充分重视零售数据资产的挖掘与应用，战略部署、启动数据资产工作，通过数据组织变革、数据理念原则制定、数据资产管理等工作，梳理并构建了零售数据资产管理与应用的整体框架，实现数据价值向业务价值的转化，探索数据资产应用的农信实践。

1. 数据组织

组织是数据工作的出发点和落脚点。银行要真正推动数字化，落地数据资产应用，组织架构的优化和变革必不可少。通过业务与技术融合，把一定比例的数据人员和技术人员派驻到业务部门，让不同职能的员工共享工作场地、共融数据理念、共通考核体系，实现业务与技术双向赋能，即业务人员更好地管理、应用数据资产体系，数据技术人员更深入地分析和理解业务。业务科室围绕零售数据资产全生命周期管理形成"1+N"组织机制，在全系统数据治理工作的基础上，组织协同会商，开展可行性、必要性、关联性分析评估，有序推动数据资产管理应用。启动 KYC（Know Your Customer，认识你的客户）能力提升工程，重点推动基于客户视角、服务于客户运营发展的数据资产挖掘与管理。

2. 理念原则

理念先行，能力为本。数据资产梳理离不开业务的参与，质量管理与改进需结合到业务流程当中，价值也要根据业务实效进行评估。要充分发挥业务和技术的协同能力，首先要树立共同目标价值与理念原则。浙江农商银行系统零售数据资产工作的总体要求是"用标准、高质量数据支持决策，创造价值数据"，体现了有效、管用、以业务为导向的数据工作理念，发扬数据能力共建者、专业数据主人翁、行业自主分析师、数字文化传承者的精神。

数据能力共建者：数据管理部门牵头推进数据工作，业务部门主动担起数据能力与高质量数据提升机制的重要建设者、参与者和执行者职能，主导各自条线数据制度细化与持续优化工作，落实相关制度流程的执行与落地。

专业数据主人翁：业务是数据生产和应用的源头。逐步把数据管理应用的理念、标准和质量要求贯穿于业务流程，落实于交易系统，在设计之初就充分考虑应用所需的数据资产与形式，从源头上把握数据质量。明确业务领域数据属主，完善标准规范和流程要求，有效支撑数据整合关联、质量提升和开放共享等。

行业自主分析师：持续推动自助分析报表、建模平台、数据可视化等工具的推广与应用，加快构建数字化分析服务体系，推动数据资产在获客和活客、精细管理、定额定价、营销运营、风险防控等方面的有效应用，分级有序推进数据支撑，螺旋式迭代，提升业务数据分析与决策能力。

数字文化传承者：引导业务数据思维理念，传承数据文化。内外联通，引领探索数据在各条线业务领域的管理与应用；培养和引入数据人才，提升数据意识和敏感性，强化数字化服务和支撑能力，推动数据资产应用价值发挥提速。

3. 实践路径

数据资产管理既不是简单的数据平台建设、数据管理能力提升，也不等同于数据治理，而是以价值效能为导向，以应用服务为路径，通过体系化的框架管理和运营，盘活数据资产，真正赋能业务、创造价值并实现自我增值。

数据资产构建：包括4个步骤。

1）清洗：梳理、清洗行内外现有数据，形成结构化、非结构化数据的数据资产底座。

2）整合：基于业务应用和源数据梳理整合，明确数据内容、数据、更新频率，形成多应用主题基础数据。

3）加工：从业务应用需要出发，构建数据指标、客户标签等数据资产，支持客户画像描述、行为刻画、业务经营管理、业务风险管理等领域。

4）服务：围绕客户、产品、交易、渠道、场景和风险等多主题形成多维数据资产组合，服务于数据资产应用场景。

数据资产管理：零售数据资产管理的主要目的是促进数据资产的保值增值，具体包括以下五方面。

规范管理：明确各层级数据资产管理规范，制定零售业务各条线细分数据标准，重点推动个人客户信息全生命周期管理，启动建设个人客户信息中心（EICC），整合改造涉及四大核心系统等 70 余个关联系统，支持用户信息和客户信息的全面管理。落实数据资产分类，推动指标、标签等数据资产标准化、规范化管理，确定数据权威属主和管理规则，支持数据统一整合和跨平台共享，提升数据资产标准性、延续性和有效性。规范管理、录入、系统设计、交互等各个易引起错漏的交易环节，重塑业务流程，保障业务正确使用和数据资产的持续沉淀。

全生命周期管理： 对数据资产从创建、发布、应用、更新到退出的全生命周期进行管理，创建零售数据资产目录，涵盖数据资产的内容、权属、应用情况等信息，展示数据资产全貌，以供查阅与应用。明确各环节应遵循的操作流程和操作规范，形成数据资产通用沉淀机制。设计客户信息采集方案，针对全系统多年"走千访万"，大量客户数据资产散落沉淀的特点，为行外系统的或纸质的数据资产设计迁移和录入方案，快速扩充数据资产来源。创新移动走访工具，通过"批量采集＋实地走访＋事后监督"的信息采集模式，有效归集客户"软信息"为数据资产。

质量管理： 探索建立省县联动、线上线下结合的数据质量监控与提升机制，对照数据质量八大度量维度，即完整性（是否明显缺失）、规范性（是否按管理规范定义、存储和使用）、一致性（数据资产描述的内容是否与实际数据体现的内容一致）、准确性（是否明显错误）、唯一性（内容是否重复）、时效性（内容当下是否具有价值），设计指标并进行质量管理，落实日常监控，根据评估结果，结合业务应用要求，制定数据校验和验证规则，制定质量改进措施，包括加强前端数据采集规范，加强系统数据校验功能，优化数据存储等。

价值评估： 综合考量生产收益和成本，结合数据资产活性（关联各类数据的量级和贡献度）、质量、稀缺性（被替代性）和应用场景经济性（被应用的业务场景数量、使用频次、成效）等开展价值评估，促进标签、指标、模型等数据资产管理，推动数据资产的持续优化和不良资产（如无效标签）的有序清退，构建数据资产管理、应用、评价、再提升的良性闭环。

权限管理： 通过对机构层和主题层的开放和使用权限管理，构建省、市、县各级不同主题数据资产的互通共享机制。

第 2 节 零售数据资产应用实践

在数字化改革的总体牵引之下，浙江农商银行系统通过数据资产应用带来业务新的模式与增长点。在此基础上，数字化改革成效纷纷落地于辖内各家行社的经营实践，推动全系统数字化应用能力走上新台阶。

1. 数据资产赋能智能授信提额

"做小做散"是浙江农商银行系统的核心发展理念。随着市场竞争的日益激烈，信贷客户质量和需求逐年提升，过去 30 万元的小额贷款额度可能不再能满足现在客户的需求，许多客户存在多头借贷的共债情况。在存量市场，根据辖内某农商银行统计数据，有 68% 的客户为在其他银行有贷款的共债客户。这一问题背后的本质是系统内机构对客户的融资需求供给不充分，贷款不足额。如何充分地满足客户需求，为客户提供"足额、便捷、便宜"的金融服务，成为浙江农商银行系统关注的重点。

为此，该行启动个贷授信提额工作，优化过去小额贷款只放到 30 万元的惯性思维，一次性全额满足客户的综合性金融需求，将行内账户打造为客户的贷款主账户。通过风险模型和提额需求两大模型，优选高评分、低风险、需求不足额的客群，重点挑选有贷款客户和已授信未贷款客户、满额用信和未满用信两类客户样本用于机器学习，挖掘共性特征，选取放款频率、提前还款天数、还款次序、阶段性征信查询频率、跨行还款记录等 300 个特征工程综合判断客户需求，建模形成提额客户清单。针对共债客户，精准摸底客户价格接受程度，提高利率定价水平。配套"全渠道派单＋话术服务＋营销反馈＋模型定向优化"全流程闭环管理，为客户经理和集约化外呼中心提供信息支撑，提升续贷成功率、融资客群挽回率的同时，持续更新模型，提高提额、提费精准度。

2. 数据资产赋能运营和营销提效

客群数字化运营和营销是银行数据资产应用的重要领域。如何开展客群细分是关键。过去，通过粗放的指标可以将客群简单分为几大类别，虽然有较易识别、行业通用等优势，但客户画像依然不够精细，远远无法满足 6000 万客户的数字化运营需求。为此，浙江农商银行系统围绕客户人生周期和客户旅程周期双生命周期，从基本信息、综合价值、产品分析、交易特征、渠道特征、生活特征、风险信息、生命周期、经营考核等九大维度和客户走访"软信息"，建立 300 余个个性化客户标签，全面细化客群分群分类，开展精细化营销。通过用这一营销模式替代原有的以员工个人经验或能力为主的营销模式，实现线上线下全渠道营销活动同源发布、同质受理。

辖内某农商银行积极开展个性化建模，打造地域特色客群标签，全面发挥系统点多面广的优势，通过归属网格化管理精准派单，支持客户经理使用移动展业Pad、丰收互联手机银行客户经理专区、企业微信工作台对名单客户进行电话营销、走访服务。通过对数据资产标签应用的解读宣导，一线营销人员的数字化服务能力得到大大增强，客户触达率、营销成功率全面提升。

3. 数据资产赋能场景服务提升

商户服务场景是重点业务场景，自2017年推出"丰收一码通"以来，浙江农商银行系统全力研发收单支付产品，打造"丰收e支付"服务品牌，构建全渠道收单体系，并通过互联开放平台对外输出支付能力，服务大、中、小型商户，促进消费服务优化、营商环境升级，3年支付交易量增长36倍，沉淀资金1300亿元。然而，经过前期蓄力拓展市场，行内大力释放优惠政策红利，引入商户，手续费贴补也与日俱增，产生了巨大的负担。尽管2020年推出了阶梯费率系统，但如何进行费率定价，才能在降低服务成本的同时最大限度地保证市场份额，提升资金留存，成为商户费率定价的重点。

为避免"一刀切""拍脑袋"等不科学的费率定价模式，辖内某农商银行积极挖掘大量沉淀的商户数据资产，探索综合收益型费率定价。首先，通过分析市场，了解同业定价策略，作为制定费率定价政策的参考依据。其次，针对商户的行业分类、季节性交易周期、交易笔数、交易金额、手续费优惠、资金沉淀、趴账周期等20余个指标重点开展分析建模，通过模拟执行费率政策，测算手续费成本、市场规模和沉淀资金的变化情况，辅助制订定价方案，实现费率定价与商户行业、市场竞争关系和综合价值多维挂钩。

在实际执行中，事先针对不同行业的少部分商户执行缩减优惠过渡政策，通过监测多维变化情况，有序调优模型，提升执行率和拟合度。政策执行时，内部统一思想、组织政策解读，行外强化商务宣导以和缓过渡，实现费率政策软着陆。事后，持续跟进分析后评估，细化商户分类分档，优化模型策略，归纳梳理经典举措，持续推出进一步升级政策，有效把握商户业务发展方向。例如，升级政策针对五金、日用品等季节性交易市场中的商户，结合经营周期提供特色化费率，"一户一策"，有效联动信用卡、手机银行等多条线业务交叉营销，提升商户黏性。

通过一套"组合拳"，行内实现差异化、精细化费率定价，在总体商户数量未显著下降的前提下，活跃商户、核心商户数量大幅提升，商户综合价值贡献进一步凸显，商户场景业务降本增效取得实质性突破。

4. 数据资产赋能风控管理提质

随着互联网金融的发展，线上渠道用户数和交易量迅猛增长，进入了风险的集中爆发期，各类风险积聚。尤其是近年来欺诈风险事件令银行业不堪其扰，也令客户遭受直接的经济损失。金融监管对欺诈风险治理与防范工作的要求也愈发严格。

为满足业务发展、金融监管及欺诈风险治理的需要，浙江农商银行系统积极建立交易反欺诈平台，通过机器学习和设备指纹等数据挖掘分析，构筑客户、账户、支付、交易、渠道全方位、多维度的风险防控体系，可有效地对银行交易数据进行实时风险监控，并依据风险级别进行决策和控制，实现系统自动事中控制与事后的人工核查及调查相结合的全渠道解决方案，提高线上客户、账户资金安全的管控能力。

区别于事后欺诈监测，实时交易反欺诈系统建设中采用了基于 Hadoop 的大数据平台相关架构和组件，从数据采集、加工、计算、分析等多个环节解决了数据时效性的问题，实现了客户的实时行为和交易数据与历史存量数据结合，并基于数据计算结果精准定位风险的目标，有效侦测、识别、处理、记录和共享欺诈行为，加强对欺诈事件的预警和防御，提高事中和事后的风险检测、识别和处理能力。同时，同步配套打造省级集约化远程风控中心，通过远程连线客户快速确定交易意愿和真实性，在保持客户体验满意度的前提下实现快速、实时、动态和全面地控制交易风险。

2021 年以来，随着监管趋严，相关平台和数据被进一步应用于对信贷投向股市房市、违规代客操作、借冒名贷款、收单套现等进行监控，有效提升内控管理能力，助力风控管理提质增效。

数据资产工作是一项系统性工程，任务繁杂，历时长久，对业务模式变革、经营效能提升具有深远影响。同时，数据资产工作同样具备专业性和创新性，需要持续迭代，不断推陈出新，理论与实践结合。行业内领头羊已在不断摸索中形成了先进案例。浙江农商银行系统的数据资产工作尚在起步及深化应用阶段。相信对于地方性中小银行，数据资产工作没有想象中的遥不可及，只要基于实际、立足实践、实事求是、边行边试，就能够有序推动数据资产工作，发挥数据价值，推动业务高质量可持续发展。

第四篇
科 技 能 力

13　杭州银行：中小银行科技自主能力建设
14　哈尔滨银行：技术能力与数据能力支撑数字金融服务新模式
15　阿里云：云原生分布式重塑银行核心系统
16　Ultipa：图计算——金融风险管理创新之"芯"

13 杭州银行：中小银行科技自主能力建设

李 炯[a] 杭州银行

随着云计算、大数据、移动互联网等新技术的广泛应用，金融机构纷纷开启数字化转型之路。然而在这个过程中，一项重要的工作却经常被忽视，那就是银行的科技自主能力建设，特别是中小银行在科技规划、架构设计、技术与产品选型和主动运维上"整体掌控、自主选择、为我所用"的能力建设。

第1节 数字化转型与科技自主能力

数字化转型是当前商业银行的一项战略性任务，如果银行在数字化转型过程中没有把科技自主能力建设放到一个相对重要的位置，必然会制约数字化进程。科技自主能力建设是数字化转型的内在动力，同时数字化转型的推进必然伴随着银行科技自主意识的觉醒和自主能力的提升，两者互为依存，不可或缺。

1. 数字化转型离不开科技自主能力支撑

数字化转型使中小银行比以往任何时候都更依赖信息技术，因此对科技自主能力建设提出了更高的要求。

银行智慧运营对信息技术的依赖程度不断提高。 在数字化转型的大潮中，银行开始将大量应用转移到数字化平台上，使信息系统成为银行运营的"中心"节

---

[a] 作者系杭州银行副行长。

点，这些系统相互交织在一起，可谓"牵一发而动全身"。如果银行科技自主能力不足，整个信息体系很可能是脆弱的，自我修复能力会相对较弱，其中隐含着巨大风险，甚至影响业务连续性。银行只有增强科技自主能力，才能实现对持续运营的可控管理。

银行差异化经营需要信息技术支撑。数字化转型要求银行尤其是中小银行实施差异化经营，这需要银行增强科技自主能力，提供更多个性化、定制化的金融产品和服务。目前，国内银行业竞争激烈，同质化程度比较高，要在这样的市场环境中生存，中小银行必须依靠差异化才能有核心竞争力。科技自主有助于银行差异化经营能力的形成，所以建设科技自主能力不是外部强加的要求，而是一个银行特别是中小银行内生的需求，是形成核心竞争力的需求。

产品快速迭代以信息技术充分应用为前提。数字化转型要求银行能快速应对市场变化，拥有产品快速迭代的能力。尤其是中小银行，没有大型银行和股份制银行的规模优势，必须利用其灵活的特点，充分发挥对市场变化做出快速应变的能力。这里需要特别强调的是，快速迭代不只针对技术，更需要与业务紧密合作，让双方都切身体会到科技自主能力对数字化转型和产品快速迭代有实质性的帮助。杭州银行在"十四五"信息科技规划中，提出坚持"业务发展快、竞争应对快、客户服务快以及市场响应快"的价值导向，以"快"制胜。而科技自主对支撑银行提升快速应变、快速迭代的能力是至关重要的。

挖掘数据价值和保障数据安全离不开科技自主能力。数字化转型需要充分运用大数据分析创造数据价值，科技自主可以更好地挖掘数据价值，同时还能保障银行数据的安全，尤其是防止客户信息泄露，确保不发生合规风险。近年来，随着大数据成为社会发展的新引擎，应用场景日渐丰富，数据已经成为银行最重要的资产，事关个人隐私、企业经营敏感信息，数据安全问题日益凸显。面对严峻的数据安全威胁，如果缺乏科技自主能力，银行对数据的控制力就会不足，就有可能引起数据泄露，甚至让数据"裸奔"。

2. 数字化转型为科技自主能力建设提供了良好契机

数字化转型为银行推进科技自主能力建设创造了有利条件，银行发展科技自主能力可谓正当其时。

为银行科技提供了资源保障。数字化转型刷新了社会认知，提升了信息技术的重要性，银行将更多的资源向科技倾斜，促进科技自主能力建设。据相关研究报告预测,到 2030 年,中国数字经济有望迈过 150 万亿元大关,实现与经济社会环境多个领域的全面融合,数字经济占 GDP 比重将达到 80% 左右,届时中国将全面进入数字社会。

2013 年以后,国内先进金融机构开始在科技架构设计及科技能力建设中充分应用最新技术,并灵活运用多种创新机制积极布局,传统商业银行与金融科技深度融合已成为不可逆转的趋势。银行在金融科技上纷纷加大投入,2020 年国内银行机构信息科技资金总投入达 2078 亿元。据年报披露信息,2020 年大型银行在金融科技领域投入增长超过 30%,带动银行加快建设科技自主能力的步伐。

为银行科技提供了人才保障。银行数字化转型吸引了更多人从事金融科技工作,为银行招揽更多人才提供了条件。相比于前几年由于金融科技公司渗透金融行业带来的冲击,近几年金融机构开始转型赶超,加大科技创新投入,加快在技术创新和吸引人才等方面的步伐,为银行提升科技自主能力创造了条件。同时,在金融科技领域的人才流动过程中,一些 IT 头部企业为金融行业输送了大量科技人才,为银行提升科技自主能力提供了人力基础。

丰富了软硬件产品体系。数字化转型促进信息产业发展,能提供更多的软硬件产品,银行可以有更多的选择,防止对单一产品的过度依赖。经合组织(OECD)《2020 年数字经济展望》报告显示,在对 37 个国家开展的数字经济政策调查中,有 34 个国家制定了国家层面总体数字战略,以推动本国 IT 产业发展,这进一步促进了全球信息产业进入空前密集活跃时期。我国 IT 产业发展迅猛,内生动力强劲,2020 年软件和信息技术服务业利润总额占比超过整个工业利润总额的 16%,技术创新能力大幅提升。各大供应商不断推出优秀产品,极大完善和丰富了供给侧的产品体系。另外,越来越多的开源软件产品进入银行的备选方案,并得到了广泛应用。

促进新技术发展和应用。数字化转型过程伴随着新技术的不断涌现,更多的技术路径、开发模式、运维方式为银行科技自主提供了更丰富的解决方案。分布式技术极大提高了计算机集群的运算能力,为银行提供了更强大和稳定的服务能力;大数据、流式计算技术为海量数据的存储和分析提供了可能,极大增强了银行的数据处理和分析能力;敏捷开发、DevOps 为银行产品的快速迭代提供了可能,有力支撑了业务的快速创新;微服务技术为银行软件架构的独立解耦提供了技术方案,同时也提高了系统的灵活性和可靠性;虚拟化技术、云计算为银行提供了更快速的部署方案,实现了资源的弹性伸缩和高可用性,提升了使用效率。

第 2 节　中小银行科技自主能力建设

中小银行在科技自主能力建设上面临着很多实际困难，因此需要从实际情况出发，因行施策，找到最优路径。

1. 中小银行面临的困境

一般来讲，中小银行大多是土生土长的本地银行，主要从事区域经营，虽然有一定的地域优势，机制相对灵活，但是资金规模较小，品牌影响力有限，在科技建设上投入的绝对值相对较小。由于在激烈的市场竞争中生存压力较大，中小银行可能更多关注业务发展，考虑的是"柴米油盐"，而不是"星辰大海"，所以对信息科技的要求更多停留在"够用就好"的标准上。中小银行进行科技自主能力建设存在着很多现实困难，如科技基础薄弱，基础设施落后；要吸引高水平科技人才比较困难，使得整体的研发能力较弱，对新技术的引进吸收能力不足。所以，中小银行建设科技自主能力需要根据自身特点，采取因地制宜的应对之策，同时由于基础相对薄弱，离实现真正的科技自主有很长的路要走，需要付出更多。

2. 科技自主能力建设目标

中小银行科技自主能力建设的目标，就是要牢牢把握信息系统建设主动权，实现整体可控。要紧紧围绕银行的战略目标自主选择科技发展路径和技术路线，把坚定走科技自主道路作为一项长期的战略来实施。

中小商业银行受到诸多条件的制约，在人才匮乏、资源紧缺的情况下，虽然萌生科技自主的内生需求，但往往很难坚定地走下去。然而唯有坚持，才能守得云开见月明。只有对"短期利益"与"长期利益"有正确的认识，才可以坚定科技自主的决心。从短期看，直接进行产品采购或外包开发，软硬件系统部署快，实施风险可能更小，能很快满足当前业务需求；但从长期看，科技自主有利于金融机构实施差异性经营，加速产品更新迭代，更好地赋能业务，尤其是在数字化转型的大背景下，有利于银行更好地实现转型。

这里最难的是保持持续的主动性，一旦银行的市场需求、技术环境等发生改变，相应业务系统就必须主动进行优化或重构。一定要勇于顺应变化，敢于不断迭代。这是一个检验银行是否到达科技自主的有效标准。

3. 科技自主能力建设途径

要实现上述目标，可以通过自主设计、开发、运维、创新等途径。银行科技涵盖架构设计、产品研发、系统运维、技术创新等任务，科技自主并非要求所有任务都由行内员工独立完成，可以自己做，也可以购买产品或服务。这里就需要考虑两点：哪些可以购买？购买的比重是多少？

根据敏捷性可以将任务简单分为稳态模式和敏态模式。所谓稳态模式的任务具有影响广泛、持续时间长、状态稳定、强管控的特点，敏态模式的任务则具有阶段性、局部影响、容易变动、预设规则少等特点。中小银行应按照任务的特点、自身实际需求及资源投入情况进行权衡选择。在整体可控的前提下，按照"以我为主，为我所用"原则，选择自己的科技自主实现路径，关键是要做到对银行科技活动整体可控。

一般来说，稳态模式是持续性的，有强管控要求，对于业务连续性的影响较大，所以更多需要自己承担。敏态模式的工作由于是阶段性的，带有一些创新探索性质，更适合采用与外部合作的方式。

4. 科技自主能力建设关键环节

在科技自主能力建设过程中，中小银行要处理好以下几个关键环节。

树立人才兴行理念，加强科技队伍建设。 人是科技自主的核心力量，所以银行首先要把人才队伍建设作为一项重要任务来抓，建设一支具有战斗力的科技队伍。

中小银行应该根据自己选择的科技自主路径，按需扩增科技队伍的规模，并注意保持科技队伍结构的平衡。比如选择了自主研发，那就需要在架构设计和项目管理岗位上配置合理数量的人员，才能有效完成相应的研发任务。同时，需要全面提升科技队伍素质，尤其是在金融科技飞速发展的当下，银行有了更多的技术路线可选择，更需要技术人员具有对核心技术的整体掌控能力，以及对信息科技风险的识别能力。所以，银行须加强科技队伍能力培养，加大对前沿技术的跟踪、研究力度，增加银行人才储备、技术储备的厚度。

掌握架构主动权，防范外包风险。 中小银行资源有限，科技自主必须立足现实。有些工作行内员工自己做，有些可以外采成熟产品或服务。这时，银行建立科技自主机制，做好架构设计，掌握技术主动权就变得非常重要了，否则极有可能做不到为我所用，反而受制于人。

强调自主设计，就是为了抓住技术上的话语权，达到设计、规划、过程、质量、成果、运维和风险可控。规划好技术架构，做好体系架构的整体把控，就可以从自己的实际需求出发，自主选择技术路径，自主选择不同厂家的软硬件产品，将其集成到自己的体系框架中，真正做到为我所用。

加强与外部平台合作，积极融入行业生态圈。 中小银行进行科技自主能力建设不应闭门造车，恰恰相反，因为资源、实力有限，不可能自给自足，所以必须保持开放心态，借力发展。

对外合作有两种形态：横向合作和纵向合作。横向合作即不断吸取和学习同行经验，复制成功案例，推广成熟的产品，降低研发成本。中小银行更需要抱团取暖，特别是在新技术应用方面，更需要在同业间进行相互学习、交流和借鉴，以便在技术探索和系统建设中规避一些技术陷阱，绕过其他银行已经发现的问题，降低科技风险。纵向合作即积极响应行业政策，融入产业生态环境。如果完全由自己去推动新技术的创新与应用，不仅耗时耗力，而且不一定能做到专业金融科技企业所能实现的效果，因此与产业建立合作关系，加强与各技术领域头部厂商的沟通、交流和学习，拥抱金融科技前沿技术，成为银行的必然选择。

以标准化建设为抓手加强规范化管理，提升科技软实力。 这里关注的是银行自身的科技管理能力，通过加强制度建设和标准建设，将各种科技活动纳入科技管理框架中，实现管理规范化、制度流程化。管理能力体现的是一家银行的软实力，本身就是科技自主能力的一种表现。

标准化、规范化是大规模生产的需要。在发展初期，中小银行规模小、人员少，管理规范化的需求不是很迫切，就像传统小作坊，手工生产模式不需要标准化。但是随着数字化转型的深入，银行科技人员和外包人员的数量不断增加，系统复杂性也随之上升。此时由于协作沟通成本增加，消耗了一部分资源，降低了工作效率，规范化、标准化就成为中小银行一种必然的选择，对任务设置重新优化，通过制定标准打通工作流程，进行高效衔接。

科技自主能力建设中，规范化管理的主要工作包括：重视标准化工作，遵循行业标准和监管要求，制定开发标准、数据标准、接口标准；建立运维、开发流程，并严格实施；规范外包管理，建立外包商风险评估机制等。银行科技规范化管理，标准及制度的建设进程是没有终点的，是一个持续迭代、不断优化的过程。在规范化管理建设中还需要考虑如何保证制度、标准有效执行，真正落地。

我们可能需要配套一些工具，把制度、标准固化在管理工具、管理系统中，通过工具的使用，约束制度、标准的执行。

第 3 节　杭州银行科技自主能力建设之路

与其他城商行一样，杭州银行的科技自主之路也经历了非常艰难的起步阶段。经过 25 年的摸索，这条路才逐渐清晰起来。

1. 科技自主能力建设历程

杭州银行在科技自主能力建设方面，始终坚持"以我为主、合作开发"策略，目前拥有一支具有自主研发能力、能独立承担运维工作的科技队伍，重要系统自主开发，掌握核心技术，拥有自主知识产权。1997～2001 年，第一代核心系统上线，组建软件开发团队，实现核心系统自主可控。2002～2008 年，管理信息系统上线，实现客户关系管理系统、信贷审批系统自主可控。2009～2012 年，第二代核心系统、数据仓库系统上线，研发力量进一步壮大，实现数据仓库类项目研发自主可控。2013～2020 年，实现了电子渠道和大数据平台的自主研发及应用。2021 年又开始规划新一轮核心系统建设，并借这个机会升级基础架构，尝试引进分布式云原生技术架构，努力践行可持续的发展理念。

杭州银行在科技自主能力建设过程中始终坚持四个原则。

- **科技自主与数字化转型统筹规划**：数字化转型是目标，科技自主是手段，科技自主必须服务数字化转型目标，两者须同步规划。
- **基础设施与应用系统自主建设统筹推进**：基础设施是根基，应用系统科技自主是关键，两者须同时兼顾，协调推进，保证生产安全、高效、稳定。
- **系统建设与人员培养统筹兼顾**：系统建设是直接目标，本行科技队伍建设才是根本，通过系统建设来培养队伍，才能实现可持续的科技自主能力。
- **科技自主与厂商合作统筹运用**：系统架构顶层自主设计是关键，自主研发、自主设计需因地制宜；标准、开放、异构是与厂商合作的前提，两者都是掌握技术主动权的重要手段，需要综合运用。

杭州银行从 25 年前开始艰难起步，之后逐步进入良性发展阶段。当下数字化转型时代为科技自主能力建设创造了更好的发展空间，一路走来，虽然艰辛，但是收获颇丰，奠定了可持续发展的坚实基础。

2. 科技自主能力建设实践

人才培养主要模式： 通过集中和专题培训进行学习，并安排阶段性考核，对学习内容进行快速检查。通过项目开发锻炼人，尤其是重大项目建设，从1997年第一代核心系统建设开始，历年重大科技项目为全行培养了很多技术骨干和部门管理者。通过对外合作，利用外部资源培养人。金融科技创新实验室确定了五个技术创新方向，让新员工通过实验室培训快速成长。2021年与浙江大学计算机学院成立博士后工作站，希望在人工智能、大数据等几个重点领域提升金融科技研究水平。

系统架构设计和技术方案选择的实践经验： 其一，坚持多管齐下，因地制宜。自主研发、开源改造、合作开发、外采产品，依据本行资源配置和实际情况综合运用。其二，坚持标准、开放、异构可替换。在架构设计和产品选择时，尽量避免与行业标准不兼容、具有技术唯一性和不可替代性的产品，降低对产品与服务提供商的依赖性和依存度，确保不对个别产品或厂商形成依赖，保证业务连续性。其三，坚持分层解耦，灵活独立。应用系统坚持分层设计原则，数据层做数据的事，业务逻辑层做业务的事，相互独立，不能混用。这样既有利于系统运维，快速发现问题，又有利于将来的功能优化，平滑升级。

在产品选择过程中我们碰到过很多诱惑，比如一些专业化产品又便宜又好用，同时能解决眼前面临的问题。但我们一直考虑的是它开不开放，市场上是否具有替代性产品，这是选择的基本原则。当然不是所有事情都能一蹴而就，有些产品可能要先用了再逐步替换，逐步解决开放性的问题。

在1997年建设第一代核心系统时，我们选择了Oracle作为数据库，但有一个原则，不使用其特有函数和存储过程，因为这些功能遵循厂家内部标准，替换成本很高。同时，核心系统对数据库的所有操作都进行了统一封装，避免了特殊调用。这样的设计原则给目前新一轮核心业务系统升级带来了极大的便利。

在2012年第二代核心系统建设时，我们碰到了一个小问题：柜面终端有很多选择，如Windows终端、瘦客户机等。经过比较，我们选择了最普通的方案——通用PC。因为其他产品都有一些非通用特性，掌握在个别厂家手里。用PC也不是一帆风顺的，它做柜面终端时外设扩展能力不足，最终我们花了很小的成本定制了一个扩展卡，解决了所有外设连接的问题。这个方案一直用到现在，保持了柜面系统架构10多年的稳定。

与同业和厂商保持良好互动，不断交流和学习。 2016 年在"价值连城"平台基础上成立科技工作小组，联合浙江省内 19 家金融机构，共谋金融科技发展，共享技术应用实践，共同推动区域中小银行的交流合作。2018 年与阿里云、杭州城市大数据运营公司共同成立金融科技创新实验室，探索新技术在金融业务领域的应用新场景，寻找与头部科技企业的合作新模式。目前已经孵化出互联网分布式核心、智能客服平台、基于移动互联网的跨终端平台等项目。

信息科技的规范化管理不断优化。 近几年结合标准化、模板化、体系化"三化"建设，促进研发管理、系统运维和队伍建设的持续优化。先后制定了项目管理、研发管理、测试管理等信息科技制度和流程，不断提升规范化管理能力。在外包管理上，对于一些非核心的内部管理系统，以及少量专业化程度非常高、目前还不具备自主开发能力的系统，采取了项目外包形式。同时建立了外包策略，控制外包数量，确定项目外包适用标准，并加强对技术架构、应用架构的管控。完善外包商风险评估、规范外包人员管理和考核，每年由信息技术部、风险管理部负责对外包执行情况进行全面评估，对外包商进行尽职调查和综合评估。

为了确保内部管理相关制度和流程能够严格落地执行，量身定制了一个内部管理系统，经过逐年不断建设和完善，从最初的项目管理系统拓展到现在的集项目管理、人员外包管理、研发管理、运维管理、疫情管理、内部事务管理于一体的信息科技综合管理系统。该系统能够加强科技管理的规范化、流程化，强化制度的执行力，成为杭州银行信息科技规范化管理的一个重要抓手。

在数字化转型中，银行面临诸多挑战，但机遇与挑战并存。中小银行如果希望在数字化转型中有所作为，在激烈的市场竞争中占据主动权，不断增强创新能力，拓展服务边界，那么利用好数字化转型这个窗口机遇，根据自身实际情况，加大投入、推进科技自主能力建设将是必然的选择。唯其如此，银行才能筑基强能，提升整体竞争力，在科技上的投入最终也将通过赋能业务转化为金融服务能力，实现价值输出。同时，科技自主能力建设需要业务侧的支持，需要业务侧具有需求分析、产品创新的能力，只有科技与业务同步推进，才能共同实现全行的数字化转型战略目标。

最后，银行的科技自主能力建设是一个系统化工程，不能一蹴而就，需要有个过程，但我们相信只要能够坚持走下去，前路会更好！

14 哈尔滨银行：技术能力与数据能力支撑数字金融服务新模式

姜　岩　哈尔滨银行

银行业务的本质和基础是数据，在不同历史阶段，业务数据的载体也在持续变化。我国银行业自20世纪90年代初实施会计电算化以来，银行业务数据以纸张为载体的手工模式逐步向以IT系统为载体的线上化模式发展，这个过程是银行业务数字化转型的过程。借助IT体系的优势，银行业务模式不断创新发展，而银行业务模式的发展又促进了IT技术的进步。

随着网上银行业务的快速发展，尤其是网上购物的爆发式增长，银行业务系统迎来了前所未有的爆发式、震荡式交易模式的压力。在这个阶段，银行金融交易类业务基本完成了数字化转型，且很多业务场景为跨机构的复杂业务场景，对于业务数据的可靠传输、防篡改等要求越来越严格。2010年至今，除已经数字化的交易类业务外，银行的风险控制、管理会计等分析管理类业务开始逐步实施数字化转型，此类业务对于数据的采集、加工、分析提出了更高的要求，推动了OCR、大数据、分布式等IT技术的快速应用。

在银行业务数字化转型发展历程中有两个关键点：技术能力建设和数据能力建设。

第1节　技术能力建设

技术能力是保障银行业务从客户端发起后，能够安全、平稳、可靠地走完所有后台系统的整体业务流程的基础，是业务数据生成和流转过程的技术保障。银行 IT 系统架构设计和管理方面，架构的可靠性、可用性、可维护性自始至今是不变的主题，并且随着银行业务数字化领域的扩展、业务场景的丰富、业务交易量的剧增，要保持 IT 系统整体的可用性变得极其困难。这一方面是由于技术的挑战，要充分考虑不同类型业务场景的特征和可应用的技术；另一方面还要考虑系统建设和维护的成本，以维持长期稳定的状态。笔者认为，IT 系统架构的设计和维护应按不同业务场景的特点和承载压力，采取差异化的设计实施和维护管理策略（见图 14-1）。

图 14-1 差异化的设计实施和维护管理策略

银行业务场景整体上可以总结为四大类，它们有各自的运行特点和建设维护策略。

1. 服务接入渠道类

银行业务系统为内外部客户服务，尤其是在大多数业务场景数字化转型后，内外部客户的服务接入渠道均为线上系统。此类系统的特征是：为提升客户服务质量，系统变更极其频繁，变更错误对于客户影响极大；客户登录并交易的爆发性强，流量不均匀，对于系统的抗冲击性和容错能力要求高；客户对于系统的依赖度高，不能容忍较长的故障处置时间，需要能够迅速恢复服务。因此，服务接入类系统的 IT 架构设计要遵循如下三原则。

服务渠道的多活设置： 一方面，需要在系统网络层完成设计；另一方面，需要在应用层开发阶段对交易标识、流水号等的设计支持此种模式。

系统资源的弹性配置：基础架构层要能够根据业务的流量和压力，弹性增加配套的系统资源。实现弹性配置的关键，是要解决好跨网段跨中心的网络配置、应用系统环境一致性、流量异常情况的发现和调度等问题。

运维监控调度的自动化：对客服务类系统多数为 7×24 小时服务，并且客户对于系统故障的忍耐度低，因此在设计此类 IT 系统架构时，必须同步配套设计发现、定位、处置的手段，即监控与容错容灾处置能力，针对各类可能的故障情况，必须有可操作的规避措施。例如针对应用系统的数据库服务失效情况，必须配置实时的巡检和克隆数据库切换流程，在发现业务系统服务异常并且定位到数据库失效后，要避免反复检查数据库失效的原因等非恢复性操作，而是迅速切换到克隆数据库，以规避故障、迅速恢复服务。

2. 业务逻辑平台类

业务逻辑平台是银行业务逻辑处理的核心，例如理财申购与承兑等，此类业务系统的逻辑流程复杂且要求强一致性，在流程某一节点出现错误，需要完整的回退处理。针对此种特点，IT 架构设计和维护保障需要实现如下三个要点。

要在不同逻辑流程间设置隔离和流控措施：业务平台层承载了各类银行业务流程，为避免某一流程出现拥堵后其他流程受牵连，针对不同逻辑流程之间的共用资源要设置隔离措施和流控机制。例如共用的服务进程应尽量实施拆分设计，并在服务端配置健康状态的特定侦听端口，起到交通红绿灯的作用，为请求端实施流控提供可标准化、工具化流控调度的机制。

尽量降低逻辑流程内部各节点之间的耦合度：在同一业务流程内部，各节点之间的耦合度越低，在出现异常时的差错率就越低，可恢复性越强。例如在流程节点之间的超时时间设置上，一定要采取自上而下逐层递减的原则，确保流程前序节点的超时时间大于后续节点。如果在设计过程中发现某一节点可能出现跨层现象，那么一定要拆分节点以规避此类情况，否则将会出现节点间在故障情况下的耦合度过高，出现难以控制的差错问题。

逻辑流程执行过程中数据要加标签并保留完整：业务流程平台是一个逻辑过程，并且逻辑过程节点涉及多个应用系统，在出现交易差错的情况下，定位和处置极其困难。因此在设计阶段，要从流程入口开始，设置业务流程的标签编码规则，并确保在流程全过程中透传此编码；同时在 IT 架构设计上，要确保流程过程中的所有动态数据，例如交易报文、流程状态等，能够完整保留并存储，以便于对业务逻辑错误的定位和处理。

3. 核心账务服务类

核心账务服务类系统，包括银行最基础的核心账务系统、加解密平台等基础应用服务系统，最关键的特征是要求可靠性极高，要求交易响应速度极快，否则将对前端的各类业务系统造成严重影响。其 IT 架构设计最核心的原则是标准、简单、可控，不轻易尝试未经长时间验证的新技术。例如在核心系统数据库服务器模式设计上，如果单机的性能可以承载所有交易压力，那么就采取最传统可靠的 HA 配置模式，并且要在 HA 资源中剔除所有可剔除的内容，如存放中间过程文件的文件系统等，仅保留必要的内容，以提高可靠性。针对各种异常情况的巡检、定位、处置过程，也必须是标准化、自动化的配置，确保出现异常情况后能够迅速恢复服务。

4. 数据仓库分析类

在近十年银行业务的发展过程中，数据仓库、风险控制、营销分析等领域的发展最为迅速，此类系统的特点是新增数据量非常大，逻辑计算非常复杂，历史数据保留周期非常长。同时因为监管报送、风险控制等业务的依赖度高，对系统的稳定运行要求也较高，综合考虑系统容量、可靠性要求、建设维护成本等因素。此类系统的设计与维护策略可总结为：计算层面采用分布式技术架构，以达到计算能力、扩展能力、使用成本等方面的平衡；数据调度管理需要依各类场景对于数据的使用要求，按在线、近线、归档原则设计，并配套实现数据在各状态之间迁移的标准化与透明化，以达到应用系统调用和存储资源使用成本的平衡；为满足系统稳定运行的要求，在基本 IT 系统可用性监管控措施之上，必须针对各类数据处理过程增设调度与监控措施，首先是保障各类数据处理逻辑能够按照设定的条件和时间正常完成，其次是检查监控数据处理的结果是否达到业务使用要求，在发现异常后及时报警并启动修补措施，确保分析结果类数据的可用性。

银行 IT 体系是一个各类系统软硬件、运维工具策略、安全防控手段等的组合体，只有解决了组合体中各类"零部件"的标准化和工业化管理问题，才能像传统制造业从手工作坊向流水线模式转型一样，最终实现提高产能和质量的目标。借鉴传统工业标准化的方法，在银行 IT 系统架构设计实施和维护管理方面可以引入 IT 架构设计与维护模式（见图 14-2）。在 IT 系统建设中，推动供应商配合改进其产品和服务，逐步实现银行业 IT 架构管理的标准化与工业化转型。这一

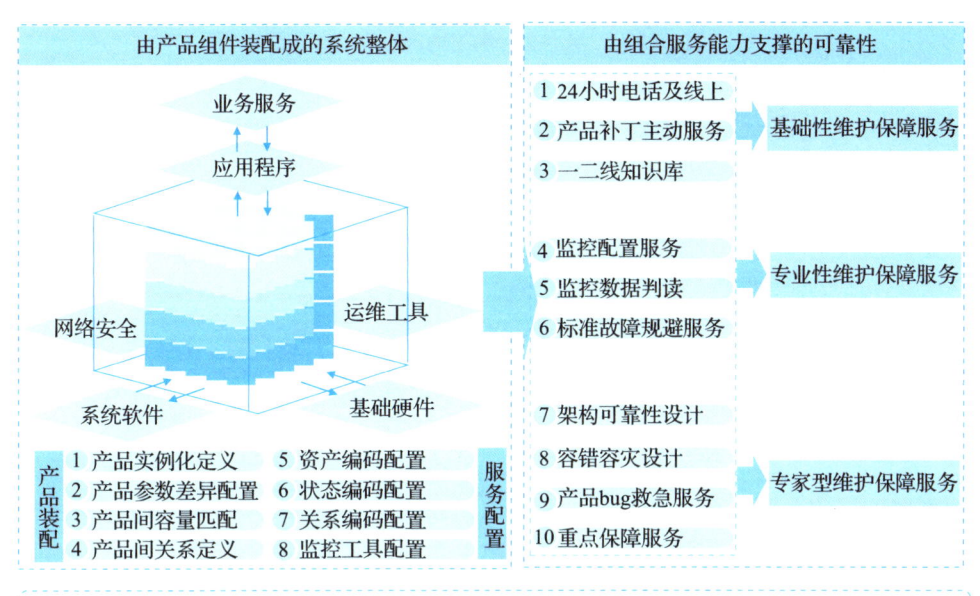

点对于当前阶段国产化 IT 产品和服务供应商尤其具有实践意义。

图 14-2　IT 架构设计与维护模式

银行数字化转型过程中，IT 架构差异化设计和 IT 产品工业化发展思路很重要，只有形成了将 IT 产品标准化、工业化的生态模式，才能形成历史经验的持续积累与优化能力，实现以 IT 支撑银行业务线上化、数字化运营的目标。

第 2 节　数据能力建设

在银行业 IT 架构发展的 30 年中，IT 技术架构能力始终是焦点、是主角，而数据能力往往被忽视，因此产生了诸多问题。例如，对于业务数据全生命周期的管理不足，造成承载不同阶段、不同状态业务数据的基础架构设计原则不清晰，进而造成业务数据场景不全、完整性差，以及存储等 IT 基础产品的建设与维护成本过高等问题。

1. 业务系统数据全生命周期管理

数据全生命周期管理（见图 14-3）在事前、事中、事后三个阶段的主要工作

163

原则和数据技术能力要求不同。

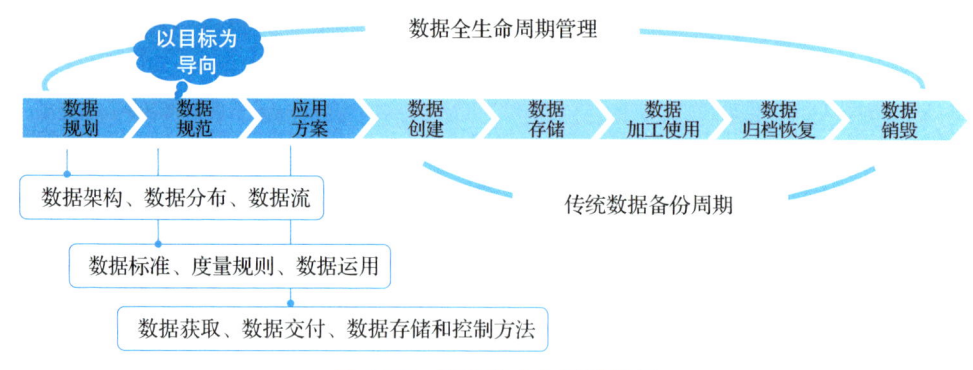

图 14-3 数据全生命周期管理

事前明晰规划：针对特定业务模式，实施明晰的规划设计，尤其要按照数据治理要求，落实数据质量控制措施的技术设计要求，从源头上保障业务数据的完整性与质量，同时也为后续开发和运维提出明确的要求，例如数据访问周期和频度、访问速度要求、归档年限要求、业务间关联度需求等。实践中可将各类业务场景以分类目录模式统筹管理，建立一套业务数据全生命周期管理目录，以此进行动态维护，为后续业务系统设计提供全面的技术规范参考。

事中有效控制：在清晰规划的基础之上，需要配套设计有效的事中控制措施。例如针对交易明细数据的在线与近线规划，需要将应用系统相关功能与IT基础设施管控措施有效整合，业务数据在线阶段确保存储与数据库资源的高性能服务，业务数据近线阶段确保对在线数据不产生任何性能影响的情况下，将在线数据平稳可靠地迁移到近线IT资源中，并实现应用系统对于近线数据的"透明"访问，不影响业务日常运营。

事后可靠归档：在业务场景完成交易后，业务数据就进入了采集分析、归并整合、完整性检查和有效归档阶段，这个阶段是数据治理工作的关键控制点。通过对于交易数据在后续处理过程中发现的各类问题，持续完善数据治理规范与技术手段，并反馈到数据全生命周期管理的事前规划阶段，形成数据质量的闭环管理流程。目前很多金融交易是完全数字化而无纸质凭据的，因而在业务数据归档阶段，实施数据的全场景关联映射、数据防篡改防丢失、数据受控访问调阅等技术管控措施非常关键。同时因为司法、监管等方面的要求，业务历史数据归档保留的周期越来越长，还要解决长期归档的技术问题和成本问题。

2. 应用系统数据管理

一套应用系统的数据可以分成三大类，每类的特点和管理目标不同。

系统类数据：主要包括应用系统的系统环境，如操作系统环境、数据库实例，以及应用系统的配置信息、技术日志等。首先，不能有漏洞，确保所有与应用系统特征相关的系统类数据都能被识别和管理；其次，能够可靠备份与恢复，以确保在 IT 设备故障的情况下能够迅速恢复应用系统环境，因此一定要设置可靠的恢复性测试环境，并严格按照操作规程定期完成测试验证工作。

业务类数据：应用系统交易过程中产生的纯电子化数据。此类数据基本无纸质凭据，数据之间的关联度很高，因而对于可靠性要求也高，尤其是跨机构之间交易所产生的数据，在防篡改、可再现方面要求更高。承载此类数据的数据技术能力体系设计，要充分考虑数据在抽取、加工、分析、归档过程中的无损校验与数据锚定控制能力，在调阅与调用服务上须实现可控授权、防泄露处理、限时销毁等技术手段。目前随着区块链等新技术应用的成熟，已具备实现上述数据技术能力的基础。

档案类数据：在业务处理过程中产生的具有纸质凭据的数据，如票据、合同等。为便于整体管理业务场景数据，需要将其处理为电子化数据，然后归类到业务系统全景数据管理目录中进行控制，确保归档的真实性与准确性。同时需要配套一定的技术手段予以支持，例如利用 OCR 技术，将电子化的数据与纸质数据做比对，确保归档数据与纸质数据的一致性。

综上可知，与 IT 技术架构能力相比，数据能力更加贴近业务，也是业务与技术深度融合的关键。

3. 业务与技术融合实践及效果

依托于技术能力和数据能力，并与业务场景深度融合，银行业务数字化转型工作可实现实质性收益的目标。

某项工作是否有收益，可以从开源和节流两方面来看。节流方面，商业银行的各类生产系统中每天都会产生大量的交易与管理类数据，业务数据在其整个生命周期中，总量在不断增加，而历史数据的访问频度在降低，不同业务种类与场景，其周期特性、数据特性也可能存在较大差异。

利用业务数据全生命周期管理策略，针对数据的周期特性、业务类型、数据特征、使用频率等要素，规划业务数据迁移计划并调度执行，且能够有效控制生产系统高端存储资源的整体容量需求。虽然业务数据的迁移需要在管理与技术层面付出一定的代价，但因为高、中、低端存储资源在采购、维保及管理成本上存在着数量级上的差异，所以落实好上述工作，能够较大幅度地降低数据技术能力实施的成本。

开源方面，《数据安全法》为各类数据或数字资产交易模式的设计奠定了法律基础，因此在未来数字资产交易方面，能够充分发挥银行业在云存储管理与服务方面的比较优势，期望在这一领域充分发掘业务场景，打造一套数字资产的物流体系（见图14-4）。

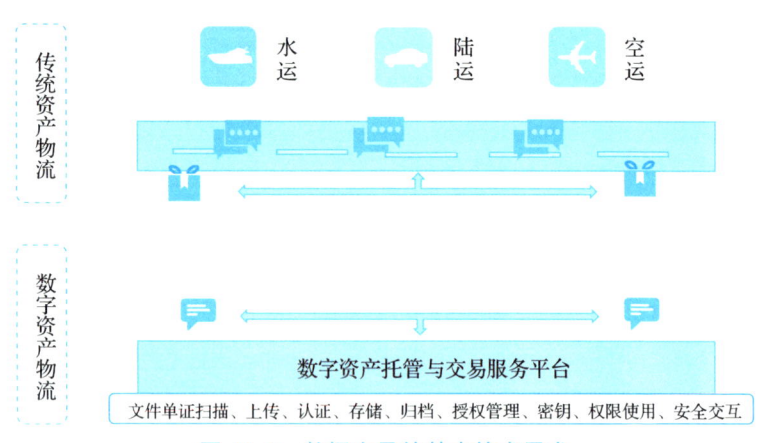

图14-4 数据交易的基本技术需求

在数据交易及数字资产交易过程中，无论是集中的交易市场模式还是分散的点对点模式，均需要有一套可靠、可信的数据交易平台。银行因为其业务管理的规范性、物理服务网点的广泛性以及受强监管等因素，再结合自身的管理和业务特性，在此方面具备了一定的天然优势，其需要解决的是配套数据技术服务能力问题，主要包括四个关键点。

数据在可靠、可信、不可抵赖要求下的上传及存储归档：基于目前银行对法人与自然人的身份核查能力、第三方存证能力、数据安全管理能力，达到相关技术要求不存在无法克服的障碍。

异常情况处理：如果在数据交易、数字资产交易过程中出现资质凭证丢失、自然人意外身故等异常情况，银行可发挥传统物理网点与业务管理流程的优势，再配以逐步成熟的区块链等新技术应用，将能够比其他企业机构更为有效地应对。

数据的有效归档与受控使用：在数据或数字资产交易后，按照法律法规要求，必须形成长期、有效的归档与调阅服务能力。银行的数据能力如果能够在此领域发挥作用，那么这就是银行数字化转型产生实质性收益的一个很好的场景。

数据或数字资产交易的确权与结算：在数据或数字资产交易过程中，需要利用第三方机构才能完成资产的确权操作。在实现这一业务场景的技术架构支持能力方面，银行IT架构及业务模式具备一定的优势：首先，对于资产的数字化及其数据锚定技术，利用银行现有IT架构，再引入第三方确权等专业区块链服务体系即可实现；其次，配合数字资产交易的资金清结算业务，这是银行传统业务，具备技术与业务方面的优势；最后，需要完成实际交易场景与资金结算交易的关联映射与可靠归档，为相关机构有效管控数据或数字资产交易提供关键的技术保障，这是银行业务数字化转型的重点之一。

随着银行业务数字化转型的深入，上述业务场景的实现未来可期。不过从银行业IT架构发展的三十多年历程来看，面向未来绝对不能忽视过往，未来的技术能力是通过对于过往经验教训持续总结得来的，尤其是国产IT产品，未能完整经历过去三十多年发展过程，更需要借鉴历史经验，发挥后发优势，从一点一滴做起，持续完备IT能力和数据服务能力。

第3节　跨境数字贸易业务平台建设实践

基于上述对于业务与技术深度融合的理解和分析，结合自身业务特点与优势，哈尔滨银行逐步完成了跨境数字贸易业务模式设计，以及相关技术要点的论证实施工作。

近几年随着我国跨境贸易的迅猛发展，其贸易模式已经由传统的出口供货模式逐步演变为海外仓模式，即由商家在境外商品销售平台开立销售渠道，并将货物事先运输到境外仓库预存，待境外客户提交订单后，商家由海外仓迅速发货给客户。这种模式提高了境外商品销售的效率与服务质量，但给商家在境外商品销售后的结售汇业务带来了较大的困难。

2019年4月29日，国家外汇管理局发布《支付机构外汇业务管理办法》，明确提出银行在满足交易信息采集、真实性审核的条件下，可参照第十二条，申请凭交易电子信息为跨境电子商务经营者、购买商品或服务的消费者提供结售汇及相关资金收付服务。

随着海外仓模式的跨境电商业务量迅速增加，国内已有部分银行机构开始研究并实现跨境数字贸易结售汇等业务的整体业务模式与实现技术要点，同时比较成熟的亚马逊、Wish等境外商品销售平台也给出了比较规范的数据接口与技术规范，为此种业务模式的实现奠定了比较关键的技术基础。

跨境电商支付业务是我们的传统优势业务，如何依托优势为跨境商家提供更贴身的服务，是业务部门重点研究的方向。业务与技术人员通过对业务需求场景、国家法律法规、技术与数据能力要求等进行深入研究与分析，完成了以商户交易电子信息为凭据，实现商户结售汇业务的跨境数字贸易业务模式设计工作，明确了数字贸易的整体发展规划（见图14-5）。

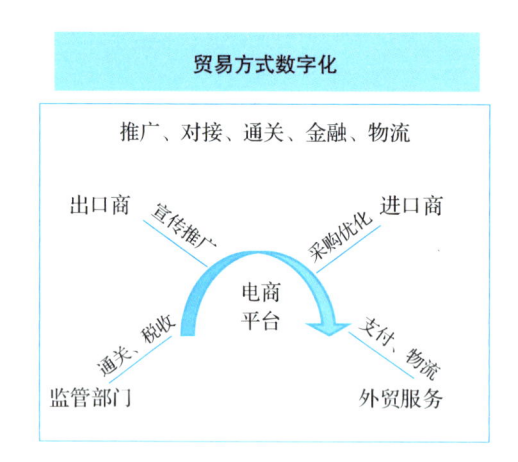

图 14-5　贸易方式与对象的数字化

根据数字贸易整体发展规划，首先落地实施的是为国际电商商户提供跨境收款与结售汇业务服务，以解决国际电商商户在海外仓模式下难以满足结售汇需求的问题。整体业务流程如下。

商户准入服务：国际电商商户在境外商品网站开立商户后，通过跨境数字贸易平台，完成基础性身份核查及管理信息录入操作，签署合作协议，设置结售汇所需账户及安全配置，以及必要的其他授权操作。

交易信息采集：国际电商商户在完成准入操作后，跨境数字贸易平台将根据签署的协议与授权机制，按照境外商品网站的技术规范与数据传输协议，自动化采集商户的商品交易信息，并实现采集数据的第三方存证、安全检查、防篡改控制、业务场景关联等操作，按业务规范要求，生成收款与结售汇所需的数据凭证。

跨境收款结汇：国际电商商户在跨境数字贸易平台发起收款操作后，平台按业务规则与会计准则完成收款操作；在商户发起结汇请求后，按照结汇业务规则与外汇牌价完成结汇与提现操作；在整体业务流程成功后，向商户发送收款结汇操作成功的通知。

异常交易处置：国际电商商户在交易过程中，如果因退货、差错账等原因出现异常交易情况，由跨境数字贸易平台按照预设的各类异常交易处置流程以及跨境交易数字化凭证，处理异常交易，并由专属业务人员完成人工核对与业务处置操作。

监管申报服务：按照监管与外汇管理要求，由跨境数字贸易平台根据数字贸易凭据、结售汇交易等基础数据，完成监管报送、外汇头寸报送、反洗钱控制等操作。

上述跨境数字贸易平台的建设与运营，需要关键的数据能力与 IT 能力支撑，系统建设是业务与技术融合实践的典型案例，同时体现了哈尔滨银行在开发设计工作中能力建设的效果。

根据跨境数字贸易平台的建设需求，在数字能力领域与此直接相关的技术或管理要点为数据生命周期管控的管理与技术能力。这种能力需要针对跨境数字贸易的业务需求及监管要求，设计完整的跨境贸易数据全生命周期管理目录，以及配套的技术工具与数据维护能力。其主要设计要点如下。

管理目录：按照跨境数字贸易平台与各类境外商品销售平台的业务模式，以及外汇监管方面的具体要求，明确各类业务渠道场景相关数据在采集、确认、存证、处理、归档、销毁各生命周期阶段的需求，例如采集的技术接口是否加密、存证是否做第三方存证、处理过程中的防篡改技术级别、归档保留的周期及防丢失要求等。

技术工具：根据业务数据管理目录中各类数据在不同生命周期阶段的具体技术需求，配套完成外联数据采集管理、第三方存证服务、业务数据归档服务、作业任务自动化调度等系统的开发与建设工作。上述系统是数据能力落地实施的关键技术平台。

数据维护：在跨境数字贸易及其衍生服务业务中，需要处理大量的结构化与非结构化数据，这些数据之间存在着非常关键的业务场景关联关系。对于这些非纸质的关键业务数据凭据，必须形成各类型数据之间的业务场景映射控制能力。技术团队通过对于外联数据采集、业务逻辑处理、数据归档控制三个关键技术环节的统一规划设计，最终形成了对于业务运营非常关键的业务场景映射控制能力。

跨境数字贸易系统作为涉及多方关联的复杂且关键的业务系统，其自身运行的稳定性、可靠性、安全性至关重要，因此在IT能力领域，与此业务密切相关的主要能力可以概括为运行监控能力、容错容灾能力、流量调控能力。

运行监控能力：要实现对于跨境数字贸易平台全面的监控对象与策略管控技术能力，需要做到，对于业务系统的任何变更都有配套的监控与应急处置变更同步实施，确保实现针对安全事件、运行故障、数据异常等情况的发现、定位、处置能力，这是该类业务是否能够正常开展的关键性技术能力。

容错容灾能力：跨境数字贸易的关键业务凭据全部为数字化信息，无任何纸质凭据，无法通过境外第三方重新获取数据，因此所有业务数据的安全性极其关键。为保障业务数据的安全，哈尔滨银行建设了两地三中心容错容灾系统环境与实操性控制调度能力，能够做到及时发现故障、标准化自动化处置，确保业务数据能够可靠同步到同城与异地数据中心。

流量调控能力：跨境数字贸易系统承载的是商品销售平台的各类消费品交易，此类业务的交易量具有比较大的波动性，如果遇到促销与节假日等特殊时点，交易量可能会爆发性增长，因此需配置业务交易量及响应时间等关键指标的采集监控策略，在预判交易量可能达到现有渠道流量顶峰后，需要标准化、自动化地启动弹性配置资源，及时增扩交易渠道。

通过将上述业务模式创新设计与配套技术能力实施的深度融合，确保了跨境数字贸易金融服务平台初期建设目标的达成。该平台投入运营后，将能够为近两年大幅增长的海外仓模式国际电商商户提供便捷、安全、全面的跨境收款与结售汇服务。同时在上述业务场景历史数据的基础之上，能够为后续海外仓交易模式商户在投融资方面提供更加全面的金融服务，以及普通消费品之外的更加复杂的数字产品交易服务，例如影音及软件版权等。

银行业务数字化转型是一项始终在路上的工作，从历史发展过程来看，一项工作得以落实并持续发挥作用，最关键的是要有实质性收益。随着我国数字城市规划的逐步落实，以及传统工矿企业、农产品种养殖企业等开始利用5G等IT技术实施现代化智造转型，实体企业实现了经济活动中数据的线上化采集，以及实体资产的数字化及锚定确权操作。通过这种实体经济活动的数字化转换，能够将银行的金融服务与实体经济活动无缝衔接，使银行能够为企业提供更加高效且风险可控的投融资、清结算等线上化金融服务，以及将数字资产交易与数字货币结算的业务创新场景落地，这一领域是银行业务数字化转型的主战场。银行需要发挥自身在业务管理、技术基础、物理网点等方面的比较优势，并结合不同业务场景的数字化需求，在数据采集、可控传输、可靠归档等数据能力基础之上，持续优化配套的银行业务模式及流程，实现业务与技术深度融合、互相促进发展的数字化转型目标。

15 阿里云：云原生分布式
重塑银行核心系统

刘伟光[一] 阿里云

近几年数字金融高速发展，在拥抱移动互联网和金融科技新技术的大潮中，国内金融机构的服务能力有了大幅提升，客户体验有了飞跃，开启了技术驱动数字金融的新时代。今天我们面临的时代，是一个高速发展、具备业务发展不确定性和互联网特征，且需要与移动互联网和音视频能力高度结合，同时让数据变成以资产方式无处不在的数智时代。由此，我们需要一套新的技术体系，以实现金融机构真正的业务和技术转型。

以银行为例，核心系统是其心脏，它不再是银行科技部门按部就班按照周期建设的系统，不再是一个固化的标准存贷汇功能堆积的能力集合，不应该是不断修修补补加外挂的平台，不再是与数据平台、数据服务能力割裂的系统，不再是一个牵一发动全身的架构体系。

核心系统首先必须是银行数字化转型中最重要的"一把手"工程，能够让内部员工和外部客户都感受到数字化能力无处不在的平台；是一个能够快速生成新流程，快速创建和发布新业务、新产品，能力单元高度复用的平台；是一个具备移动化、数据化、智能化特征的平台；是一个由分布式基础架构技术支撑的平台，能够以弹性能力应对互联网类业务的峰值；是一个融合云计算中先进技术能

[一] 作者系阿里巴巴集团副总裁、阿里云新金融&互联网事业部总经理。

力去应对开放银行和生态银行时代所有业务的一站式平台。

第1节 金融核心系统分布式转型变革

随着银行以消费互联网、产业互联网、开放银行生态为核心的数字化业务快速增长，对敏捷交付、高并发、弹性伸缩等不确定性问题的应对成为新一代银行核心建设必须面对的"底线要求"。同时，集中式架构的六边形能力（高并发、线性扩展、敏捷开发、按需弹性、精细化治理、多活可靠）已经达到极限，银行核心系统的云原生重塑也来到了时代拐点。

1. 核心系统转型成功的标志

在实践探索中，我们总结出金融机构核心系统转型成功的标志（见图 15-1）。核心系统转型以终为始，整体上可分为两个部分。

成功的标志
1. 安全、自研可控
2. 财务成本、单交易/账户成本下降
3. 业务稳定性、连续性不降低的前提下支撑业务敏捷

对于合作伙伴的诉求

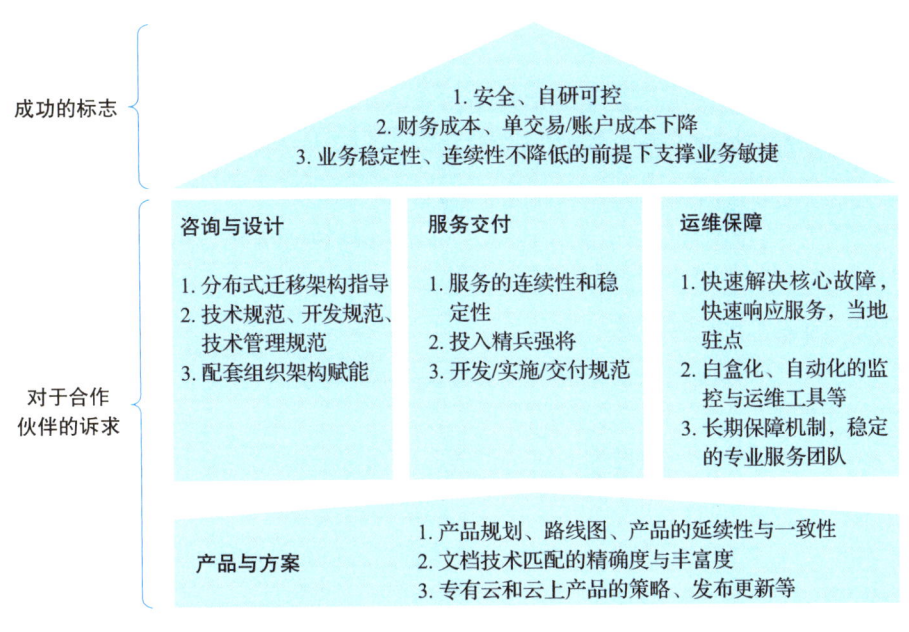

咨询与设计
1. 分布式迁移架构指导
2. 技术规范、开发规范、技术管理规范
3. 配套组织架构赋能

服务交付
1. 服务的连续性和稳定性
2. 投入精兵强将
3. 开发/实施/交付规范

运维保障
1. 快速解决核心故障，快速响应服务，当地驻点
2. 白盒化、自动化的监控与运维工具等
3. 长期保障机制，稳定的专业服务团队

产品与方案
1. 产品规划、路线图、产品的延续性与一致性
2. 文档技术匹配的精确度与丰富度
3. 专有云和云上产品的策略、发布更新等

图 15-1 核心系统转型成功的标志

成功的标志：核心系统转型成功体现在能够给客户带来巨大的价值，而不是买来一堆高科技产品放在开发和数据中心。从这个视角看，核心转型的成功标志有三：安全、自研可控，财务成本、单交易/账户成本下降，以及业务稳定性、连续性不降低的前提下支撑业务敏捷。

对于合作伙伴的诉求：金融机构已达成共识，要实现核心系统云原生分布式转型，整个产业链条和生态必须要大协作，而不能只依赖一两家技术公司。从这个角度出发，以下四个要素缺一不可：**咨询与设计**中关于云原生分布式的架构设计、迁移方案、并行方案、实施路径等；**服务交付**中项目实施和组织阵型的提前规划设计，基础平台和应用开发的组织阵型规划，优质服务的稳定持续投入；**运维保障**中快速解决故障的机制，白盒化、自动化监控和运维工具的支撑；**产品与方案**是整个核心迁移和云原生分布式转型的基础支撑，因此产品的长期规划和延续性、基础产品发布更新和生命周期尤为重要。

虽然路途艰难，但业界已经达成共识，从集中式到分布式、从分布式到云原生分布式架构的转型是必经之路。"流水可能会绕路，但绝不会回头。"

2. 面对误区的破局思维

核心系统转型需要"站在整体看局部，站在结果看过程"。我们从三个核心转型成功标志的角度出发，分析常见误区。

误区一：先从简单系统着手进行架构转型，再推导到核心系统。

分析："由俭入奢易，由奢入俭难。"非核心领域的转型实践对于核心领域的参考和借鉴意义有限，需要在核心领域架构体系上及早纳入自研可控等架构级别的考量，省去二次迁移的成本。

误区二：业务应用是业务应用开发商的事情，技术平台是技术平台供应商的事情，两者没有关系。

分析：传统集中式架构下的建设模式在云原生架构下大多不适用，需要引入额外的框架、机制与设计来保障核心系统的整体表现。

误区三：选择应用平迁，不做大的架构调整，更简单快捷。

分析：核心系统转型宜采用的路径是追求产出和产能平衡，不仅要完成产出任务（应用迁移），更为重要的是要升级产能（技术架构能力）。产能升级会带来更大的产出（业务价值），成为银行数字化转型的助推引擎。

误区四：看重各领域供应商各自擅长的能力（咨询建模、架构、设计、应用、基础软硬件等）。

分析：核心系统转型是一个系统化的工程，相比选择供应商，更为重要的是选择具备"端到端落地实践"的能力。对于理念、方法论、设计规划、平台架构、标准规范都能够战略性长期投入和总体把控的合作伙伴，才能真正实现业务敏捷和推动数字化转型。

3. 新思路、新出路

面对核心系统转型的复杂性，金融机构需要的不仅仅是一套技术方案，更需要一套能够指引行动的原则，我们将其总结为"六边形"原则。

- **业务技术闭环原则**：整个体系需要支持"业务–技术"闭环敏捷模式，让业务敏捷从口号到真正能够快速开发、落地上线。
- **自动化生产线原则**：提供端到端工具链、必要基础构件及先进实施工艺，形成完备、端到端、自动化、高效、简便，并且可落地、可运营、可治理的完整体系。
- **开放、可插拔原则**：开放、可集成的生态体系，能够以相对标准化、规模化的方式构建出云原生应用。
- **可组装构造原则**：可高效支持新的金融业务形态。各种纷繁复杂的标准化构件都可以通过生产线快速制造和复制，只需要再叠加和装配有差异性的部分。
- **普适性、兼容性原则**：彻底改变核心领域手工作坊的人力堆积模式。如果最复杂的核心领域都可以采用这种模式来实现，那么更可以将它用在广泛的业务应用开发领域。
- **易用、透明化原则**：金融机构及其合作伙伴可以利用该体系进行自研可控的业务应用的高效开发，而不用关注云原生应用的特殊细节与技巧。

我们将这套原则沉淀为核心系统云原生分布式转型的建设模式及配套的自动化生产线工具体系——"金融级云原生工场"模式（见图15-2）。它涵盖了业务模型与流程建设最前端，以及系统与业务在云原生环境下的运维和运营，同时定义了比较明确的工序和生产阶段，具备高度自动化能力，能从一个工序自动衔接到下一个工序。只有规模化、自动化、高效率的工厂化生产模式，才能实现业务敏捷，实现应用与云原生分布式技术的可靠融合。

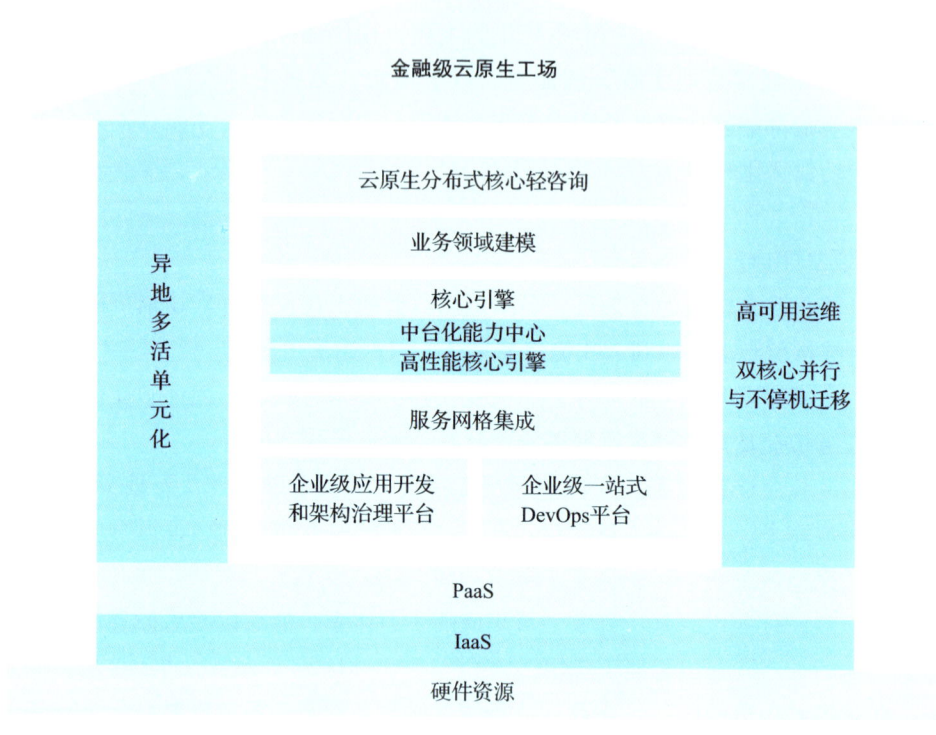

```
                    金融级云原生工场

    ┌─────────────────────────────────────────┐
    │        云原生分布式核心轻咨询              │
    │          业务领域建模                    │
异  │           核心引擎                      │ 高可用运维
地  │         中台化能力中心                   │
多  │         高性能核心引擎                   │ 双核心并行
活  │          服务网格集成                    │ 与不停机迁移
单  │                                         │
元  │  企业级应用开发      企业级一站式         │
化  │  和架构治理平台      DevOps平台          │
    │                                         │
    │              PaaS                       │
    │              IaaS                       │
    │             硬件资源                     │
    └─────────────────────────────────────────┘
```

图 15-2 "金融级云原生工场"模式

第 2 节 金融业务新方向呼唤技术"供给侧改革"

数字时代，金融服务主要依靠对数字化技术的综合运用，以线上便捷服务为主、线下人工服务为辅，融合数据智能和人类温情，注重用户体验和风控原则的服务模式，金融服务将是开放、普惠、绿色、嵌入式且灵活多变的（见图 15-3）。这样的"泛在化"金融服务必然对账户、交易、结算等核心能力提出"泛在化、全时在线"的要求。

1. 开放金融体系需要可标准化的构件式核心

场景金融、供应链金融正在描绘银行的开放格局，形成一个泛在化、"毛细血管"式的金融服务。这些业务需要规模来解决泛在化的场景和需求，但这样的规模也是核心系统的问题根源所在。

图 15-3 数字时代的金融业态

不能变成新"竖井"的场景金融：场景的价值日益受到重视，银行在努力构建更多的场景，这导致了场景的碎片化以及银行对场景构建的敏捷性要求。银行需要及早知道如何避免场景构建成为新一轮的"竖井"式开发，而业务的中台化、标准化、构件化正是解决这一问题的出路。

实现生态化的供应链金融：供应链金融的发展需要依靠核心企业意愿、平台服务水平、周边企业实际收益等诸多因素的综合作用。如果为供应链金融单独建设平台，则之前存在的建设成本、相关方收益等问题恐怕依然难以解决。只有让超越供应链视角的大型商业平台承载供应链服务，才有可能解决单一用途平台面临的问题。现有商业平台可以进一步扩大互联，使任何一家企业都可以在平台中自由加入任何供应链，这样才可能突破传统供应链平台高封闭性、高成本、低收益的困境，也符合国家要求大型企业开源、开放的政策基调。

多功能大型商业互联平台不仅承载供应链，也是各类企业建立自身应用的"标准化构件库"。未来银行也会融入这一数字化商业生态中，这将催生金融机构新一代面向数字生态的构件化核心系统。

2. 普惠金融体系需要可灵活组装的核心系统

普惠金融的客群对象和业务特点决定了其产品碎片化、上线周期短、业务变化频繁，要求能够像积木一样解构业务和技术能力，灵活配置，实现业务需要。

金融机构核心系统只有变得像一个可组装的流水化工场，才能应对环境的快速变化。而对长尾客户群体的支持，更需要一套易扩展的核心系统架构。

3. 绿色金融体系需要可泛化设计的核心系统

绿色金融包括两个部分：面向客户"双碳"要求触发的业务变革，金融机构自身要完成"双碳"目标。通过构建绿色金融账户，完善绿色金融产品，提升绿色金融智能化评估，金融机构可以更好地支持绿色生态链上下游体系的开放性融合，打通绿色循环。绿色金融将推动对金融账户应用模式的泛化，从而影响核心系统的设计理念。

4. 金融级云原生

云原生技术主要以容器、DevOps、微服务、分布式中间件、分布式数据库、Serverless、服务网格、不可变基础设施、声明式API、开放应用模型（OAM）等技术为核心，帮助实现业务应用与基础设施的解耦，因而被认为是新一代云计算的"操作系统"。

金融机构采用云原生技术，并不是将应用上公有云，而是将金融对安全合规、交易强一致性、单元化扩展、容灾多活、全链路业务风险管理、运维管理等各方面的行业要求与云原生技术进行深度融合，发展为一套既符合金融行业标准和要求，又具备云原生技术优势的"金融级云原生架构"（见图15-4）。

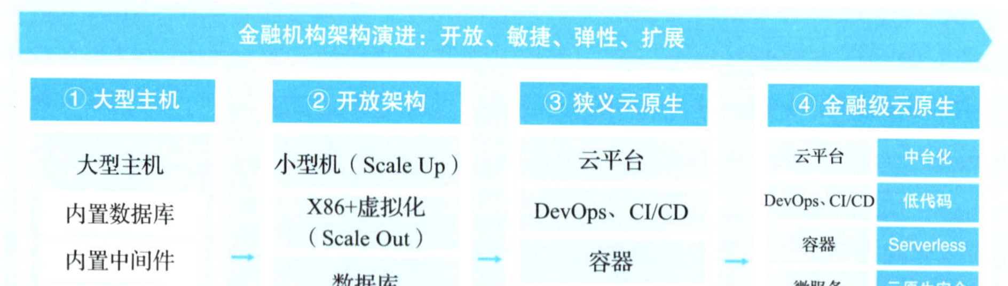

图15-4　金融机构技术架构演进路径

第 3 节 云原生分布式核心系统的能力体系

不论未来金融的服务形态如何演变，对灵活性、易扩展、高并发、标准化组件、低成本、可靠在线服务的追求是不变的，因此核心系统战略应聚焦在这个"不变"上。我们从业务、工程和技术的角度，总结了云原生分布式核心系统应具备的"不变"的能力需求，并详细拆解出 12 项支撑能力，形成云原生分布式核心建设过程中的能力体系（见图 15-5）。

能力需求		支撑能力	能力分层
业务	业务敏捷	1 业务建模→业务领域建模+流程建模 数据建模→业务实体建模+业务组件建模	业务领域建模
工程	质量、工期、风险可控	2 中台化应用架构→微服务领域化应用架构	应用架构集成
		3 服务治理与组合→服务运营编排	
		4 异构应用集成→异构服务网格集成	
	持续治理	5 统一开发体系→云原生应用框架	应用系统建设
		6 开发运维一体化→DevOps转型	
技术	高性能、无限容量	7 分布式服务能力→微服务套件+分布式中间件——PaaS	基础软件设施
		8 分布式数据能力→分布式数据库	
	安全、稳定运行	9 高可用多活能力→异地多活单元化架构	
		10 高可用运维能力→SRE高可用运维管理	基础资源设施
	自研可控	11 弹性扩展能力→云平台IaaS	
		12 自产自研能力→全栈基础资源和软件设施	

图 15-5 云原生分布式核心系统能力需求与支撑体系

1. 业务领域建模

业务领域建模包括业务建模和数据建模。应关注三方面：基于银行同业已有建模成果敏捷建模，而非投入大量资源进行长周期的建模；通过建模平台实现成果保鲜，持续为业务迭代和创新服务，而非在核心系统建设完成之后将其束之高阁，逐步与系统演进结果脱节；建模成果能够借助建模平台、结合云原生技术快速落地。

2. 应用架构集成

应用架构层面，云原生分布式核心系统与传统瘦核心系统或分布式核心系统的区别，不是简单地将核心系统按照业务条线划分为客户、存款、贷款等应用，采用分布式技术重新实现一遍（这样，很多公共能力，如产品管理、合约管理等，都需要各个应用重复建设，数据层面不互通），而是将核心系统按照业务领域建模体系进行整体规划设计，形成可供全行 IT 系统复用的业务中台能力，提供业务构件，并通过服务运营与编排，使用业务构件快速进行业务创新。应用架构集成包括中台化应用架构（见图 15-6）、服务治理与组合、异构应用集成。

3. 应用系统建设

提供标准化生产线，屏蔽复杂的云原生技术细节，规范云原生应用开发标准。应重点考虑三方面：统一 ISV（独立软件开发供应商）开发技术栈，以避免技术管理失控，降低系统运行风险；构建统一、易用的开发平台与框架，简化和规范化应用开发；采用全流程覆盖的 DevOps 体系，涵盖需求结构化管理、代码版本与分支管理、质量管控与度量、自动化编译打包与部署等方方面面。应用系统建设包括统一开发体系和开发运维一体化。

4. 基础软件设施

应关注三点：采用经过充分磨合与验证、功能完备的中间件体系，而非在应用系统开发阶段还需要修修补补甚至进行架构妥协；采用满足自研可控与容灾需求的分布式数据库，容灾情况能真正做到可切换、敢切换；培养异地多活单元化能力，不只是架构设计，中间件、数据库和运维体系都需要具备单元化支撑能力。基础软件设施包含分布式服务能力、分布式数据能力、高可用多活能力及高可用运维能力。

5. 基础资源设施

应具备高度开放性和弹性扩展能力，可以灵活适配、稳定管理不同类型的基础设施，为核心系统的自主掌控和降本增效提供无限可能。云原生架构下的基础资源设施层面，应重点考虑两方面：IaaS 层能够真正做到按需快速交付，避免复杂又漫长的申请、审批和采购流程；安全、稳妥地推进自研可控能力建设，确保核心系统的业务连续性。

15 阿里云：云原生分布式重塑银行核心系统

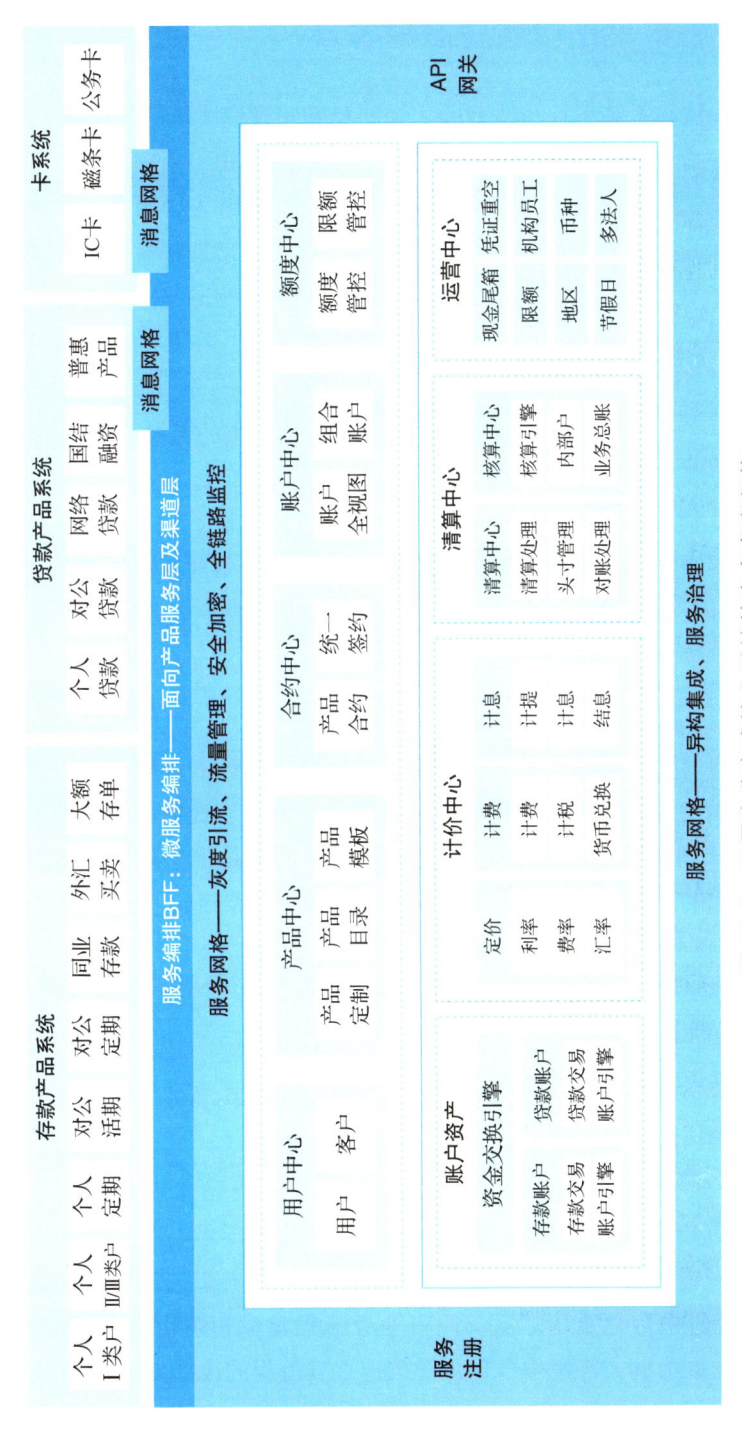

图 15-6 云原生分布式核心系统的中台参考架构

第 4 节 核心系统云原生分布式建设模式

金融机构核心系统下移与改造的实施路径和建设模式可分为两种。

核心系统自主重构模式。路线特点：自主研发新核心系统，而非采购 ISV 的核心系统产品，强调自研可控；多数原有核心系统采用 AS400 或大机的银行希望通过重构完成核心下移；建设目标包括业务建模、领域架构重构；绝大多数银行构建了全新的核心应用技术平台；部分银行选择基于云平台进行核心系统重构；部分银行在核心重构过程中包含自研可控规划；核心系统开发实施过程会采购 ISV 的人力资源服务。

采购核心产品套件模式。路线特点：采购 ISV 核心系统产品，并主要基于 ISV 人力资源服务完成核心实施交付；主要诉求为替代原有第一代的老旧核心系统；基于 ISV 核心系统产品的业务模型和架构建设；基于 ISV 核心系统产品自带的应用技术平台；部分银行要求 ISV 核心系统产品简单部署在云平台上；自研可控方面，部分银行仅能够要求 ISV 核心系统产品集成国产数据库。

1. 四阶段五层模式

结合国内金融行业核心系统相关领域的实践以及核心系统领域对于技术云原生分布式转型的业务能力、工程能力和技术能力要求，横纵结合，形成四阶段五层的建设模式和路径（见图 15-7）。每一阶段的产出是下一阶段的输入，从而形成一个系统化的完整核心系统下移的顶层工作任务与路径阶段安排。

2. 多种实施模式

重构模式：银行核心系统的重构之旅，不只是互联网技术改造，更是自身服务模式和服务思维的再造。整体的实施路径从业务重构及核心应用技术平台搭建两大方向入手，进而实现核心银行业务数字化转型。

1）**业务重构**：主要是根据业界领先理论和实践建立企业级业务模型，进而基于模型逐层细化业务规划并向产品参数化设计转变。以产品为例，结合领域分层理念，能够比较清晰地表明企业级建模与系统架构设计之间的差异（见图 15-8）。经过中台化重构之后，原有业务流程建模和逻辑也会发生相应改变。以定期存款支取为例，经过中台化建模改造之后流程的改变如图 15-9 所示。

	1.轻咨询期	2.平台能力建设期	3.云原生/分布式设计验证期	4.规模化重构/建设期
业务领域建模	轻咨询： 战略/业务方向 中台化		中台化：核心敏捷建模，互联网业务模型实践，其他模型等	中台化：业务梳理建模落地，三级五层L0~L4
应用架构集成	轻咨询： 单元化 中台化		单元化：单元化核心架构 双核心并行：主机适配器，异构集成，在线数据迁移，全局路由 中台化架构治理：服务治理与运营平台，云原生分布式核心业务应用设计专题	生产线规模化批量集成开发：云原生应用框架
应用系统建设	轻咨询： 开发框架 运维框架		云原生开发转型：云原生开发框架，云模板，云原生分布式核心技术专题 中台化：二层服务编排 云原生运维转型：稳定性保障，单元化管控	生产线规模化批量开发/运维落地：SRE
基础软件设施	轻咨询： 云原生 容器平台	云原生：异构IaaS集成容器云 服务网格 云原生数据库		
基础资源设施	轻咨询： 自主单元化 自研可控	基础IaaS		

图 15-7　四阶段五层建设模式和路径

注：颜色深浅代表在不同阶段任务的关键程度和优先级，颜色深的优先级更高。

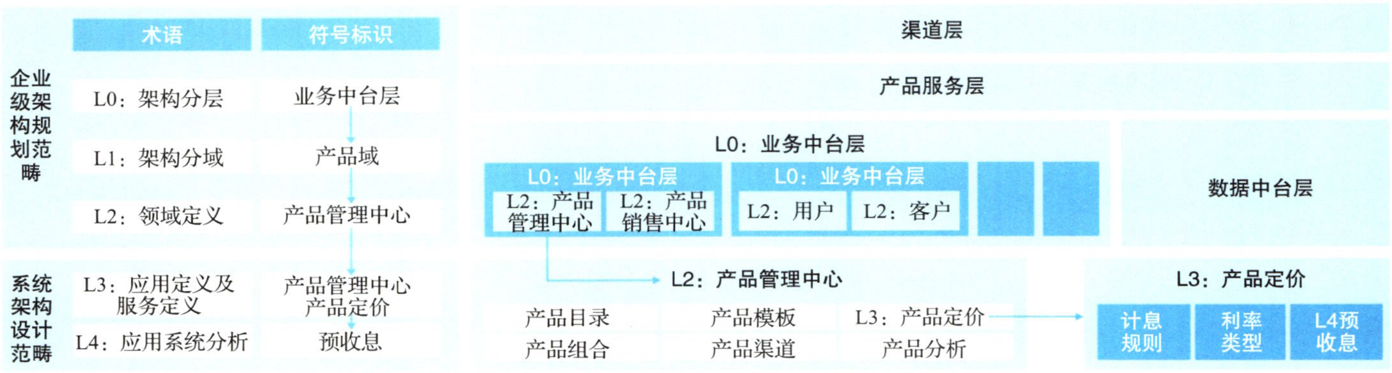

图 15-8　企业级建模与系统架构设计之间的差异

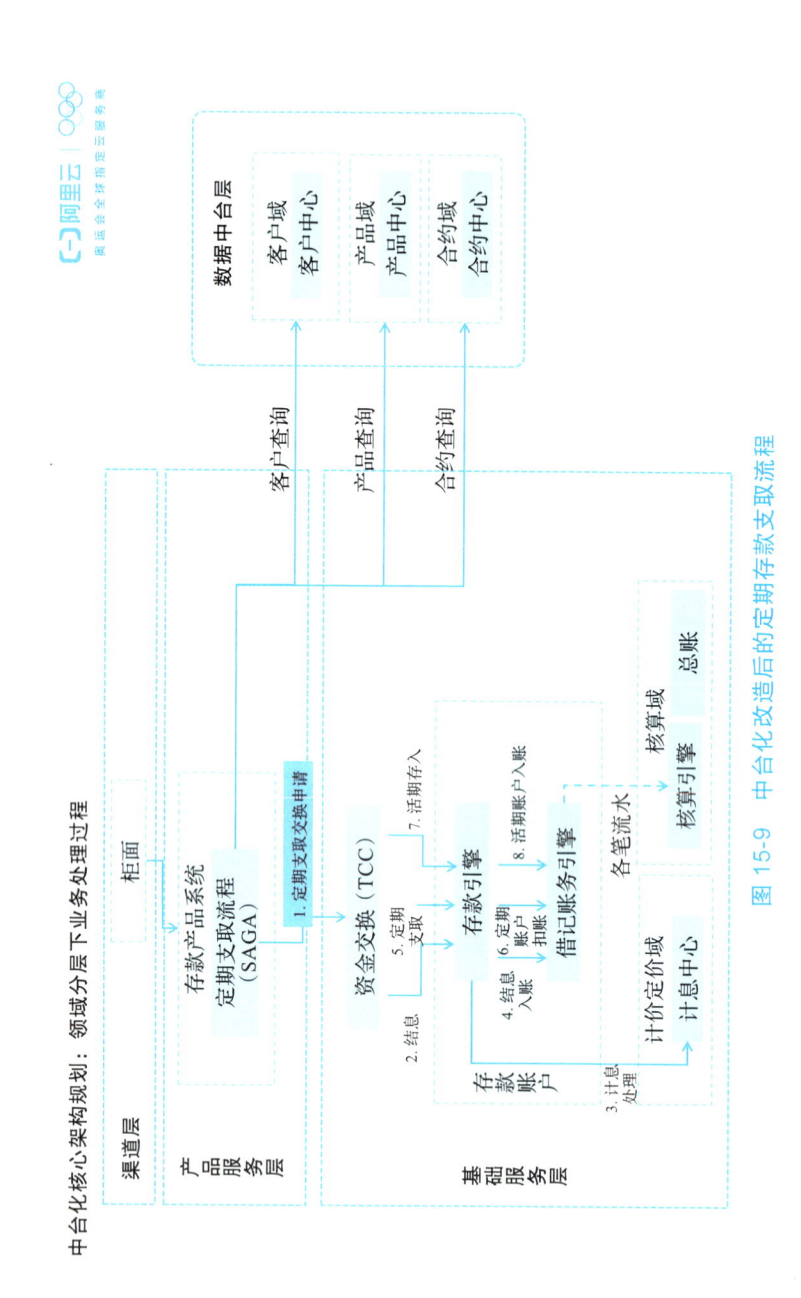

图 15-9 中台化改造后的定期存款支取流程

2）技术重构：核心系统云原生分布式转型需要一整套可伸缩、高可用的金融级分布式技术平台作为支撑（见图15-10）。五层十二大能力体系可以帮助金融机构进行落地设计，配套工厂、流水线和实施工艺等模式，降低整体设计、开发、部署、运营和运维的难度；增加中间框架体系与流水线体系，可进一步降低落地难度，增加技术可获得性，让终端开发、运维等技术人员更容易上手。

平行迁移模式：原则和前提是对业务不产生影响，业务流程、业务功能、应用处理逻辑、与外围系统的接口以及数据逻辑模型不变。**一是数据不动，应用下移**：数据架构不动，应用按照一个个模块进行下移和分布式改造，在过程中建立相应的云原生分布式技术体系。其利是相对简单，业务人员参与程度非常低，基本技术可控，过程中锻炼了技术人员的分布式、云原生能力，锻炼了团队；其弊是没有新业务价值的过多体现，且整体架构没有太多变更，转型不彻底，尤其是数据架构容易造成各种瓶颈，无论是对业务敏捷而言还是对性能而言。**二是应用不动，数据下移**：为灵活应对海量交易和超量数据的冲击，使用分布式数据技术来解决数据一致性问题。其利是底层交易瓶颈较容易解除，且完成了分布式情况下的最大挑战之一——数据一致性；其弊是分布式数据库技术成熟度要求太高，可供选择的供应商不多，同时从业务角度看，没有新价值体现，无法做到业务敏捷。

SaaS化批量模式：不同于有自研能力的大型银行，中小银行新建核心除了依赖厂商支持，还存在一条新路线，即核心系统SaaS。利用SaaS产品提供的标准化组件、OpenAPI，采用低代码、服务编排，快速实现业务敏捷，将非功能需求下移，保障系统的高可用、可扩展、可灰度、可观测。SaaS化的核心系统开拓了核心下移之旅的"批量模式"，也是面向云原生未来的架构。

3. 在线迁移与双核心并行

云原生分布式核心系统建设的关键，是在安全可控的基础上完成新老核心系统的切换。不停机在线迁移方案，是将迁移颗粒度缩小到按单客户、单账户进行迁移，在数据全部迁移完成前新老核心系统同时对外提供服务。基于该方案，金融架构将获得两方面的收益：降低迁移实施风险，按客户分批次迁移、试点、逐步验证、排查与解决风险，最终完成新老核心系统切换；提高业务连续性，在线迁移对客户正常进行业务操作没有影响，同时技术上可以实现不停业迁移。

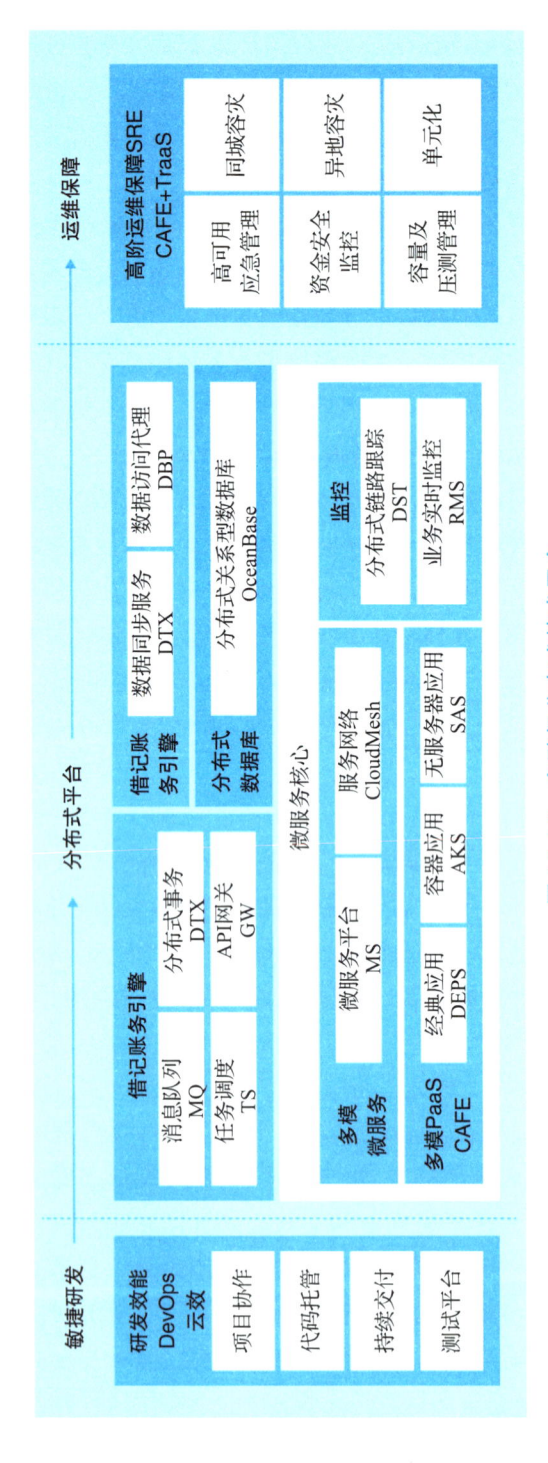

图 15-10 金融级分布式技术平台

第5节 核心云原生分布式转型的价值

1. 第三代云原生分布式核心系统的价值体现

核心系统云原生分布式转型的价值方向如下：自研可控，100%满足国家相关要求；运维成本降低80%以上；业务敏捷，落地时间缩短40%以上；弹性扩展，>20%完全线性；下一代的异地多活架构，RPO=0，RTO<1分钟（见图15-11）。

2. 第三代云原生分布式核心系统的关键标准

基于行业共识，我们尝试提出云原生第三代核心系统的一些关键标准（见图15-12）。云原生工场模式，是将这些标准与规范融入整个标准化制造与加工流水线，实施工艺的端到端体系化，助力金融机构的核心系统云原生分布式转型。

- 云原生：应用架构演进，整体降本增效的必然趋势和要求。
- 异地多活单元化：架构灰度，进行架构在线升级的关键企业级架构设计。
- 中台化：实现业务敏捷、业务弹性，应对未知挑战的关键因素。
- 数字化：实现面向未来金融基础设施的关键设计。
- 自研可控：实现金融安全的必要保障。

3. 系统建设经验

分离采购与建设的模式影响价值发挥：核心系统的下移不是简单地从主机等集中式环境换到一个云原生分布式平台。传统的应用和技术平台采购于不同供应商、进行分离建设的模式，基本上无法发挥出云原生的真正价值，最终实现的业务价值会大打折扣。建议在整体建设之前，设计好整体模式、架构、规划、周期和预算等，为后期建设做好统筹设计，而不要盲目开展建设项目。

承上启下的困难与挑战：要进行云原生分布式转型，应用架构、数据架构和数据模型等关键因素需要匹配分布式环境，进行适应性的改造和优化设计，才能保证最终的效果。而很多传统核心系统从业人员往往认为应用业务与技术平台无关，导致业务、应用和技术平台之间的隔阂，造成业务无法敏捷，应用无法扩展。而我们亟须运用工场流水线模式将二者连通，运用业务建模数字化平台和工序将业务与应用有机贯穿、同步，达成业务敏捷，运用架构治理与脚手架数字化平台和工序，将应用和最终的开发运营、运维体系有机贯穿与同步，达成应用敏捷及安全可靠，实现最终的业务端到端敏捷。

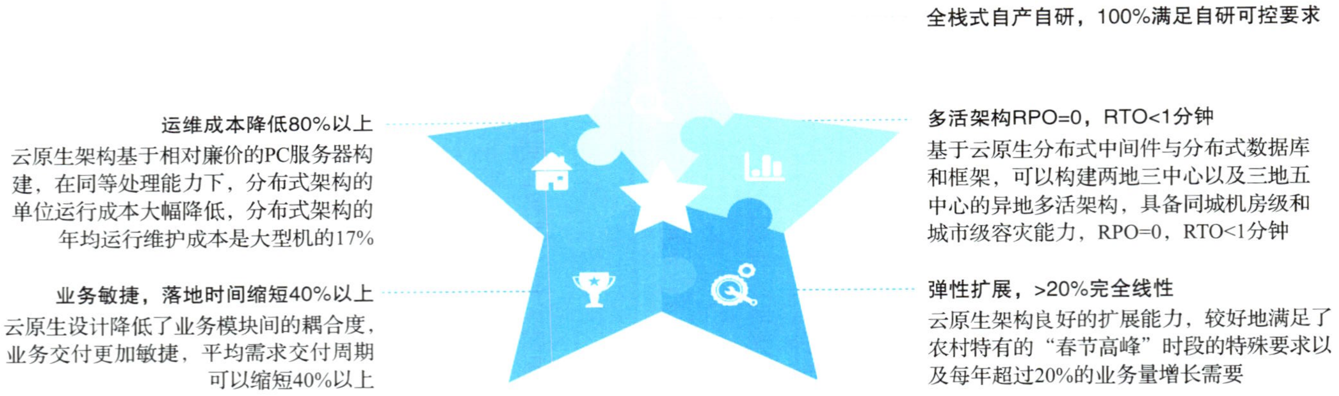
全栈式自产自研，100%满足自研可控要求
运维成本降低80%以上
云原生架构基于相对廉价的PC服务器构建，在同等处理能力下，分布式架构的单位运行成本大幅降低，分布式架构的年均运行维护成本是大型机的17%
业务敏捷，落地时间缩短40%以上
云原生设计降低了业务模块间的耦合度，业务交付更加敏捷，平均需求交付周期可以缩短40%以上
多活架构RPO=0，RTO<1分钟
基于云原生分布式中间件与分布式数据库和框架，可以构建两地三中心以及三地五中心的异地多活架构，具备同城机房级和城市级容灾能力，RPO=0，RTO<1分钟
弹性扩展，>20%完全线性
云原生架构良好的扩展能力，较好地满足了农村特有的“春节高峰”时段的特殊要求以及每年超过20%的业务量增长需要

图 15-11 第三代云原生分布式核心系统的价值与收益

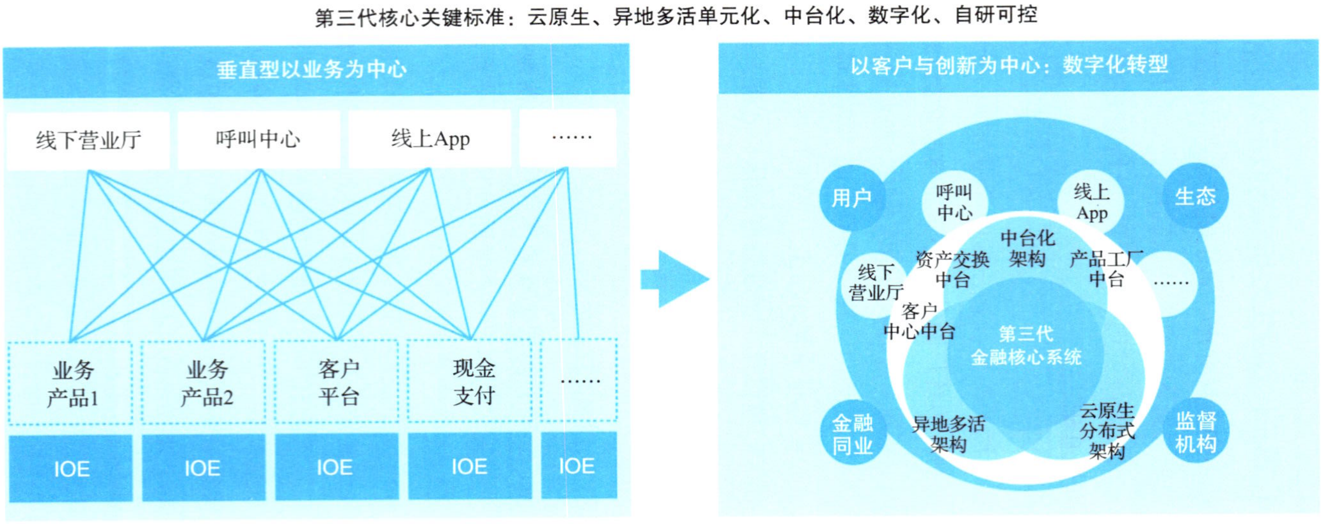
第三代核心关键标准：云原生、异地多活单元化、中台化、数字化、自研可控
垂直型以业务为中心
线下营业厅
呼叫中心
线上App
……
业务产品1
业务产品2
客户平台
现金支付
……
IOE
IOE
IOE
IOE
IOE
以客户与创新为中心：数字化转型
用户
呼叫中心
线上App
生态
中台化架构
线下营业厅
资产交换中台
产品工厂中台
……
客户中心中台
第三代金融核心系统
金融同业
异地多活架构
云原生分布式架构
监督机构

图 15-12 第三代云原生分布式核心系统的关键标准

性能等非功能性的忽视：云原生分布式架构增加了很多集中式架构没有的网络调用开销，但往往在早期的设计中没有很好地考量性能层面，所以在最后进行整体的端到端性能测试时问题才爆发出来——无法满足基本的并发与时延要求，达不到上线标准。这个时候大的体系基本建设完毕，无法进行整体性优化，无法达到最优的效果。所以宜在架构设计及开发早期，引入全链路测试与容量规划的工具，识别关键链路及关键设计的缺陷，为后期大规模应用建设"排雷"并打好框架基础。

技术风险与运营的挑战：在云原生分布式体系下，需要运维的技术栈和平台的数量、架构的复杂程度远超以前，此时需要采用自动化、体系化技术风险防控机制。传统厂商往往不具备这方面的设计和建设经验，这给整体系统的可用性、稳定性等带来较大隐患。因为技术风险防控体系对于架构、应用开发等有一定的规范和要求，这部分考量、设计与建设需要在早期同步开展，才能给运维提供必要的支持和便利，给生产系统的稳定、高效运行提供保障。

系统建设实施的"巴别塔"：新一代核心的建设周期往往都比较长，并且参与方众多，大家往往会忽视这个长周期项目建设团队自身的组织形式与管理模式。在云原生分布式、中台化、业务敏捷驱动这种新的核心架构方式之上，整个核心项目组的组织形式、具体工作任务划分的方式和边界、沟通交流方式也会有变化。如果还按集中式架构的形式来运作，可能会有比较大的信息不对称及摩擦，影响整体的工程效率和最后的落地效果。整个项目工程管理和沟通模式需要采用新的组织理念，用数字化工具体系进行组织协调，更高效、更高质量地完成交付上线。

集中式架构已经不只是一种技术架构模式，而成为一种根深蒂固的思维习惯和设计理念。当它成为潜规则而影响创新时，我们往往身在其中而不自知。在云原生分布式转型的过程中，打破这种集中式架构的思维惯性和习惯（设计、开发、运维）是非常难的。从金融行业的角度而言，要实现核心系统的云原生分布式转型，关键在于打造一套新的云原生数字化生产流水线，配套设计工艺以及稳固的云原生分布式基础设施，尝试从综合的视角去改变那些最难改变的部分。

16 Ultipa：图计算——金融风险管理创新之"芯"

孙宇熙　封军雷　刘思燕　Ultipa

近年来，中国数字经济快速发展，面对百年未有之大变局，数字化浪潮被推向了前所未有的高度。在非接触式服务激增的背景下，商业银行的数字化转型不但是大势所趋，而且已箭在弦上。

纵观半个多世纪以来金融行业的发展历史，每一次技术升级与商业模式变革大都依赖科技赋能与理念创新的有力支撑。而依托金融科技推进数字化转型已成为当前各国银行业提升服务质量和自身竞争力的共识。伴随着近年来向数字化、智能化的演进，银行作为经营风险的机构，对数字化风控体系建设的前瞻性、整体性、精准性等要求日益突显，同时，海量数据亟待被充分挖掘、提取价值、分析洞察、用于实时决策……图计算因具有算力强、算得快、效率高、穿透深、算得准等优势，越来越多地被运用到银行风险管理领域。

第 1 节　风险管理领域的"芯片"——图计算

图计算的"图"，既不是图片的"图"，也不是图像的"图"，而是来源于数学家欧拉于 18 世纪开创的图论。图论解决的是几何拓扑和网络计算，因此，图计算可以理解为复杂网络的计算。

过去的 40 年间，凭借架构变革与算力提升带来的变革，数据技术经历了从关系型数据库到大数据、快数据，再到深数据（图计算）的历史演变。在近 10 年间，图计算技术框架又经历了从非原生图到原生图，再到并行原生图，直至高密度并发原生图四个演变阶段。每个阶段都有其代表性产品，例如第一阶段的 Janus Graph、目前第四阶段的 Ultipa Graph，且每两个阶段的产品之间都存在着能力、性能与可用性的代差区别。

西方金融业有句名言——"无法计量风险就无法高效地进行风险管理"，可见风险计量对于风险管理的重要作用。因此，风险计量中最重要的计算引擎就是风险管理领域中的"芯片"。出于对信息安全的考量，目前国内金融机构正在应用国产产品逐步替代风险度量中的计算引擎。

第 2 节　图计算应用于流动性风险管理的特点和优势

2008 年全球金融危机后，商业银行的流动性风险管理在监管层面和银行经营层面均受到高度重视。在监管层面，巴塞尔委员会于 2009 年提出了 LCR（流动性覆盖率）和 NSFR（净稳定资金比率）两个流动性风险计量指标，而我国于 2018 年 7 月 1 日起施行的《商业银行流动性风险管理办法》中，不仅对商业银行流动性风险实施分层监管，也明确将 LCR 和 NSFR 作为流动性风险监管指标引入。在银行运营层面，大多数商业银行制定了具体的流动性风险管理制度，并聚焦于提升流动性风险管理水平，谨防各类流动性市场风险和监管风险。

然而，尽管商业银行的流动性风险管理框架已日渐成熟，但是其在技术赋能层面尚未取得重大突破。传统的 SQL 类数据库与大数据、数据仓库、数据湖框架并不能在面向全行及全量数据的情况下实现流动性风险管理的实时性、量化可解释性、可追溯性，以及场景模拟等核心业务诉求。在金融市场竞争愈发激烈、金融科技快速迭代的复杂形势下，技术赋能对银行机构的流动性风险管理发挥的作用更加不可忽视。

近年来，图计算（图数据库）技术发展迅猛，其在银行风险计量上的优势主要表现在以下五方面。

由"水土不服"到落地创新。以 LCR 为代表的流动性监管指标，作为舶来品，具有概念新、专业强、分类细、计算复杂四大特点，在国内实施过程中面临"水土不服"的问题。LCR 是业内公认的最难以理解、难以操作且难以计量的监管指标，传统计量工具无法及时、贴切地反映出当下金融市场发展和银行业务扩展所面临的流动性风险状况。第四代图计算技术 Ultipa Graph 在数据、规则、算法、算力四方面实现了《巴塞尔协议Ⅲ》核心监管指标的穿透式精准计量。

从"事后诸葛"到事前预测。目前，商业银行采用的流动性风险管理指标多为静态指标，这就导致了历史数据计算出的指标只是反映出银行某一历史时刻的流动性状况，而非动态的、实时的、全面的监测。由于这种"事后诸葛"式的监测和传统计量工具性能上的局限性，很容易出现指标良好但风险较大的现象，使风险监控流于表面。Ultipa将实时图计算引擎与高可视化图谱系统相结合，构建银行流动性风险管理系统，首创以图计算方式计量《巴塞尔协议Ⅲ》中的核心监管指标，具有3D可视化、实时计算，以及精准计量到每个账户、每笔交易和每一分钱等特点，真正实现了巴塞尔协议Ⅲ核心监管指标的穿透式精准计量。

满足监管压力测试指标，实时计算、压测回检。在流动性压力测试场景方面，巴塞尔委员会和中国银保监会规定了15种测试场景，Ultipa Graph进一步按照LCR指标的144个子项分类，一一对应地提供了144种单项压力测试场景，并组合出超100万种的压力算法测试情景，完全覆盖并满足了监管要求。此外，系统还提供策略回检、LCR贡献度变化实时分析等功能。

高并发深度穿透图遍历。图计算通过底层的实时图算力，能实现逐笔金融风险的科学计量、深度下钻与穿透。而当前占据较大市场的传统关系型数据库在处理海量及动态变化的数据需求方面明显力有不逮，无法满足深度搜索、关联发现和业务优先等要求，并且在成本、易用性、灵活性上的短板日益显现。

流动性风险图计算系统相比传统系统优势明显。2008年以来，重视流动性风险管理已逐渐成为业界和监管的共识，业界专家在研究中发现风险具有关联性、相互转化、传递性与相互耦合的特点，且风险传播渠道更为复杂，跨市场、跨领域的情况日益突出。在金融服务触手可及、无处不在的当下，从海量数据中精准进行关联查询的能力，无疑对于防范金融风险具有重要意义。在这一点上，图计算的效率远超传统数据库。例如，在查找贷款资金流向的典型金融应用场景中，将SQL类数据库与图数据库（图计算）进行对比，任务目标是找到转账最大深度为5层的账户。实验的数据集包括100万个账户，每个账户约有50笔转账记录。实验结果见表16-1。

表16-1　SQL类数据库与图数据库（图计算）执行效率差异

深度	MySQL 执行时间/秒	图数据库 执行时间/秒	性能差异/ 倍数
1	0.001	0.0002	5
2	0.016	0.001	16
3	30.267	0.028	1080
4	1543.505	0.359	4298
5	未完成	1.1	22 727

在深度为 1 层时，两种数据库性能差异并不明显；深度为 2（转账二层）时，存在 10 倍以上的性能差异；随着深度的增加，性能差异呈指数级上升。在 3 层查询的时候关系型数据库的响应时间开始超过 30 秒，已经变得不可接受了；深度到 4 层时，关系数据库需要近半个小时才能返回结果，使其无法应用于在线系统；深度到 5 层时，关系型数据库已经无法完成查询。而对于图数据库，深度从 3 到 5，其响应时间均在实时的范畴以内。对于图数据库来说，数据量越大，关联查询越复杂，其相比关系型数据库的优势就越明显，且优势呈指数级态势（见图 16-1）。

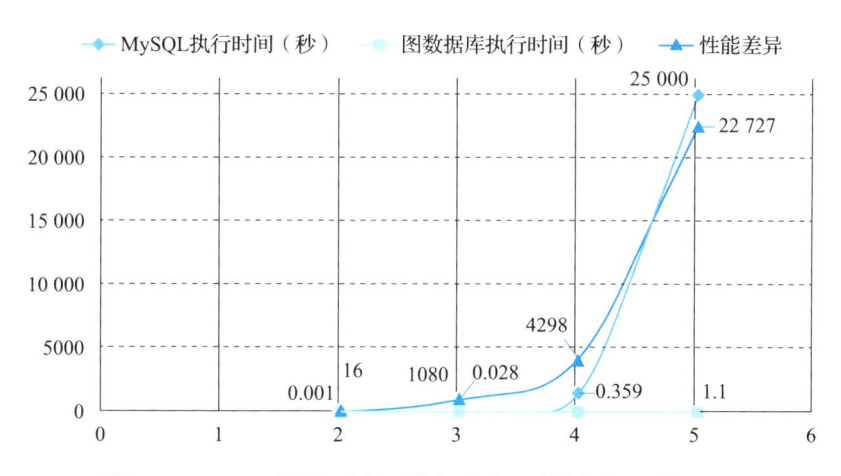

图 16-1 SQL 类数据库与图数据库（图计算）执行时间对比

第 3 节 流动性风险管理图中台实践案例

国内某擅长零售的股份制银行运用 Ultipa Graph 技术构建的流动性风险图计算（图中台）系统，是图计算技术应用于银行数字化转型的经典案例。图计算技术一举实现了算力、算法、合规、成本、穿透式精准计量五个维度的突破，并赋能该行获得了流动性方面的国际大奖。

算力方面，时效提升万倍。 算力是检验底层硬核科技性能的标准之一。对比测试发现，基于关系型数据库架构计算 LCR 需要 T+1，而 Ultipa Graph 实时图数据库则是实时（秒级）的，速度提升万倍。值得一提的是，如果一家大型商业银行基于全行数据的一次计算，涉及存贷款、零售、对公、同业等的全量数据，这些数据每天数以亿级，同时为了兼顾流动性风险须覆盖 30 天的历史数据，则其全部数据体量已达到百亿级，这是非常考验底层系统性能承压能力的。当风险来临时算得快，银行就可以做到"比市场早发现，比同业早行动"。

算法方面，白盒化。流动性风险管理图中台系统可实现白盒化，即高可视化、算法透明、可解释、可校验，保证每一行代码都是安全的。而传统的 Oracle 系统算法由几万行 SQL 代码组成，黑盒化就等于无法解释，无论银行还是监管机构都很难读懂算法。最重要的是，LCR 结果无法校验，银行和监管机构根本不知道 LCR 结果是否准确，只能被动接受。

合规方面，保留中间结果，留痕迹。流动性风险管理图中台系统在保证实时计算的同时，能精准计量其每个环节的变化原因，助力业务方第一时间预知风险变化，完成监管要求，实时调整行业业务决策，帮助制定业务规则，最终实现银行在安全性、盈利性和流动性之间的平衡。而传统系统仅保留结果，无中间过程，这就导致无法审计，且无法展现流动性风险归因分析的路径。

计量方面，穿透式精准计量账户内的每一分钱。精准计量除了满足外部的监管要求，更多的是为了助力银行内部增效，有利于指导经营活动（例如定价、考核等），增强产品在市场上的韧性，更好地辅助用户通过精准计量实现产品的融合与组合，科学指导营销路径的精准优化。流动性风险管理图中台系统可以做到深度穿透性的下钻和分析，能追溯到银行里的每一笔交易，实现实时可追溯、可视化地管理计算细节，并能精准定位风险传导路径，旨在最终保障业务方获取的数据可解释、精准且携带上下文关联路径与传导关系。而传统数据库系统则无法提供这种带有上下文的关联关系，不能通过 LCR 指标计算结果反向追溯（穿透）和量化分析任何业务、分行、行业、客户、账户或任何一笔交易对于流动性风险或指标变化的贡献度。

高密度计算，集群更小，降低运维成本。通过高密度的实时图计算，用更少的计算资源和更低的碳排放，获取更高的算力并发。某大型零售银行流动性风险图计算（图中台）仅用了数台服务器的小规模集群，即完成了全行 LCR 的全面计算、穿透和高可视化，较传统系统在算力和效率上提升数百倍乃至千倍。同时，该系统可将运维成本降低 70%。在"碳中和"和"碳达峰"的目标下，更小的集群意味着消耗更少的电力，节约更多的芯片资源，践行了"绿色、低碳"的环保理念。

可视化全景视图。区别于传统的 AI 知识图谱，流动性风险管理图中台系统的高可视化图谱，实现了在以底层算力拉动的前提下处理海量复杂数据的能力，并以实时交互可视化的方式，让业务人员对各个数据间的业务逻辑及其关联关系一目了然，给管理层以直观的决策支持。此外，该系统还支持 2D 和 3D 可视化切换模式，能以全景图方式呈现各数据指标与量化传导路径。

"强监管、内增效"的利器。对照巴塞尔委员会《第三版巴塞尔协议：流动性覆盖率和流动性风险监测标准》和中国银保监会《商业银行流动性风险管理办法》，流动性风险管理图中台系统不限于满足监管要求，在商业银行面临"强监管"和"内增效"的大环境下，还可以高效赋能银行转变业务模式，调整资产负债结构，优化资源配置，推动银行向追求轻资本消耗的轻型银行转型。在提高盈利水平和资本效率的同时，商业银行可以更好地服务于实体经济，提升服务质量和自身竞争力。

第 4 节　在交叉性金融风险管理领域的创新应用

图计算技术除了赋能银行流动性风险管理外，在交叉性金融风险管理领域也获得了突破，例如在风险传染网络视图、关系识别与计量、风险传染路径查询等方面的创新应用。

1. 交叉性金融风险的"蝴蝶效应"

蝴蝶效应是混沌学理论中的一个概念，指对初始条件敏感性的一种依赖现象——输入端微小的差别会迅速放大到输出端。在交叉关联的金融市场上，任何一只"蝴蝶"扇动"翅膀"，都可能造成跨市场的风险传染，单一个体的风险问题可能引发整个市场出现问题。当前，交叉性金融风险是最易引起系统性风险的风险类型之一。

2008 年的全球金融危机使业界认识到几种风险并不是孤立存在的，不同风险间具有链条效应，任何单一的风险暴露，都有可能造成跨市场的风险传染。同时，跨市场风险并不一定是多米诺骨牌式的，而大多遵循"牵一发而动全身"式的网状传播方式，通过相互关联和相互作用最终引发系统性风险。交易对手的信用风险是个体波动性风险向同业传染，是系统性风险的重要渠道；流动性风险是金融市场波动的放大器；市场风险则通过风险传染最终演变成系统性风险。

笔者认为交叉性金融风险具有三方面的特征。

一是链条效应。 独立观察各类风险，其传播路径呈链条状。

二是网状传播。 各类风险在传播过程中，受到影响的客群是呈网状分布的。信用债当中最大的风险是信用风险，杠杆率低时不会引起系统性风险，但如果信用债大量违约则反之。

三是极易引发系统性风险。 如果信用风险持续蔓延，整个市场由于蝴蝶效应极易引发系统性风险。

因此，对于交叉性金融风险，不能只是进行简单的违约概率、违约损失率计量，还需要看风险在不同市场间如何相互传染，而传统技术对此无法提供有效解决方法。

2. 如何识别、计量交叉性金融风险：解决哪些关键问题

交叉性金融风险具有涉及面广、跨市场、跨产品、跨部门、交易对手多、风险类型复杂、传染链条长、管理相对薄弱等特点。交叉性金融风险难以管理的根源在于传染性强，商业银行尚未形成一套完整的风险管理体系。当前，交叉性金融风险管理亟须解决三方面的问题。

计量风险传播的客群： 商业银行须形成交叉性金融风险的传播全景视图，知道风险传播到了哪些客群。

计量风险传播的路径： 商业银行须识别风险可能的传导路径、传导规模（深度、广度、速度），并能评估传播路径上多重风险叠加的最终结果。

找到风险传播过程中的关键点： 商业银行锁定关键点（产品、客户等）就可以采取行动，防止风险进一步蔓延。

3. 图计算在交叉性金融风险管理中的应用

图计算可以通过对海量且复杂的数据进行深度穿透和挖掘来计算数据之间的关联关系，解决复杂的多层嵌套关系挖掘问题。这种计算其实可以比作对人脑工作模式的一个逆向工程，因此图计算也被称作"类脑计算"。而深度类脑计算则

是赋能金融风险管理的"神兵利器"。

以 HD 集团为例,其发生危机后,风险首先传播到关联公司,这是第一层;HD 关联公司出问题了,最先受影响的是公司员工和供应商,这构成了第二层;供应商停止供货、农民工拒绝复工,HD 在建工程就可能烂尾,风险就会传播到购房者,此为第三层;以此类推,风险从最初的 HD 集团的一个"点"传播到关联公司、员工、供应商、购房者等形成一张"网络"。风险是一层层传播的,"链条效应"明显(见图 16-2)。

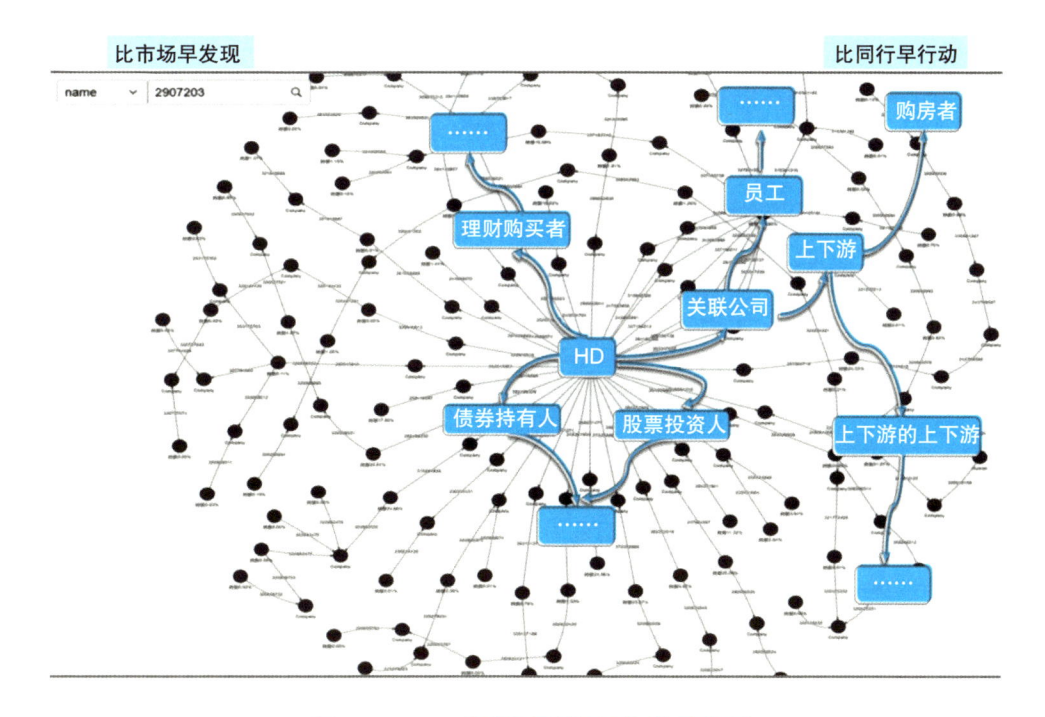

图 16-2　HD 系"交叉性风险"传导全景

计量风险传播路径:通过股权、担保、资金、供应链四种路径,图计算可以识别所有风险传播的路径。

HD 系关联公司识别:利用图计算技术,以 HD 集团及其创始人许某为起点,向下股权穿透,识别 HD 集团附属公司及由许某担任高管的公司,从而将 HD 系关联公司全部识别出来(见图 16-3)。

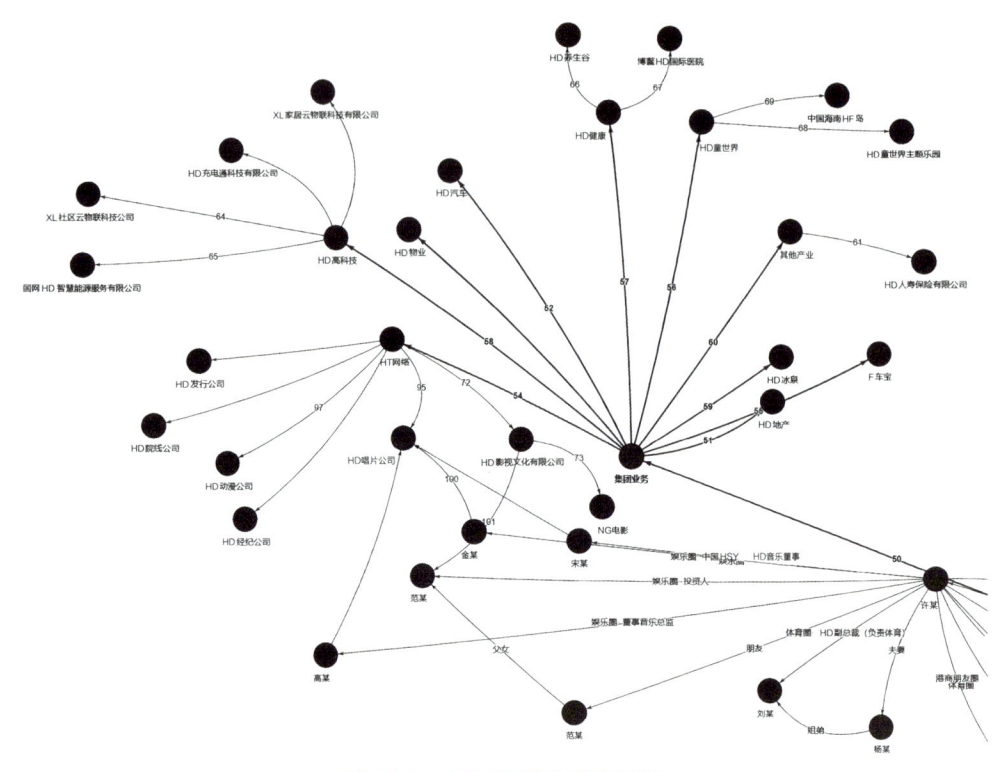

图 16-3　HD 系关联公司图谱

同理，利用图计算技术将由 HD 系担保圈、供应链、资金流向、员工和购房者等与 HD 集团密切相关的企业和个人构成的复杂关系网络全部识别出来，构成了 HD 系交叉风险的风险路径图（见图 16-4）。

计量风险传播客群：图计算识别出风险传导的所有路径后，风险影响的所有客群也都识别出来了。以 HD 集团为"圆心"，以风险传播路径为"半径"，以风险影响的客群为"圆"，各类"圆"重叠、交织在一起，最后构成一张"网状"全局视图。风险影响的客群包含 HD 供应商、HD 员工及 HD 系关联公司等利益相关方（见图 16-5）。

查找风险传播过程中的关键节点：通过建立网络关系图，确定风险防控的重点客户和重点产品，引入客户准入、风险限额等手段有效防止风险扩延。

由于交叉性风险的关联性，传统关系型数据库难以实现多层次关系的快速计算。图计算技术找出了关键节点、风险因子和风险传播路径，就能够对整个交叉性金融风险进行管理。

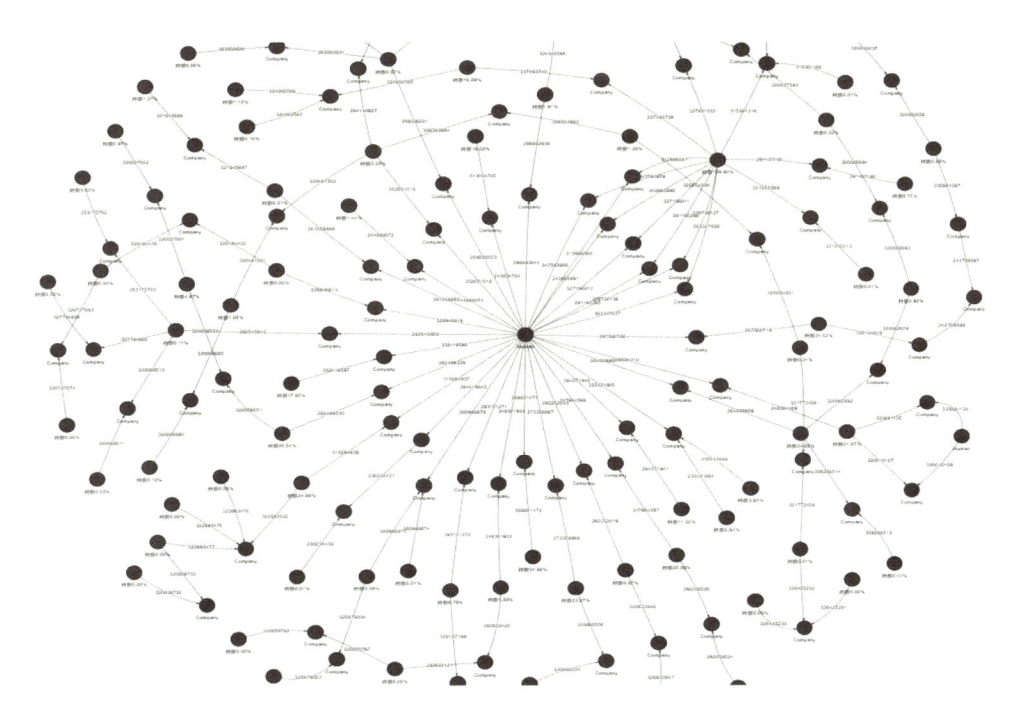

16　Ultipa：图计算——金融风险管理创新之"芯"

图 16-4　HD 系交叉风险的风险路径

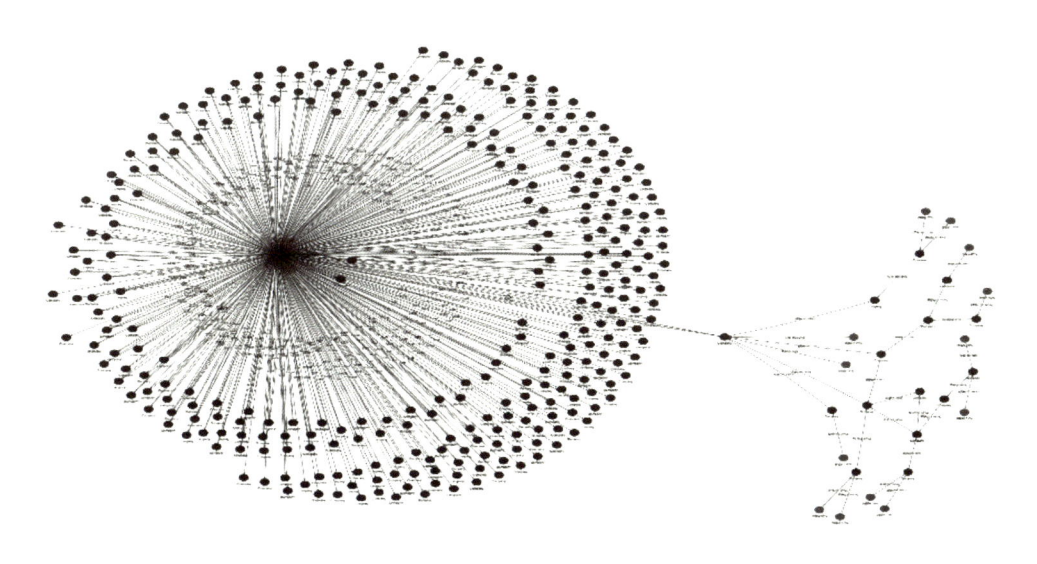

图 16-5　HD 系交叉风险的风险客群

第 5 节　图计算在金融领域的广阔"图"景

第三代人工智能是 2019～2021 年由中科院院士、清华大学教授张钹率先提出的。区别于第一代人工智能（20 世纪 50～80 年代）着重于计算机推理运算，第二代人工智能（20 世纪 90 年代至今）由机器学习与深度学习构成，第三代人工智能则注重算法白盒化、可解释，同时算力得到大幅提升。图计算被认为是一种典型的通过增强智能方式实现的稳健的新一代人工智能技术。商业银行运用图计算技术，可以从容地表达复杂网络拓扑构造的体系结构，实现全维度、全历史、高可视、高性能、强安全、纯实时，真正实现从局部到全网、从静态数据到动态智能的跨越。

1. 隐形集团关联风险

商业银行利用图计算可以构建客户关系图谱，关注客户各类信息之间的关联性，发现潜在风险并预判风险传导路径、概率和影响客群。基于权益法与穿透式识别的图计算，可以对企业的复杂股权做到层层穿透，满足商业银行对非自然人客户受益所有人的身份识别要求。银行利用企业关系图谱识别影子集团、隐形集团，做到对实际控制人、集团客户或单一法人客户的统一授信，有效甄别高风险客户，防范多头授信、过度授信、给"僵尸企业"授信、给"空壳企业"授信，以及财务欺诈等风险。

2. 识别担保圈风险

利用图计算技术可以识别出银行所有担保圈（链）中的主要风险企业及其完整的担保路径。利用图计算技术进行数据建模并及时识别、量化担保圈（链）企业违约风险。对担保圈（链）贷款进行高效清查，并分析担保风险的原因，及时采取防范措施。先实时监控担保关系最复杂、涉及金额最大、风险最大的担保圈（链），然后重点实时监控担保圈（链）中的核心企业。企业担保群存在的风险虽然各不相同，但根据企业担保群的规模大小及担保关系的密集程度，经过复杂网络算法分析，找到结构意义上担保风险比较大的企业担保群，进行重点处理和分析。

3. 洞察客群风险

基于客户关系图谱，综合考虑客户的供应链、资金链、资本与担保圈等关系，形成客户的风险传导路径。计算待风险评估企业和与之关联关系在 N 层以内的关系企业之间的风险传导概率；深度计算并查找待风险评估企业和已知暴雷企业的所有风险传导路径，加权计算得出暴雷企业对于待分析企业的风险传播影响因子。当某企业发生风险事件时，实时计算银行所有授信客户风险暴露。

4. 实时监控贷款资金流向

基于图计算技术穿透式跟踪信贷资金流向。贷款发放后，经办机构及风险管理部门的贷后管理人员应核查贷款资金流向是否符合约定用途，并应关注银行资金流转情况，及时上报信贷资金流向监督过程中出现的可疑事项。放款后须跟踪监测信贷资金是否流入与借款主体不存在供应链关系的企业；跟踪分析借款主体的还款资金来源，核实还息资金是否存在第三方定期汇入、还本资金是否在还款日前由第三方集中转入，判断挪用贷款资金的情形。图计算技术可跟踪每笔贷款资金最终流入哪些账户，进而判断贷款资金是否被挪用，是否流入房地产、股市等监管重点关注的领域。

5. 银行卡支付实时交易决策

利用实时图计算技术对银行卡支付交易进行实时决策处理，基于多维度海量数据分析，形成账户、客户、交易对手的"交易网络"，通过精准、白盒化风控决策模型，利用图计算判断该笔交易是否异常，以及是否能在毫秒级时间内完成交易风险识别，从而帮助发卡银行提升实时风控反欺诈决策能力。

随着银行数字化转型的深入，深度挖掘客户关联关系背后的价值愈发重要，传统关系型数据库已无法满足深度搜索、关联发现与业务优先的要求。图计算（图数据库）技术通过图结构组织数据，克服了其他数据库无法克服的深度关联数据分析的挑战，为构建银行知识图谱、搭建 AI 决策引擎、实现深度业务知识和价值挖掘提供了重要的科技保障和技术指引。目前图计算技术在银行风险管理领域的应用还处于起步阶段，未来将在风险识别、产品创新、智能营销、智能客服、智能顾投、经营预测与指标计量等领域深入挖掘数据，赋能银行数字化转型。

  银行具有天然的数字化基因，当前正处于向全面数字化、智能化转型的历史时期，科技因素正在改变着传统金融业务的 DNA。在此形势下，图计算作为一项前沿技术，将深度助力银行业顺势而为、乘势而上、谋篇落子，高效践行数字化转型，精准提升基于客户体验的金融服务能力，全维度赋能银行在风险控制、业务流程、智能营销等方面的重塑，以最大限度地契合与把握金融市场演进的新生态、新机遇，更好地服务于实体经济！

第五篇
数字化运营

17　中国工商银行：企业级互联网智慧运营管理平台应用实践
18　中国建设银行：全面数字化的客户旅程管理 2.0 模式
19　招商银行："数、智、盈"智慧财务管理实现四个转变

17 中国工商银行：企业级互联网智慧运营管理平台应用实践

简志雄[一] 胡凯乐 付新丽 孙景涛 中国工商银行

数据和技术双要素紧密融合的数字化转型趋势以及新冠肺炎疫情的出现，迫使社会生产生活方式不断向线上化、移动化和智慧化转变，银行业服务和经营模式加速转型。传统的银行运营主要依托线下网点规模以及客户经理营销，随着互联网尤其是移动互联网的发展，银行积极向数字化运营转变，为转型发展赋能。提升互联网线上运营水平对于银行来说迫在眉睫。

第1节 数字化转型推动银行运营变革

1. 战略指引工商银行数字化运营转型

中国工商银行（以下简称"工商银行"）积极探索数字化转型，从战略高度形成共识，在顶层规划、体制机制、技术及业务创新、生态重塑等多方面改革优化，全面统筹推动，打造开放、融合的跨界生态系统，为实体经济和对金融有新期待、新需求的人民群众提供服务。

工商银行围绕智慧银行ECOS工程建设和e-ICBC进程升级，构建以用户为

[一] 简志雄系中国工商银行软件开发中心副总经理。

中心的全生态交叉引流、全用户生命周期管理、全产品精准营销的客户线上经营模式，持续扩大线上客户规模和提升客户活跃度，促进线上客户向高价值产品客户转化，同时构建以用户为中心的互联网线上运营模式，集中体现集约化、精细化、智能化、平台化特征。

2. 运营平台系统能力支撑数字化转型

工商银行企业级互联网智慧运营管理平台（以下简称"运营平台"）遵循以打造"第一个人金融银行"为战略，紧抓数字化转型发展机遇，以金融科技在线重构经营模式，全面打造"第一个人、法人"手机银行，为全行 G、B、C 三端各业务条线和数字金融转型发展赋能。

围绕智慧银行 ECOS 建设目标，充分运用金融科技新技术，整合创新数字化、智能化，建设一套基于"1+N+X+Y"的产品输出能力，即创新 1 个互联网运营平台，面向行内 N 个线上渠道，复用及组合 X 个产品与服务，由总行及分行 Y 个业务部门多级运营的综合能力平台。

运营平台面向全行互联网渠道，聚焦用户运营、内容运营、场景运营、数据运营四大方面，提供集互联网智能获客、智能化一站式服务、智慧运营决策于一体的闭环智慧运营新模式和新手段，为总、分行各业务条线依托互联网渠道拉新促活、引流互动、运营管理等一站式智慧运营提供有力支撑（见图 17-1）。

第 2 节　工商银行互联网运营实践

工商银行的运营平台建设以"科技驱动、价值创造"为基本理念，结合业务规划，以先进技术支撑为基础，服务新金融；以智慧银行 ECOS 建设为目标，实现企业级互联网智慧运营统筹管理，提升全行数字化运营水平；围绕以用户为中心的互联网特色产品组合服务建设，提升用户全生命周期运营管理；以内容为手段，提升渠道获客、活客、黏客水平；以场景为抓手，提升金融产品智慧运营水平；依托大数据、人工智能等新技术的数据运营赋能总行及分行，提升智能化、集约化、精细化的互联网数据运营管理水平（见图 17-2）。

| 第五篇 数字化运营 |

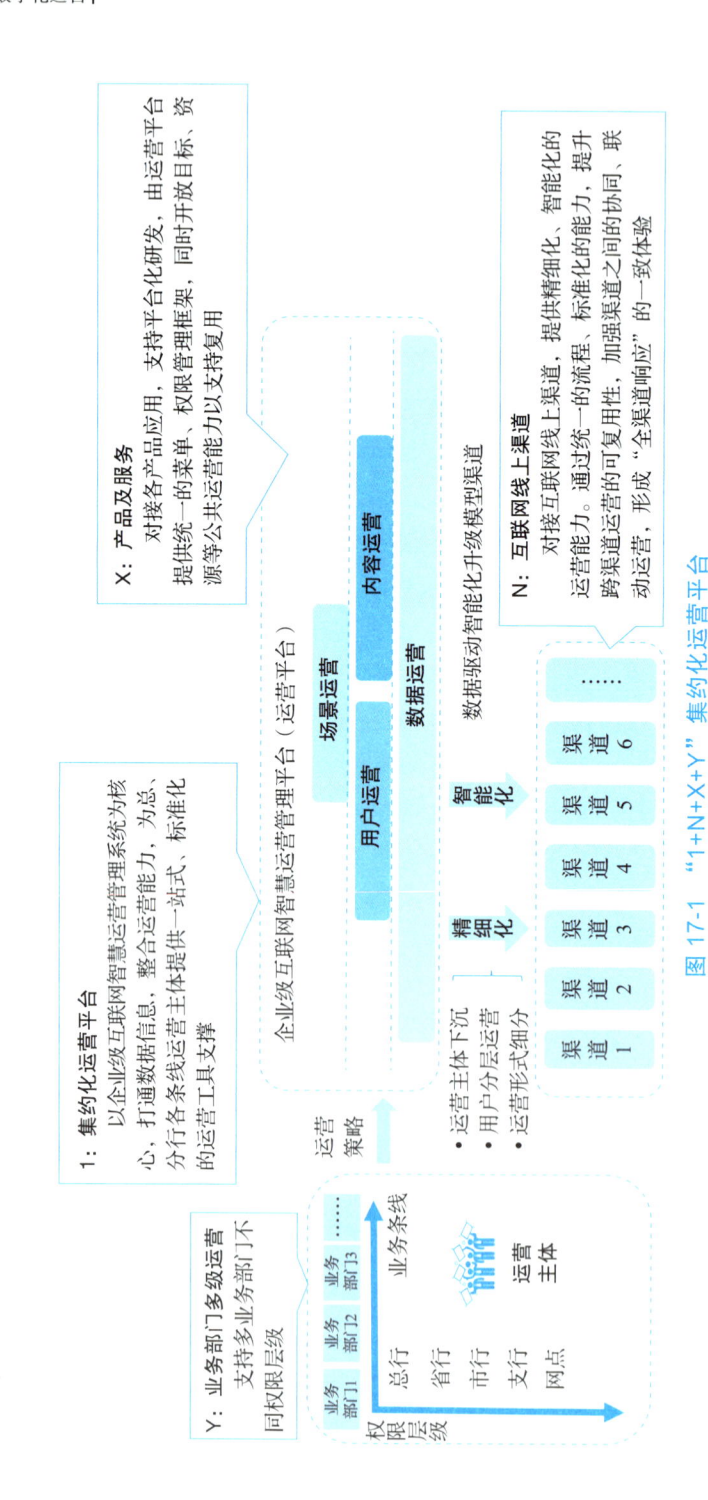

图 17-1 "1+N+X+Y" 集约化运营平台

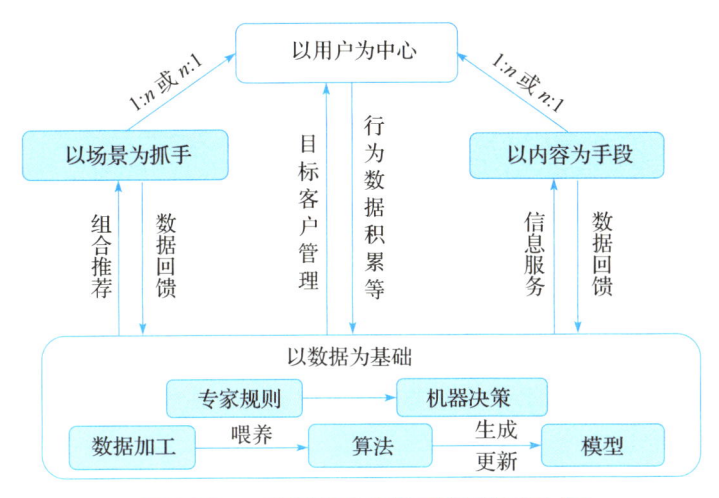

图 17-2 工商银行企业级互联网运营内涵

1. 业务规划

（1）以用户为中心，提升用户全生命周期运营管理

形成以用户为中心的互联网运营能力。洞察、分析用户需求和行为偏好，分别从客群管理、拉新促活、防止流失及用户全生命周期价值分析着手，提供智能化、精准化、千人千面的渠道引流推荐服务，提升全生命周期互联网数字化运营管理水平。

客群分层管理：基于全行统一标签库和画像，丰富、完善互联网金融领域的用户标签及画像，支持对用户的性别、年龄、资产等标签灵活组合，支持总、分行自行创建相关属性客群，支持行为化模型建立的客群静态和动态调整，支持建立诸如新手客群、沉睡客群、流失模型的客群等。

运营策略因人而异：基于对用户全生命周期的管理，运用 AARRR 模型，设计用户的拉新、促活、留存、防流失、变现等分析模型，并针对不同阶段的用户制订不同的运营策略方案。

用户全生命周期价值分析：结合用户对银行的综合贡献度，发放不同等级的尊享权益，形成价值、权益、活跃度的良性循环，与用户维持良好的全生命周期关系。

（2）以内容为手段，提升渠道获客、活客、黏客水平

形成以内容为手段的互联网运营能力。利用多种形式并结合用户需求偏好、

产品特征匹配相应的内容运营方案，提升互联网渠道获客、活客、黏客水平。

流量入口统一管理：建立行外互联网平台金融服务流量入口管理运营机制，实现对行外互联网平台（如微信公众号等）入口的标准化运营管理，为行外多渠道运营、用户行为数据统一采集分析以及多渠道用户分析洞察打下基础。

运营位模板化配置：基于引流推荐模型和智能服务，实现对互联网各渠道页面、区域、元素、资源的模板化和智能化配置管理，提高渠道运营管理效率，提升千人千面的用户体验。

活动任务精确匹配：创新和丰富金融类、互动类、游戏类等活动任务，建立活动任务智能推荐模型，精准匹配用户行为特点、渠道和产品偏好，提供千人千面的智能引流互动服务，以提升用户活跃度。

权益发放丰富多样：支持总行及分行业务部门、分条线面向不同用户提供多元化热点领域权益服务，包含行内和行外、自营和权益运营商、有形商品和无形服务等多种类型权益内容，支持标准化权益接口对接，达到易扩展效果，建立权益推荐模型精准匹配用户需求，以满足不同需求，提升用户活跃度和黏性。

消息触达智能及时：提供消息运营服务入口和服务视图，基于统一的用户权限实现消息运营的审批管理，支持文案、图片、短信、5G 消息等多媒体消息形式，建立消息推荐模型，支持消息模板定制、精准发送策略、触达渠道配置等消息内容运营管理机制。

（3）以场景为抓手，提升金融产品智慧运营水平

形成以场景为抓手的互联网运营能力。整合创新互联网金融共享组合服务应用，建立场景运营智能模型，实现工行小程序金融服务场景的搭建和运营管理，提升金融生态圈建设智慧运营水平。

特色产品组合服务为用户而生：针对互联网渠道特点和用户需求偏好，建立场景运营模型，匹配相应的场景运营策略方案，实现对产品服务组合设计、服务流程封装、服务场景建设、智能化推送产品服务、一站式和引导式服务办理等场景运营配置管理，并分析用户反馈数据，优化迭代产品服务。

小程序为场景服务：工行小程序助力移动端生态体系建设，打造"金融＋生活""金融＋娱乐""金融＋健康""金融＋出行"新生态。分行业、分机构、分条线、分板块实现金融服务场景的搭建和运营管理，支持智慧银行互联网金融新生态场景运营建设。

（4）以数据为基础，提升数据驱动智慧运营和经营的能力

形成以数据为基础的互联网运营能力。整合创新互联网金融共享数据服务应用，实现互联网数据采集、数据分析、模型管理、智能数据服务四方面的数据运营管理，用新技术、新方法提升全行各机构数据驱动的智慧运营和经营管理能力。

数据管理全面高效： 应用有码及无码全埋点技术，获取互联网渠道运营全流程数据，依托图数据库和图计算引擎加工、整合、分析运营数据，统一构建知识图谱、语料库、事件库、案例库、特征库、名单库等具有互联网专业特色的数据基础库，实现对基础数据的运营管理，为数据分析和智能化应用提供数据基础。

数据分析精准全面： 提供多种数据分析模型和数据分析服务，对互联网渠道用户、产品、内容等运营情况进行分机构、跨专业、多维度、全视图、实时动态的大数据监控分析，提供数据分析运营展示界面和服务入口，将数据分析结果向运营人员展示，支持数字化、智能化、精细化的互联网智慧运营决策和管理。

数据模型智能匹配： 利用大数据和人工智能等技术，依托机器学习、联邦学习联合建模、A/B测试等智能化手段，构建用户运营、内容运营、场景运营、智能推荐组合等各类智能模型，支持智能模型在线推理和自动化调优，实现对互联网用户运营、场景运营和内容运营等全流程闭环的运营效果评估以及运营策略方案的自动化修正，实现将合适的内容和产品在合适的渠道、合适的时间推荐给适合的人。

数据驱动服务提升： 基于智能模型，面向主流互联网流量平台，提供千人千面的渠道引流互动、拉新促活、组合销售、经营决策等用户全生命周期的智慧运营数据智能服务，提升全行各机构互联网数据驱动的智慧运营和经营管理能力，并实现互联网智能运营服务在智能推荐、搜索、监控等场景的应用。例如智能推荐场景，依托知识图谱和智能模型，面向用户提供运营位、产品和权益、资讯、流量入口、活动等智能推荐服务。

2. 技术支撑

工商银行企业级互联网智慧运营管理平台面向全行互联网渠道，依托工银磐石、工银魔方、工银天工等技术平台，以分布式、大数据和人工智能为基础，以互联网金融共享数据服务为企业级数据基础，加强数据智能化应用，复用营销管理、客户管理、风险管理能力，构建集约化、智能化、数字化的企业级互联网智慧运营管理应用体系。基于企业级互联网智慧运营应用统一入口和统筹调度，实

现涵盖用户运营、内容运营、场景运营、数据运营四大方面完整闭环的互联网运营管理，为智慧银行建设提供一站式运营能力支撑。

互联网金融共享数据服务，统一互联网金融专业领域内的数据标准，沉淀渠道领域的数据资产，形成标准化、智能化的融合数据服务以及统一、规范的共享数据资产，提升专业领域级多元数据分析和数据运算能力，快速响应互联网金融业务创新需求，赋能银行互联网金融生态体系建设（见图 17-3）。

业务产品服务层

渠道服务：渠道1、渠道2、渠道3、渠道4、渠道5、渠道6、渠道7

渠道管理（企业级互联网智慧运营管理平台）：用户运营、场景运营、内容运营、数据运营

营销管理：个人客户营销、法人客户营销

客户管理：个人客户信息分析与服务、企业客户信息分析与服务

风险管理：反欺诈、反洗钱、操作风险监控、内审合规管理

业务基础服务层

企业级业务基础：客户信息、客户回馈、黑名单、数字货币

企业级数据基础：
- 互联网金融共享数据服务：综合统计、运营布局、行为分析、交易预测
- 通用共享数据服务：共享指标、客户画像、业务知识、智能服务
- 其他专业共享服务：大零售、对公

技术基础服务层

工银磐石：分布式服务框架、分布式事务框架、分布式批量框架、分布式消息服务平台、分布式数据缓存、全息监控平台

工银魔方：大数据服务平台、大数据安全平台、数据交换平台、BI服务平台、对象存储服务

工银天工：互联网金融开放平台、小程序开放平台

图 17-3　企业级互联网智慧运营管理平台服务架构

（1）采用分布式存储打造高可用、高性能互联网运营平台

运营平台采用应用去单点、分布式存储的高可用架构，通过负载均衡等技术实

现应用服务器的系统级可用；采用同城双活的数据高可用架构，数据库采用水平拆分的分片设计；园区故障时，保证故障园区分片数据零丢失及分钟级的业务恢复，正常园区分片保证业务不间断。各节点结合业务场景合理利用资源，且支持横向扩展。对于热点活动、热点类数据进行单独设计存储，采用分布式存储与缓存相结合的模式，保证系统时刻具备高可用性和高性能容量，给予用户极致的业务体验。

（2）数与智融合，助力智能化、精细化互联网智慧运营

运用大数据和人工智能技术，探索更加智慧的互联网运营模式，从而打造智慧银行。借助有码埋点、无码埋点等技术，沉淀用户行为数据，进而洞察用户，通过大数据挖掘分析用户偏好特点，形成用户画像和标签库，达到智能推荐、精准营销的效果，预测用户想看到的产品，推送用户想参加的活动，提升千人千面的极致用户体验。通过A/B测试等技术实现算法和数据模型的自动迭代，用数据呈现效果，用人工智能逐步替代专家规则，打破以往用户找产品的传统模式，建立产品找用户的新模式。

结合数据资产沉淀、数据服务化、数据资产运营、数据产品输出，打造高效、智慧、开放、共享的数据服务体系，全面支撑业务的智能化创新，开展数据场景挖掘，引领总行及分行用好大数据、人工智能等新技术，满足业务人员场景运营和业务营销状况分析的必要需求。以数字化转型为契机，探索包含能力输出、技术辐射、同业协作等在内的多方面协同发展新模式，加强金融科技对业务的支撑作用。

3. 研发模式

（1）DevOps 快速迭代提升效能

基于企业战略目标，为更好地实现业务价值，提升研发效能，秉承DevOps研发设计理念，组建全功能团队，充分发挥团队决策作用，通过立项与需求解耦、统一需求池管理、条目化编制需求、需求审批下沉、小颗粒需求研发、灵活交付投产、直接发布等措施优化研发机制。在关注资源效率的同时，建立全链条支撑工具，聚焦流动效率，实现按敏捷需求快速交付，确保顺畅地发布高质量、高价值、高性能的产品功能，融入敏捷迭代优化，提升整体研发效能。

（2）业务与科技融合提升效能

强化科技与业务融合赋能，加快业务赋能工作转型，坚持以用户为中心，主动创新，保障全行战略与各重点工程项目有序落地，积极推进新技术孵化，推动

分行重要场景共建，助力区域重要客户营销，不断提升总行及分行业务获得感和满意度。

工商银行积极探索、创新科技与业务融合的路径和方法，突出主动引领、主动创新和主动服务，赋能业务高效发展，努力打造具有"敏捷、智慧、生态、数字、安全"五强领先优势的科技强行。

第3节　工商银行互联网运营成效

1. 守住私域流量阵地

短期内，线上运营的主战场还是在银行内的私域流量领域。在银行同业内，主要商业银行的手机银行月活已经破亿，但即使是线上客户，也还有近70%的非活跃客户待挖掘和运营，甚至全量客户中仍有近30%左右的客户还不是线上注册客户。私域流量的运营，尤其是对非活跃客户及沉睡客户的唤醒，以及对流失客群的追踪维系，是一项较为复杂且极其重要的精细化运营工程。同时，亟须加强与新兴媒体的合作，拓展口碑营销，加快活动策划与实施，提升银行品牌竞争力和影响力，形成对客群的虹吸效应。

2. 拓展公域流量战场

长期看，非本行用户还有很大的基数待挖掘，对这部分用户的线上拉新，主要依靠业务营销的拓展、活跃客户的自传播以及与媒体等的合作，通过业务亮点、用户口碑、广告宣传、活动吸引等形式，把银行的产品及服务延伸至非本行用户。拓展公域流量，可借鉴互联网场景运营的策略，但银行想要留住客户，还是靠品牌的实力、产品的竞争力以及重视用户对于金融服务的诉求及体验。以用户的视角来审视银行运营能力，不仅需要具备金融科技硬实力，更需要拥有以用户为中心的服务视角的软技能。

3. 典型案例

（1）总行对沉睡用户的唤醒

总行运营平台使用消费券及云口令为手机银行促活，针对第三方支付活跃而手机银行不活跃的客户，开展为期三周的促活，配置微信立减金等奖励，通过发送短信的方式邀请客户登录手机银行领奖，实现促活目标。客户只要复制短信并打开手机银行 App 就能直达领奖页面，营销转化率提升明显。针对非活目标客户的转化率达到 13%，业务反应效果良好。本案例中，通过对目标客群的智能筛选、消息触达、权益发放、数据管理，实现了公域触达、私域运营的客群促活，实现了短期的业务促活目标，为后续以流量为基础的产品营销奠定了良好的基础。

（2）分行消费券活动

某分行以运营平台为抓手，利用客群分类模型开展集约化营销，面向目标客户开展多批次集约化营销推送，综合营销成功率达 10.76%，相比传统短信营销平均不足 1% 的转化率，营销水平显著提高；推动单期参与人数增幅达 94.45%，有效增加了活动参与人数，提升了活动效果。本案例是目标客群智能化筛选、定向管理促销活动中的一个典型，由此形成了地区型的消费品牌——工行消费季，目标客群带动并影响周边人群积极参与，形成了品牌效应，提升了对客黏性，有助于后续业务人员对该类客群的长尾营销，最终实现从 MAU 向 AUM 的价值转化。

（3）任务中心开展长效激励机制

手机银行任务中心通过功能与客户形成触点，可实现流程简单、客户参与、权益回馈的长效激励机制，客户在完成金融服务后，可获得多种类型的任务奖励，更可体验小象乐园等沉浸式的游戏，形成良性互动。任务中心可对接集团内多个线上渠道，并根据客户的特征、使用习惯等，智能推荐任务列表。本案例中，对于互联网渠道入口实现了统一管理，结合任务、运营位、权益回馈、数据分析等实现运营闭环，通过金融任务的活动触点，对于客户金融习惯，如理财行为养成、金融市场关注等，起到了良好的促进作用。

（4）借鉴互联网模式加强与用户的互动

工商银行手机银行已经陪伴用户走过了 10 年时光。工商银行通过手机银行版本升级、功能迭代向本行及非本行用户持续开展营销及提供服务，以开放、包容的姿态拥抱互联网，以产品服务大众为中心，面向用户开展线上金融活动、线下金融服务民生，汇聚衣食住行，打造金融新生态的运营理念。在互联网金融舞台上，展现"金融大象"靓丽、亲和的一面。

第 4 节　运营赋能银行数字化转型

在全社会加快数字化、智能化升级的背景下，发展金融科技是工商银行把握数字经济发展、数字中国建设契机的必然选择。国家发展数字经济，推进数字产业化和产业数字化，提升公共服务、社会治理等领域的数字化、智能化水平，对金融的数字化供给能力、生态化链接能力提出了更高要求。金融科技在银行的定位正在从"内部服务"向"外部链接、构建生态"转型，这也是工商银行推进数字化升级、提升金融服务普惠性的重要途径，是我们融入数字中国建设大局、分享数字经济发展红利的重要依托。

在全社会以及同业数字化转型的历史发展期，工商银行以网点为基础的传统经营模式亟待转变，以业务条线散业经营为主的运营模式亟待集中，以人为本的组织机制创新及改革亟待突破，从而提升金融服务民生、服务社会的能力，提升智能营销能力和全面的风险防控能力。

1. 以加强线上线下运营融合为形式，赋能一体化体系建设

随着时间的推移，成长在互联网环境下的新一代客群将成为银行未来的主力客户，银行需要转变运营思路，以提供线上化的金融服务为主，逐步转变线下网点的对客职能。为满足每位客户的金融产品需求，在合适的时机，以合适的渠道提供合适的服务，以用户思维为新发展理念，以全量客户精细化、智慧化经营的企业级计算平台和服务生态网络——个人金融总部智慧大脑应运而生。以用户为中心，加强线上线下渠道间的互联，赋能一体化的体系建设，为全行业务多渠道协同、跨渠道赋能、运营流程统一管理提供系统性支撑，充分利用行内资源，实现"一点接入，全渠道响应"的服务模式，以提升整体服务效率和质量。

2. 以搭建运营中台为基础，赋能线上线下数据运营智能化

采用机器学习、人工智能、5G、云计算等技术，搭建以数据为核心的运营中台体系，全面构建起业务与科技创新协同联动、内外开放合作，形成核心能力和资源共享复用，提升数据赋能运营的能力，通过数据分析、模型训练、场景运营，形成持续的迭代运营优化循环，最终提升运营的智能化。智能化的应用场景迭代，会形成针对客群、活动、权益、数据分析等的模板化流程，持续自迭代优化，最终形成系统的智能自动化，不需要人工介入便能够形成对不同客群的精准触达、营销及价值转化。

3. 以扩充人才队伍建设为保障，赋能运营高效实施

人是运营的核心。这里的人不仅是指银行服务的用户，更是指为用户提供服务的运营人才队伍的建设。银行亟待建立专业化的人才队伍，贯穿业务运营与科技创新，以互联网视角在线重构经营模式，以总行分行协同联动、区域特色赋能的形式，建立集约化的运营管理机制。以运营过程中的每个关键点为基础，带动整体业务线的横向与纵向延伸，并以此交叉形成网状的面，最终形成全场景的金融服务生态体，以点线面体的整体合力，服务互联网金融线上运营。

数据是数字化转型的基础，银行与用户间的行内外交易数据、交互信息的管理，要覆盖用户全生命周期。运营平台以数据为基础，是银行业务人员维系用户与产品、用户与企业之间关系的重要工具，是构建新型信息化社会下新型人、货、场关系的重要抓手。银行要挖掘金融场景，充分发挥数据优势，与有着不同金融需求的用户形成触点，用银行产品服务于用户，提升人民的金融生活品质。

面对数字化转型的历史发展机遇，工商银行牢牢把握以"技术＋数据"双轮驱动的金融创新核心要义，积极应用现代科技成果重构与创新金融产品、经营模式和业务流程，提升运营效能，服务实体经济和用户。

18 中国建设银行：全面数字化的客户旅程管理 2.0 模式

牛继红[一] 张晓丹 王斯雅 中国建设银行
尤忠彬 冯冰润 德勤管理咨询

随着经济进入新常态以及金融科技的快速创新，银行经营全面进入了客户主权时代——以客户为中心整合产品、渠道和服务等各类资源。在客户主权时代，金融市场主体日趋多元化，非金融机构作为竞争对手逐渐常态化。客户在不同服务主体之间的转化成本大大降低，其对银行服务的预期不断提升。这些变化要求银行必须站在客户视角，通过一流的体验更好地获客、活客、留客，提升核心竞争力。

中国建设银行（以下简称"建设银行"）于 2019 年启动全行级客户旅程优化重塑工作，通过场景化获客、金融与非金融服务融合、全渠道协同、流程优化等多种手段，基于客户视角重塑从客户需求产生到需求完全满足的端到端全过程，提升客户体验。目前已分三批推进 15 个客户旅程项目落地实施。在客户旅程项目实施过程中，建设银行不断总结经验并深切体会到，有效建立对旅程重塑实施效果监测、分析、优化、评估的旅程运营管理闭环机制，是保障客户旅程项目有序实施的重要基础。

第 1 节　传统客户旅程管理三大痛点

1. 不持续：一次梳理、一次优化，客户体验管理似乎是"一次性买卖"

客户旅程优化工作以基线分析、旅程重塑、实施落地三步走的工作方法开展，

[一] 牛继红系中国建设银行渠道与运营管理部副总经理。

通过焦点小组调研、一对一深访、头脑风暴等方式，帮助银行站在客户视角整合所有交互触点，梳理内部逻辑关系，最终绘制成完整旅程地图，并在此过程中定位客户体验漏损的环节与触点，提出进一步的优化和整改举措。这样的旅程地图是全面的、体系化的，而且能够为银行提供一个全新的视角来审视业务经营情况，找到提升方向，形成整体旅程优化方案，并将方案分解为若干优化举措，按照优先级分步推进。

显然，客户旅程优化是项持续性的工作，实施中更倾向于采用最小可行性产品（MVP）敏捷迭代，及时根据运营情况分析指导灵活调整，以适应客户需求变化。因一次客户旅程梳理与绘制的过程往往耗费较多的人力与时间，依靠传统的调研、讨论、整理方式频繁地及时更新旅程地图并不可行，静态旅程地图对客户旅程优化指导的有效性会降低。这样一来，客户旅程管理模式丧失了敏捷性与持续性，影响了后续旅程管理与应用的效率和效果。

2. 难归因：客户体验下滑后，背后的真正原因难以下钻与追溯

客户旅程地图将客户的触点与各环节行为整合，提供了一套全面、精细化的客户旅程分析体系，旅程管理人员可以捕捉与分析每一个触点下的客户体验表现，并可以掌握旅程环节内的体验关联与漏损情况。在传统客户旅程管理体系下，评价客户体验主要依赖客户调研，通过面向不同触点收集客户主观感受，形成包括愉悦度、参与度、接受度在内的体验评价指标。

然而这类体验评价指标在实际的管理与应用过程中暴露出两大弊端：其一，由于该类评价指标依赖客户的主观评价，数据采集难度大，指标更新频率低，难以支持灵活、实时的体验管理；其二，缺少对问题实质的下钻分析，该类指标仅能反映客户对于不同触点或环节的整体感受，但无法准确定位其背后的具体原因，如某一环节耗时过长、某一操作流程变更、流程冗余等。旅程管理人员即便拿到体验结果数据，由于难以追溯导致体验下滑的根本原因，他对于业务流程的优化仍然无的放矢。

3. 难参与：旅程优化在总行，更在分行，但分行定位模糊，参与感低

因客户旅程项目实施涉及系统平台优化、服务流程改变等，往往由总行牵头执行客户旅程优化工作，而分行只能配合参与总行调研、讨论等工作，无法充分调动其积极性。但分行才是直面客户的一线机构，也更方便采用MVP方式对客户旅程优化进行有效性验证，且能根据各行不同实际情况提出优化建议。为充分

发挥分支机构客户旅程优化的能动性，分行应同样作为旅程优化运营执行单位。如此就急需有效的旅程优化评估机制，以支持在不同机构间进行公允衡量和有效的横向对比评估，及时确定其优化措施的有效性。

第2节　数字化旅程运营管理：让客户旅程"动"起来

导致客户旅程管理三大痛点的核心原因在于，传统管理模式高度依赖旅程管理人员的手工作业，对旅程运营情况的跟踪不及时、不完整，分析不透彻。因此，解决上述痛点的关键在于让旅程管理过程化、可视化，即在旅程全盘梳理的基础之上，从客户体验、流程效率、价值转化等要素入手，找到客户旅程由内部业务流程传导至外部客户直观体验的核心价值链，即客户体验价值。通过梳理、加工形成监测指标体系，并依托数字化旅程管理基础能力，支持实现旅程运营表现的持续洞察、业务价值的跟踪分析、各层级客户旅程执行单元的横向对比分析。

因此，让客户旅程管理"动"起来，立足于夯实监测体系建设的数据基础，不断提升洞察能力，搭建客户旅程数字化运营管理平台，建立监测、分析、优化、评估的旅程运营管理闭环机制，实现数字化的旅程运营管理。

1. 夯实数据基础，打造指标体系

数据是数字化旅程运营管理的抓手，也是这一管理模式的内核所在。为了客观、准确地刻画一个旅程的真实经营表现，旅程管理对银行数据能力提出了三大要求。

第一，数据范围的广泛性。 旅程的监控常常需要深入经营活动的细节中，对数据范围的要求较高，如各旅程环节的运作时长、旅程环节业务量漏损数据等，需要尽可能广泛、细颗粒度地采集和沉淀。

第二，数据质量的准确性。 与客户体验相关的经营性指标类别庞杂，如旅程效率类、执行质量类、客户反馈类等，客户体验是这些经营情况在关联组合后的表层体现，因此为了准确勾勒客户旅程各个触点的实际体验情况，底层业务数据的准确记录是必要且关键的。

第三，数据口径的一致性。 在客户旅程的运营分析工作中，不同机构、不同渠道间的横向对比工作必不可少，因而需要确保各项指标统计口径一致，才能在交叉组合分析中充分发挥监测体系的价值。

客户体验是一整套业务流程与经营管理机制的外在表现。为有效指导客户旅

程持续优化，客户旅程运营数据被凝结为一套监测指标体系，立体与客观地描述后端流程向前端旅程的传导逻辑，进而实现对旅程内体验表现与体验价值传递的全景监测、实时反馈和动态分析。

在旅程梳理完成后，要对客户体验、运营效率、运营质量、风险防控等方面的监测触点进行全盘整理与分析，以全景化地实时监测旅程整体运营情况。同时，面向不同旅程，需要结合业务运营目标及优化重点，确定旅程运营北极星指标，以帮助管理人员快速判断旅程运营的整体表现与体验价值传导效率。此外，为实现分支行间的横向对比，需以旅程基础监控指标为基础，排除业务规模等因素，从多维度视角选择以比率类为主的旅程关键指标，并进一步加工成综合指数，用作在分行层面横向评估的可靠依据。

2. 应用洞察分析，深挖监测价值

监测指标体系本身是洞察应用的场景之一，然而监测体系仅停留在统计加工这一初级数据分析领域，所能提供的洞察深度比较有限。因此，需要同步构建旅程挖掘分析的深度洞察能力，最大限度地挖掘数据"石油"的价值。

挖掘分析的应用方式主要有两个。**一是智能归因**。在旅程体验出现波动，分析其背后影响因素的工作中，传统模式下基于旅程监测指标、管理人员人为判断的方式固然可行，但过于依赖专家经验，对真实原因的定位存在失准或不全面的风险。而通过建设客户体验归因分析模型可以有效弥补这一缺陷，分析模型帮助旅程管理人员从数据层面识别各类经营活动间的关联关系，以准确定位导致体验指标变动的底层原因。**二是最优旅程探索**。在传统模式下，旅程的监控与优化模式难以摆脱"识别一处补一处"的基本模式，这种模式实际上是面向现有旅程架构进行查漏补缺与微观调整的旅程优化方式。依托挖掘分析能力，数据模型可以在智能归因的基础上，同步运算分析最大化旅程效率、最优化客户体验的旅程最佳路径，帮助旅程管理者整体升级旅程设计部署的方式。

3. 构筑基础平台，支撑闭环管理

运营平台作为旅程数字化运营的实施载体，不仅能够为监测指标提供有处搭载、有处监控，同时为客户旅程地图的更新与迭代提供了线上化管理平台，而其更关键的作用还在于实现了对旅程运营的差异化管理与精细化跟进。

对于指标搭载任务，数字化运营平台需要支持对不同旅程指标、不同监控视角指标、不同数据类型指标进行特定的监测与展示，同时应面向不同的平台使用者进行差异化设计，以满足各类场景下的旅程管理诉求，还需要支持用户进行自定义调整，以进一步增强旅程监测的灵活性。

此外，平台应支持深度洞察能力的落地，需要在指标监控的基础上支持用户灵活配置下钻分析逻辑，以使客户体验下滑后的归因分析成为可能。在指标的分析总结之外，平台需要具备输出旅程分析报告的能力，从而将数据转化为可执行性更强的业务语言，帮助运营管理人员实现对旅程的定期检视和准确跟踪。

旅程地图本身的数字化管理是运营平台的又一项能力要求。平台不仅应当支持管理人员简洁、清晰地查阅多渠道、多产品、多层级等不同情况下的复杂旅程，还需支持灵活切换该旅程的差异化变体，以方便快速查询与横向比对。同时，平台应支持具有相应权限的旅程管理人员在平台内对旅程进行修改、调整或优化，包括对旅程环节进行增、删、改，以及旅程环节之间的串并联关系调整等。

此外，平台需要将旅程地图的修改、补充等操作进行完整记录与保留，以支持管理人员查看某旅程的历史修改信息，以及完整地调阅历史旅程版本，方便对该旅程进行纵向的全盘分析。在平台的支持下，旅程地图不应再是死板的流程线框图，而应是动态的全局监测面板、结构化的资源查询入口与便捷的旅程优化工具。

在监控支持与旅程管理之外，旅程运营重点关注事项跟踪，这也是数字化经营平台需要建设的又一项基础能力。平台需要在指标变动或异常事项生成之后，对其后续的整改动作进行结构化跟踪管理，且不同层级、不同机构可以在标准优化方案之外对形成的关注事项及后续管理优先级进行差异化的配置，帮助实现更加精细化的旅程跟踪管理。

第3节　建设银行客户旅程管理2.0实践

1. 从指标到平台，构建数字化旅程运营能力

建设银行在首批客户旅程项目设计阶段，即将旅程运营监测作为一项重要工作，并在推动首批客户旅程项目落地期间，着手旅程管理数字化升级工作，构建了客户旅程监测方法论、指标体系与相关系统平台。

考虑旅程各级用户和管理人员诉求，形成包含客户体验类、旅程效率类、旅程质量类、数字化程度、风险管控类五大维度20余项通用指标的基准指标体系。同时，通过清洗基础数据、优化指标设计逻辑、统一加工口径等方式从基础层面

夯实了监测指标的整体质量。目前，基准指标体系内的各项指标均为能够在业务流程中采集到数据的可加工指标，具备足够的落地性与推广性。在基准指标体系的基础上，正在面向所有落地旅程推进定制化监测体系建设工作，目前已经完成了"我要获得信用卡""我要开展企业理财"等数个旅程的监测体系设计。

在运营平台建设方面，开发了功能丰富的旅程运营监测模块，支持客户旅程运营闭环管理，不仅支持各级旅程管理人员查询与维护旅程地图，还面向各级管理人员提供了旅程运营监测数据看板与旅程分析功能，此外还搭载了支持旅程优化跟踪的关注事项与旅程报告功能。

2. 从试点到推广，疏通数字化旅程管理流程机制

首批落地的客户旅程项目已取得了阶段性效果。目前，建设银行已完成"私人银行客户签约及申卡""涉外跨境汇款"等旅程运营管理产品的全行推广工作，行内用户量累计过千。例如，自"涉外跨境汇款"推广以来，运营部门与国际业务部紧密合作，成立跨部门联合团队，针对对公外汇业务网点开办、流程运营质效、业务风险拦截、人员作业压力和差错情况，查短板、找差距，共同改进旅程。通过分析模型筛查，某分行发现柜面操作类问题是外汇退票的主要原因，于是通过培训增强网点人员规范操作意识；某分行发现审核差错较高的关键原因是某分支机构 90% 以上的业务没有按要求纳入总行审核标准，从而迅速采取措施整改。通过横向数据比较，某分行发现其业务信息采集退票率全行最低，于是总结他们在大力推广机打凭证方面做出的努力和效果，供全行学习借鉴。

在项目实施过程中，建设银行不断总结经验，建立起常态化的客户旅程运营机制。组建总分行旅程运营分析团队，加强总分行联动，依托系统平台定期形成旅程运营分析报告，及时发现各级机构客户旅程存在的问题，提示业务主管部门、运营部门共同改进优化，通过挖掘流程和数据的价值促进运营管理数字化。

客户旅程管理是银行提升经营能力必要且庞大的工作任务，客户旅程管理数字化是适应行业发展、提升管理效率的全新利器。其利用可采集的业务数据、结构化分析方式帮助银行更客观地刻画客户实际体验并分析体验管理价值，同时通过敏捷的响应机制、灵活的部署模式进一步加大客户旅程管理的价值产出。客户旅程管理 2.0 模式是银行体验管理的新形态，继续打磨体系细节、充分嵌入数据分析应用，将进一步激发这一全新模式的未来价值。

19 招商银行："数、智、盈"智慧财务管理实现四个转变

李 俐[⊖] 招商银行

"十四五"规划标志着我国经济由高速发展阶段迈入高质量发展阶段，宏观经济增速换挡下行挤压银行业盈利空间，而经济增长模式转换、科技变革与数字化浪潮又蕴含了新的发展机遇。在新的历史时期，银行业务发展理念和获客经营模式更趋线上化、数字化，内部组织架构与管理流程更趋集约化、智能化，经营管理逻辑已悄然改变。

财务管理作为银行的重要中枢，传统模式已难以适应数字经济时代下的发展需要，亟须在组织架构、管理模式、技术工具、流程规范、专业能力等方面突破边界，创新求变。招商银行财务会计部深入研究全行战略规划发展需求，锚定数字化转型方向，借科技云梯、聚数据资源、建全新模式、促价值创造，打造出具有招行特色的"数、智、盈"智慧财务管理体系，在助力银行经营发展的同时，实现了"战略财务、业务财务、共享财务"三位一体的新型财务管理职能转型，为新形势下的财务管理定位重塑与价值发挥提供了参考与借鉴。

第1节 财务管理数字化转型的背景和意义

1. 国家发展新阶段，金融科技提速提质成为必然

近年来，经济金融发展及消费活动的线上化、数字化，叠加互联网异业竞

⊖ 作者系招商银行财务会计部总经理。

争,不断重塑行业竞争格局,驱动银行加速创新发展。同时,国家管理部门多次强调,金融系统要主动担当作为,更加重视金融科技并充分发挥其在弥合"数字鸿沟"、提升金融服务质量方面的作用,反映了当前银行业金融科技转型已提升至前所未有的高度。商业银行要想在构建新发展格局、服务高质量发展方面发挥关键作用,必须依托金融科技。这是提高金融体系运行效率、加强国民经济助推能力的重要保障,也是数字经济时代的必然要求。

2. 银行经营转型升级,财务管理须破茧新生

随着外部环境变化和监管政策引导,国内银行业快速响应,持续加大金融科技投入与建设,创新与转型步伐加快。

财务管理作为银行的重要管理中枢,在全面预算管理、资源优化配置、业务发展支持等方面肩负综合管理及决策参谋职责。面对银行经营模式升级,财务管理必须增强危机感和紧迫感,依托更快、更强的数字化转型,突破传统管理思维定式,以更为主动和前瞻的自我变革,在服务内部流程、推动经营发展、助力决策支持等方面实现质的飞跃。

打破意味着新生,如何搭建更加开放、高效的线上化、数字化、智能化财务管理新模式、新生态,是所有财务人员亟须深入思考并解决的问题。

第2节　招商银行财务管理数字化转型愿景

银行财务管理的数字化转型离不开时代发展格局,亦须顺应全行经营战略方向。招商银行在"十四五"新阶段,提出了"成为创新驱动、模式领先、特色鲜明的最佳价值创造银行"的战略愿景。要实现这一愿景,首先是要保持战略定力,即继续坚持"轻型银行"战略方向和"一体两翼"的战略定位,其重点在于探索和践行3.0发展模式,包括大财富管理业务模式、数字化运营模式和开放融合的组织模式。

上述目标既是对业务拓展和经营能力的极大挑战,也对财务会计等中后台管理部门提出了更高要求。基于此,我们对财务管理数字化转型进行了持续的思考与探索,通过对全行经营管理模式、组织进化过程、财务管理效力、业务发展策略的深入研究,以及对同业和异业经验的吸纳与汲取,逐渐勾勒出招商银行财务管理数字化转型总体目标:以"创新引领、科技驱动、数据赋能、价值创造"为

纲领，构建"数、智、盈"新智慧财务管理体系（见图19-1）。

图 19-1 "数、智、盈"新智慧财务管理体系纲领

以创新引领为核心思想，积极推动各类创新，实现快速变革和自我突破。 其中既包括物化手段的创新，例如财务管理流程优化、制度迭代、系统建设、设备升级，又包括体制变革和思想变革，即财务管理体制变革、管理理念转变、专业技能提升、新型人才队伍建设以及创新文化的深入。

以科技驱动为主要保障，借助行内外科技力量，搭建解决管理痛点的"人＋数字化"智能管理体系。 该体系覆盖财务管理的方方面面，贯穿事前预测、事中管理、事后回检，可迭代、可拓展、可组合。在这方面我们是幸运的，全行数字化升级步伐加速为财务人员提供了更丰富、更灵活的技术支持，成为打造新智慧财务管理体系的有力保障。同时，科技驱动不仅服务于财务管理效率的提升，还服务于财务管理边界的持续延展，成为推进新智慧管理的最核心动能。

以数据赋能为主要着力点，打通业财融合突破口，跳出"财"字管财务，跳出财务促经营。 通过建立全维度业财一体化数据体系，纵向打通业务到财务的完整数据链路，横向覆盖一系列业务经营与内部管理的关注指标维度，以数据监测为基础，以指标评价为抓手，实现对行内外数据的高效管理及广泛应用。在数字化时代，只有更完善、更前瞻、更快速、更集约、更准确，才能在数据赋能竞争中脱颖而出。

在上述基础工作之上，"数、智、盈"新智慧财务管理体系顶层应用群以价值为纲，通过增收节支及决策参谋作用的发挥，助力全行实现**可量化的价值创造**。一方面，全面提升预算、财务、税务等财务子领域的专业能力，通过增收节支提升综合盈利贡献；另一方面，立足全局，赋能业务，在策略制订、业务发展、客群经营、内部管理等方面充分发挥决策参谋作用，强化战略财务定位。

在金融生态的不断变化中，财务管理、金融科技、业务经营打破割裂格局，搭建更为开放、融合的组织生态将成为必然趋势。只有打破对财务管理传统固化的理解，充分融入数字化时代，及时了解业务经营的核心需求，快速响应财务管理的急迫问题，推进智慧财务管理体系不断发展，才能有效应对行业经营变化，在组织变革中保持更长久的内生动力。

第 3 节　从事务管理向价值创造转变

从事务管理向价值创造转变的目标是：创新引领，模式转型，构建"三位一体"财务管理体系架构。

财务共享模式转型

招商银行自 2017 年启动财务共享工程以来，已逐步将总、分行各单位标准化、重复性高的财务报销核算全部集中至总行财务共享团队处理。财务共享工程作为财务管理转型的重要环节，是以共享服务为基础的财务管理体系重构，有助于优化资源配置、加强风险管控、提升管理效能，是财务战略转型的重要一步。

流程制度方面，管控前移、精简流程，即以财务共享为抓手，推进前端业务行为规范化，降低财务风险，提升财务基础数据的真实性、准确性与完整性。**信息系统方面**，以招财报销系统为核心，对接行内外信息系统，配套建立电子影像系统、电子档案系统，实现线上化、一体化、智能化的开放式财务共享生态。

全行财务共享体系搭建至今，围绕"人＋科技＋模式"三大转型方向，以规模效益、标准化能力推动全行财务数智化运营稳步提升，分行财务人员已从基础事务性操作中解放出来，更多地参与到业务分析、预算沟通、合规风控等业务财务职能中，推动岗位职责从"核算事务型"向"价值创造型"转变，逐步构建"战略财务、业务财务、共享财务"三位一体的新型财务管理体系。

第 4 节　从人工管理向智能管理转变

从人工管理向智能管理转变的目标是：科技驱动，数智运营，搭建财务管理重要领域平台集群，推进服务流程重塑与管理价值提升。

1. 一站式数字化服务平台——招财慧服

为解决员工垫款多、报销贴票繁杂、审核流程冗长三大传统报销痛点，以"额度内据实清算＋月结大发票＋API 直连供应商"方案搭建场景化、线上化、一体化的 B2B2C 智慧服务平台，满足多、快、好、省的用户需求。

多：横向拓展差旅、用车、用餐、教育培训等场景版块，纵向直连12306、航空公司、大型酒店集团、网约车平台、互金平台等多种供应商，支持多品类、多品牌线上比价筛选。

快：支持因公及因私支付，因公支付无须员工垫款，由公司账户月结支付，大发票统一结算，自动进行额度管控及会计凭证生成，赋能减负、无感报销。

好：以标准化、差异化相融合的思路，打造预算管理、运营管理、对账结算、风险防控、客户服务五大支持体系，其中，预算管理支持"统一标准上限+个性化额度配置与管控规则"；运营管理支持日常审批流程与订单综合管理；对账结算以标准化的作业流程实现月结费用7天内结清；风险防控前置规则模型，分场景定期稽核并主动提示违规行为；提供线上、线下、电话等全方位、多渠道的客户服务。

省：一体化预订、结算、记账环节，提供明细业务数据与用户标签，提升成本管理与供应商比价能力，为统一采购与价格谈判提供数据基础，助力议价能力提升。

2. "三无报销"的智慧报销平台

以电子发票推广为契机，以财务共享转型为基础，颠覆传统报销模式，搭建"报销过程数字化、查重查验自动化、财务审核智能化、归档管理线上化"流程，实现无纸单据、无人审核、无感报销的"三无"报销体验。其意义主要体现在三方面。

财务报销流程重塑，用户体验升级。 将银行发票云对接招财报销系统，实现手机移动端采集查验电子发票及线上轻松贴票，省去录入信息、打印、贴票、交单、扫描等手工操作。同时，配套电子发票无纸化报销模式，改造系统报销界面，做到全流程环节可视化；嵌入新流程操作指引，步骤简单清晰，帮助用户塑造全新无纸化报销习惯。

数字化破局，机器审核替代人工审核。 基于财务共享审核标准规范，试点智能化审核规则引擎与银企直连的一体化方案，对满足系统校验规则的单据实现机器审核，兼顾财务风险的系统性管控与报销款项的快捷支付。

以"三个同步"实现档案单套制破冰。 通过创建财务数据和档案管理的同步生成、同步归集和同步管理的"三个同步"科学管理体系，实现财务报销系统与档案系统的集成协同与数据共享，报销完成即自动归档，全流程最快不到4分钟。

3. 智慧资产管理平台

实物资产管理领域，通过构建全新系统，优化系统性能及用户交互体验，重点突破资产采购、持有、盘点、处置等关键节点功能模块，实现 ATM 设备自动盘点。同步上线模拟折旧功能，赋能分行资本性支出与费用预算管理。

租赁管理领域，结合 IFRS16 准则改造，提供一站式租赁管理服务。合同录入、账务处理、租赁选址、风险防控四大模块各司其职，实现对所有租赁事项合同电子化、结构化的线上管理，大幅减少手工记账。另外，结合网点周边客户分布热力图、他行网点布局、闲置商铺信息供网点选址参考，并外联头部房地产中介企业数据，构建租赁风险识别模型，助力分行加强风险防控。

4. 对内融合、对外开放的云税务平台

强基础：持续优化企业所得税、增值税等重点税种智能申报，通过对上游业务和财务数据的全面抓取整合，设计丰富的映射关系和严密的计算逻辑，实现自动化纳税申报栏次达到 95%，替代了重复的、有规律的和机械的填报工作，大幅释放税务人员精力；通过结构化标签和标准化规则，实现申报工作线上化和智能化，夯实数据统计分析基础。

重输出：设计可视化、多样化、常态化的智能数据报表，实现自动化计算、多维度展示和秒级输出；搭建同业对比分析报表，采集上市银行同业披露数据，设计契合业务场景的分析方法，支持多维指标分析，并能下钻至驱动因子变动情况，满足管理层对标同业的需求；构建行内社区型互动平台，以新颖别致的功能应用，将新概念、新元素、新潮流注入传统税务管理中，与时俱进地增添新鲜活力，以更好地服务日常工作，为一线赋能减负。

防风险：以全行税务检查案例和应对经验为基础，通过识别经营管理中可能存在的各类风险事项，评估风险并制订合理的风险等级，编制风险管控标准，形成全行税务风险数据库。结合不同省市地区特点及参考同业情况进行风险分级，确定风险管控优先次序，制订防范化解措施，并形成风险敞口测算及等级评估的动态维护更新机制。

"走出去"：积极融入国家税务信息化建设的进程中，为税务机关在电子发票、税企直连、银税互动等方面提供支持和助力。一是作为全国首个区块链电子发票的试点银行，招商银行获得深圳市和广州市区块链发票代理服务商资格，在多个应用场景不断拓展，通过企业网银、企业 App 以及 API 等方式满足企业开票需

求，已为超过 5000 名纳税人提供免费、便捷的电子发票开票服务。二是成功接入深圳市税务局试点推出的"税企直连平台"，实现一键报税及缴款。目前正致力于完成各项功能全面对接，实现"直连－互连－智连"，进一步提升税务信息获取和自动化数据管理水平，并为外拓赋能提供了新的渠道和产品，打造"智慧融合、内外赋能"的税务服务体系。

5."票、财、税、档"一体化企业级财税解决方案

开票领域，2016 年营改增时招商银行已对各类业务系统进行了改造，所有向客户的收费、收息业务均已实现可开票数据自动传递，避免虚开、错开发票。2019 年继续优化流程，发票系统对接招商银行 App、企业网银、企业银行 App、回单机等客户服务渠道，客户可在线提出开票申请并实时获得发票，有助于提升服务效率，降低发票管理成本。

收票领域，2019 年实施发票信息采集、真伪查验、认证抵扣、报销入账和归档等环节线上化，报销人和财务人员可通过手机移动端采集发票信息，并传至财务系统关联或自动创建新的报销单，从而大幅提升财税管理能力和用户体验。2021 年 9 月，招商银行"票、财、税、档"财务管理一体化方案成功通过财政部、税务总局和国家档案局的电子发票报销、入账、归档试点验收，并获得了高度好评。

融资业务发票数据管理领域，实现融资类场景 100% 全覆盖。客户可通过网银、App 等对客服务渠道采集和上传发票数据，查验结果直接对接行内信贷业务贸易背景审查，有助于提升融资业务审批效率，降低重复融资风险。

另外，在满足银行自身需求外，积极赋能客户推进企业税票数字化升级，以企业网银、企业银行 App、小程序、数据接口等方式，向客户提供发票查验、数据采集、金融支付、发票开具、档案管理等涵盖发票全生命周期的便捷服务，既为企业客户提供自动化、专业化的财税领域服务输出，也为贸易融资业务提供风控抓手。

第 5 节　从财务向业务转变

从财务向业务转变的目标是：数据赋能，业财互通，从最基础的手工账务治理到数据标准化再到业财数据互融互通，不断夯实业财数据基础，提升数据支持能力。

1. 年报加速项目

一是分解年报编制流程，以集团管理视角全方位调研并诊断关键节点存在的问题，锁定可提速环节，逐个击破。同时，以去冗余、标准化、规范化、系统化为目标，对子流程进行全面解析、重构。

二是从财务报告附注数据结果、重要业务处理的账务结果两个维度出发，溯源财务指标形成过程，在科目视角下打通业财数据链路，实现业务数据与财务数据更精准的匹配与映射。

三是通过系统功能模块建设，落地流程优化与数据质量成果，形成年报编制平台与账务数据监测分析平台：前者立足于明细数据集中化、采集进度可视化、编制流程系统化、报告数据可下钻、系统功能可拓展五大目标，后者旨在推动账务数据监控分析自动化与账务明细检索高效化。

2. 管理驾驶舱

聚合化、集约化的报表平台。平台聚合了全行各业务条线、同业交换、监管共享等内外部数据报表，可满足各级管理者多场景的数据需求，避免重复开发。

综合化、实时化的数据服务。PC 端和移动端均能实现数据随时触达，实现用户端自助提取及分析；支持报表订阅、收藏、评论和转发，提升交互体验。同时，以核心账务数据为基础，实现从指标到明细数据的实时计算及可视化展示，用户可实时查看并溯源分析。

3. 全行统一指标库（CMBI）

标准、规范的指标管理。统筹全行核心、常规或专业指标，集中进行指标的归属、口径、准入及权限管理，提升全行重要指标在定义和使用上的规范化程度，解决数据指标口径不一、重复开发等问题。

完善、统一的指标体系。推进核心、常规指标在 CMBI 的完善和落地，实现指标口径及权威数据的统一发布及应用。

高效、灵活的指标查询。实现高效、灵活的指标定义与结果数据查询检索，提供可视化指标数据多维分析，并支持衍生指标、自定义导入指标运算及展示。

开放、融合的数据服务。以 API 调用、数据集市共享或实验室访问等方式，开放指标数据查询接口，为各类管理分析系统提供服务。

4. 覆盖经营重点、融合业财视角的管理会计报表集群

构建"横到边、竖到底"的全机构监测分析体系，服务精细化管理。 搭建覆盖一级分行、二级分行、县域支行以及网点的全链条机构维度报表体系，围绕市场拓展、收入创造、客群经营、成本管理等多维视角，助力各层级机构厘清自身的优势与不足，深入开展横向比对，研究价值提升方向。

构建"看得透、挖得深"的全视角客户综合贡献报表，提升客户经营评价能力。 聚焦公司业务重点客群，构建战略客户、机构客户三环综合贡献报表体系，围绕大财富管理视角，构建批发客户与私钻客户综合贡献报表体系、零售客户经理效能评价报表体系，为一线客群经营、公私联动、客户转介等成效评价提供数据支持及决策参考。

打通管理会计成本分摊端与溯源端，实现更为精细的成本分析数据支持。 建立贯穿管理会计成本分摊及溯源的成本查询报表，以2亿条成本分摊数据分类查询，支持可下钻至单一客户、产品及部门的分摊成本归因查询，协助总分行业务部门全面了解分摊成本构成及动因，明确成本优化方向。

第6节 从量化分析向决策参谋转变

从量化分析向决策参谋转变的目标是：强化决策参谋，助力价值创造。在前述基础工作之上，顶层应用集群围绕战略重点，持续为全行业务决策、增收节支贡献力量。

1. 以大财富管理为核心的中间业务管理——魔方平台

打造开放、融合的中间业务数据资产管理平台，实现"作业一体化"和"数据一体化"。 通过端到端流程梳理和系统建设，将多头分散的管理和运营操作集中化、规范化，将数据定义标准化、清晰化，实现"纵向流程不断点，横向数据不断链"，重塑一套数字化、智能化的高效协同流程体系。

搭建一站式中间业务智慧管理门户——魔方平台，实现"洞察一体化"和"管理一体化"。 一方面基于丰富的中间业务底层数据资产，整合行内客户标签体系，形成统一的中间业务产品与收费视图，提升面向业务主题的精细化数据分析能力，同时应用自助式、可视化的BI工具向总、分行业财人员提供开放式数据

服务。另一方面，围绕中间业务预算、定价、核算、合规等管理职能建设智能化专业系统，将大数据成果充分运用于管理决策，丰富多场景的跨部门数据应用，从而将数据能力变现为管理价值，将招商银行"打破竖井、赋能减负"的轻管理思路融入日常工作。

探索数字化前沿技术在决策支持体系中的应用，实现挖潜增收。充分利用行内线上线下各渠道积累的万亿级客户交易数据、行为数据，同步接入海量行外数据，再应用机器学习、知识图谱等人工智能与大数据分析技术，挖掘新的中间业务增长点，在内部联动政策配套、客群经营拓展、产品优化推广等方面制订有针对性的挖潜增收策略，让财务部门成为中间业务数字化管理的"核心引擎"。

开创性地选取机器学习算法，建立中间业务收入预测模型。针对中间业务收入预测量化依据少、业务黏性弱、人为介入深的现状，以"双全双多"为原则，即"非息产品的全覆盖、业务部门的全沟通、核心产品的多动因、数据预测的多样性"，对中收产品进行梳理及优化，并以神经网络算法为核心，构建多场景、多样性预测模型，推动中间业务的智能化、精细化管理水平提升。

2. 多点突破，打造研究型业财中台，决策洞察、赋能经营

构建业财专题研究分析体系，助力经营决策。围绕行内战略导向，以多维度、全口径的管理会计及预算报表体系为支撑，以多视角、高频率的业财交流为保障，聚焦机构、客户、业务、数字化、同业及市场等多维视角，持续开展并输出多篇专题分析材料，在机构经营成效诊断、客群经营价值挖潜、同异业先进经验借鉴、成本精细化管理等方面沉淀出特色主题，提出并推动多项管理建议落地，打造出既具财务特点，又与业务深度交融的财务会计专题分析体系，向研究型中台迈进。

创建金融科技投入产出分析模型，提升过程管理能力。紧跟金融科技转型，围绕零售线上化获客经营重点场景，建立用户获取、转化、经营及价值变现的MAU获客经营投入产出分析评价模型，助力零售资源优化配置；以饭票、影票、出行、便民等重点场景为切入点，围绕对客价值、商业价值、生态价值、科技价值、管理价值五大视角，研究FinTech基金项目落地成效，探索资源投产优化空间。

3. 4D财务成本管理体系

4D即精细化（Delicacy）、数字化（Digital）、预测化（Divination）、拓展化（Development）。

精细化：建立费用归因模型，通过剖析成本动因，回归费用源头挖掘节支潜能；推进项目化管理，提升业财 BP 职能，并通过搭建项目投入产出体系，推动费用投入的全过程闭环管理，对高产出项目加大支持，对低效项目及时调整，全面提升费用效能。

数字化：以海量数据为基础，将成本在前端按产品、客户、渠道等多维度精细核算，丰富费用标签体系，赋能成本统计与分析。

预测化：结合项目过去的投入产出效率，建立多维费用动态预测模型，助力成本投入前瞻性部署及科学性评判。

拓展化：构建开放式财务共享模式，推动差旅系统、云税务管理平台、招财慧服平台等财务系统产品向外输出，全面链接行内外各类客户和资源，为业务部门的拓客引流赋能，实现财务管理与业务经营融合，向价值提升迈进。

4. 财务大数据风控平台——慧眼

数据融合：汇聚全行业务、财务、税务、统计等各类数据，利用 RPA、OCR 等技术实现自动抓取所需数据，通过数据匹配、精准筛选等技术识别潜在财务风险。

闭环管理：对风控平台的模型实施全生命周期管理，探索"启动检查—问题反馈—问题整改—模型优化"的线下＋线上闭环管理模式。

双慧飞轮：结合"慧眼"模型结果，配置报销审核端规则，将风险点前置至报销单填报处，打造"智能预审＋机器审核＋人工抽审与回检"的"慧审"系统。通过"慧眼"＋"慧审"双飞轮，促进标准、流程、规则与执行的良性循环，构建"机器审核—人工审核—慧眼风控"审核闭环。

"三全"管理：一是全流程风险识别，在报销提交、报销审核、事后回检等环节设置风险识别逻辑；二是对发生疑似问题较多的个人、机构附上分类标签，形成报销人、行部、机构风险画像，并针对不同画像设置差异化审核尺度；三是全操作风险管控，识别审核作业人员审单异常、审单差错比率等，形成作业人员风险画像，并根据画像分类开展分析及防控，通过实时监控相应指标、后督检查等措施降低操作风险。

5. "三横三纵"人才培养计划——慧学

构建"三横三纵"的慧学计划。"三横"指报销人员、分行财务人员及总行财务人员三大类培训对象,"三纵"指每一类培训对象对应的课程体系、培训形式与考核评价三大培训方式。

从"横"来看,以新人培养为切入点,以骨干提升为特色推动点,以中高层管理者培养促进机构管理能力提升和创新。

从"纵"来看,课程规划方面,要因材施教,持续做好"慧学精品班、财会小课堂、共享小课堂、应知应会"四大精品系列课程,关注共享财务及智能审核工具的培训以及业财融合模式的推广。培养成效评价方面,更关注过程监测,从入门第一课到各类拓展培训,综合财务人员工作经验、性格特点等维度生成个性画像,作为重点项目推荐、人员选拔及管理人员业绩评估的参考。

乘势而上千帆竞,策马扬鞭正当时。财务管理转型是一项极具综合性、复杂性、战略性的系统性工程,需要长期砥砺深耕、不断迭代。依托国家发展变革提供的机遇,招商银行"数、智、盈"新智慧财务管理体系已取得第一阶段的丰硕成果,未来仍将深入践行金融系统科技创新的要求,以打造中国银行业最佳数智化财务管理体系为目标,不断拓展管理及服务边界,持续提升专业能力和创新能力,锻造不竭内生动能,并积极将数字化转型经验赋能企业及个人客户,实现自身价值、行业价值、社会价值的共赢,开创"创新、数智、融合、价值"的财务管理新格局。

第六篇

数字化公司银行

20　招商银行:"科技+金融"重塑银企合作新模式
21　江苏银行:对公业务跑出数字化发展"加速度"
22　徽商银行:多模态增效公司银行业务数字化
23　微众银行:微业贷践行小微企业普惠金融服务

20 招商银行:"科技+金融"重塑银企合作新模式

俞 娟[一] 招商银行

国家"十四五"规划中关于银行业改革,提出应着重完善长期稳健的运行机制,更好地履行服务支持实体经济的职责。充分把握特殊周期下市场增长点,从服务于实体经济出发打造第二增长曲线,国内银行的经营模式面临一次"关键选择"。对于银行业而言,第一曲线对应着传统的金融产品和服务,它们是过去银行增长的主引擎;而第二曲线则代表着未来,包括围绕数字化、生态圈等新模式开辟的新业务领域。

第1节 产业互联网发展促进银行数字化转型

伴随着商业银行转型升级以及产业互联网发展深化,物联网、5G、工业互联网、数字孪生等新技术加速发展,"双循环""碳中和"等历史机遇涌现,催生了我国新业态、新行业、新商业模式的发展。其中,数字经济与实体经济的深层次融合成为推动产业变革的核心力量。产业链从采购、生产、销售乃至财资管理各环节都在加速数字化协同,产业融合和跨界竞争成为企业发展的主旋律,社会已经由消费互联网时代进化到产业互联网时代。

[一] 作者系招商银行交易银行部副总经理。

面对市场环境的快速变化以及公共基础设施的数字化发展，企业也被推上了数字化升级的快车道。无论是适应全新的业务模式还是追求长远发展，企业都需要紧随时代步伐进行数字化转型，在战略、组织、管理、服务、人才等方面开展思维模式上的自我颠覆与产业实践上的系统革新。数字化能力已然成为提升市场适应能力与相对竞争优势的门槛。

对企业而言，构建在数字技术支撑下能够应对全球经济产业布局调整、适应产业互联网时代的财资管理和供应链体系，促进企业内部和产业链上下游的价值创造，成为数字化转型的关键。

在这样的产业数字化浪潮中，如何将金融科技能力高效地转化为服务实体产业的优势，帮助企业数字化转型，为企业创造更多价值，是银行在与企业合作时需要深入思考的关键问题。

银行经营数字化转型在零售业务板块发展较早，在与互联网金融企业的竞合发展中，行业内的转型已初见成效。但相比以服务个体为主的零售金融，连接多渠道、多场景、多对象，涉及多业务、多产品、多部门的公司金融在线上化、数字化方面遇到的挑战则要大得多，在整个行业内的进程也相对慢半步。

从客户经营视角来看，公司金融在渠道、场景、客户关系管理三方面存在不同程度的挑战。

对客渠道繁杂。相比零售金融以服务个体为目标，一个 App 可以集合所有的产品与功能，公司金融的服务渠道、场景及对象则要复杂得多，有线下的网点、客户经理，也有线上的 PC 端、手机 App、小程序等多个服务端，不同渠道具有差异化的服务特点和优势，统一入口经营难度大。

服务场景多元。企业经营的产、供、销不同环节及不同产业，对于银行金融服务的需求各不相同，同时对公服务对外连接着 B 端（企业）、G 端（政府）、F 端（金融），数字化外延也更加广泛。

客户接触多主体。一家企业中对接银行服务的主体多元、决策主体难统一，从 CEO 到财务人员、采购人员、销售人员等，不同的企业角色与银行交互的方式、渠道和诉求均有所不同。

在这些纷繁复杂的挑战面前，公司金融数字化的内涵不仅是产品销售和银行服务从线下到线上的迁移，更是对产品体系、业务逻辑、组织架构、内部系统的一次重塑，要打破既有的管理模式和技术竖井，实现端到端的流程再造。

第 2 节　破局之道：构筑"双云多端"的企业数字化服务体系

在过去几年里，招商银行内部对于公司金融板块所涉及的业务流程、产品体系、数据链条等进行了全面梳理，打通了原有的"竖井"和"断点"，构建了一套完整、流畅的中后台体系。主动与客户建立连接，为企业客户定制交互友好、开放互联的多维服务体系。依托金融服务云和企业服务云，建设企业网银、企业 App、微信小程序、微信公众号、门户网站、云直联、CBS（跨行资金管理系统）等七大服务渠道（见图 20-1），着力打造"双云多端"架构的企业数字化服务体系。通过该体系，不同类型企业、不同人员角色、不同业务场景下的各类需求均可与之适配或兼容，银企交互连接突破传统金融服务范畴。

图 20-1　七大服务渠道

"双云多端"企业数字化服务体系包含支付结算、现金管理、供应链融资、跨境金融等全场景的产品服务，这些服务可以嵌入对公客户的采购、销售、财资管理等内部流程中，围绕企业经营形成更深层次的银企合作新形态。此外，招商银行在行业垂直领域加强与头部企业服务商合作，已累计开放 API 超过 1300 个，与超过 80 家第三方服务商建立了合作关系，银行、企业服务供应商、企业共建生态，实现三方共赢。

在企业数字化转型与疫情暴发之后的浪潮中，招商银行对公数字化服务的创新与实践尝试通过五大招式突围。

招式一：全流程线上化服务。 有别于单项业务推进线上化改造的传统模式，基于客户视角，通过内部高效协同，力求实现体系化、全流程的对公线上服务，覆盖客户账户、结算、现金管理、融资、跨境等全门类经常性业务需求。企业客户仅需一次临柜，后续 90% 以上业务均可在线自助开通、线上一站式办理。

招式二：多维数字化服务矩阵。 面对复杂多变的对公客群业务需求，"双云多端"体系下的多维数字渠道为企业提供了多样化的服务选择。在该服务矩阵内，各渠道各具特色又相互融合，无论是初创公司还是集团企业，无论客户是在出差还是在本地办公，都可根据需要选择一种或几种渠道进行自由组合搭配。此外，矩阵内的各对公服务渠道实现了用户体系互通，客户仅需注册一次，就可实现无界畅行，体验互通、高效的对公业务服务。

招式三："人+数字化"立体式服务。 为打破银行对公业务高度依赖客户经理的线下服务，服务质量与成效取决于客户经理能力的传统模式，招商银行通过对公数字化服务体系的打造，让线上渠道不再是单一的财务交易工具，而是银企互动协作的桥梁。为实现"人+数字化"，近年招商银行陆续打造了同屏交互、订单推送、"海陆空"帮助体系、专属线上客服等线上创新服务。配合线下客户经理，在线上着力打造沉浸式、立体式交互体验，摈除烦琐、复杂的操作步骤，实现用户体验全面提升。

招式四：深度连接企业经营场景。 在产业数字化浪潮下，企业金融需求与经营需求的边界日益模糊，这也促使银行业不断拓展服务边界。招商银行积极拓展服务角色边界，明确将对公服务范围从企业财资部门延伸至企业生产经营全链条；将服务对象从财务人员扩展至法人、高管、采购人员、销售人员，甚至是客户的客户。通过服务角色的扩展，探索出了进入企业生产经营圈、产业上下游、产业链集群的有效路径。

招式五：全场景生态服务。 基于现金管理、投资融资、国际业务等核心金融服务能力，不断升级传统服务优势的同时，将经营视角瞄准泛金融"业财一体化"。借助金融科技优势，招商银行将其"端到端线上服务"能力延伸至企业客户的销售、采购、存货、物流、发票等核心产业链环节，助力企业降本增效、实现数字化转型（见图 20-2）。

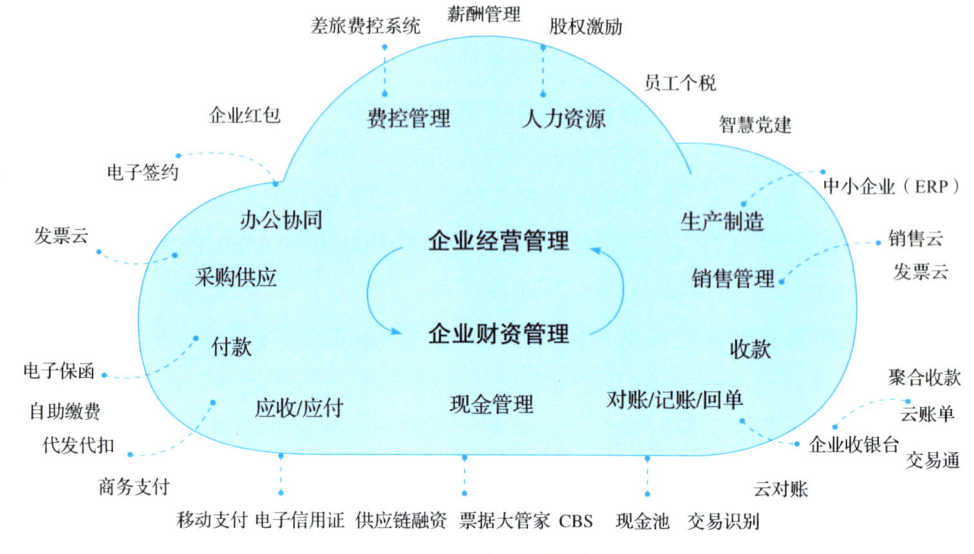

图 20-2　金融 + 非金融需求的全场景

第 3 节　从财资管理到产业链经营，助力企业数字化转型升级

在企业践行数字化转型的具体实践中，核心企业财资管理体系升级和产业链上下游协同提效是备受关注的两个方面，也是招商银行企业数字化服务体系重点布局的实践领域。

服务核心企业的财资管理体系升级，在于围绕各项金融与非金融场景，通过数字化平台服务和金融服务的融合输出，为核心企业提供量身定制的综合方案，打通核心客户内部各板块、公司各层级链条，帮助其构建"高效而聪明"的财资敏捷力。

服务核心企业的供应链金融能力协同，在于以产融结合科技为方向，重点推进线上供应链金融，加速客户产业链与招商银行金融科技战略的融合，提升对产业链企业的服务效率，切实解决核心企业上下游中小微企业融资难、融资贵的问题，支持核心企业产业链上下游发挥协同价值。

1. CBS+ 企业服务平台助力核心企业财资管理体系升级

过去，传统商业银行受到管理架构、组织模式及业务边界等因素的制约，往往以本行账户体系为基础，提供支付结算、现金管理、供应链融资和资产管理等服务,这些服务更多是从银行的产品销售角度出发,而非围绕企业资源配置优化的需求开展。随着财资管理范围的扩展,企业更加迫切地希望商业银行能够脱离单一银行架构和孤立产品销售的束缚,在各类场景中实现产品与服务的融通及经营资源的最优配置。

招商银行率先在业内推出跨银行资金管理系统(CBS),开创了商业银行为企业客户提供财资管理数字化服务的先河,通过将企业分布在各个银行的账户和资金信息进行整合,让企业管理者可以在同一时点统一看到整个集团的银行账户资金,并不断融合招商银行在现金管理领域的专业优势和成熟经验,为企业的财资管理输出能力。

通过将企业跨银行账户和资金信息进行整合,CBS让企业管理者在实现集团资金统一可视的基础上,还实现了无间隙、低成本、高实时、零差错的收付管理,同时资金的全局性管理为集团成员单位间高效的资金调拨和资源调剂提供了便利。此外,CBS还融合了线上化电票开票、收票、背书、质押、贴现、票据池融资的全流程管理功能,帮助企业盘活资产,促进企业自金融能力的打造,避免企业对外部融资的过度依赖。

随着数字化企业服务内涵和范畴的不断延伸,CBS已经从一个服务企业资金管理的系统工具,逐步升级为以企业财务和金融资产资源管理为核心、覆盖企业全球资金管理、企业财务共享管理、经销商管理、股权激励管理等多场景的财资管理服务体系。目前,招商银行已通过CBS向3000多家集团企业客户的10万余家集团成员单位直接输出金融科技能力。

以某国企港口集团财务共享中心建设项目为例,招商银行帮助该企业对内部组织结构及财务和业务进行流程再造,升级了以资金管理为核心的财务管理信息化体系,打通企业内部资金管理、费控报销、共享运营、财务核算、OA办公等ERP系统,全面实现业务流、资金流和信息流互联互通,从采购、收款、资金到资产管理的全程不落地集中处理,针对具体交易场景融合了多家银行包括线上支付、云账单、聚合收款以及付款代理、进口开证、押汇等在内的金融服务,带动了港口信息化、智能化水平的提升。

长期以来,招商银行在服务国有企业过程中持续输出财资体系构建和管理模式的创新理念,以CBS为核心的数字化工具对国企加强资金统筹管控、优化资金配置、提高资金使用效率、促进提质增效发挥了重要的作用。

2018年国务院国资委提出国资委和央企国资监管信息化建设"三年行动计

划"，旨在促进国资监管和国企信息化水平协同提升，推动国资监管向数字监管、智慧监管转变。2020年国务院国资委在广东、天津、甘肃、内蒙古等地试点推进国企资金在线监管平台建设。作为金融机构中间桥梁，招商银行利用数字化服务将企业和监管部门的需求有机连接起来。一方面持续加大对国企客户的CBS能力输出，帮助其提升财资管理的敏捷水平；另一方面将企业端CBS应用与国资委国企资金在线监管平台进行开放连接，通过数字化手段为监管部门输入实时有效的数据来源，完成了向实时监管的转变。

2015年新预算法施行后，地方政府债券逐渐成为"稳投资、补短板、防风险"等领域的中流砥柱，为经济社会发展注入活力。随着专项债发行的加力提效，管理难度持续增大，专项债的全周期管理，尤其是项目、资金、还款管理成为财政部门关注的重点。围绕各级财政部门的管理需求，以CBS为原型理念创新开发的地方政府专项债全周期管理系统，实现了财政部门对专项债"借、用、管、还"的穿透式、全过程管理，得到地方财政部门广泛认可。

2. 产融结合，赋能核心企业产业链金融协同

在产业互联网浪潮的驱使下，企业经营能力的数字化成为其优化经营效率及参与行业竞争的一大关键因素。同时，由于外部环境的复杂化，企业的发展不仅取决于企业自身，还取决于产业链相关方的共同进化。市场竞争逐渐从之前的"单打独斗"上升到产业链之间的角逐，越来越多的企业转向与产业链上下游协同共赢的商业模式，整合产业链以发挥产业各环节的竞争优势。

近年来，招商银行致力于以金融科技提升供应链业务的服务水平，紧跟产业互联网发展，创新了发票云、合同网签、云直联等产品与服务，充分应用电子发票、电子合同、数字证书与Open AP等技术，以线上化方式服务供应链生态客户，将产业链中真实生产经营的业务流、数据流与银行资金流深度融合，将金融服务与产业生态的数字世界打通，深化产融结合，支持供应链产业链稳定循环和优化升级。

在电子发票方面，为落实国务院关于优化营商环境、更好服务市场主体的要求，在国家税务总局的指导下，招商银行积极参与发票领域的创新尝试，推出了发票云服务。招商银行充分开放线上化服务渠道，在为纳税企业提供便利化、智能化、个性化税务服务的同时，通过与税务、征信等信用信息平台对接，提升客户识别和信贷投放能力，以为小微企业提供优质、便捷的综合金融服务。一方

面，招商银行推出"收款+开票"服务，利用资金结算、聚合收款等金融服务优势，帮助企业客户实现智能对账、便捷开票，为企业客户提升产业链数字化管理能力，通过供应链增值服务助力企业的业财税一体化；另一方面，发票作为间接"还原"交易场景的重要载体，在国内贸易融资业务中具备较强的增信属性，招商银行也在积极创新，构建客户的数字化画像，探索数据融资，为普惠金融做好支撑。

在电子合同方面，2010年以来，国务院、全国人大、工信部等24个国家级部委及多个地方政府共计颁布了43项政策，鼓励电子签名、电子印章、电子合同在各行业推广、普及和使用。招商银行积极响应国家政策，搭建电子签约平台，对各类高频信贷业务实施合同网签，加速推动供应链业务线上化运作。合同一直是金融业务中必不可少的环节，通过实施合同网签，打通金融业务线上化"最后一公里"，不仅大大提升了中小企业融资服务效率，还使企业客户在跨分行、跨物理位置、跨网点营业时间的情况下，可以便利使用商业银行的金融服务。

在全社会数字化浪潮的大背景下，产业链数据不断积累，产业正在经历系统化、数字化、智能化的变革与升级。如何转变经营理念，与产业数智生态建立连接，是当今银行业必须面对的考题。在云计算技术广泛应用的互联网3.0时代，招商银行在传统银行银企直联的基础上，率先推出了免物理Ukey、免前置机程序的轻量级云直联服务，通过打通"企业客户数字身份"，实现了银行和企业内部系统的平滑对接和有机融合，让客户在其内部系统即可享受供应链融资服务。目前已为汽车经销商融资、付款代理、电子保函等多个供应链业务提供直联服务，进一步简化了供应链融资流程，提升了用户的使用体验。

招商银行充分整合内部资源，在分支机构间建立互利共赢的协同服务机制，树立"全国服务一家"的服务理念和营销模式，发挥各家分行的服务合力。例如，服务某头部互联网企业供应链金融项目是其中的代表作，该项目具有非常典型的小额、短期、高频、分散的产业供应链金融特征。招商银行对整个项目流程进行了重构，在把控信用风险和操作风险的前提下，引入大合同、循环额度、直通放款等创新理念，通过前置协议签署、额度建立、合同登记等工作，实现客户在线提交融资申请至完成放款全流程无纸化，业务流程用时缩短到半小时以内。

目前，招商银行正在探索以大数据风控模型为基础的数据融资模式。从2018年开始，先后开启了中石化、中国铁塔、中建云筑、盒马鲜生等一批产业互联网项目。从大型国企到新兴市场优势企业，从简单的传统支付结算和供应链融资的线上化，到契合客户实际需求与行内风险管理要求的数据风控模型，金融科技正在帮助银行更客观、更全面地评估客户资质，实现银企间应收账款融资全流程链上协同，解决融资过程中的贸易背景真实性问题，并提供开放、高效、可信、可审计的协同机制，有望切实解决中小企业融资难、融资贵的问题。

中信建投在近期的报告中总结了金融生态圈对于商业银行的重要意义：金融生态的建成可以增加银行的客户导流，增加客户黏性；沉淀存款，降低客户营销成本；提高单位客户对银行的边际贡献度；加快零售资管的转型；提高盈利能力，提高ROE（净资产收益率）。

而在银行生态圈的构建中，连接B端（企业）、G端（政府）、F端（金融）的对公条线扮演着越来越重要的角色。过去"垒大户"的发展方式逐渐被抛弃，"投商行一体化""公私联动""交易银行"等成为公司金融的新目标。这与招商银行"十四五"规划中提出的全面打造"大财富管理价值循环链"不谋而合。招商银行公司金融数字化转型战略成效初显，目前已服务超过230万企业客户，月活跃客户逾145万户，年交易笔数超2.8亿笔，交易金额超130万亿元，90%以上的服务支持线上化自助开通。

21　江苏银行：对公业务跑出数字化发展"加速度"

向　楠　江苏银行

随着互联网科技与金融行业深度融合，金融科技正在加快银行业的生态重塑。尤其在疫情防控常态化之下，用户对银行的线上化、非接触式服务需求飙升，数字化转型势在必行。特别是在对公业务领域，银行借助人工智能、区块链、云计算、大数据等技术，推动对公业务向数字化、智能化、生态化加速发展，在小微企业贷款、供应链金融、交易银行等对公业务领域取得了初步成效。但是当前对公业务领域仍然存在单点应用较多、数据处理和分析难度大、投入产出比不确定、数字化文化变革不彻底等普遍性问题。

在银行对公业务数字化转型加速的背景下，江苏银行基于"智慧化"战略，加快对公业务数字化创新力度，扩大公司、国际、小企业等对公业务领域敏捷范围，及时捕捉客户需求，构建上下贯通、左右衔接、内外一体的经营管理体系，打造线上线下融合的智慧化应用，切实缩短对公业务办理周期，提高对公业务工作效率，做到产品创新的互联网化、管理流程的线上化、客户服务的智能化，对公业务数字化转型成效彰显。

第 1 节　江苏银行对公业务数字化创新

1. 产品创新

小微企业贷款产品——随 e 贷。江苏银行以打造"智慧小微服务领先银行"为目标，以构建数字化小微"四梁八柱"体系为路径，以数字化小微产品"随 e

贷"为突破，坚持以客户为中心，深入推进从客户痛点、服务需求点，到产品功能点，再到业务增长点的敏态推进机制，持续打造科技赋能金融的小微金融数字化服务模式。到 2021 年 6 月末，在全行小微人力资源投入基本未增加的情况下，江苏银行实现"两个提升、两个翻番"，即业务办理效率、客户满意度明显提升，小微贷款总量、人均产能较两年前近乎翻一番。数字化产品"随 e 贷"已累计向超 8 万户小微企业发放贷款近 70 万笔，超过 1200 亿元。小微业务线上化率超过 90%。江苏银行是受邀参加中国人民银行数字普惠金融行业标准制定工作的全国六家银行之一。

交易银行产品——粮食交易平台贷。一些小微企业难以通过一般性的渠道获客，必须扎根特定的生产和经贸场景才能触达客户。针对这种情况，江苏银行与各类商品交易中心合作，依托在交易平台上完成货物采购的真实交易，针对交易平台上注册的企业，围绕货物采购的贸易链条，引入仓储、物流等数据，并以"互联网＋大数据"的全新模式，通过线上操作、线上管理、线上风控的方式提供专属融资方案，降低企业融资成本。仅粮食交易平台，江苏银行已累计发放近 100 亿元融资贷款，服务平台会员客户 450 多户。

跨境电商支付产品——B 端跨境支付产品。通过开放银行提供多样化渠道对接模式，江苏银行开展跨境电商支付业务（包含跨境汇款、结售汇业务等），成功推出 B 端跨境支付产品以便满足不同规模、不同风格电商的对接需求，推动跨境电商客户营销。自 2021 年 8 月末上线之后，不到 3 个月，该产品已服务跨境电商客户 32 户，办理跨境人民币结算 6000 万元。同时，它还利用智能化风控手段实现了对跨境电商交易主体事前、事中、事后的全流程跟踪，为跨境电商提供了安全、稳定、便捷的支付服务。通过做大流量、加速周转、打造平台的方式，打造跨境同业融资平台，包括福费廷、风险参与及代付同业等产品，为全行经营转型提供了新的动力和发展范式。

物联网金融——物联网动产质押贷款。物联网技术的兴起为各行各业带来了全新的发展机遇，金融行业也不例外。在探索以物联网金融服务实体经济的道路上，江苏银行在国内首创"两系统一平台"（银行动产质押信贷管理系统＋物联网监管系统＋大宗商品交易平台）的物联网动产质押融资业务模式，为破解中小企业融资难的问题提供了全新的解题思路。截至 2021 年 9 月底，物联网金融已为企业融资 7159 笔，物联网动产质押贷款总额达 102 亿元，其中 80% 以上客户为首贷户，服务范围覆盖江苏、上海等长三角地区。江苏银行积极推进金融供给侧结构性改革，前瞻融合金融科技，抓住先发优势，加快物联网金融的系统性整体推进，已实现从物联网金融1.0无遗漏动态监测到物联网金融2.0企业生产经营多维监测的跨越，目前正在打造物联网金融3.0——基于客观信用体系的企业全生命周期综合服务，以更具活力、更加高效的金融服务助力实体经济高质量发展。

2. 管理流程

运营流程极简化。在传统印象中，对公业务存在手续烦琐、填单多、耗时长的情况。为进一步提高对公业务办理的流程效率，江苏银行持续丰富线上业务品种，持续优化运营流程：一是上线企业网上银行客户端预约取现及预约购买凭证功能，实现客户在企业网上银行端自助预约，线下领取现金及重要物品等业务办理新模式；二是上线企业远程云认证功能，在法人意愿视频中嵌入活体检测功能，实现法人代表身份和意愿远程核实（目前对公客户线上自助还款率达到70%以上）；三是在对公开户环节，上线微信小程序对公开户预约、综合预签约、预约进度查询、预约信息维护等功能，优化对公开户流程，提升了开户效率。

运营业务集中化。首先，集中作业。集中作业项目于2013年启动，已经上收的交易有23种，日均业务量为6000笔，业务峰值达15 000笔/日。集中作业上收业务以柜面对公交易为主，分为全行类和分行特色类。集中作业充分利用科技手段提高自动化率，降低人工成本，比如：充分利用OCR技术，碎片录入机器代替率达45%；利用AI技术，实现柜面大额付款电话查证机器人呼叫，自动触发，自动搜索电话号码，自动登记。对公账户开立及维护也是充分利用大数据，实现了部分信息填写自动带入，客户只需核对后提交即可。

其次，集中授权。在业内率先实现真正意义上的人工智能授权新模式。三类智能授权机器人于2019年4月正式"上岗"，并于当年6月在全行推广。截至2021年9月，集中授权共上收柜面交易193个，其中33%为对公或公共类交易（例如查冻扣交易）。智能集中授权不仅提高了业务处理效率，节约了人力，更重要的是还解决了传统金融业务的风控难题，实现了智能化和标准化操作，使业务授权的风控水平和效能效率得到了大幅提升，这也是技术革新带来的金融创新。

3. 客户服务

"苏银金管家"——构建综合化"大服务"体系。创新打造"苏银金管家"服务品牌,以财资管家、票据管家、外汇管家、薪税管家、财务管家、政务管家六大综合服务方案,为企业客户、政府客户提供一体化、智能化、无缝隙的管家和保姆式服务。与银行传统服务模式相比,"苏银金管家"所构建的综合化"大服务"体系实现了五方面的突破。

第一,实现服务对象从单一部门向企业全员突破。对接对象不限于企业财务部门,企业的法人代表、财务人员、人事专员以及其他一般员工,都是"苏银金管家"的用户。

第二,实现服务内容从独立场景向财银一体化突破。"苏银金管家"将金融服务能力和非金融服务能力整合在一起,实现了对客户业务、财务、银行一体化服务。

第三,实现服务渠道从线下到线上线下融合的突破。客户端覆盖企业网银、银企直连、微信小程序、企业手机银行、跨行资金管理系统及此次新推出的"管家门户"六大数字化服务渠道。对于客户个性化、定制化的服务需求,客户经理将随时随地、面对面地提供高效、优质服务。

第四,实现服务生态从简单到开放集成的突破。围绕人力、ERP、记账、票财税、OA等专业领域,持续引入行业垂直领域领先服务厂商,共建服务生态,为客户提供专业的综合服务。

第五,实现了服务保障从网络单维安全向数据立体安全的突破,为客户资产安全、信息安全保驾护航。

"苏银智盛云"平台——打造银行系供应链金融特色服务平台。过去,借款企业需在供应链核心企业和银行间往返多次,提交各类合同、发票、提货单、确权文书等,往往需要1～2周时间才能完成贷款手续。现在,供应商在平台上轻点鼠标,通过全线上化操作就能获得江苏银行的供应链融资,全程耗时不超过10分钟。

"苏银智盛云"平台是江苏省内最大的银行系供应链金融特色服务平台,依托长三角发达的产业链基础,平台拥有广泛的客户基础和丰富的业务场景。依托自主开发,该平台运用企业大数据画像、OCR智能识别、物联网实物管理、线上电子签章等技术,将企业物资采购、仓储物流、销售跟踪等经营行为高度数字化,实现了融资申请、贷前调查、额度审批、用信提款等贷款全流程的线上化办理——企业足不出户即可办理,并支持7×24小时随借随还。在中国人民银行南京分行的指导下,江苏银行携手上海票交所,依托"苏银智盛云"平台的产品优势，成为首家也是唯一一家获得供应链票据业务资质的城商行。

第 2 节　多领域创新健全数字化转型架构

除了对公业务领域，江苏银行在零售、绿色金融等领域也进行了积极的数字化探索。比如在财富管理方面，运用人工智能研发"阿尔法"智能投顾，并于 2017 年 8 月上线。这是业内首个投融资一体的智能投顾，通过智能算法为近 20 万名客户提供基金、理财、保险、贷款等产品的配置顾问服务。在直销银行发展方面，以"金融""金融+智慧""金融+场景"的"1+2"创新模式，提升线上化金融服务能力，覆盖用户多元化需求，为用户打造"增值、普惠、便捷"的纯线上金融服务；通过搭建客户信息库、智慧营销平台，实时判断客群的属性及生命周期，为不同客群精准提供适合的产品，让用户天天都可以轻松享受财富增值服务。在绿色金融创新方面，致力于打造"国内领先、国际有影响力"的绿色金融品牌。江苏银行在业内率先发布金融服务"碳中和"行动方案，成为国内唯一一家同时采纳"赤道原则"和"负责任银行原则"双国际标准的城商行，在国内首创"绿色创新投资业务""环保贷""节水贷"等特色政银合作绿色金融产品，累计发放金额超百亿元。

第 3 节　银行数字化转型思路建议

一方面，数字化转型带来的多维变革大幅提高了小微金融的触达率和可得性。以 5G、大数据、物联网、人工智能为代表的新型科技发展势头迅猛，让金融服务能够同时做到定位更准、覆盖更广、成本更低、体验更优。另一方面，万物互联推动数据成为生产要素，数字化转型进入深水区，用户对于银行服务和体验的需求呈现出更多样化的趋势。与此同时，金融科技的深度运用、数字化转型的加快推进，带来欺诈识别与防控、系统运维与监测等新情况，这些因素对银行提出了新的要求，需要银行回归本源，准确把握数字化转型的内涵和规律，进一步提升金融服务核心能力，并在此基础上实现自身高质量发展。

1. 明确战略转型方向

数字化转型，不是简单的某项技术更新，而是对整个系统的流程进行改造，改变固有的商业模式、作业手段、服务方式以及金融产品的更新迭代；不仅是信息技术的升华，也是客户服务模式的变革。把数字化转型作为商业银行金融发展的系统性工程，目的是服务实体经济发展，助力客户理财，出发点和落脚点是破解商业银行经营中的实际问题。首先，从战略上明确转型方向，坚定转型立场，实施转型规划，让转型意识入脑；其次，在组织设计、人力资源配置、绩效考核等方面全面跟进，使转型战略落到实处。

2. 更新经营发展理念

转变经营发展理念也是数字化转型需要解决的根本问题。第一，掌握数据驱动思维，通过数据了解和掌握客户，有选择、全方位地提供一对一的服务及施策，与客户建立共同生存的连体关系，增强内部鲜活力。第二，树立大数据思维，关注数据的相关性和总体性，立足总体。第三，借鉴互联网思维。对商业银行而言，客户有需求，竞争有压力，传统打法没有胜算，只有借鉴互联网思维，通过数字化转型开辟金融新天地，从以产品为中心转向以客户为中心，实现点对点直接服务，才能使开放和共享成为经营现实。第四，立足价值思维，勇于跳出一切传统银行价格思维的条条框框，树立先进的管理理念和营销策略，有效凝聚客户，达到金融产品经营目标的最高点。

3. 再造风控制度流程

传统的信贷制度、风控模式、评级模型已经不能满足当今数字化时代所需，商业银行在转型中应牢牢把握客户新时代的金融需求点，把金融科技应用到各领域中，将信息架构与业务架构相匹配，研究出台基于动态而不是静态的线上化信贷制度、模型和系统，打通远程开户、线上申请、自动审批、在线签约和支付结算等一系列与数据、转型相匹配的新流程，努力实现商业银行经营运作的专业化、批量化和模板化。同时，在体系重构过程中，坚持风险可控和监管合规的底线思维，对风险制度管控流程加以重构和细化，使创新发展与风险管控形成一体，问责和免责边界清晰。

4. 搭建统一信息平台

推进数字化转型，应在现有的基础上全力构建适应转型发展，有效支持数据共享复用、系统互联互通、服务模块搭建和应用弹性扩展的多功能数字化云平台，借此来实现金融业务与金融技术的合二为一，从而改善商业银行的技术环境，使数据架构体系更完善，全面管理更规范，有效保障和支撑数字化转型所运作的产品创新、客户营销、风控运营和管理决策等多方位的实际需要。夯实平台数字化基础，提升线上作业的各项服务能力，提升线上整合服务能力，提高网络支付基础能力，统一规划和完善线上渠道布局，打造多功能、全方位、一体化的客服线上化信息平台。

5. 打造开放营销场景

数字化时代到来，场景必将成为商业银行金融产品和服务竞争的主战场。传统的柜面式、厅堂式营销渠道不再是商业银行主要往来业务开展的方向，批量化营销必须描绘好客户生产生活的各个金融场景，综合线上、线下、远程三大渠道优势，以客户需要为准绳，让客户有所比较。商业银行应秉承开放合作的态度，做好数据源的挖掘和扩充，不仅在内部推进渠道融合，还要在外部扩充实力（互联网公司、渠道服务商、平台运营商等都是可交流、依靠或争取的伙伴），共同打造开放合作、携手共赢的新金融生态体系。扩大朋友圈，壮大客户群，加速从"渠道导向"向"客户导向"转型，尽快适应金融场景化发展趋势的变化，应对新的挑战。

6. 强化数据整合运用

商业银行应主动拥抱大数据，利用大数据技术进行全面挖潜改造，重获新形势下的生命力。此外，还要及时出台经营管理决策，引领传统模式向数字化智慧银行转型，从"外延式"向"精细化"发展。一方面，强化数据在智慧风控上的应用，把风控模型数据化建设作为核心，把输出风险能力作为重点，做好对外平台对接，引入社保、海关、工商、税务等外在政务信息，强化行业外的基础数据整合；另一方面，强化数据在精准营销中的应用，构建大数据应用视图，建立健全客户标签体系，做好多维度分析，搜集客户各方面的需求信息，实现数据应用的最佳价值。

7. 创新线上经营模式

第一，实现产品创新线上化。在网上建立起客户服务渠道平台，打造一批具有市场影响力的数字化产品，能提升客户满意度和短期快效的产品。第二，实现金融服务线上化。加大线上化经营的舆论宣传工作，把客户引导到线上，使客户尝到零距离获得金融服务的甜头。第三，实现管理流程线上化。鼓励全行大兴调查研究之风，建立一套集营销推动、业务审批流程、资源配置、线上风控为一体的管理体系，实行前、中、后台闭环式管理流程，使线上管理更规范。第四，实现日常办公线上化。不断提高商业银行的内部沟通效率，改变固有的服务范围和服务方式，最快速度完成信息推送、业务审批、文件处理、业绩查询、内部沟通等办公要求，既有利于对员工的管理，也有利于数字化转型。第五，实现数据应用线上化。做好线上化数据的分析和积累，保存好可利用的数据，为数字化转型提供可靠依据。

商业银行数字化转型是一个动态、渐进的系统性工程。其中，"智慧化"作为金融科技的核心之一，对银行业务转型发挥着巨大的作用。江苏银行在"智慧化"进程中逐渐加码，在聚焦金融科技的战略下，成为打造"最具互联网大数据基因的银行"的典型样本。

22 徽商银行：多模态增效公司银行业务数字化

丁勇 柯昌银 朱刚 李梦俊 *徽商银行*

数字经济是未来的发展方向。我国提出大力发展数字经济，加快推进数字产业化、产业数字化，推动数字经济和实体经济深度融合。近年来，商业银行持续推进数字化转型，加大金融科技投入，不断探索赋能数字经济发展的新路径。交易银行是商业银行对公业务数字化转型的重要方向，通过它能够实现以客户为中心，增强金融服务数字经济和实体经济的能力。

2019年，徽商银行明确了交易银行是对公业务数字化转型的排头兵，提出以数字化为引领，结合全行发展战略规划，绘制转型蓝图。按照强化数字运营新模式、培育线上平台新生态、构建智能决策新方法，围绕"全客群、全渠道、全产品、全流程"多模态数字化全覆盖的目标，加快推进大数据、区块链、人工智能等新技术在营销、风控、产品、服务等方面的落地应用，推动管理精细化、集约化和市场化，增强管控能力，提升整体运营效率。

第1节 构建多模态数字化产品体系

基于数字化转型总体发展战略，徽商银行依托科技驱动业务创新发展，从建设基础智能平台、重塑服务渠道，打造线上化、数字化、场景化产品体系，助力政府和企业数字化升级等三方面推动对公业务数字化转型。

在对公业务领域，以"线上+场景+平台"为目标，建设"交易家平台"，打造一个对公服务入口，提供一站式金融服务，改变以往产品难找、系统难用、风控各自为政的痛点问题，并围绕"交易家平台"搭建"3+2+N"科技支撑平台架构。其中，"3"指重塑"交易家平台"的电脑客户端、移动客户端和开放银行三个服务渠道端，多态融合，全面覆盖；"2"指重构交易银行业务中台和数据中台，实现对公业务和数据的超融合，向数据驱动新模式转型；"N"指现金管理、供应链、票据、国结等交易银行业务子系统，实现可扩展、可插拔。

基于"3+2+N"科技支撑平台，交易银行以对公客户的账户支付需求、交易融资需求、金融产品服务需求为本源，打破原有的条块分割产品体系，重新整合各重复交叉的业务板块，按照客户需求将所有产品图谱归纳为交易类资产、交易类负债和交易类服务，并全力推进三大板块产品的数字化升级和场景化应用，逐步打造线上化、数字化、场景化的多模态产品体系，助力政府和企业数字化升级，构建 G 端、B 端、C 端融合的金融生态。

第 2 节　创新对公统一服务平台系统架构

1. 打造对公业务统一服务平台

随着云计算、大数据、区块链等互联网技术的快速发展，加之互联网金融冲击日趋剧烈，银行原有系统"以产品为中心"的服务模式已经不能满足客户的需求，限制了对公业务的发展。徽商银行基于"以客户为中心"的经营理念，采用分布式、微服务架构，重构对公业务流程，打造具有创新性、灵活性的统一对公服务平台——交易家平台（见图 22-1）。

交易家平台摒弃传统架构模式，采用互联网架构，通过微服务技术栈实现系统分布式热部署、分布式缓存，满足多态互联网业务的高并发、7×24 小时提供服务等目标；采用异步处理结合统一查证机制，实现多业务模式的聚合，保证交易事务一致性和业务状态的准确性；基于微服务的可复用、易组合特性，对功能模块解耦，支持快速实施并落地业务创新产品。

以交易家平台为统一对公服务平台，拓展"智慧金融"内涵，为客户提供账户管理、支付结算、贸易融资、财资管理、国际业务等全方位、一站式综合金融服务，对公业务多模态产品组合营销水平有效提升。在整合、衍生、升级、互联四方面进行突破，为建设全能型交易银行提供系统支持，以更好地适应同业产品竞争。

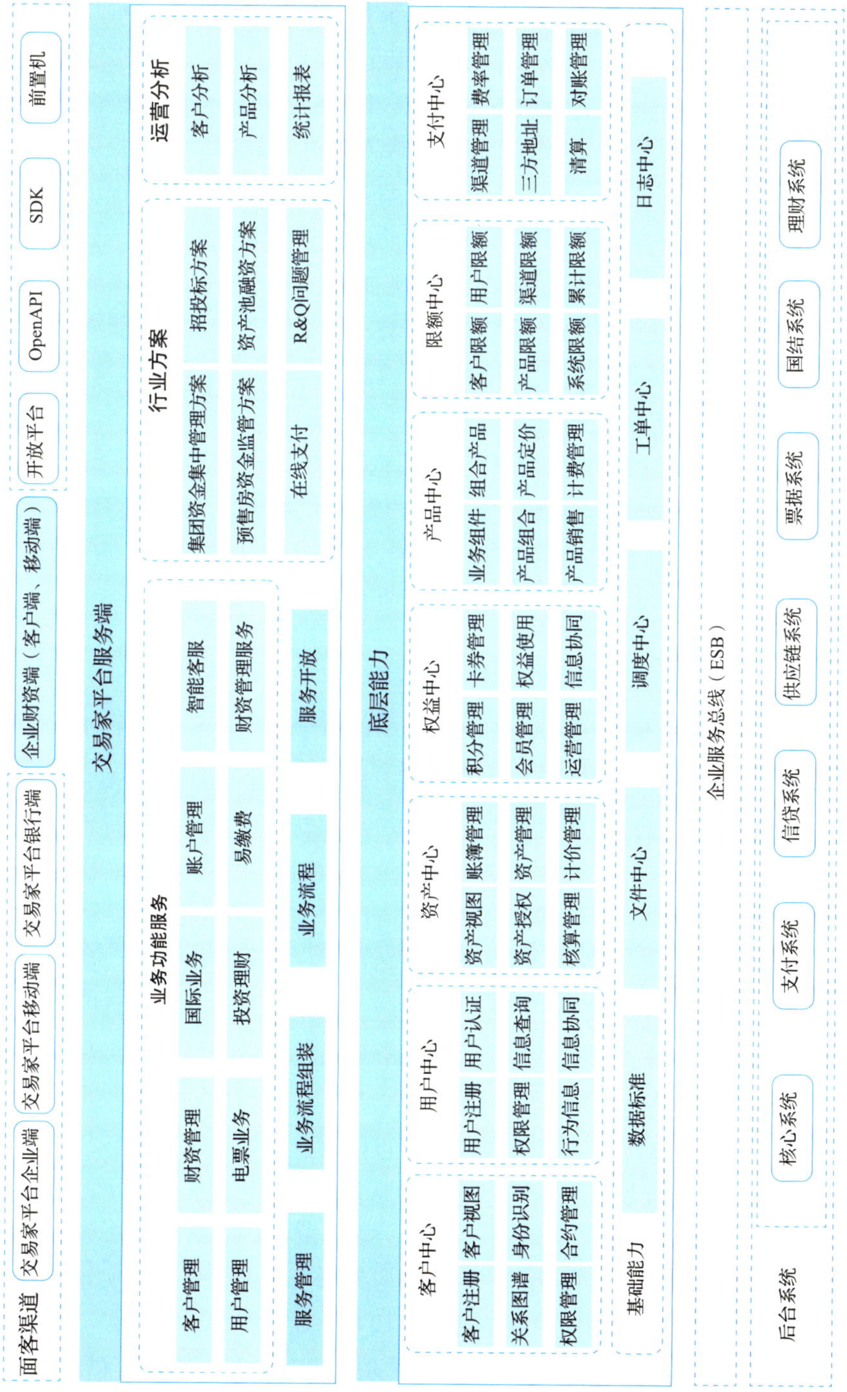

22 徽商银行：多模态增效公司银行业务数字化

图 22-1 徽商银行交易家平台系统架构

服务能力提升：截至 2021 年 11 月末，服务对公客户 30 多万户，用户 80 多万户；全年累计交易近 2000 万笔，交易金额超 4 万亿元，单日峰值交易量达 465 万笔。

开放银行场景金融业务增长：开放银行接入大中型企业 ERP 并提供标准化金融服务输出，接入政务平台、物流平台、电商平台、劳务平台等，提供个性化金融服务解决方案，服务客户近千家，助力不动产登记中心、房管局、公共资源交易中心、法院等政府部门政务服务线上化、智能化。

对公业务产品增加，创新能力增强：围绕交易类资产、负债和服务三大板块产品的数字化升级和场景化应用，依托交易家平台先后落地"融鑫池、融链通、电商通、案款通、易缴费、易开证、易结汇"等交易银行领域创新产品，打造徽商银行交易银行业务"融""通""易"三大系列品牌。

内部管理和运营能力增强：统一行内用户管理，满足总、分、支行架构体系，构建业务工作流，内部管理流程不断线上化，提高内部业务效率，提升总、分、支行协同办公能力。

2. 供应链融资平台破局中小企业融资难问题

与传统银行借贷不同，供应链金融较好地解决了中小微企业经营不稳定、信用不足、资产欠缺等因素导致的融资难问题，满足了核心企业产业转型升级的金融需求。近年来，徽商银行加快推进供应链产品创新，使用区块链技术打造多模态供应链融资平台，将应收账款、票据、仓单、信用凭证等多态可转化流动资产作为融资工具，解决企业经营中压占资金的痛点问题，帮助企业加快资金周转，降负债、降成本，支持在银行、核心企业等参与方之间搭建联盟链。例如将应收账款签发、流转、融资数据上链存证，有效防范因信息不对称、不透明而造成的虚假交易等风险。通过将应收账款流转及融资申请等流程线上化，提高业务办理的效率，降低运营成本。

一站式供应链金融产品。为缓解上下游供应商、经销商资金周转压力，优化企业现金流，徽商银行与经准入后的核心企业合作，面向产业链上下游企业推出"供应链 e 贷"产品，基于产业链交易数据，整合贸易、工商、司法等大数据资源，建立线上审批模型，在线受理、审批供应链融资业务。该产品实现了供应链领域的大数据智能风控，根据产业链特征及核心企业情况建立风控模型，实现自动审批，并按照 1+N 模式实现优质企业及产业链上下游批量开发，借款人申请、提款、还款全线上操作，方便快捷。它覆盖应收类、预付类、存货类、组合创新类四大类业务的产品谱系，提升了整体运行效率。

3. 打造数字化风控新模式

深挖数字资产价值，增加风控决策流程，对政务、工商、司法、税务等数据进行挖掘处理，形成企业统一画像，建立授信模型、审批模型、监控预警模型等系统化、数字化智能风控模型；改变原有标准化程度较低的线下人工授信审批流程，实现全流程信贷闭环管理，在降低银行风险的情况下，缓解中小微企业信贷业务办理难、资金到账慢、融资成本高的难题。

贷前，针对目标客群进行线上智能准入；贷中，依托大数据风控技术进行建模和风险识别，根据企业不同风险等级和授信评分情况，对用户授信定额和差异化定价；贷后，监控企业资金使用、还款能力等全维度指标，实时预警，为中小微企业提供更加便捷的信贷服务。

票据线上秒贴：为解决传统票据贴现业务办理中存在的询价和办理流程较烦琐、贴现资金到账时间长、票面金额和期限要求较高等问题，徽商银行推出了"全线上秒贴"产品，它广泛适用于频繁使用电子银承结算且有融资需求的企业，特别适用于持有电子银票金额小、办理贴现频率高以及对业务办理时效要求高的企业。企业客户足不出户即可在线实时进行票据贴现申请，线上自动审批，资金秒级到账，缩短了放款时间，提升了客户融资效率和融资体验。截至2021年11月末，全线上秒贴累计服务客户超过1500户，累计贴现金额超过180亿元。

出口信贷模式：为满足企业的多元化融资需求，徽商银行推出纯信用贷款产品——"出口e贷"，支持线上智能审批，帮助中小型出口企业解决融资难题。初步估计，短期内该产品可服务上百家企业。根据海关统计，2021年上半年安徽省货物贸易进出口总值3205.7亿元人民币，比2020年同期增长31.5%。无论从市场环境还是目标客群看，未来针对出口企业的融资业务拥有广阔的市场空间。徽商银行的出口信贷模式加强了其在国际贸易融资业务领域的核心竞争力。

国际业务线上化：推出"易系列"线上化国际结算产品——易开证、易托收、易结汇、易汇款、易代收等，突破传统柜面办理国际业务的局限，不同程度地实现单证审核、结售汇业务申请在线提交，同时提供客户业务短信提醒、在线查询状态等增值服务，方便客户使用一站式的国际结算服务。

围绕跨境电商、市场采购贸易、外贸综合服务等外贸新业态，结合客户快速收付、智能账户管理和跨境结算等需求，打造自贸结算、融资、汇兑等自贸区产品体系，为自贸区内企业提供差异化的金融服务。

徽商银行是安徽省首家市场采购贸易服务平台的对接银行，目前该市场采购贸易平台所有收汇业务全部落地在徽商银行，支持单一窗口税费支付、国际结算、融资贷款、征税保函等功能。

第3节　打造金融服务生态圈

徽商银行以精益场景金融设计为目标，面向公私融合发展方向，聚焦对公业务在聚合商业场景中的关键作用，按照2B2C方式，深耕多态场景聚合，向终端商业渗透。面向城市生活圈，打通银政场景，助力智慧城市建设；面向生意圈，打通公共资源交易场景，助力商业可持续；面向公共教育圈，打通银校合作，助力教育普惠；面向生产圈，实现银企直通，赋能企业"互联网+"。

1. 智慧城市服务方案

目前，政府机构数字化转型升级已按下"加速键"。为契合数字政府建设目标，徽商银行积极拓展互联网金融服务创新的深度和广度，拓宽服务覆盖面，以金融创新助力政府数字化转型，加强银政合作，实现自动化、智能化，共建智慧城市、数字城市。

线上化电子投标保函业务：研发创新型线上担保服务，建设电子投标保函业务，通过与公共资源交易中心、担保公司的合作与系统对接，线上数据交互，完成投标保函的在线申请与开立。系统支持多种保函业务的扩展，在投标保函的基础上，支持扩展履约保函、工程款支付保函、质量保证保函、农民工工资支付保函等。电子投标保函能够降低企业交易成本，提高交易效率，缓解保证金给企业带来的资金压力，为企业提供简捷、高效的投标体验，为智慧城市建设服务。2021年以来，该业务已服务省内外有投标需求的中小企业超过5000户，业务量超过200亿元。

助力不动产登记中心实现"一窗办理、一码缴费"：将原来烦琐、复杂的线下柜台分窗口缴纳税款和费用改为线上一次性缴纳，并实现费用和税款实时向财政非税账户和人行国库账户分账，实现不动产登记中心缴费、缴税全流程线上化，为企事业单位和个人客户提供便捷的金融服务。为保证预售房、二手房交易资金安全，推出房管通产品，完成房管局交易托管资金分户存放。面向不同客户需求，房管通创新不同业务托管模式：基于银行账户体系的多样化，托管模式可划分为核心实体账户托管模式、现金管理多级账簿体系托管模式、直销银行账户体系托管模式；根据是否接入属地房管局等监管单位的存量房交易监管系统，托管模式可划分为监管模式和直客模式。

此外，徽商银行还提供中小学三点半课后服务费用支付和资金监管，房管局维修基金线上缴纳，法院案款线上缴纳、案款通，学校易缴费、学费非税汇缴等一系列智慧政府和智慧城市服务方案，协助各级政府提供全流程、全领域、全场景的政务线上化、信息化服务。

2. "场景 + 金融"跨行财资管理体系

面向集团类大型企业客户需求，以"账户＋"业务为基础打造跨行财资通产品，并以此为对公业务经营转型的重要抓手，构建开放创新、与全渠道产品和服务高度融合的场景金融服务体系。

跨行财资通产品的业务目标主要包括三方面。一是实现多银行账户管理，由单一银行账户管理向多银行账户管理转变，通过对接各银行系统，实现对客户账户的统一管理，全面掌握各个账户及其资金使用情况，解决客户面临的资金监控难、账户管理难、资金预测难、资金效率低、结算成本高等财资管理问题，实现资金可视、可控，运作合规、高效，并对分散在各家银行的账户资金及收付款业务进行集中管理。二是助力精细化财资管理，由单一的支付结算、流动性管理等常态化财资管理服务向预算管理、投融资管理、风险管理转变，实现高效率、低风险的收、付、融、投全流程资金管控，进一步提高企业资金管理水平和使用效率。三是推动更紧密的产融结合，由独立的企业财资管理向企业内部业务经营管理纵深发展转变，通过提供资金的精细化管理和多样化内部计价、现金流的智能化预测、信息流和资金流的深入分析等，覆盖企业日常经营和交易行为的全过程。

跨行财资通产品的服务思路为"一个入口、多方直连、开放平台"。"一个入口"即客户提供统一的管理系统登录入口，定制界面，按照客户要求提供相应管理功能；"多方直连"即依托跨行资金管理功能，实现对集团公司所有成员单位账户的统一管理;"开放平台"即系统拥有的业务功能拓展开发的能力,可根据业务需要,陆续添加所需功能板块。跨行财资通产品整合了多种金融产品与服务,是一站式满足客户多种需求的"互联网+"场景金融服务平台。

未来,徽商银行交易银行将持续推进对公业务板块的线上化、数字化和场景化升级,聚焦现金管理、供应链、国际业务、票据等重点产品,围绕长三角一体化等重大区域政策,深度服务"芯屏汽合""集终生智"等战略新兴支柱产业,加速推动对公业务的数字化转型,以科技赋能助力数字经济和实体经济发展。

23 微众银行：微业贷践行小微企业普惠金融服务

公 立 许 伟 微众银行

微众银行是中国深化金融改革的产物，成立伊始便确立了"让金融普惠大众"的使命和"科技、普惠、连接"的愿景，希望以特色化、差异化的金融服务，解决长期以来大众和小微企业客户难以获得平等金融服务的难题，助力普惠金融实现高质量发展。

微众银行微业贷是国内首个线上化、无抵押的企业流动资金贷款产品，于2017年推向市场，至今已在全国多个省、市、区开展业务，广泛覆盖制造、建筑、批发零售、科技等实体行业，服务超过260万家小微企业，贷款规模达到千亿元级。微业贷的业务实践，证明其业务模式已实现"风险可承担、成本可负担及商业可持续"，在普惠小微金融这一世界性难题上，实现了"三升两降"（体验、规模与效率显著提升，成本与风险良好控制）。同时，微业贷模式中关键的基础涉企数据均源自中国人民银行、银税互动、工商等电子政务领域的公共数据库，业务发展在银行业复制并无难以逾越的基础设施鸿沟，具有较强的行业示范意义。

第 1 节 普惠金融初心

1. 小微企业融资难是世界性难题

小微企业是经济新动能培育的重要源泉，在推动经济增长、促进就业、激发创新活力等方面发挥着重要作用。然而小微企业获得金融服务的程度与其在社会经济和民生中发挥的作用尚不匹配，其根源是风险成本高、获客成本高与服务成本高的"三高"问题，导致小微金融业务的投入产出难以成比例。

与规模较大的成熟企业相比，小微企业财务信息不够标准和透明，公开披露的财务信息有限，银行难以由公开信息准确评价其信用、发展前景及资金使用效益，信息不对称导致小微贷款风险成本较其他业务更高。小微企业经营灵活多变，融资需求呈现出期限短、规模小、频度高、时间急的特点，而传统商业银行主要依赖物理网点和人工服务，贷款审批流程冗长，尽职调查和事后监控的人力成本高，使得小微贷款的获客成本与服务成本高。同时，与大型商业银行相比，中小商业银行以网点与市场人员为载体的线下获客、服务能力相对较弱，这进一步增加了小微企业信贷服务获客难度与服务的成本压力。

近年来，国内各商业银行持续尝试解决小微企业融资难、融资贵问题，其中最有代表性的模式为"信贷工厂"模式与"IPC 小贷"模式。"信贷工厂"模式最突出的特点是"前店后厂"，即将小微贷款的前端作业流程高度标准化，结合后台集中的审批中心，提高了全流程的作业标准化与作业效率。"IPC 小贷"模式则以"下沉社区"为主要特点，依托嵌入商圈、社区的客户经理，以地缘、人缘关系等要素为辅助手段，充分识别小微企业用户并提供服务，有效实现了小微业务的下沉。这两种模式均体现出鲜明的特点与优势，对提高小微金融服务的覆盖面起到了积极作用。然而，"信贷工厂"模式通常以抵押类的个人经营贷为主，难以消除对押品的依赖，其融资门槛仍然较高；"IPC 小贷"模式则十分依赖客户经理，对人员素质的要求较高，难以大范围复制和推广。

2. 微业贷模式

从业态上看，催生我国数字化消费金融行业兴起的基础，首先是广义 C 端互联网生态的形成。自然人的社会交往、生活娱乐、金融交易、知识获取、购物出行等行为逐渐线上化，大量自然人的特征与行为数据得以沉淀，从而驱动了"信用数据化、数据资产化"的进程。随着互联网化的深化，消费者的交易行为和特征逐步数据化，消费金融服务从客户准入、授信、审批到风险控制的全流程均能通过数据驱动，逐步将金融深度植入各类生活场景之中，在提升用户体验的同时，用户的购物记录、支付记录和评价记录都能作为信用评估指标，有效降低了消费信贷风险。数据驱动带来的优势引发了消费金融的变革，并进一步通过银行等金融机构的创新发展出庞大的数字化消费金融市场，形成了以数据驱动社会发展的重要趋势。

无独有偶，B 端互联网生态也处于从孕育到成熟的过程之中。伴随着公司主体商事行为的线上化，大量法人特征与行为数据逐渐积累，政府与监管部门的信息化水平不断提升，行政机关在行政管理和公共服务过程中积累了大量涉企电子政务数据，并能够依靠大数据和互联网技术对数据进行跨层级、跨地域、跨行业、跨部门整合。这些政府数据本身具有极高的真实性、权威性与可用性，是十分重要的资源。对发改、税务、公安、海关、民政、法院、公管、人社、自规、供水、燃气等相关部门公共数据背后金融价值的充分挖掘，能为企业信用画像提供丰富的信用信息资源，从而为小微企业金融服务的数字化提供较好的基础。

微众银行基于对长尾个人客户和小微企业发展难处与特殊性的充分认识，成立之初便依托数据科技能力，不断推出普惠型金融产品及差异化服务，努力让每个人都有平等享有、获取可持续金融服务的可能。

第 2 节 小微企业普惠金融服务实践

若干数字化信贷产品针对长尾人群积累的普惠金融实践，验证了数字风控与线上产品服务的可行性，微众银行开始启动小微服务战略，围绕小微融资"短、小、频、急"的特点，打造一整套全新的贷款解决方案——微业贷。经过充分验证和快速迭代，"微业贷"逐渐形成了自己的特色，实现营销、风险和运营全口径成本可控，进而实现服务标准化、操作便利化和商业可持续。

1. 产品设计的基础逻辑：契合客户需求的才是好的

不需要抵质押的便捷线上产品：微业贷是一款企业流动资金贷款，是"不需要抵质押，不需要纸质资料，不需要开户"的便捷线上产品，与普遍需要抵押的个人经营贷产品具有本质的不同，更加契合国家商事法人化政策方向；除利息之外无其他费用，利息支出即客户全部融资成本；客户仅凭一部手机，最快 3 分钟即可完成企业贷款从申请到借款资金到账全流程，顺应了移动互联网时代客户对操作便捷性的要求。中国人民银行征信中心企业征信数据显示，微众银行有信贷余额企业贷款户数占全国比例约为 6%，说明微业贷已成为传统银行产品体系的有益补充，扩大了小微金融服务的覆盖面。

随借随还：微业贷对小微企业客户提供的贷款额度，在以年为周期进行系统化定期自动评定的基础上，不设置刚性到期时间，可以认为是永续额度，免去了客户因额度到期重新申请所花费的时间、精力与成本。同时，针对小微企业客户普遍存在的缺乏抵押物、续贷不易等共性问题，设计了随借随还、信用贷款、灵活贷款期限与还款方式等产品功能，满足企业短周期、回款时间不确定以及其他临时性的资金需求，减少资金占用带来的资金成本。等额本金的还款方式，避免了客户因为一次性偿还整笔贷款本金所产生的较大压力，也在一定程度上帮助客户节省了资金过桥等额外成本。

对于银行而言，随借随还的微业贷有助于客户按需提款。客户借款往往表现为分多笔提款、单笔金额小、借还款时间相对分散等特点，有助于风险分散。同时，随借随还借据平均周期短，有助于快速检验客户还款能力，并能加快客户信用的积累，提升客户信用，进而提高其贷款可得性。

解决小微企业"首贷难"问题：微业贷服务的是传统金融服务覆盖不足的长尾民营小微企业客群。从授信与借款企业样本[一]来看，客户平均授信仅约80万元，笔均借款不到30万元，在授信时无企业贷款记录的客户比例为60%（见表23-1）。全国1亿多小微企业主体中，有贷户仅约占20%，首贷对于企业后续求生存、谋发展均大有助益。而微业贷2020年全年新增首贷户约占全国当年新增户数的7%，占其当年新增发放客户的49%，帮助大量没有银行企业贷款记录的小微企业解决了"首贷难"问题，对提升金融服务的覆盖面起到了良好的作用，为支持实体经济的稳健发展贡献了独特的力量。

表23-1 微业贷客户统计数据

类别	数值
年营收在1000万元以下客户占比	80%
授信时无银行企业贷款客户占比	60%
授信企业平均就业人数	9人
户均授信金额	80万元
首贷户占当年新增发放客户比例	49%
贷款提前结清比例	60%

有效服务实体经济，助力产业链升级：微业贷授信企业中约40%为批发零售业客户，26%为制造业客户，此外还有科研技术服务业、物流交通运输业、建筑业等行业客户，全面覆盖各行业的小微企业（见图23-1）。得到贷款服务2年以上的小微企业中，至今仍在营的占比超95%。

一 数据来源于微众银行，如无特殊说明，数据截至2021年9月底。

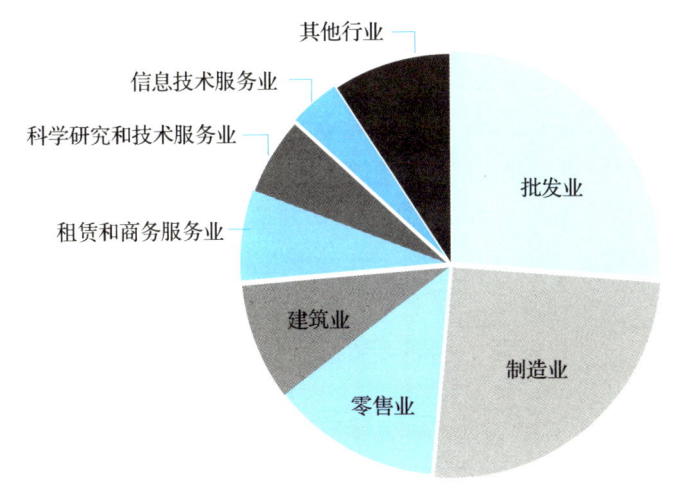

图 23-1 微业贷授信行业占比

线上化供应链业务新模式：结合供应链金融业务贸易自偿性的特点，依托大数据和金融科技优势，微业贷打造了以"不依赖抵质押品，不过度依赖核心企业"为特色的线上化供应链业务模式，将产业链上下游小微企业纳入服务体系之中，在已经运用成熟的工商、税务、司法、征信、发票等数据外，增加了客户与上下游核心企业间的交易关系和交易数据，真正盘活企业数据，依托数据增信有效降低小微融资成本，客户平均融资成本下降近20%，同时大幅提升了小微企业融资可获得性。

科创金融产品：基于对科技创新小微企业经营特点、融资需求的充分调研分析，微众银行推出了科创金融产品——科创贷，围绕国家科技创新的路线图和产业链布局，聚焦科技创新及战略新兴产业，服务正常经营、信用良好的科技型中小微企业，尤其重视深耕深圳地区的国家高新技术企业，通过精准识别科技类企业的融资需求和风险特征，为其提供快捷方便、随借随还的线上化信用类流动资金贷款。截至2021年末，微众银行科创金融申请客户超过10万家，约占地区科创企业总数的10%。在深圳地区，得益于与政府合作的"一键贴息"专属产品及客群综合经营方案，科创金融在深圳国家级高新技术企业的渗透率超过35%。

企业金融 App：在小微信贷业务发展的同时，微众银行积极探索如何让广大小微企业获得更为平等、更为全面的金融服务。2019年9月，微众银行推出定位于服务小微企业客户的企业金融App——微众企业爱普，逐步打造面向广大小微企业提供账户开立、支付结算、融资、企业保险等多种金融服务，以及企业财税、缴费、办公等多种增值服务的一站式互联网综合金融服务平台。小微企业在线开户服务，将传统银行需耗费数天乃至数周的小微企业账户开立缩短到不足10分钟（5分钟内完成线上预约，5分钟内完成线下核验），有效化解了小微企业面临的另一个难题——开户难。

此外，微众银行还针对小微企业银票贴现难、贴现贵问题，推出了小微企业银行承兑票据在线贴现业务微闪贴，进一步丰富了小微企业的综合融资服务体系，将小微企业票据融资引入线上化企业服务产品线中，打造出一套线上化便捷贴现业务流程。客户使用手机即可从持票银行网银发起贴现流程，资金秒速到账。

2. 数字化风控实现风险可承担

微众银行不断探求与传统银行差异化的互联网金融科技手段，以数据科技为抓手，摈弃被动防控的传统思路，立足于通过工具、流程、数据、系统、制度等方面的创新，不断探索和打造具有互联网银行特色的小微企业贷款线上化风险管理体系，提供有别于传统金融产品的融资体验，缓解小微企业融资压力，在保证资产质量的前提下提升小微企业综合金融服务的可获得性。

数字化风控体系的核心要素包括以下三点。

坚持主体信用评估：以数据、模型来识别企业经营主体的信用风险，而非简单依赖于抵押物。依照这一理念，微众银行构筑了围绕企业与企业主的双维度全流程数字化风控体系。

在核身准入环节，依托外部数据源开发十多个反欺诈模型，并通过对社交账号和设备号进行异常聚集性和敏感信息变更行为排查，同时运用智能核身系统，有效防范身份造假、信贷中介、恶意申请等攻击，实现实时欺诈事件监控与防控。

在授信审批环节，引入超过30种数据源，衍生出数千个参数，通过大数据分析、机器学习等建立十多套风控规则及量化评估模型。同时，授信环节无须客户提供任何资料，所有信息均为通过客户授权获取的工商数据、纳税信息、人行征信、失信信息等数据，有效规避了客户伪造、美化资料的风险，在严控准入风险和额度敞口的同时实现秒级授信审批。

在贷后监控环节，开发独立的贷后预警模型，通过策略引擎内置近百条预警规则，并且可即时优化、部署监测指标和预警规则，以提高风险识别效率和准确性。以"大数据统计分析+个案预警"的方式，实现对全量企业客户 24×365 的高频监测和快速处置。

在逾期催收环节，建立"云+机器人"的智能化催收体系，以策略驱动多场景应用，涵盖智能提醒、智能催收、电话催收、委外催收、法务催收等环节。在全国范围内率先应用区块链技术成功实现了全线上仲裁及在线诉讼流程。

坚持宏观与微观相结合的资产组合管理： 结合宏观经济形势和政策导向，并基于自身不断积累的小微企业各类微观表现数据，微众银行从行业、区域、客群等维度进行资产组合管理，通过风险收益的综合分析，确定信贷管理政策并指导应用于业务，主动引导有限资源的合理配置，提高组合分散性，降低风险集中度。

坚持风险引领业务： 大数据风险管理体系是互联网银行风险管理的基础，微众银行将风险管理工作贯穿于产品设计、立项、实施、上线及运行等阶段，支持产品敏捷投放，确保产品风险可控、业务运行合规。在开展业务的过程中，通过常态化的外部环境评估与内部风险监测，风险团队与业务团队紧密联动，基于实时风险监测和分析结果，动态调整广告投放、客户准入、风险定价、客群经营等系列策略。这种灵敏反应、高频迭代，保障了微业贷产品不断扶优限劣、健康发展。

为实现可靠、智能和高效的全线上风险管控，微众银行双管齐下，通过不断加强在模型、数据层面的基础能力建设，提升风险管理内功，为业务稳健发展保驾护航。

模型层面： 通过建立"企业+企业主"双维模型，实现企业侧经营能力与企业主偿债意愿双重评价保障，评价维度包括供应链和行业、收入和经营、负债表现、纳税数据、信用状况等企业侧指标，以及企业主资产状况、企业主信用状况、企业主从业经验、企业主资金饥渴度等个人侧指标，入模特征变量超千个。同时，基于应用场景的不同进行差异化建模，以增强模型的适用性。

在授信审批环节，在制造业模型、非制造业模型、财报缺失模型等通用标准模型基础上，结合客群、场景等差异性，不断延伸出专属模型，由微业贷模式引领，持续丰富小微金融服务内容。例如：场景专营延伸出供应链模型，专注上下游与核心企业间的真实贸易关系；客群专营则延伸出科创模型，定向扶持高科技企业客群经营发展。此外，创新引入场景化快速建模引擎、机器深度学习、联邦迁移学习等人工智能手段，实现风险模型快速迭代以及专家经验结构化。各代模型效能稳步优化，五代基础模型在疫情承压背景下，仍呈现良好区分能力，各账龄不良比例保持低位。

在贷后监控环节，基于多维数据源建立贷中风险模型，采用收入类、征信类、行为类分数据源建模及模型融合的方式，叠加风险规则，实现了对企业金融存量客户的定期跑批及非定期监测全覆盖，建立有别于传统个案监控的风险处置流程。风险标签及处置结果应用于客户额度差异化管理、精准投放、清收、人力等多个领域，发挥了重要的风险协同效应。

在逾期催收环节，多种模型嵌入各清收环节，划分逾期客户风险等级，指导分案策略制订与清收进程推进。同时，按照清收场景建立专属模型，如M1短期评分模型、失联模型等支持差异化清收处置流程与手段。依托微众银行强大的科技能力，清收环节深度运用智能催收机器人进行还款提醒和前期逾期案件清收，降本增效成果显著。

数据层面：通过对接多维数据源，向模型开发和策略优化迭代输送弹药；通过打造数据集市，巩固并提升企业金融风险防控体系的后勤保障能力。**数据源方面**，以银税互动数据作为切入点，还原企业真实财务画像，并辅以企业及个人征信、工商、诉讼、电力等海量可信数据为原材料，对小微企业相关指标进行加工，有效破除银企信息不对称难题，深入挖掘优质小微企业，并为支持客群下沉提供依据。**数据集市方面**，选择业内主流的Hadoop大数据平台作为基础架构，基于微众银行自研、融合任务流开发、任务调度、数据校验、BI等功能的一站式工具进行开发，选择维度建模工具作为构建方法论，在具体实践中形成了"稳定可靠、数据丰富、场景多样"的特点，沉淀出13个业务主题、600余张数据表、36 000多个字段，定期输出400余张图表。

3. 数字化营销提高小微企业融资便利性

微众银行2B智能化营销平台提升了获客与服务效率。通过对种子客户的网络行为、社会关系、LBS等信息进行大数据画像，应用Lookalike算法扩展到相似特征客户，再结合AI与网络广告商联合建模，对客户标签与广告素材进行交叉评估。微众银行与腾讯等广告商研发了独有的2B投放模式，引导页点击率达到行业平均水平的2倍。这套国内首创的基于企业互联网生态的数字化、智能化营销体系，在迅速扩大覆盖面的同时降低了获客成本。

此外，微众银行创新开展了多种营销方式，推出了更多企业主关心的内容来吸引用户关注与信赖。

一是通过创新开展政府联动式线上直播活动，集中了解企业诉求，切实化解企业困难，提供精准、高效的服务。2021年1月，深圳市南山区科技创新局指导、微众银行主办、深圳市南山区科技创业服务中心协办的"南山区科技金融贴息政策解读及微众银行微业贷科创贷款产品推介专场直播"，详细介绍了南山区科技金融贴息政策、微众银行微业贷科创贷款产品，并对评论区企业主们提出的问题——进行解答。直播2小时，观看人次破千。

二是充分整合自身资源，持续开展"企业+故事"系列视频拍摄活动，聆听企业家创业故事，关注企业发展历程，并为企业主拍摄故事片，让企业更大限度地被社会发现和肯定。目前已为数十家中小微企业拍摄故事宣传片，全网播放量达3300万次。同时，创新性开展"企业助力100%公益行动"，以企业家工作和生活为主要场景，拍摄广告视频以展现企业特点，制造助力企业成长的传播事件，为企业成长发声。这些活动增强了企业与银行间的信赖程度。

微众银行自成立以来始终坚持普惠金融定位，积极运用金融科技构建普惠金融新业态、新模式，坚持差异化竞争的特色，严控风险底线，坚持以人才、科技、创新驱动业务发展。通过持续不断的努力，至今累计服务个人客户超过3亿人、小微企业法人客户超过260万家。

第3节 普惠金融服务体会与展望

1. 微业贷模式具有可复制性

微业贷的核心是在依托金融科技"ABCD"降低银行端"三高"的同时，匹配小微企业客户端"短、小、频、急"的资金需求，以化解供需两侧的结构性矛盾（见图23-2）。其中，AI（A）是"大脑"，以人工智能、机器学习大幅提升自动化程度，为风控、运营、营销的效率带来传统方式难以想象的提升；区块链（B）是"骨骼"，其不可篡改性使得电子存证具有了充分的法律效力，使线上无纸化业务的司法健全度经得起考验；云计算（C）则相当于"神经"，微众银行基于自主研发的分布式架构将系统的各个板块、各类运算有机连接在一起，从而保障运行的高效性与业务连续性；大数据（D）是小微金融服务的"原材料"，既是消除银企信息不对称、支持客群下沉、降低门槛的先决条件，又是精准触达客户的

| 第六篇　数字化公司银行 |

关键基础。随着金融科技的不断升级以及与小微企业服务场景的不断融合，金融科技也将进一步成为驱动小微金融服务发展的新动能。

图 23-2　微业贷模式

回溯到微众银行成立之时，国内银行业界还没有一套真正线上、不依赖抵押的服务小微企业的成熟体系，有相当大比例的小微企业因没有抵押物等被排除在银行金融服务之外。伴随着微众银行小微企业金融服务体系的不断优化，小微企业客群金融服务覆盖广度逐步提升。微业贷完全不依赖网点或客户经理队伍，快速覆盖客群，同时不良率控制在 1% 左右的较低水平，证明其风控体系有效，业务具备商业可持续性。

2. 银行业可形成合力服务小微金融市场

我国小微企业的经济贡献与金融机构对小微企业的贷款支持力度不匹配，小微企业贷款需求尚未被充分满足。区域性中小银行普遍存在规模偏小、人才匮乏、IT 设备和技术较为落后等情况，但同时它们具有独特的地域优势，在所在区域有分布齐全的网点和大量终端客户，具备开拓本地小微企业的天然优势，可以触达更为下沉的客户。小微企业缺乏抵押物，以纯人工进行信息收集与风险评估，风控难度较大，抬高了区域性银行小微企业贷款业务的风控成本。这种情况下，互联网银行与区域性银行进行产品、技术的对接，将各自的短板补齐，通力合作，将是扬长避短、协力促进金融效率优化的可行途径。

通过运用互联网银行（如微众银行）在大数据、区块链、云计算和人工智能等方面的科技能力，结合传统银行在资金、地缘、获客等方面的优势，打造自动化的贷款流程及风控手段，以联合贷款或其他合法合规的形态进行客户流量与融资产品的对接，可以实现互联网银行线上精准触达、广泛覆盖与区域性银行本地化服务优势的"银银合作"，形成服务各地中小微企业的合力。同时，银行间的资源共享和优势互补能够提高合作银行的 IT 技术水平，并有效提升其涉企信息获取的广度与速度，实现低成本的自动化风控，更充分地满足小微企业融资需求，扩大小微企业金融服务覆盖面。

银行间合作也符合监管政策导向。中国人民银行与银保监会发布的系列金融科技相关发展规划明确指出，在普惠金融领域中小金融机构可以通过"外部赋能"，着力与金融科技机构合作，实现自身"三升两降"的价值提升，即体验、规模与效率显著提升，成本与风险良好控制。在实践中，微众银行以开放的心态积极探索，向一些银行同业，特别是区域性中小银行输出较为成熟的线上信用类小微贷款的风控工具与技术。

随着金融科技的发展与银行业金融机构数字化程度的加深，"银银合作"在普惠金融方面，特别是提升普惠金融的覆盖面、降低服务成本和门槛、提升普惠金融服务的可持续能力方面大有可为。通过"银银合作"，互联网银行可以输出科技能力，更好地服务广大小微客户；区域性银行可快速提升信息科技实力和风险管理能力。假如"银银合作"模式能够进一步深化，即在合作行核心风控环节不外包、保护借款人信息安全、保护消费者权益等原则之下，互联网银行向合作行以"线上获客＋风控工具＋技术"打包输出方式，加快"银银合作"业务模式的发展，将加快银行间金融科技与业务输出合作的进程，起到银行间取长补短、凝聚合力的作用，成为更广泛、更高效服务小微企业的一把"新钥匙"。

第七篇
数字化零售银行

24　中国邮政储蓄银行：5D 体系赋能小微企业金融服务
25　上海农商银行："五个在线"打造智慧零售银行
26　青岛农商银行：以数字技术打造智慧银行发展新引擎
27　广东顺德农商银行：以数据获取洞察，为客户创造价值
28　广西北部湾银行：数据应用新基建赋能业务数字化
29　泰隆银行：数字化转型助力打造普惠金融好银行
30　海口农商银行：打造全员营销线上经营管理新模式

24 中国邮政储蓄银行：5D 体系赋能小微企业金融服务

耿 黎[一] 中国邮政储蓄银行

小微企业在我国经济和社会发展中发挥着不可替代的重要作用，其贡献了 50% 以上的税收、60% 以上的 GDP、70% 以上的技术创新、80% 以上的城镇劳动就业及 90% 以上的企业数量。小微企业既是保障我国经济持续健康发展的动力之源，也是推动我国经济结构转型升级的强大动力和稳定就业的重要支撑。

第 1 节 数字技术为提升小微金融服务提供支撑

小微企业的融资和发展问题一直是政府和社会关注的焦点。相比于大型企业，小微企业的银企间信息不对称、信用不对称的问题更为严重，在融资获得性方面较为弱势。主要原因为：第一，小微企业运行机制和管理制度不够完善，信息披露的真实性、及时性和专业性都普遍弱于大中型企业；第二，小微企业经营不确定性较大，抵御风险能力较弱，加大小微企业信贷发放可能增加银行所承担风险；第三，小微企业信息公开渠道少，企业信息不易收集，相对于大中型企业，商业银行对小微企业的信息收集成本更高。为解决银企间信息不对称问题，商业银行的传统解决方案是为企业提供抵押和担保贷款。这种方法虽然一定程度上能够解决信贷市场上银行和借款人之间可能出现的逆向选择和道德风险问题，但由于小微企业固定资产不足和抵押能力缺乏，很难满足传统抵押贷款条件。

[一] 作者系中国邮政储蓄银行小企业金融部总经理。

近年来商业银行普遍加大了科技力量投入，依托互联网、大数据、云计算、人工智能和区块链等新一代信息技术，推进金融业务数字化转型。一方面，通过运用数字技术，商业银行能够提升获取借款企业信息的能力，降低客户信息收集成本，通过多维数据验证等方式，解决借款企业抵押、担保方式难以落实的问题，从而扩大了小微企业金融服务覆盖面，也降低了企业的融资成本。另一方面，金融业务的线上迁移，能够降低客户服务和业务拓展对人工和物理网点的依赖程度，利用技术应用的边际成本优势为金融服务降本增效。

第 2 节　邮储银行数字化小微金融实践

作为普惠金融的践行者，中国邮政储蓄银行（以下简称"邮储银行"）始终践行服务三农、城乡居民和中小企业的初心，全力服务有灵气、有活力的广大小微企业客群，深入推进小微金融服务供给侧改革，坚持守正创新，以数字化转型为驱动力量，围绕构建 5D（Digital）体系，即数字化营销体系、数字化产品体系、数字化风控体系、数字化运营模式、数字化服务方式，积极推进小微金融业务数字化转型，全力破解小微企业融资难题（见图 24-1）。

图 24-1　邮储银行小微金融业务数字化 5D 体系

1. 搭建数字化营销体系

首先，深化开放化平台合作，拓展批量获客渠道。加强与政府部门以及国家融资担保基金、行业协会等单位的合作，持续拓展与发改委、工信部、地方税务局等 G 端平台及产业链核心企业的数据对接。目前邮储银行 36 家一级分行已全面实现银税直连，结合批量获取客户名单，进行派单式营销，通过精准营销数据库、客户关系管理（CRM）系统向分支机构派发客户名单，提升客户服务精准度。其次，建立完善的客户分层管理体系，赋能精准营销。通过大数据分析，整合客户资源，丰富客户标签，对客户综合价值进行分层，为分支行开展精准营销提供支撑。客户管户机构可以根据客户价值及分层情况，提供差异化产品的定制服务，促进客户体验提升。最后，打造场景化营销工具，推出面向小微金融客群的邮储经营App，通过"金融+场景"一站式服务，提升客户活跃度。

案例：邮储经营App，让普惠金融服务不止一步

邮储经营App是邮储银行为贯彻落实"以客户为中心"的发展理念，为小微企业客户量身打造的一款手机应用，是一款可随时随地为小微企业提供"金融+场景"一揽子综合金融服务的线上产品，它的推出切实响应了广大小微企业对于移动化、线上化获取综合金融服务的诉求。

邮储经营App具有强大的金融和场景功能：一方面，围绕小微企业融资难、融资贵的普遍痛点，综合运用大数据等信贷技术，为其提供价低质优的线上融资服务，提升小微企业贷款的可得性和便捷性；另一方面，基于小微企业在日常经营管理过程中的实际需求，免费提供企业管理、商机撮合等增值服务，助力小微企业提升综合经营水平。在提供金融服务的同时更进一步，为小微企业提供经营管理方面的全面支持，主要功能有金融功能、非金融功能、基础功能三大类。

金融功能。支持小微信贷一键申贷、一键测额，通过对接财务、发票等多项大数据，着力解决小微企业缺信息、缺信用导致的融资难、融资贵难题；提供单位结算账户的预约开户和预约进度查询服务，有效提高小微企业的开户效率；整合商户收单相关功能，助力小微企业轻松收款、智慧经营。

非金融功能。提供免费的企业管理服务，通过对接第三方数据库，在小微企业负责人授权的前提下，可免填单，一键完成企业创建，享受邮储银行提供的成员名录、员工管理等基础企业管理服务；提供"生意圈"相关生意撮合服务，让小微企业一键查看商户、协会惠企政策和活动资讯，助力小微企业交流经营经验，探寻合作商机。同时，引入邮储银行与EMS合作开发的小微企业寄递卡产品，通过开通单位基本结算账户代扣EMS寄递费服务，解决了小微企业在支付寄递费用环节"个人垫付、单位报销"流程冗长的问题，为小微企业节约了管理成本。

基础功能。除为小微企业提供注册登录、账户管理等基础服务外，邮储银行还充分发挥自身点多面广、队伍专业的优势，在邮储经营App引入超3000人的小微企业专业化服务队伍，通过打造"我的客户经理"功能为广大小微企业提供7×24小时、有温度的专属服务。

邮储经营App标志着邮储银行在服务普惠金融客群、构建线上线下协同的普惠生态圈的道路上迈出了全新的一步，是发力第二曲线的重要一环。

2. 丰富数字化产品体系

为缓解小微企业融资难题，拓宽普惠金融服务覆盖面，邮储银行运用大数据分析、生物识别技术等科技手段，于2018年3月创新推出小微企业专属线上产品——小微易贷，以解决小微企业财务数据不规范等原因导致的融资问题。近年来邮储银行持续拓展小微易贷服务场景，围绕小微企业生命周期内各类经营管理场景，广泛对接税务、发票、政府采购、知识产权、海关、征信、工商、司法等政务数据以及工程中标、物流、产业链交易等特色数据，充分挖掘数据资源价值，旨在将小微易贷打造成服务小微企业的数字化拳头产品。小微易贷现已形成十余种业务模式，具有可定制、资料少、审批快、办理活等特点，提高了小微企业融资可获得性和便利性。

案例：工程企信贷——垂直行业特色数字化产品

作为全国中小企业融资综合信用服务平台首批入驻的金融机构，邮储银行率先与发改委就工程类企业信息开展大数据合作，深入挖掘企业中标、资质信息等数据，根据数据特征定制专属风控模型，创新推出工程企信贷专项信贷产品，打通工程类垂直行业领域金融服务快车道，为工程行业小微企业提供纯信用、线上化、自助式的融资服务，填补了同业内该类型产品的空白。2020年，国家发改委致函（《国家发展改革委办公厅关于推动社会信用体系建设的感谢函》），感谢邮储银行积极对接全国中小企业融资综合信用服务示范平台，发挥信息大数据作用，推进"信易贷"落地见效。

---

3. 升级智能化风控体系

风险高、风控难是传统小微金融服务的痛点，数字技术为这个世界级难题带来了解决方案。近年来，邮储银行通过广泛引入征信、税务等各类数据作为智能风控的数据基础，建立全流程智能风控机制，有效提升了风控智能化水平。通过模型策略的组合应用，小微贷款产品进件风险成本较历史降低超过20%。与此同时，无纸化作业、触发式贷后、自动审批等功能应用，可降低人工频次三分之一，有效降低了运营成本。

对接多维数据，实现数据标准化管理。 通过采购、合作等方式，引入全国企业工商、司法、税务、政务、发票、工程、海关、财务等多维数据，作为智能风控的数据基础。依托大数据金融科技手段，对小企业客户的行内客户数据、信贷数据、交易流水数据，以及行外引入的各类数据共20余类数据进行分析，实现多场景应用。梳理加工100余张数据表，完成近3000个指标标准化工作，设计出了一套覆盖数据提取、数据质量监控及模型指标自动生成的完整数据标准化管理流程。

搭建客户画像模型，精准识别风险。为辅助客户经理掌握客户信用信息，反映客户还款意愿和还款能力，提高审调查效率，降低业务风险，邮储银行构建了贷前客户精准画像、精准营销等模型，结合历史小微企业信贷业务数据，通过机器学习技术挖掘数据与客户违约表现之间的关系，提炼影响客户分析的重要变量，实现了风险识别的量化和精准化。

构建风险量化评估模型，支撑自动化决策审批。为了优化信贷业务作业流程，邮储银行以风险量化模型为基础，建立小企业零售模式自动化审批模型，通过大数据、机器学习及统计方法并结合专家经验，持续开发了50余条负面规则（用于授信准入控制）和零售模式申请评分卡（用于零售模式产品准入），60余条子产品负面规则和6张子产品评分卡（用于特色产品准入），以及零售产品cutoff线及额度策略（用于防控准入风险），实现了小微信贷风险量化计量，有效降低了风险成本。

全面推广触发式贷后预警，提高贷后检查效率。邮储银行开发了零售模式行为评分卡、零售模式催收策略和70余条贷后预警规则及阈值，推广触发式贷后预警模式，辅助贷后检查人员缩小风险业务排查范围，从而大幅降低了贷后核查难度，提升了贷后检查效率（对风险客户的提前识别及退出），也提高了信贷风险防控能力。

4. 建立轻型化运营体系

邮储银行上线了新一代信贷业务平台，对信贷业务流程进行了企业级再造和优化，支撑了信贷产品的快速创新和迭代。在授信调查、放款审查、审批决策、贷后管理等业务流程中，以格式化电子报告代替传统纸质报告，支持外部数据的引入和自动反显，支持用户在线填写、生成、存储相关业务报告，实现业务单式无纸化操作。完善优化"企业网银E"支用功能，全面提升运行效率。试点推行数字化信贷工厂模式，通过端对端、流水线、标准化的规范操作，构建了管理集约、作业标准、决策智能的高效运营体系。

案例：小额贷款业务全流程数字化改造

邮储银行通过小额贷款业务全流程数字化改造，实现无纸化作业模式，达到贷前环节移动化、数字化，贷中环节模型化、自动化，贷后环节数据化、线上化，大幅改善了客户业务办理体验，有效提升了效率，实现了最快当日放款。

采用二维码线上营销模式。 实现线上获客，将获客渠道由单一线下方式拓展为线上线下一体化综合营销。

实现小额贷款业务单式全流程的无纸化处理。 在业务受理环节，根据客户经理受理信息自动生成业务申请表、征信查询授权书、资金用途声明等单式，单式内容根据受理信息自动反显，避免人工线下填写带来的烦琐流程及操作风险。

实现小额贷款业务合同的电子化签约。 针对不同贷种，系统自动反显生成的专用条款与预置的通用条款，形成完整的电子合同；采用电子签名技术由客户确认后在电子合同上进行签字，代替传统的纸质合同签署，对接电子印章，由合同签署受权人通过展业进行远程授权，实现小额贷款业务的全流程无纸化。

结合展业端特点简化移动端录入项。 考虑到展业录入的不便，传统调查报告中大段的描述性文字录入不如PC端方便，结合展业端的特点，简化调查报告录入项，优化录入方式，采用语音录入、OCR智能识别等方式便捷录入，对于大金额业务允许展业端和PC端双向补录，并开发适用于展业端应用的小额贷款优势行业调查报告，按区域及行业实现行业数据统一与调查报告标准化。

在业务流程中引入人脸识别、定位水印、签约双录等风险技防手段，强化系统刚性控制。 在客户进行电子签名前，采用活体人脸识别技术等科技手段辅助识别客户身份，并在双录语音中嵌入固定风控的标准化话术，为后续提供场景还原资料。在贷前及贷后环节拍摄的影像增加水印（水印信息包括时间、客户经理姓名与工号及客户姓名）和定位功能。采用印章代替传统签章，自动生成验证码，一章一码。

自2019年12月启动试点以来，截至2021年10月末，小额贷款线上受理调查25万笔，约449.8亿元，电子签约及自动放款27.3万笔，约499.2亿元。微信银行小额贷款二维码营销完成意向申请104 892笔，额度生效17 723笔，金额为56.6亿元，放款24 688笔，金额为55.6亿元。

5. 完善数字化服务方式

邮储银行坚持"以客户为中心"的服务理念，在传统网点优势的基础上，进一步延伸小微金融服务触角，以线上触点做媒介、做窗口，以线下服务做内核、做特色，推动线上线下服务优势互补，提升客户体验。通过移动展业设备、手机银行App等线上渠道，向小微企业提供全流程线上化、自助式贷款支用服务，实现用户"足不出户办理业务、线上实时放款"。疫情期间，邮储银行创新打造客户经理云工作室，突破网点的空间和营业时间束缚，为客户提供全天候、非接触式的服务窗口。

第3节 邮储银行数字化战略布局及展望

金融科技正在重塑银行业的竞争格局，商业银行只有通过不断强化科技赋能和数字化创新，才能为高质量发展提供有力的支撑。2021年8月邮储银行发布了《中国邮政储蓄银行"十四五"规划纲要》，明确了"十四五"时期它的战略目标是：以金融科技赋能高质量发展，加速业务模式转型，搭建智能风控体系，提升价值创造能力，打造服务乡村振兴和新型城镇化的领先的数字生态银行。"普惠金融"与"财富金融""产业金融""绿色金融"一起成为邮储银行下一阶段发力的重点领域。

邮储银行加快了数字化战略布局，目前已完成"十四五"IT规划编制，提出了业务架构、应用架构、数据架构、技术架构、金融科技、IT治理六方面的重点任务，并明确了每项任务的时间，计划用5年时间实现信息化向数字化的深刻变革，大幅提升科技赋能水平，助力邮储银行高质量发展。

"十四五"IT规划提出了"智慧邮储"的"加速度"（SPEED）科技发展战略。S代表智慧（Smart），以"邮储大脑"为依托，构建精准智能的业务拓展、风险防控、经营管理能力，实现高效的智慧决策；P代表平台（Platform），构建共享、可复用的平台模式，通过平台建设实现敏捷科技赋能，第一个E代表生态（Ecosystem），通过对生态伙伴实现开放互联，打造共生共赢的金融生态圈；第二个E代表体验（Experience），通过扩展线上线下多触点服务，为用户带来一体化的极致体验；D代表数字化（Digitalization），深入推进数字化转型，驱动全行生产经营方式变革。

过去，扎根县域、连接城乡是邮储银行的金字招牌；如今，科技的力量推进线上线下深度融合，满足客户更加多维的需求；未来，邮储银行将在传承百年邮储"普惠"与"稳健"基因的基础上，乘着数字经济发展的东风，坚定数字化转型信心和方向，为改革转型发展提供坚实保障，持续展示朝气蓬勃的发展动力，为全面建成社会主义现代化强国、实现中华民族伟大复兴的中国梦贡献力量。

25 上海农商银行:"五个在线"打造智慧零售银行

张宏彪[⊖]　上海农商银行

当前,数字经济深刻影响着传统经济的运行模式,成为促进经济增长的新动能。云计算、数字孪生、数字货币等新兴关键技术的飞速发展,改变着金融服务方式和银行固有形态;共同富裕愿景,打开了财富管理业务新的发展空间;消费总量提升、消费结构升级,都将极大推动消费金融的快速发展。

随着外部形势的变化,同业竞争日益白热化,零售金融领域的争夺持续升级。上海农商银行根植上海 70 余年,坚持以"普惠金融助力百姓美好生活"为使命,做百姓身边的银行,服务了本地 60% 的个人客户。在上海这个经济金融创新活跃的城市,百姓的财富管理理念更多元。围绕高质量发展的时代诉求,面对共同富裕的初心,为了更好地践行"打造为客户创造价值的服务型银行"企业愿景,上海农商银行积极通过数字化转型,在创新产品、改善服务、精进管理等方面实现科技赋能、数据赋能,谋求零售金融业务可持续的高质量发展。

第 1 节　零售金融数字化转型布局

上海农商银行"以客户为中心",以价值创造为导向,不断提升核心竞争力,已初步完成全面深化零售转型的顶层设计和整体布局,正在逐步建立零售业务转型发展的九大体系。其中,数字化转型是最为关键的战略选择,通过数据驱动、

⊖ 作者系上海农商银行副行长。

技术迭代，加快产品创新、流程优化和服务方式的转变，助推经营效率提升和客户体验改善。

1. 坚持"以客户为中心"

商业银行发展到今天，根据客户需求反馈来改善自身金融产品的后端追踪式服务，已经难以跟上数字环境下客户多变的需求。"以客户为中心"不仅要千方百计地满足客户需求，更要善于发掘客户需求，提供前瞻式服务，才能真正提升客户体验。

近年来上海农商银行零售条线努力从以产品销售为导向的传统营销服务模式，转向满足客户需求、客户体验为主的经营模式。在这个过程中，通过建立更多数字化触点，将金融产品和服务融入客户的生态圈，从中洞察客户痛点，提供敏捷、高效的解决方案，从而实现与客户相互成就、共同成长，持续提供优质、有温度、有农商特色的综合金融服务。

2. 坚持规划先行

应对数字化发展趋势和跨界竞争，上海农商银行在战略层面加强顶层设计和整体谋划，明确了用科技引领与数字化转型思维赋能业务经营、变革管理方式的发展方向与路径，从组织架构、业务模式、资源配置等方面进行了整体规划，自上而下明晰了主体责任，构建了多层次相衔接的运转机制，统一认识，形成推动数字化转型的合力。

零售条线聚焦客户体验，围绕客户、产品、渠道三个维度设计布局，依托全行数字化能力建设，以点带面，速赢突破，用数字化工具解决获客、经营、风控等难点问题，使数字化经营能力成为零售业务转型发展的重要驱动力。

3. 建立高效、敏捷的组织

数字化转型过程不仅是技术的升级，更是思维和文化的变革，需要转变各层级员工的工作模式，重构各部门之间的协同关系。上海农商银行成立了以主要领导为组长、相关部门负责人参加的数字化转型领导小组，全面领导，统筹规划，决策部署，协调资源；在领导小组下设了工作推进小组，由其负责推进实施，并在金融科技部设立项目管理办公室，负责项目管理与日常工作，直接对工作推进小组负责。

为了更好地融入数字化转型，针对零售条线内重点客群和重点产品的创新和发展，在现有的组织架构下，通过成立跨条线、跨部门人员组成的敏捷团队，强化部门协同，强化与科技融合，实现业务、渠道、数据、科技的快速响应和高效协作。

4. 建立高质量数据共享机制

在数字化转型过程中，数据是基础，是生产要素，更是核心竞争力。高质量的数据基石为充分挖掘数据价值提供了可能。只有持续做好数据治理，着力消除数据孤岛，充分打通数据壁垒，快速厘清数据资产，全面提升数据质量，实施数据全生命周期管理，才能保障数据安全可见、易懂可用和集成可运营。

在加快推进治理体系建设过程中，上海农商银行建立了管理层领导小组，设置日常工作小组，设立数据治理二级部；完善制度与流程，零售等业务部门负责各自业务领域的数据治理工作，设立专人负责推动；搭建全行级的数据质量管控平台，统一数据标准，严控数据质量，形成数据定义、流转管控、价值生成的全生命周期管理闭环，实现数据完整、准确、一致；自上而下提高专业能力建设，夯实数据质量，保障转型成效。

5. 以提升专业能力为目标

上海农商银行的数字化转型聚焦重点领域的业务发展，推动传统业务全面向线上化、数据化进阶，实现"客户服务数字化、业务运营数字化、经营管理数字化"，促使零售业务的专业经营模式升级。**客户服务领域**，依托行为、偏好等数据采集、分析能力，在加深客户洞察，发现客户需求，精准分层分群，精准产品匹配，优选渠道触达，以智能化运营、服务方面取得突破，赋能营销一线人员。**业务运营领域**，依托机器学习等技术，在挖掘目标客户、实现智能风控、差异化定价、大数据风险监测方面减少人工干预环节。**经营管理领域**，用数据支撑管理决策，提升内部运营效率以及经营管理的精准性，实现可量化的过程管理、可衡量的服务管理、可比较的价值贡献等。

第 2 节　数字化能力提升经营"智慧"程度

在数字化转型背景下，金融服务智慧化的发展趋势加速。在零售业务转型实践中，上海农商银行深刻体会到借助数字化能力，不断提升"智慧"程度、提升专业经营能力，是加速打造极致体验零售金融服务的新引擎。

1. "五个在线"打造更"智慧"的经营能力

以员工、产品、客户、营销、管理"五个在线"实施为抓手，丰富客户画像，细化分层、分类、分群服务，加快数字化金融产品设计，推进精准营销平台建设，实现智能风控、智能决策，加快零售客户的全渠道服务融合，提高管理效率，以产品数字化、工具移动化、服务精准化、管理精细化助力打造更"智慧"的专业经营能力。

员工在线：转变传统工作模式，提升便捷服务能力。打造移动化办公工具，实现行内员工之间、员工和客户之间沟通界面的统一、高效，让员工能够在外拓展业时便捷获取有效信息，在更多云服务渠道上展现专业能力，全面提升工作效率。

产品在线：拓宽交易渠道，提升跨系统客户体验。客户可以在喜欢的任何渠道完成交易，流程更简便，环节更少，时间更短，推进交易便捷；交易渠道既符合客户偏好，又契合产品特性，在便捷服务的同时，提供安全保障。

客户在线：增加互动的社交性，提升金融服务温度。服务沟通不再是面对面、电话、短信的传统模式，而是实时在线的服务响应，提供高效信息；金融交易不再局限于网点、专柜，而是让客户在自己喜欢的渠道获得便捷服务。

营销在线：优选服务触达方式，提升价值服务精准度。通过多渠道、全渠道、偏好渠道精准地触达客户，实现产品/服务信息的有效传播；通过全员协同、公私联动、组织资源、口碑传播等多种模式，向客户提供专业、匹配、有效的综合服务方案；实现客户旅程关键节点的自动推送，实时营销互动，促进客户转化。

管理在线：数据化管理手段，提升运营管理精细度。增强过程管理，政策导向、战术指导能及时传导到营销一线，促进内部管理标准化；增强响应管理，客户服务情况可衡量、可追踪，营销人员能及时看到工作成效，找到能力差距。

2. 数字化能力建设提升"智慧"经营

（1）数字中台建设锻造"智慧"心动能

在数字化能力建设中，上海农商银行构建了以数据、业务、智慧中台为核心的数字中台，将独立的系统能力转变为共享的服务组件，打造高效、开放、共享的数据服务体系，快速形成组合服务能力，从流程驱动向数据驱动转变。

聚焦零售业务转型发展的需求，重点部署了赋能于洞察、营销、服务、经营、决策等多方面的数字内核，快速实现客户服务能力的提升。重塑零售业务指标体系和个人客户标签体系，形成零售营销数据集市，通过营销门户输出服务，提升客户需求洞察能力。搭建在线营销中心，实现营销活动管理、计划设置、效果追踪、结果分析和优化迭代一体化，构成全线上导流管理闭环，客户营销触达效率实现跨越式提升。试点期间，单个活动信息的一小时触达反馈量超过该活动短信营销的全年反馈量。创新推出"云上品"金融小店，开启理财经理个性化的线上一站式、非接触专业服务新模式。升级对个人客户重要的线上经营平台——手机银行 App，引入敏捷开发与智能运维能力，对接业务中台，做薄移动端，提升迭代速度和客户体验。部署智慧数据探索分析系统，赋能分支机构通过自助式数据准备、可视化数据分析，驱动更科学的业务决策。

（2）客户精准画像提升"智慧"营效能

运用数字化手段，加深对客户的认识，形成客户精准画像，进而制订精准策略，打造差异化营销，深耕存量客群，对客户深度运营，提升客户体验和价值贡献，积极推动零售银行转型发展。

以基金、保险客群的拓展经营为重点，通过大数据分析建模，细化目标客群画像，制订分层分群的维护经营方案，以线上赋能线下方式提升营销转化效率，提高价值创造能力，从"数字化"客户洞察向"数智化"客户经营演进。

客户中心理念数智化：基金和保险客户模型是推进数字化精准营销的试点项目之一。基于客户大数据，利用机器学习算法，筛选出客户基金和期交保险购买行为的重要特征并进行预测评分，最终实现更精准的客群分层和定位，并通过线上线下协同经营的方式实现精准营销。

目标画像标签立体化：基于 LightGBM、XGBoost 模型，通过对客户属性、资产、偏好、行为等多维度千余个基础标签的大数据分析，挖掘出百余个重要特征，勾勒出目标客户画像，在验证专业化经营团队的经验标签基础上，有效拓展了客户特征的广度和深度。

客户运营分层精细化：以模型重要特征变量为基础，构建客户行为预测模型和交易金额预测模型，结合购买概率和交易金额两个维度，完善高潜客户的精细化分层，进而配套更具针对性的营销措施，精准落实不同客群的营销触达。在最近一期的基金模型实践中，侧重于行为高概率的潜客转化人数在同期全客转化人数中的占比超过 1/3，转化率达 27%，较对照组提升近 40 倍；而侧重于交易高金额的潜客人均购买金额近 20 万元，较对照组提升 1.2 倍。在最近一期的保险高潜模型实践中，目标潜客转化人数占同期全客转化人数的 16.7%，客户转化率为 1.4%，较对照组提升 2 倍多。该模型拓新、维存并重，新客户的转化率同样达到了 1.4%，较对照组提升 8 倍，在挖掘新客方面效果显著。

渠道融合联动紧密化：在高潜目标客户的精细化分层运营策略下，线下理财经理专注于经筛选的高价值或复杂业务的客户服务，高潜、高成长性长尾客户成为线上运营的重要目标客群。通过线上建联、消息交互、定向触达、自助交易的数字化经营新模式，形成"线上赋能线下，线下支撑线上"的数据驱动服务闭环。

（3）数字化产品助推"智慧"优结构

2019 年，上海农商银行正式推出第一款纯线上数字化产品——鑫 e 贷，驱动个人消费信贷业务快速发展，推进业务结构不断优化，为 800 余万客户提供了灵活便捷的 3 个 "1" 普惠金融服务。

系统支撑能力：按照"低耦合、高内聚"模块划分原则，采取微服务架构，依托高配置化业务的流程调度引擎，建成包含调度引擎、信贷核心、运营管理系统、中央决策引擎、反欺诈系统、统一支付平台、信贷助理、数据大屏系统、风险驾驶平台等 20 多个子系统的一整套移动互联网零售信贷系统集群，可提供高并发、高可用、高实时、低依赖、低干预的系统支撑能力。

数据驱动能力：鑫 e 贷基于行内大数据整体方案，整合非结构化数据处理方案，为管理决策与风控服务提供数字化创新能力。**一是**具有全线上申请的关键能力，可以实现"一次扫码、一分钟进件、一分钟审批"的信贷服务，满足客户随时随地获取金融服务的需求；**二是**涵盖零售信贷业务所需的获客、风控、运营、系统及高频迭代等全流程、全要素服务；**三是**提供日处理授信能力百万单以上、系统吞吐量在 10 000 TPS 以上及低至 60s 的自动化审批平均耗时等核心技术处理能力；**四是**拥有超过 3000 个客户画像维度、低于百万分之一的身份/账号盗用概率，具备面向新用户的全流程数字化运营、全在线实时风控能力。

借助系统能力和数字驱动，上海农商银行消费信贷业务实现了跨越式发展，年复合增长率接近80%，同时推动信贷业务在获客、决策、风控等方面实现了经营模式转型。

O2O双线并行推动多场景获客：创设"O2O模式获客体系"，线下扫二维码获客、线上开放平台获客双管齐下，双轮驱动精准获客。

- 线下获客：通过数字化获客前端，支撑网点和客户经理实现点对点扫码获客、SNS社交裂变传播与营销激励机制相结合的立体获客方案。
- 线上获客：针对不同类别互联网场景的特点，通过SDK/API以组件化形式对外输出，以满足不同线上流量渠道快速接入、批量获客的需求。

大数据建模实现自动化决策：构建包含信贷历史、电讯、社保公积金、资产状况、航旅、教育等在内上百个信息维度、上千个数据字段的数据体系，全方位提供客户信用和资产等信息，构建100 000多个风险决策衍生变量，通过机器学习技术构建不同的数据模型，形成由8000多棵决策树组成的决策森林，能精准定位客户群体风险等级。运用风险事件大盘，实时监控，把握整体风险局势。运用可视化策略中心，快速完成风险策略调整。同时通过数据分析，设计不同维度的数据调用节点和数据运用策略，并提前将其通过决策引擎设置为既定规则流程，实现高效集约与自动化调用，保证单客成功授信数据成本达到行业较低水平。

客户精准画像实施差异化经营：基于强大的线上线下数据能力，结合不同维度的客户信息，通过机器学习等方式构建客户分析体系，包含八大指数、1000多个画像维度，从包括客户消费能力、履约能力、资金紧张情况等在内的多个方面准确刻画用户画像，用于制订详细、差异化的风险策略，进而根据不同客户画像调整其授信额度和利率等，实现"千人千面"的零售信贷场景。对存量客户，分析并布局存量客户单位与区域，形成市场作战地图，以名单制的方法提升差异化经营。

多媒体智能交互提升客户体验：结合多场景、多渠道、全天候、快响应的客户服务需求，打造语音、文字、图像等多种媒体组合平台，为客户提供多通道服务，提高客户触达效率。尤其是发挥智能语音能力，进一步降低运营成本，提高客户体验和交互效率。

细化策略规范专业化催收：根据客户不同的逾期阶段，细化匹配不同的催收策略及职能细分专岗，做到无缝衔接、环环紧扣。内催团队按职能分工为批量催收、电催、外访、委外管理、仲裁/诉讼管理、档案/账销案存跟踪管理等岗位，做到职能精细划分，催收动作高度专业化。

（4）移动化工具赋能"智慧"新展业

打通零售 CRM、绩效、营销中心等 20 余个系统和平台，建立数据、流程共建共享关系和数字化运营能力内核，支撑客户线上经营、外拓展业管理、定期培训复盘、实时绩效查询等目标，打造了员工掌上工具。

掌上工具赋能行内零售业务条线的理财经理、零贷经理、产品经理、网点负责人以及各层级业务主管等内部用户。依托技术底座，实现了内外部、员工与客户间高质量互动，在联系、宣传、交易方面实现便捷化营销赋能，成为客户经理外拓展业的利器；加快数据在内部管理决策中的获取速度，在客户、营销、业绩方面形成精细化管理赋能，提升管理效率。上海农商银行现已上线六大主题十八个业务场景的服务，提升了线上经营管理能力，支持零售金融服务从"坐商"变"行商"。

赋能一线员工，是"展业、办公、培训、通信"为一体的工作平台。与本行核心客群的专业化经营紧密结合，通过数据信息、科技能力驱动，围绕客户的业务进程、产品营销、活动权益等，搭建智能营销体系，链接线上线下全渠道，实现"场景+数据+内容"实时营销触达，开展"互联网+"和"大数据×"模式下的服务创新，提升客户经理与客户线上互动、分享产品、为客户提供便捷交易和高效服务的能力，不断完善智能化经营及"智慧管家"的服务质量和效率。

赋能中场管理，建立以数据为核心的决策机制和管理流程。通过数据展示、对比分析和可视化处理，全面掌握业务推进、经营管理现状，实时管控内部战略战术传导落实的进度，从而采取更有针对性的改进举措。

赋能渠道布局，初步形成线下网点、线上渠道、移动展业、生态共建"四位一体"的立体服务网络。打造互联互通、数据共享、服务联动及统一管理的全渠道经营体系，践行"以客户为中心"经营理念。赋能线下网点经营，链接社区居民的本土生活，联动网点辐射圈范围内的商户端与用户端，促进用户流、资金流、信息流"三合一"，助力网点加速形成"金融+生活"的"社区生态中心"；赋能线上客户经营，提供专业财富管理服务，通过客户引流、口碑获客，全力打造"金融+社交"的"零距离"服务生态圈。

数字化转型是零售业务转型发展的重要支撑和驱动力，是高质量发展的必要举措。通过数据赋能、技术赋能，形成更新、更快、更便捷的金融产品和专业服务能力，打造客户极致体验，始终是上海农商银行零售金融转型发展的战略目标。"五个在线"实践只是数字化助推零售业务转型的第一步，我们将持续强化人才支撑和科技支撑能力，不断赋能员工，升级渠道，畅通信息流，简化业务流，提升专业化经营能力，在激烈的市场竞争中找到转型突破口，全力改善和提升客户体验，建设一家有温度、有情怀、值得信任的服务型商业银行。

26　青岛农商银行：以数字技术打造智慧银行发展新引擎

朱光远[一]　孙大成　陈　超　青岛农商银行

随着科学技术的快速发展，全社会已进入数字时代，特别是此次新冠肺炎疫情迫使数字化进程进一步加快。在新的时代背景和新的社会需求下，数字化转型变革既给商业银行带来了前所未有的冲击和挑战，也为商业银行创造了新的发展机遇。抓住数字时代的新机遇、切实提升市场竞争力已成为银行获得未来持续发展的关键。

青岛农商银行积极拥抱新理念、新技术，从数字革命大趋势和自身发展实际出发，明确了"打造线上线下融合最佳的银行"的数字化转型发展目标，并围绕对外智能化服务和对内数字化管理两大转型主线，积极推进线上化、数据化、智能化的转型发展新模式，构建线上化、平台化、生态化、开放化银行，为新时期转型创新发展打造新引擎，注入新动能。

第1节　数字时代中小银行发展面临新问题

数字时代，人们的线上化、智能化服务需求日益增长，线上化的行为习惯已经养成。这一新的需求变化对传统金融服务领域提出了新的要求，使得数字化对于商业银行的未来发展至关重要。

与数字化进程启动较早、金融科技能力较强的大型商业银行相比，中小商业银行由于前期投入不足、金融科技能力较为薄弱，数字化进程大多较慢，这使得

[一] 朱光远系青岛农商银行首席信息官。

中小银行在数字时代面临新的发展问题，主要表现在以下几方面。

物理渠道效能不高，缺乏线上线下渠道融合。 目前，多数中小商业银行的金融服务还是依赖于线下物理网点，存在着服务效率不高、单产较低等资源浪费问题。线上线下服务没有打通，服务流程上没有实现渠道融合，导致线下网点在很大程度上无法借助线上渠道实现客户分流和服务效率提升。

金融科技应用不足，线上产品同质化问题突出。 对金融科技的重视程度不够，未上升到企业战略层面，金融科技应用范围、能力和水平不足。数字化转型发展大多处于线上化阶段，尚未形成有效的数据治理和应用体系，数据化、智能化创新应用进程缓慢。在线上化产品和服务创新上，受制于金融科技水平，无法形成差异化和特色，产品和服务的同质化问题较为突出。

缺乏专业服务团队，线上化运营能力不足。 虽然已经建设手机银行、微信银行等线上化服务平台，但线上业务和平台仍以传统的线下推广方式为主，没有建立专业化的线上服务团队，未形成体系化线上运营体系，线上客户服务和客户营销能力薄弱。客户反馈机制仍然基于传统的网点、电话等方式，响应速度较慢，体验较差，不能满足客户线上化的实时交互需求。

资源投入不到位，科技和人才基础薄弱。 中小银行与大型银行及股份制银行相比，在科技、人才等领域的资源投入方面存在较大差距。没有自建独立的核心系统，使得数字化转型中的业务创新无法得到底层技术的有力支撑。传统的人员组织架构和管理模式使得外部人才引进和内部人才培养上都存在困难，缺少业技融合的复合型人才。

第 2 节　青岛农商银行数字化转型历程

面对数字时代的发展趋势，青岛农商银行自 2012 年改制以来高度重视各项数字化金融服务能力的建设工作，由浅至深，由点到面，持续推进自身数字化经营发展。经过前期的线上服务平台建设，基本构建起综合性线上渠道服务体系，建立了线上化服务能力。在此基础上，目前正在积极推进数字金融第二阶段的建设工作，以全面推动全行数字化转型为工作重点，积极建设智能化数字金融服务新模式。

1. 布局线上化渠道经营体系

青岛农商银行围绕客户金融行为线上化的需求，以线上平台建设为主阵地，根据不同客群和不同服务定位，分别构建了手机银行、直销银行、微信银行、信用卡 App、网上银行等五大线上自营服务渠道，完成了线上化渠道服务体系的整体布局，为银行金融服务延伸和产品创新构筑了支撑平台，具备了线上化经营和服务能力。

以手机银行为基础服务平台，为客户在线提供账户管理、转账等近 100 余项基础金融服务，减轻了网点柜面服务压力，提升了整体服务效率。以直销银行、信用卡 App、微信银行等特色服务渠道为创新服务平台，打造互联网创新业务试验田。

直销银行围绕电子账户应用、线上财富综合管理、智能网贷等主要服务内容，以"存、贷、付"为整体产品布局，实现互联网金融领域的多项突破。信用卡 App 聚焦客户专属金融服务和权益体系建设，推出了集信用卡网申、分期、权益积分在内的 30 多项信用卡专属服务，拓展了信用卡业务发展空间。微信银行定位轻型银行，以微信平台社交流量为服务依托，为客户提供"即开即用、即用即走"的便捷服务，整合了含个人服务、对公服务和小微商户服务在内的 20 多项线上服务应用，初步构建起基于微信端的一体化服务平台，创建了内联外通的渠道服务新模式。

2. 全面推进数字化转型建设

2020 年，青岛农商银行制定《青岛农商银行数字化转型工作方案》，自上而下对数字化转型发展做出整体规划，明确了"打造线上线下融合最佳的银行"的转型目标，确立了对外智能化服务和对内数字化管理两条数字化转型主线，推动全面向线上化、数字化、智能化发展。同时，推动数字化转型内部制度建设和组织建设，为全行数字化转型顺利实施奠定基础。

3. 实施转型组织部署

在总行层面组建了 8 个数字化转型部落，分领域协同推进数字化转型实施工作，主要工作任务和方向分别如下：

- 客户管理部落推进客户资源管理，实现客户分群分层管理、价值管理和生命周期管理；
- 智能营销部落以客户交易行为数据为基础，开展智能营销、精准营销，以客户本人服务为主线，挖掘社交资源，开展社会化营销；

- **科技赋能部落**不断夯实技术和数据两大科技基础能力，进一步强化金融科技对业务的支撑与赋能；
- **内控优化部落**围绕内部管理和风险控制，积极运用数字化思维和工具，提升内部管理质量和管理效率；
- **渠道融合部落**推动线上自营平台融合、线上线下渠道协同和建设场景金融生态；
- **网贷优化部落**推动智能信贷和智能风控，一方面推进线上大数据信贷产品创新，另一方面加强对新风险的智能识别与防控；
- **智能运营部落**推进智能网点服务，提高网点业务处理效率，通过对厅堂服务的流程再造，提高厅堂服务营销效能；
- **智能投资部落**推进客户端智能理财服务和投资端智能交易。

建立转型实施机制。内部确立了部落协同、上下联动、成果分享及经验共享三大数字化转型工作机制，明确工作方式和方法，为数字化转型工作落地实施提供制度保障。推动建立"总行服务创新下行应用，基层客户需求上行反馈"的良性互动，形成全行参与的数字化转型合力。

细化转型实施清单。根据全行数字化转型整体工作安排，组织8个转型部落围绕年度工作计划进一步细化梳理，落实由总到分、由大到小的工作推进分解，按年形成重点工作项目清单，明确各转型工作项目的工作内容、措施、目标和时间表。按照"一月一小步、一季一台阶、年年有成果"的数字化转型推动目标，稳步、有序推进各项转型工作。

第3节　智慧银行转型实践

围绕零售银行端智慧银行建设，青岛农商银行通过布局线上、线下双渠道，在产品和服务智能化、场景化方面探索和尝试，推动"数字农商"赋能全行业务发展。

1. 智能信贷体系

面对互联网贷款平台给银行信贷业务领域带来的冲击，银行类金融机构纷纷探索互联网金融发展模式，但线上业务的风险控制仍然是制约线上贷款产品发展的关键。如何在风险可控的前提下快速推进银行线上信贷服务，满足客户日益增长的线上贷款产品需求，成为银行在数字化信贷方面面对的新课题。

青岛农商银行大数据智能信贷体系通过融合不同数据源，创新应用模式，针对特定行业数据源和业务场景，向客户提供便捷的线上信贷金融服务，突破了传统金融信贷中信息不足的瓶颈，将多元繁杂的数据通过整合、分类和排序等方法完成数据清洗，获得有效、结构化的数据信息，同时对有效信息进行分析和挖掘，完成用户风险的识别。大数据智能信贷体系在数据应用逻辑上更侧重挖掘数据间的相关关系，在关联逻辑、定义交叉风险因素等方面比传统强调因果关系的分析方式具备更强的风险防控能力。

依托大数据智能信贷体系，在线对客户进行多维度画像，打造山东省农信系统首家互联网在线贷款平台，实现了信贷产品线上化、智能化。通过对接青岛市大数据局、公积金、税务局、海关等多方合作数据源，先后推出市民信用贷（含公积金 e 贷、社保 e 贷、按揭 e 贷、荣军 e 贷等）和税 e 贷（含关税 e 贷、退税 e 贷等）两大类特色互联网贷款产品。

市民信用贷是为个人客户提供的纯信用线上消费贷款。通过与政府数据核心平台对接，青岛农商银行推出了市民信用贷 2.0 版，这是青岛市首家应用个人政务信息的线上贷款产品。

税 e 贷主要是面向小微企业主的经营贷款，通过运用税务数据、海关关税数据等多维数据分析，将企业信用数据快速转化为银行授信，为小微企业提供信贷资金支持，缓解中小企业融资难问题。截至 2021 年 11 月末，网贷产品累计放款 16 000 余笔，累计放款金额 36 亿余元。

2. 传统网点智能化服务升级

营业网点仍然是银行重要的渠道资源，在数字化转型进程中，青岛农商银行并不单一追求线上化转型发展，而是更加侧重线上线下协同发展，在做好线上化经营能力建设的同时，积极推进线下物理网点智能化服务升级。

围绕推动网点功能由交易核算型向营销服务型转变的目标，持续推动线下网点智慧化转型。目前已实现 93% 营业网点的智慧化改造，累计建设智慧网点 327 处，布设智慧柜员机 395 台、便携式柜员机 229 台、智能 PAD 190 台。在推进硬件升级的同时，不断完善智慧化服务项目，智慧柜员机等智能化服务设备拥有的业务功能超过 190 项。

通过对智慧网点软硬件的同步升级，厅堂服务效率实现了快速提升。在同场景同种类业务处置效率上，智慧柜员机较传统柜面提升 1.5 倍，书面挂失、跨行转账等业务的处理效率甚至提升 5 倍，单台设备单日业务量最高可达 490 笔，处理能力媲美两名高效柜员，提升了传统网点的服务效能。截至 2021 年 11 月末，智慧柜员机累计办理业务 80.38 万笔，其中账务性交易 51.1 万笔，非账务性交易 29.28 万笔，日均业务量 4.2 万笔。

同时，智慧网点主动迎合客户金融消费行为变化，先后推出微信预约开户、微信对账、企业网银对账、单位结算卡等创新服务，实行线上化、协同化、自助化、无纸化、移动化、集约化等"六化"管理，打破了业务办理的时间和空间束缚，客户服务体验明显改善。截至 2021 年 11 月末，存量网银账户对账签约率达 96% 以上、单位结算卡签约率达 86% 以上。

3. 深入农村的服务延展和场景融合

作为服务三农的主力军，青岛农商银行积极借助金融科技推进个人金融服务便利化，在原有物理网点服务的基础上不断延伸服务触角，扩展服务覆盖面，为广大农村地区的客户提供更加便捷的金融服务。同时，凭借在农村地区数字化金融服务的优势，以渠道共享、场景融合为出发点，积极推进农村金融与非金融服务融合，探索以便民、惠民服务助推乡村振兴的新路子。

为方便广大农村客户在"家门口"办理金融业务，青岛农商银行通过整合 ATM、查询终端、柜员服务等功能，打造了可以便捷布设在农村地区的小微云支付终端，将其设立在行政村委员会、小超市、品牌加盟店、药房、诊所等贴近居民生活的各类场所。此外，还在广大农村地区建立了众多的农村普惠金融支付服务点，为当地居民办理现金汇款、助农取款、账户余额和交易明细查询、自助缴费、口头挂失、存折补登等便捷化金融业务。目前已在乡镇、村庄、社区布设近 2000 台小微云支付终端，服务范围覆盖青岛市 5690 个村庄、700 余万县域居民，实现了基础金融服务功能延伸到村庄一级，使广大客户足不出村即可办理基本金融业务，打通了农村地区便捷化金融服务"最后一公里"。

在此基础上，主动融入政务下沉和智慧城市建设工作。通过与青岛市行政审批服务局合作，将政务服务接入小微云支付终端，进一步推出了"小微云支付终端＋智慧厅堂＋政务派出柜台"三位一体的"政银互联 e 站通"服务平台，上线了行政审批、社保、医保等 100 余项政务民生服务新功能，使金融与政务服务场景相融合，让居民足不出村即可一站式办理"金融＋政务"服务，以场景化的服务模式打通政务金融服务"最后一公里"。

4. 数智结合的营销工具

数据已成为当前银行经营的重要资产，青岛农商银行通过设立大数据中心，加快推进数据治理及应用工作，以数据驱动业务数字化转型。

在数据系统应用上，重视数据对于数字化金融的核心驱动作用，加强数字资产的积累和管理，从数据治理、数据融合、数据应用三方面推动全行数据分析运用，深挖数据资产价值，构建了数字化营销、风控、决策、运营"四位一体"的数据应用体系。

通过搭建零售营销平台，上线客户360°全景视图、客户画像、客户识别、客户群体细分等功能，实现了客户群体精确定位、客户偏好有效细分和客户营销精准触达。通过上线数据分析服务平台，进一步满足数据分析应用需求，更好地支撑业务分析决策。通过将前端营销服务与后台业务系统、营销分析系统和数据系统打通，打造了"汇青客"智能营销工具，以"汇青客客户经理金融超市"和"汇青客客户合伙人计划"作为公域流量领域的主要营销抓手，推动基于微信平台的精准营销、社交营销、裂变式营销，赋能营销服务工作。

第4节 数字化转型预测与展望

新时代背景下，数字化转型对于商业银行来说已经不再是"做与不做"的问题，而是"如何做"和"如何做好"的问题。然而数字化转型没有通用模板，也没有一成不变的成功秘籍，银行只能根据自身实际情况去探索，找到适合自身发展的数字化转型道路。

1. 坚守"以客户为中心"的数字化转型核心理念

银行数字化转型的出发点和落脚点，并不只是借助金融科技实现金融服务线上化，而是进一步满足客户不断提升的金融需求。技术只是实现数字化的手段，而更好地服务客户才是银行数字化转型的根本目的。应坚持"以客户为中心"的服务理念，依托先进数字技术和智能技术，从客户服务的角度出发，不断完善系统架构，优化业务流程，提升运营管理，强化风险控制，丰富场景生态，为客户提供便捷、高效、普惠、安全的多样化、定制化、人性化金融产品和服务。

2. 融入场景金融建设，布局金融生态

坚持开放银行和开放金融理念，通过走出去与外部机构合作，将金融服务输出和融合到各类服务场景中。把握智慧城市建设机遇，以服务场景为突破口，积极对接政府、学校、医院等机构，打造智慧政务、智慧校园、智慧医疗、智慧市场、智慧出行等场景生态，满足场景金融的智能化、无感化、移动化支付需求。

3. 探索产业金融新领域

在过去的银行数字化转型中，围绕零售端的数字化服务建设是重点领域，对公业务数字化转型则相对滞后。随着工业互联网的快速发展，数字经济将全面进入产业互联网发展新阶段，产业链各个环节也将实现数字化连接，各个垂直产业领域将逐步形成完备的数据，从而为银行发展产业链金融等对公数字化服务提供重要的基础。银行应积极把握产业链各环节数字化连接带来的产业金融新机遇，加强行业应用建设，与主流产业金融平台服务商、渠道服务商等开展应用共建，以供应链金融为业务突破口，推进公司业务数字化建设。

4. 尝试推进 5G 数字银行新进程

随着 5G 技术商用步伐的加快，不少银行已经开始探索 5G 等技术应用，将 5G 技术应用于更多场景，打破空间束缚。未来，银行数字化转型将积极关注 5G 技术、人工智能、全息投影、VR/AR、大数据等新科技在网点和线上服务领域的应用，探索打造 5G 智慧网点和远程服务，提升网点智慧化程度和线上银客交互自然化和智能化，为客户提供自助程度更高，更加便捷、高效、智能的金融服务体验。

站在全面数字化转型发展的新起点上，青岛农商银行将继续以数字化金融为发展导向，围绕智能化服务和数字化管理两条发展主线，紧扣数字经济线上化、场景化发展趋势，以金融科技和业务创新为驱动，持续推动各项业务线上化、数据化和智能化，努力打造连通城乡的普惠银行、生态融合的开放银行、科技赋能的智慧银行和内涵集约的品质银行。

27　广东顺德农商银行：以数据获取洞察，为客户创造价值

郭海文　陈泽华　广东顺德农商银行

当前，银行业的发展面临前所未有的压力。从行业趋势来看，银行业一方面受利率市场化挤压利差空间，另一方面又面临互联网企业、金融科技公司的双重挤压，线下实体网点的竞争优势被不断蚕食。从客户需求来看，尤其是新冠肺炎疫情暴发之后，客户希望银行提供更加线上化、便捷化、个性化金融服务的需求成为趋势。互联网企业的飞速发展带来很大冲击，银行业从数字化金融科技工具日益成熟中看到了方向，抓住数字化金融科技带来的发展新契机，实现经济转型、动力转换成为共识。从当前数字化转型推进的形势来看，银行已成为数字化转型的排头兵，各家银行纷纷推进数字化转型，积极试水创新转型，力争在市场竞争中赢得先机。

金融科技创新是银行面向未来的必经之路，也是把握未来的手段和能力。顺德农商银行通过深入调研与分析，于 2019 年制定了 IT 五年规划，描绘了未来发展蓝图。规划提出四大核心战略，其中一项是"大数据助推数字化"，将数字化战略提升至与零售、对公、同业三大利润中心同等的高度。定调以数据价值驱动数字化转型，大数据赋能业务转型战略，把大数据定义为全行未来的价值创造中心，为大数据赋予空前的业务价值，重点布局几大领域金融科技，积极推动数字化转型。

第 1 节　数字化战略能力规划及实施

基于五年规划全面落地实施，广东顺德农商银行（下简称"顺德农商银行"）从 2018 年起开展数字化转型工作，以解决当前各项业务的数据价值问题为抓手，有重点、有步骤地推动数字化转型工作总体策略的实施：参考业界数字化转型规划体系框架模型；以如何高效解决数据价值问题为切入点，打造业务、数据、技术三大中台；先后组建大零售项目群、互联网金融项目群、大数据项目群、新一代授信项目群；构建落地转型组织体系，让数字化行动步调在全行内达成高度共识，形成高效的合作机制。

"工欲善其事，必先利其器。"金融创新离不开先进企业架构与科学设计基础的支撑。顺德农商银行在统一标准下，打造以三大中台为核心、契合新一代金融科技的架构体系，推进现代化银行科技架构落地，支撑金融创新战略实施。为支撑整个数字化转型建设，经过深入分析和科学论证，提出八大数字化能力框架（见图 27-1），并围绕这一框架执行各项数字化转型工作。

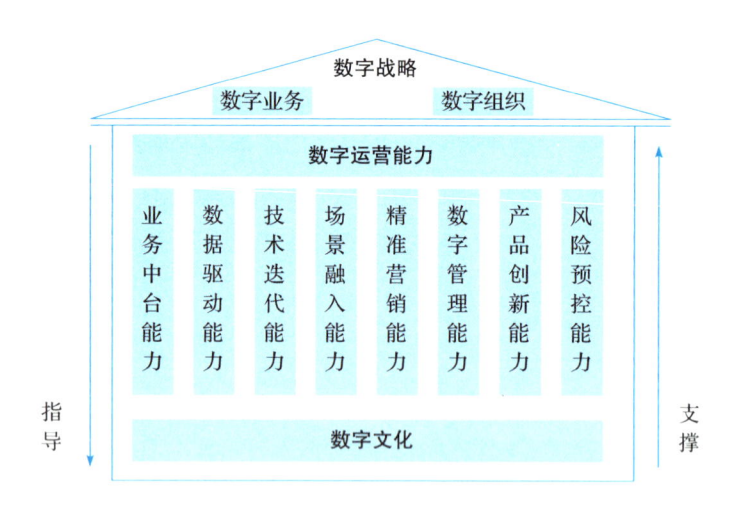

图 27-1　数字化能力框架

1. 打破传统烟囱式架构，培养业务中台能力

当前金融机构普遍使用传统的集中式架构，效率相对较低，应用系统不支持集群扩展，单点故障问题比较突出；系统采用老式开发语言构建，运维支持困

难；系统设计固化，灵活变化复用能力较差等问题同样显著。为解决上述问题，中台化战略成为数字化战略的支柱，也是快速响应市场需求、完成业务创新的根本。通过业务中台建设，建立多个专业而又统一的能力中心，通过多维度共享能力中心赋能，支持前端场景高效拓展、产品敏捷创新，打通线上线下全渠道，通过数字化方式触达用户。

业务中台建设最重要的是根据业务知识沉淀，抽象出通用、公共的业务服务，需要由业务部门主导。技术部门需要依据业务部门提炼的共性需求，建立共享能力中心，提供微服务架构，利用通用服务模块加快创新和研发效率。

2. 依托数据中台，构建数据驱动能力

通过数据中台、数据集市、大数据平台等多种数据处理平台打造大型综合数据中台，实现各领域数据治理与数据整合，形成客户、产品、渠道、机构数据的清洗与统一；推动外部数据与内部数据的协同整合。然后，以此为基础形成多维度客户标签，包括消费、资产、信贷、风险及价值等基本信息，描绘出业务客户画像并有效划分客群。为各业务部门进行数据分析、客群定位、精准营销及精细化管理提供数据基础，同时为智慧营销、销售、积分权益、风险评分、风险预警及反欺诈等具体业务场景提供数据服务。

构建大数据营销模型，形成高危、高潜、临界提升、理财到期等多种营销线索，通过 AUM 价值、理财经理当日容量等多维度分析方案实现线索排序与过滤能力，最终服务于相应的营销系统，完成线索的执行流程管理。

统一数据归口，沉淀数据资产，打造从采集、整合到分析的端到端数据中台，通过数据整合和分析，提供大数据驱动个性化的服务，提升客户体验，最大化用户价值。一句话总结，即"一切业务数据化，一切数据业务化"。

3. 构建技术中台，实现技术迭代能力

业务发展和大数据应用都需要技术底座强有力的支撑。建立技术中台，支持各项平台对接，在安全运营基础上支持技术创新、业务创新，支持开放 API，赋能生态合作方。依托分布式框架，在金融私有云基础上，依托应用组件思路，构建面向全行新一代数字银行微服务架构体系的应用技术平台，为全行各业务上云消除技术壁垒，创造条件，以此支撑未来业务的基础 IT 能力，实现互联网应用生态建设，推动金融转型升级（见图 27-2）。

图 27-2 顺德农商银行中台框架

4. 活用场景融入能力，对于不同场景提供不同侧重点的服务

服务渠道包括手机银行、微信银行、STM、ATM、网点柜台、客服热线等线上线下渠道。银行需要提高并完善客户体验，增强移动安全性，并通过敏捷管理模式提高对市场需求的响应速度，迅速响应市场变化。活用场景融入能力，构筑不同业务服务场景，进行差异化分析和共性抽象。对于经营场景和消费场景主导方通常在合作伙伴一侧的情况，银行为客户提供场景下的定制化金融服务，为B端客户提供平台能力，构建商户商圈，打造批量获客的入口。技术平台实现后端产品的灵活组合与配置化管理，利用各类基础金融产品，通过专业团队研究组合和价值附加，形成多元的综合服务。

对经营场景而言，构建围绕平台企业和供应链核心企业的金融平台，内设多级账本体系，并对接行内供应链金融系统、信贷管理系统、核心系统、支付系统等，将内部结算、支付、风控、数据分析能力对外输出，为平台企业及供应链核心企业提供多级账本、上下游支付、融资、数据分析四大产品服务。在与平台企业及供应链核心企业的合作中，扩展上下游客户，富集数据，提供数据决策。

5. 引入新兴金融技术，增强线上线下精准营销能力

顺德农商银行以往相对重视线下销售能力，而线上营销能力亟待加强，同时需要改变以产品销售为导向的销售方式，转为通过数据认识客户，定向服务客户的服务方式。灵活使用短信、App推送、外部广告、场景暴露、电话沟通等多种推广方式，逐步加强与客户的联系，实现产品精准营销的同时避免对客户造成骚扰。

依托数据中台中的大数据分析形成的精细化客户数据，活用行内多样化数据，对客户进行标签化分析，将产品与客户进行智能匹配，策划并配置相关营销活动，通过各个渠道的触点向客户推送，并依据客户反馈进行线下跟踪或线上后续活动跟进，对营销效果进行统计分析并改进措施，形成流程及系统优化举措，从而实现整体的营销闭环。实现精准营销，直接把合适的产品推送给最合适的客户，充分体现数据价值，引领业务，主动推动业务发现。

6. 构建数字管理能力

顺德农商银行以数据中台沉淀全面、准确、及时的运营数据，提升数据管理与分析能力，依托于数据集市、BI系统及销售管理系统等，实现以数据为依据的整体管理能力。

根据 IT 规划及分布式架构实施情况，基于金融私有云大数据组件搭建大数据管理平台，旨在为智能营销、智能风控、渠道分析、行为分析、关系分析提供完善的数据建模、数据分析挖掘能力和数据服务能力。完成数据资产管理平台建设，提升数据管理能力，加强数据治理工作规范，提升数据质量。开发报表融合平台，构建灵活、便捷的 BI 报表整合平台并提供跨库查询服务，建设规范、快捷的报表开发流程，提升报表制作效率、自助分析能力及业务数据运用能力。而多样化的数据展示方式以及列表、图表、报告等丰富的数据应用模式进一步丰富了查看数据的方式，支撑业务人员或管理者进行决策。

7. 打造产品创新能力

银行具有天然的产品优势，但面临着竞争激烈的市场环境，而通过创新将底层产品包装成客户需要的多样化产品，是系统能力体现的关键。顺德农商银行基于产品工厂的概念和模式，对储蓄（理财）产品及信贷产品进行参数化改造，用参数打通主系统及渠道、财会、核算等上下游系统，实现产品的快速配置创新。分解产品与流程，总结条件参数，创建组合产品模板，通过专业化和规范化管理，形成实际可售的产品，从而逐步实现以参数创产品，迅速响应市场需求。

8. 构建数字化风险预控能力

针对线上个人信用贷款等信用行为，构建贷前、贷中及贷后全生命周期的风险预警与控制能力。贷前侧重预防，对申请人进行执法调查、多头借贷、法人分析、联系人情况等反欺诈检查。在贷中放款后的追踪与管理阶段，可基于内外部数据建立贷中预警系统（一方面构建客户风险预警模型，另一方面形成定期的客户风险登记重评估机制），并配置相关的预警、调额、终止判断标准与执行流程。在贷后催收阶段，完善催收业务平台，引入基于数据及模型的自动化提醒及催收任务分配机制，提高催收效率与效果。

第 2 节　数字化零售银行转型实践

1. 数转战略，零售先行

顺德农商银行作为传统的中小型银行，面临的市场、政策、客户、竞争形势纷繁多变。市场上，经济增速换挡导致资产质量调整；政策上，地域受限，监管趋严；客户上，年轻客户少，存量客户活跃度低；竞争上，互联网金融企业蚕食市场份额。在此背景下，顺德农商银行积极适应新形势，坚持科技与金融持续融合，推动数字化转型：以实现数字化银行为战略，聚焦形成业务控制力，坚持优化客群和资产结构，强化科技赋能建设，继续探索多维商业模式，加快打造全客群、全产品、全渠道的服务体系，深入推进零售金融数字化转型，抢占未来发展战略制高点。

顺德农商银行基于数字化转型战略，建设了三大项目群：大零售项目群，以构建大零售资产业务系统为主线，打造顺农商 e 贷 App 和大数据风控平台；大数据项目群，支撑起大数据营销、风控等场景；互联网创新业务项目群，通过多维度共享能力中心（业务中台）支持衣食住行等全场景业务，打通线上线下全渠道，通过数字化方式触达用户。

通过三大项目群建设，以三大中台为核心的架构体系提升了研发效率，面对快速变化的业务提供敏捷支撑，实现移动 App 快速开发与上线，缩短贷款流程，优化了用户体验。同时以中台化为架构转型的理论基础，打破组织架构层面的业务能力壁垒，构建共享服务体系，实现了业务服务能力整合与输出以及可装配能力编排流程，以支撑快速创新，在区域银行中台化浪潮中脱颖而出。

2. 践行为客户创造价值理念

将"以客户为中心"和为客户创造价值作为基本原则，全面发展以客户体验升级为目标的数字化转型方向，以三个视角构建三大项目群，助力大零售数字化转型升级。

从客户需求出发，规划大数据项目群。顺德农商银行拥有大量的客户历史交易数据和在线客服记录，为充分利用这些数据进行数据分析，挖掘客户真实需求，满足客户个性化需求，从而塑造价值驱动的客户流程，银行规划了大数据项目群：着手搭建数据中台，已整合线上线下渠道数据，实现系统间的互联互通，逐步消除数据孤岛；构建服务化框架，支持数据能力复用；提供可视化数据模型设计工具 PAI；建立数据大屏 DataV，实现数据监控门户；建立客户标签 800 多个，刻画客户画像，为大数据用例建模提供数据支撑。目前基于客户标签共开发 76 个模型（30 个 AI 模型、46 个规则模型），累计下发客户精准营销线索超 230 万条，支撑起全行面向互联网业务的大数据营销等场景，支撑"大数据助推业务发展"数字化战略。

客户价值驱动，规划大零售业务项目群。从客户角度重新审视产品和服务是否有价值，是否必不可少，是否有足够大的吸引力。只有持续为客户提供价值，才能维系好客户忠诚度，增强客户黏性。基于这样的思路，顺德农商银行构建大零售业务项目群，以构建大零售资产业务系统为主线，创新打造全新线上贷款专属 App。

连接客户生态，构建互联网创新业务项目群。聚焦交通出行、政务便民、教育培训、商超餐饮、文化娱乐、快递物流、旅游服务等高频场景，创造更多与客户的接触点，为客户提供更全面的服务。开放银行模式是大零售数字化转型建设过程中的重点，在该项目群中，搭建互联网核心平台，以微服务架构构建业务能力中心，通过数字化方式触达用户，建设面向地区特色的综合服务场景移动应用系统，并将辐射佛山区域的金融生活服务类场景。

以重构直销银行为切入点，搭建以服务共享为核心理念的新一代业务中台，包括用户中心、客户中心、账户中心、支付中心、产品中心和消息中心等。后续通过对业务"微服务"的不断滋养，加快支持新客获取、产品定价、交叉销售、潜在商机挖掘、供应链金融、投融业务等场景化服务，以达到"为企业提供快速、低成本创新的能力"的目标。

从实施效果来看，三大项目群对大零售战略的推进和发展起到了决定性的作用，尤其体现在以大零售资产业务数字化转型为主线践行普惠金融业务方面。该业务体系通过移动互联实现全渠道深度触达客户，建设了基于互联网数据和金融数据的银行大数据风控体系，并运用信用风险、欺诈风险管理技术，建立统一的零售风险视图，使业务模式从信息化向数字化转变。

3. 科技引领大零售资产业务转型实践

打造"e 贷"系列个人线上贷款产品，赋能线上业务发展。以大零售资产业务系统为核心平台，顺德农商银行已推出快 e 贷、金 e 贷、诚 e 贷等"e 贷"系列个人线上贷款产品。以风控技术为依托，通过反欺诈规则校验、大数据分析技术、评分卡模型等智能化手段对客户进行筛选、批核，实现客户全流程线上操作，7×24 小时运营，并将额度申请、审查审批、放款等贷款环节的时间缩短至分钟级别，优化客户体验。

当前已上线的线上贷款业务有快 e 贷消费、快 e 贷经营、金 e 贷和诚 e 贷，线上贷款均已全面推广。截至 2021 年 11 月末，全部大零售线上贷款产品累计授信户数 7.1 万户，累计授信金额 80.4 亿元，累计用款户数超 2.8 万户，发放金额超 36 亿元，贷款余额超 9 亿元。同时，这些贷款产品提升了用户体验，App 启动耗时从 4 秒缩短到 0.6 秒，闪退率及崩溃率几乎降低为零，平均交易响应时间不到 60 毫秒。

打造大零售 O2O 贷款流程，推动普惠金融业务新运营模式落地。大零售 O2O 贷款流程包括消费贷和经营贷，相比传统信贷流程新增了支持客户经理 PAD 端进件、大数据刻画客户画像、一键查询征信、无纸化贷款呈审和放款审核、系统联动生成借款合同、一键放款及汇兑等功能，具备显著的创新优势。配合大零售资产业务系统的创新功能，推行普惠金融业务新运营模式，使普惠金融业务具备流程标准化、作业电子化、投放批量化、队伍专业化四大特点，提升业务效能。以按揭贷款为例，整体流程从 7.5 天缩减至 2.5 天，提效 67%。截至 2021 年 11 月末，O2O 消费性贷款共发起呈批 11 900 多笔，总额度约 100 亿元；发生贷款支用共 11 300 多笔，总贷款金额约 98 亿元。O2O 经营性贷款共发起呈批 11 500 多笔，总额度约 120 亿元；发生贷款支用 13 600 多笔，总贷款金额约 100 亿元。

项目完成之初恰逢新冠防疫战，传统金融服务体系受阻，顺德农商银行基于全方位线上普惠金融服务体系，在疫情期间让百姓不出门、不见面也能办理金融服务。受疫情影响的企业主可通过线上渠道申请贷款，以生物识别、OCR 技术实现贷款进件数字化，利用反欺诈、信用风控等大数据模型快速放款，缓解企业资金周转难题，帮助中小微企业渡过难关。

依托于三大项目群，顺德农商银行使智能化与数字化高效协同，全面提升零售资产规模与效益。同时，全线上的智能化操作和便捷、高效的业务处理流程，有效提升了客户体验，从而提升产品美誉度，赢得用户的信任和支持。

4. 数字化转型关键

构建云底座。为了打破以往核心系统耦合性过高、资源的物理格局存在限制、基础架构拓展存在短板等问题造成的业务僵硬、不利于金融创新的局面，顺德农商银行构建了以安全、可靠、弹性为核心的分布式技术中台，打造统一的金融私有云平台，以 IaaS 层基础设施搭建虚拟化计算、存储及网络，完成了全行级云计算架构设计与落地，满足 IT 设施的高效、共享、高可靠性需求，落地了金融私有云（生产）、金融灾备云、开发测试云的云架构全面解决方案并引入分布式数据库 OceanBase，实现了金融私有云底座从无到有、从有到优的连续跨越。

技术中台实现技术标准化。 在标准云架构的基础上，自主创新组件服务，构建新一代数字银行技术平台（NGDB 平台），其本质是依托云技术生态组件，构建企业级、全栈式、自主知识产权的应用技术平台，完成互联网应用生态建设。NGDB 平台采用分步迭代模式建设，落地基础骨架设计，实现业务服务编排，规范开发框架，通过可视化工厂装配服务，实现云端业务 DIY，从单元化架构、应用体验、规范指导、开发运维一体化四个维度助力数字化转型。目前已自主研发十个关键业务组件和套件，增强服务编排引擎，补齐金融云底座与新一代数字银行主骨架平滑对接所缺的组件，屏蔽了微服务框架特性，满足多云环境的快速替代。

共享、复用业务能力。 2021 年年初，顺德农商银行开始规划新一代数字银行整体业务架构，对全行业务能力统一布局，将常用的业务场景和功能抽象为共享服务中心，形成企业级业务能力地图。目前已构建由账户中心、产品中心、客户中心、支付中心等 12 个能力中心汇聚成的企业级业务中台，后续将逐步将原有传统集中式架构的应用迁移至分布式架构，沉淀和滋养相应的能力中心，形成承载全行级业务的大业务中台。

以打破竖井、赋能减负为重点，优化组织形态和文化氛围。 数字化转型的最大阻力不是技术，而是组织墙。以往各部门围绕 KPI 和利益开展工作，造成了资源协调困难、跨部门协作效果差、组织流程流转不畅、资源重复浪费等问题。如果没有一套完整的内部生态机制作为保障，数字化转型无从谈起。

零售数字化转型中推广跨条线融合的任务型项目团队，促进人才流动，打破传统组织边界，激发组织活力。把敏捷化组织管理纳入部门组织管理体系中，以高频迭代的方式快速响应业务需求。一方面在岗位设置上增加敏捷教练、产品经理、全栈架构师等敏捷团队岗位，并出台配套考核机制；另一方面基于敏捷化管理思路构建零售业务条线专业组，与业务部门同址办公，相互考核，打破信息科技部与大零售业务条线壁垒。未来，将不断沉淀经验，再逐步向对公业务条线、金融市场业务条线、大数据条线推进敏捷化建设，进而形成全面的组织敏捷化。

顺德农商银行以客户为中心，以数字化为抓手，构建"内部生态＋客户生态＋合作生态"三维商业生态。**内部生态**上，积极将敏捷化思想引入组织管理框架中，并将敏捷文化融入企业文化中，以有效应对快速变化的业务需求，提升客户的满意度。客户生态上，聚焦场景化生态体系，丰富客户高频场景，以全场景业务进一步赋能前端场景的高效拓展，打通线上线下全渠道，通过数字化方式触达用户，完善分层分类客户经营体系，探索多维商业模式。合作生态上，基于AI、区块链、云计算、大数据、IoT和尚未商用的前沿科技，推动银行、互联网公司、金融科技公司合作，连接上下游高价值合作伙伴，加强产业链协同支持，形成资源聚合平台，构建完善、开放的金融科技生态体系。

  数据必将成为未来银行业发展的重要资源，数字化也是这轮银行高质量发展的重要抓手。顺德农商银行立志于从数据中获取洞察力，从数据中攫取价值，实现数据向价值信息的升华，打造一个从0到1的真正数字化银行。

28　广西北部湾银行：数据应用新基建赋能业务数字化

叶　友[一]　广西北部湾银行

由于大数据、云计算、人工智能等新技术的快速发展及应用，数据成为银行的核心资产。面对着外部竞争及内部转型的双重压力，如何加速数字化转型，深度挖掘数据价值，充分释放数据的业务价值，成为摆在银行面前的课题。保证数据质量，满足低门槛、低成本、高效率、便捷化的数据分析及建模应用需求，开展数据与业务深度融合创新的实践，保障数据应用安全以及填补数据应用人才缺口等都是亟须解决的问题。

移动互联网、大数据等技术的应用深刻改变了用户的行为习惯，促使各服务链及产业链的运行模式及商业模式发生改变。C端，零售客群获取金融服务的习惯由传统渠道向场景转变；B端，企业客户为应对市场竞争，通过自身数字化转型及变革实现突破，金融服务需求从单一的融资需求转变为通过金融赋能促进产业链发展的需求；G端，政府部门通过数字化建设提升服务效能，对金融机构快速服务响应提出更高的要求。客户行为及商业模式改变，促使广西北部湾银行（以下简称"北部湾银行"）推进数字化转型，以满足客户与日俱增的数字化金融服务需求。

[一]　作者系广西北部湾银行副行长。

第 1 节　数据应用新基建规划

数据应用新基建以客户与业务需要为驱动，打造易用、好用的全链路一体化数据赋能创新平台，以实时、智能分析为基础，通过数据与模型驱动金融产品及服务创新，实现客户个性化金融需求与金融产品的精准匹配，推进全行向智能感知、智能营销、智能决策、智能服务、智能运营、智能风控、智能管理的精细化模式转型。

以数据应用赋能业务创新为导向，以数据治理及中台为数据服务底层基石，以可视化建模平台＋决策引擎平台为业务与数据赋能应用的链接器，以数字化人才培养体系为数据赋能人才摇篮，以试点创新业务赋能为试验田，北部湾银行构建了全行级、集数据基础、数据应用、内控管理、数字化项目赋能、人才培养于一体的全链路一体化数据应用新基建项目群（见图 28-1）。

第 2 节　数据应用新基建实施

1. 数据中台

搭平台、严治理、强萃取、促融合，夯实数据服务底层基石。以"让数据用起来"为导向，通过数据中台技术架构整合，配套大数据产品＋方法论＋场景应用＋运营的综合数据基础运营体系，推进数据治理、数据萃取、数据融合的落地应用，不断提升数据应用基础，让数据需求响应更加迅速，数据资产沉淀与共享更加高效。

落地一体化数据中台核心架构。 通过公共数据中心＋萃取数据中心＋数据服务平台的中台核心架构，形成数据价值由低到高的传输链路，最终形成数据资产，保证数据一致性，实现数据敏捷开发和可靠输出。萃取数据中心与可视化建模平台采用互联互通设计，进行数据分析挖掘、模型迭代，挖掘的新标签、新模型反向输送萃取数据中心，形成良性的数据环流，提升数据挖掘效率。创新数据模型管理架构，通过构建萃取数据中心模型层，存储共享自身积累的和可视化建模平台训练的模型成果，实现数据模型迭代敏捷化的目标，同时减少数据模型重复建设，提高数据模型复用率和迭代效率，提升了数据基础服务共享能力。敏捷、高效、共享、开放的数据基础平台提升了数据开放服务能力。

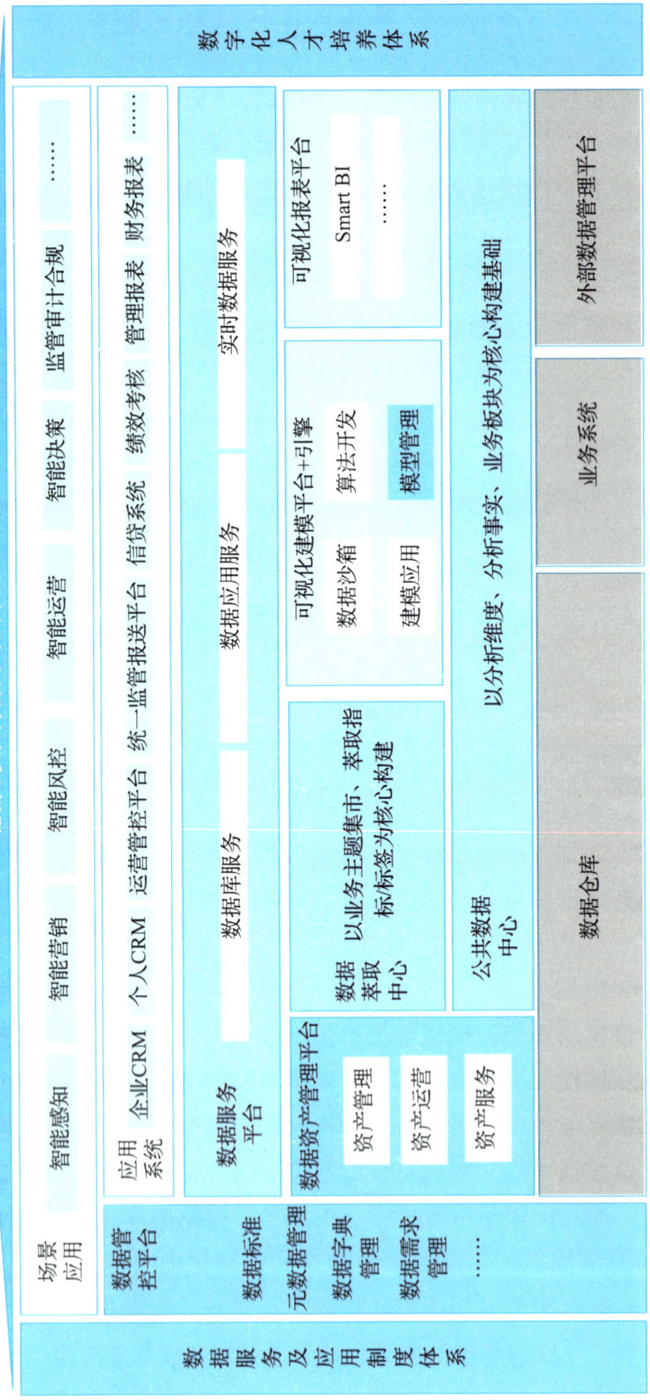

图 28-1　北部湾银行数据新基建架构

推进数据治理落地。 开展数据标准体系建设：规范数据标准，保障数据治理工作有据可依。强化数据对标落标工作：加强对各业务系统的对标落标工作，完善数据业务标准及技术标准，提升系统与标准关联度，解决系统间基础数据标准不一致问题。做好数据质量管控与监测工作：利用数据管控平台持续开展治理过程监测，保障治理落地及质量。通过定标准、抓落实、做监测等治理措施，数据治理效果得到显著提升，解决了数据标准不统一、取数效率低、系统数据缺失、数据不能复用等问题，夯实了数据应用赋能业务的基础。

数据融合。 推进外部数据管理平台建设，加速引入多种个人数据和企业数据，数据类型由单一向综合转变，同时梳理外部数据应用场景，开展数据应用推介，提升数据的可用性、易用性及复用性。通过公共数据中心数据主体域建设及萃取中心整合，内部数据资产得到丰富：一方面完成客户、存款、贷款、票据等15个主题域建设，实现数据基础模型的构建；另一方面基于主题域建设，不断新增业务指标及标签，涵盖客户指标、业务指标、财务指标、运营指标等，并持续更新。将内外部数据融合应用，数据中台融合了来自数据仓库、业务系统、外部数据管控平台等的各类数据，完成了较为全面的全行内外部数据大整合，实现了数据共融共通。通过数据整合，结合业务场景应用需求，打通全行数据，解决数据孤岛问题，实现数据共享与复用，减少重复建设。

2. 数据应用平台

建闭环、降门槛、提效率，打造数据与业务融合应用的链接器。在夯实数据治理的基础上，统筹优化对数据资源、算法模型、算力资源等平台核心资产的运用，逐步降低业务人员进行数据分析及建模应用的门槛，通过借鉴引入及应用积累，稳妥推进 AI 技术与业务深度融合，提升精细化管理能力，切实推进数据应用赋能业务发展。

闭环链路一体化智能平台。 构建集应用、管理、培训于一体的全新可视化建模平台 + 决策引擎数据应用平台，推进算力及算法资源集中管理，实现"数据分析、建模应用、跟踪展示"链路一体化，并形成完整闭环链路的数据应用平台，为"发现问题、分析问题、解决问题、跟踪迭代"的全过程提供智能、高效的数据应用解决方案。

数据价值挖掘及业务应用能力。 可视化建模平台及决策引擎实现数据分析及建模、策略部署的流程化、图形化，在数据中台指标及标签体系的支撑下，可将数据分析、建模工作下放至各部门的业务人员，由其自行开展，降低了数据分析、建模、决策部署的技术门槛。可视化建模平台将支持大数据量级的快速分析、探查、建模等应用，缩短分析流程的时间。与传统的全流程数据分析和业务建模过程相比，工程效率将提升 80% 以上；AI 工具＋简单培训可快速支持对不同业务场景的算法应用，可节省 70% 的人力。同时，决策引擎的落地降低了策略模型的部署和维护门槛，提升了策略类模型的部署效率。

数据价值转化及融合应用。案例应用借鉴：平台自带行业应用实施案例库，可供各业务条线参考，便于快速找到业务需求的切入点。各业务条线根据自身业务需求，选择适合的应用案例，并在此基础上进行经验和流程的复用、拓展开发以及其他创新性工作，提升建模应用的时效，提升数据成果转化率。实践应用积累：工具的便捷化和简单化全面提升了业务人员实际的数据分析能力，通过平台的训练、实践、应用、成果转化，沉淀模型资产及资源库，持续性的成果快速复用及输出迅速映射到实际的业务开展上，从而为业务高质量发展提供可持续的智力支持，实现智力的传递与共享。

3. 数据资产及应用管控体系

基于"平台管控自动化＋制度"一体化思维，构建数据应用管控体系，强化数据应用全生命周期管理。

实现数据资产可见、可懂、可用、可控、可运营。数据资产管理对上支持以价值挖掘和业务赋能为导向的数据应用开发，对下依托大数据平台实现数据全生命周期管理，并对数据中台的数据资产价值、质量进行评估，促进数据资产不断自我完善，持续向业务输出动力。搭建数据资产体系。一方面，良好的数据资产管理能够保证数据资产质量，提升数据资产可信度；另一方面良好的数据资产既能为各类用户提供数据资产的直观视图，方便查看和使用，又能源源不断地输出数据资产服务能力，持续赋能业务场景。

构建数据应用全生命周期系统管控体系。以数据管控平台、外部数据管理平台推动数据治理管控自动化、可视化工作，保障数据服务基础安全可控。通过可视化建模平台及决策引擎可视化、可追溯、统一规范的作业流程，推进全行数据应用统一集中到平台，进行规范化的数据分析、业务建模、策略部署等集中作业，实现业务人员数据应用、业务建模、策略部署等各个环节的自动监控和智能跟踪，确保各操作流程的科学合理和依法合规，实现北部湾银行数据分析及建模全生命周期的风险管控。

打造数据应用全生命周期管理制度体系。 配套制定数据治理考核、数据质量管理、数据治理管理、数据标准管理、元数据管理、数据生命周期管理等制度，构建数据治理制度体系，提升数据治理及应用管控能力。

4. 数字化人才培养体系

根据能力模型化、层级化、实战化构建数字化人才基础标准，推进可实战人才阶梯培养。构建数字化人才成长体系，适配数字化人才培养知识及应用能力模型，制订数字化人才培养计划，战训结合，提供数字化转型的人才保障。

制定数字化人才标准。 设置数据基础、数据应用、金融科技、开放银行等多个专业方向的数字化人才培养架构，从基础到应用高阶的能力培养方向，满足不同场景、不同业务的数字化人才需求。每个培养方向下的专业、专业细分及其包含的各项能力等级，都有系统、详细的描述，突破了界定数字化人才的难点，制定了一套北部湾银行"数字化人才标准"，并梳理了各标准框架下的课程及知识点的配置，设计了清晰的人才培养路径，探索了如何系统培养数字化人才。

培养实战型数字化人才。 以当下各类数字化转型项目为载体，结合数据应用平台训练功能体系，通过理论教育与行内实施项目相结合，以训战融合为载体，系统提升数字化人才培养的数量与质量，构建深层次、训战一体化的长期培养平台，为数字化转型培养大量精于业务的实战型技术专家和复合型人才。

第 3 节 业务与数据应用融合实践

北部湾银行以点、面结合推进数据应用新基建赋能，前、中、后台联动提升数据应用效能。贴合产品场景应用实际，结合行内外数据融合，依托可视化建模平台，科学指导业务决策和运营，推进平台应用及数据用例，在智能营销、智能风控、智能营运等方面推进数据应用赋能。

1. 智能营销

依托可视化建模平台数字化应用闭环，运用"发现问题、分析问题、解决问题、跟踪迭代"的数据应用方法论，结合客户运营全生命周期"拓新、留存、预警、挽失"场景及营销作业全流程管理分别开展数据应用赋能。

例如，针对代发薪业务，运用数据开展代发薪客群识别及可视化分析，剖析客群经营现状，洞察客户行为及需求，构建客群分析及建模指标体系，将数据应用成果陆续转化成客户精准营销中的四维要素——服务渠道智能推荐、服务人员或团队智能选择、个性化产品研发及推荐、智能营销活动策略推荐，联动CRM触达营销，并监测营销服务作业过程。同时，不断优化迭代模型，持续提升数据服务精准性，从而实现该类业务价值提升。

拓新获客：深挖网络价值链，拓展高价值代发薪公司客群。通过整合内外部数据深挖对公客户关系网络的延伸价值链，筛选和识别潜在优质对公客户，有针对性地开展客户营销工作，提高对公拓客资源投入效率，提高公私联动的协同示范效应。实施后企业客户代发薪转化率预计提升5%，高价值代发薪客群规模进一步扩大。

促活留存：依托数据分析及建模，提升存量代发薪客户价值。通过数据分析，剖析客群营运情况，洞察高价值代发薪对公客户客群的分布及业务发展趋势，精准筛选提升对象，推升对公客群服务效率，降低资源投入成本；挖掘存量代发薪业务的个人客户数据价值，通过搭建数据看板剖析客群特征，开发客户留存提升模型，明确提升方向及精准定位潜在高价值目标客户，配套相应的营销产品，提高客户黏性，实现精准营销和客户价值提升，存量代发薪客户代发薪留存率预计提升10%。

预警与挽失：存量客户流失预警及挽失。通过客户洞察及构建流失预警模型，预测客户流失，辅助客户经理开展客户服务跟踪及挽失，预计模型查准率可达80%。

营销作业管理及效率提升：对营销作业进行全链路、全流程的数字化管理，通过项目的实施落地，将实现代发薪业务价值提升模型的全流程（如数据接入、数据分析、模型效果评估等）可视化跟踪，推进模型持续优化；实现营销作业全流程（如作业分发、触达、转化等）的数字化管控。

2. 智能风控

依托内外部数据整合，利用决策引擎高效、实时的计算能力，推进数字化风控应用赋能。在零售智能风控领域，运用策略+模型手段对身份识别、反欺诈、智能审批、差异化定额定价、智能贷后监测、智能催收等环节进行数字化风控，提升零售信贷业务的数字化风控能力。在公司智能风控领域，构建集团关系识别、智能财报分析等专项模型，从企业的经营、财务、信用、舆情、关联人监测等维度分别开展贷前辅助风险识别、贷后风险监测与预警，以优化信贷审批流程及提升数字风控能力。

例如，基于法人客户财务报表开展智能辅助分析，采用大数据+专家研判双引擎分析，结合财经数据文本化技术及多模型量化分析技术，分别构建财务基础数据分析、财务粉饰识别、财务风险分析等多个模型，集成200多个行业的财务行业对比、200多个行业财务指标及100多条财务分析规则，自动生成分析报告，从而提升数字化风控能力及信审效率。

综合运用内外部数据挖掘隐藏价值。财务分析模型依托法人信贷客户财务数据进行分析，同时模型中还融合了目标分析企业的基础工商信息、公开股权穿透信息、财务报表审计信息、指标行业数据等，并将内部财务数据与外部公开数据呈现的财务健康状况整合在同一份报告中，提升分析报告的可读性和科学性。

多维度量化指标重构财务指标体系。财务报表分析模型是基于企业财务数据的风险分析和反欺诈模型，通过收集和分析各类企业的财务与经营数据，利用机器学习和领域专家知识双引擎机制，帮助业务部门洞察和预测目标法人信贷客户的财务风险，提前进行风险控制和防范。模型最终输出涵盖目标分析企业偿债能力、盈利能力、营运能力和发展能力四方面的200多个量化指标，并结合行业阈值对异常指标进行预警。

线上智能化财务分析报告提升信审工作效率。利用模型，从数据上传到模型运行，再到模型分析结果返回对接业务系统进行呈现的完整流程，可在40秒内完成，与纯手工作业相比，极大缩短了分析工作耗用的时间。对于模型运行后输出的分析报告，客户经理可按照实际情况参考和选用。同时，财务报表分析模型输出的指标和分析报告有助于降低新晋客户经理的学习门槛，帮助提升业务新手对于企业财务数据的解读能力。

3. 智能营运

结合中、后台部门的数字化流程优化需求，开展数字化应用分析，依托工商、税务、社保等政务数据，运用数据构建模型，开展对公客户运营风险及关联交易识别，将内部营运流程与数据、科技有机结合，增强内控管理效能及客户服务效率。例如，利用数据模型赋能对公总线，提升运营部门服务客户的效能。依托对公总线服务体系，通过对整体对公开户、年审等业务端到端全流程的梳理，分析各节点存在的问题，运用数据建模及金融科技促进各节点效能提升，从而提升对公账户的服务效率。通过线上自助采集、信息自动校验、基于模型应用信息预审核、账户自动报备、辅助年检、账户风险监测等，提升对公账户的服务类业务能力，整体服务效率可提升 5 倍以上。

北部湾银行在数据应用新基建的基础上，实现了业务创新数据赋能"五保障"，即数据服务基础有保障，数据应用算力及平台支撑有保障，数据服务及应用内控管理有保障，数据应用赋能落地及成效有保障，数字化人才培养有保障。依托数据赋能客户经营及内部运营生态，持续推进数据资产沉淀，通过统筹算力资源和集中营运，最大限度挖掘行内数据的深层价值，提升建模规模应用、智能化能力，推进数据场景化应用，持续开展精准赋能，为银行在服务、营销、产品、风控、运营及管理等方面的智能化发展和差异化带来质的提升，为客户提供差异化、有特色的金融服务。

29　泰隆银行：数字化转型助力打造普惠金融好银行

杜强强　泰隆银行

在新一轮信息化和科技革命的大背景下，银行业的数字化进程显著加快，而2020年新冠肺炎疫情催化的"无接触经济"更是加速了这种趋势。国家"十四五"规划提出要稳妥发展金融科技，加快金融机构数字化转型。银行要以服务实体经济为使命，抓住数字化转型这个最为确定的机遇，打造新的一流核心竞争力。

泰隆银行清醒认识到，在我国银行业发展新阶段，外部环境和行业发展逻辑已经完全不同，既有经济金融的大局，又有银行业的变局，更有小微普惠金融的新局。其中，小微普惠金融面临着"上挤下压""命悬几个点"的竞争环境，变化与不确定性无处不在。要生存，要破局，必须坚定不移地走数字化转型的道路。通过数字化转型，更新经营发展理念，创新经营发展方式，提升客户体验，提高精细化管理水平，才是打造普惠金融好银行的必由之路。

第1节　泰隆银行数字化转型规划布局

泰隆银行是一家专注小微、践行普惠的城商行，服务范围覆盖浙江全部11个地市，并在上海、苏州设有分行，同时在浙江、福建、广东、河南、陕西、湖北等地设立13家村镇银行，探索出具有泰隆特色的小微金融服务模式。

在经济高质量发展、金融业回归服务实体经济的新形势下，泰隆银行提出，要把"好银行"作为第一目标，把"成就员工，成就客户"作为第一追求，把"内涵式、高质量"作为第一品质，眼睛向内，做好自己的事情。在这个发展阶段，我们深刻体会到从传统银行转变到数字银行是行业趋势，纯线下的小微模式以"人海战术"为主，存在获客难、服务难、风控难、效率低、人均产效低等痛点，如果运营成本降不下去，效率提不上来，市场不会买账，客户也不会买账。因此，不加强金融科技建设，不重视数字化转型，就会输给时代。

向数字银行转变，首先需要明确战略及顶层设计。2020 年，泰隆银行与麦肯锡咨询合作开展小微金融数字化项目，制定《小微金融数字化创新和转型未来三年规划》，明确 40 条数字化转型落地举措。2021 年以来，聚焦客群选择与分层管理、产品战略和定价、营销体系、风控体系、客户旅程和体验五个维度，塑造价值驱动的精细化管理体系、大数据与金融科技规模化应用、敏捷组织和文化三方面的核心能力（见图 29-1），全面推动数字化转型。

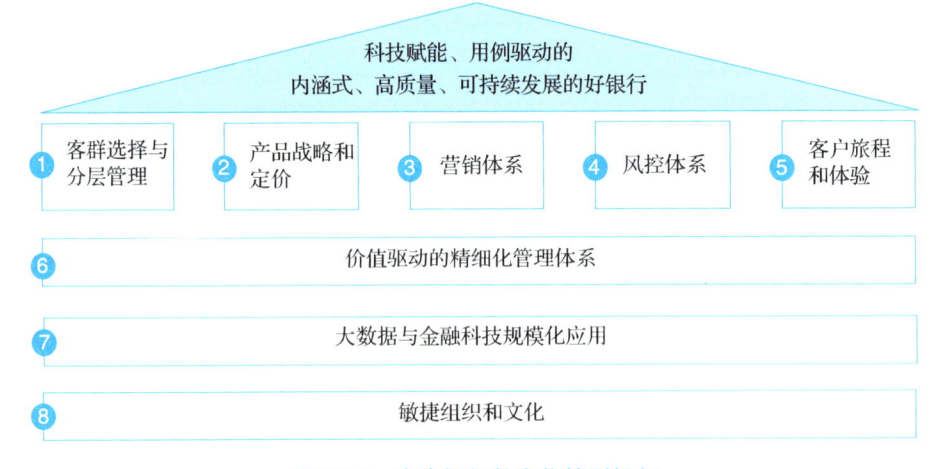

图 29-1 泰隆银行数字化转型框架

客群选择与分层管理：收集客户信息，建设标签体系，进行深度客户洞察；进行客户细分，基于客户分群、分层和分段，开展深度客户经营（见图 29-2）。

产品战略和定价：针对客群画像设计产品组合，进行收入核算；建立基于成本和贡献的定价体系（见图 29-3）。

营销体系：建立全渠道数字销售闭环管理（见图 29-4），提高客户经理业绩；建立营销闭环管理，提高活动的投入产出比（MORI）。

29 泰隆银行：数字化转型助力打造普惠金融好银行

图 29-2 客群选择与分层管理

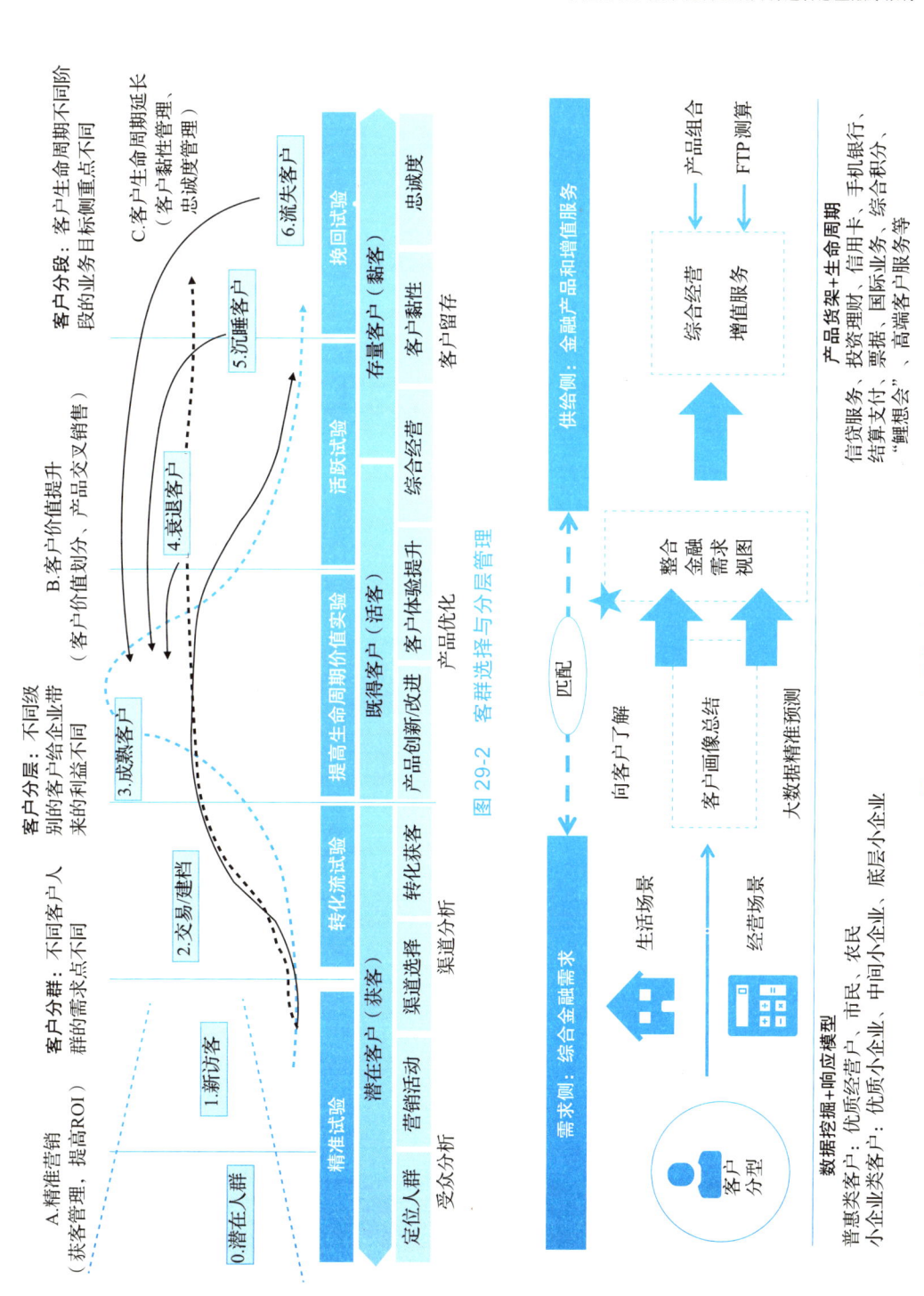

图 29-3 产品战略和定价

第七篇 数字化零售银行

活动执行
- 线上+线下多渠道执行触达客户

客户响应
- 客户签到
- 信息采集
- 业务达成

营销闭环管理

活动设计
- 产品、价格、渠道、促销

成效分析
- 实时监测
- 活动后评估

目标客群
- 客群细分（客群标签管理、客户群组管理）

图 29-4　营销闭环管理

风控体系：建立信贷资产全生命周期的数字化智能风控体系，赋能线下（见图 29-5）。

客户旅程和体验：根据客户偏好绘制跨渠道客户旅程，打造最优客户体验。

信贷资产全周期	反欺诈	准入	授信	贷后	逾期	监控
	设备指纹	基础准入	贷前风险分层	风险预警	智能催收	业务发展
	关系网络	客群准入	授信额度	贷中风险分层	集中电催	风险管控
	地址雷达	产品准入	利率定价	分级响应		客户画像

❶ **反欺诈**　充分利用线下社区化优势，开展反欺诈调查，弥补线上能力不足

❷ **预评估**　预评估拦截业务违约率是通过业务的4.2倍

❸ **风险等级**　建立风险等级体系，区分客户好坏，差异化授信

❹ **精准贷后**　贷后风险分层，分级响应；及时预警，针对性贷后检查

❺ **自主监控**　业务概率、风险要素监控、客户特征表现

图 29-5　数字化风控体系

第 2 节　泰隆银行数字化转型实践

1. 战略文化转型

线上线下相结合的主基调：其一，线下作业线上化，解决小微金融服务最后一公里问题。围绕客群分层、产品创新、营销体系、风控体系、运营流程等模

块,全面推进数字化转型,落地大数据用例,推进模型全生命周期管理,推动客户旅程再造。其二,线上依赖线下,解决标准化、真实性问题。线上化的前提是线下作业的标准化,如果线下制度、流程、标准烦琐,数字化转型很难成功,业务流程和服务体验亦得不到改进。因此,我们提出要常态化修复线下制度标准流程,重实质、抓核心,确保简单、便捷、高效。

统筹长期规划和重点推进:金融科技建设大到天边,小到某个点。泰隆银行既规划整体性布局,也狠抓重点项目落地。一是打通规划、需求、开发和运维,加强规划管理,一体化推进需求管理与评审,深化项目全生命周期管理,将有限资源投入重点主题项目。二是加强系统应用,前端提高系统功能的魅力,中端用通俗的语言宣讲培训,后端加强科技替代率考核,从根本上改变"重建设轻使用"的状况。三是推进科技公司化。公司化的本质是内部市场化,以此解决部门化可能存在的"被动非主动,附属非主体"的"任务型"状况,通过考核激励机制、专业序列建设、人才晋升标准等,推动科技条线从交付思维转向方案思维,由被动变为主动,由附属变为主体,紧跟同业的线上化领先实践。

打破部门竖井:首先,成立数字化创新和转型规划工作组,统筹和组织数字化创新和转型落地实施工作,阶段性评估与考评数字化创新和转型的工作成效,以更好地推动小微金融数字化创新和转型。其次,打造敏捷型组织,2020年成立了线上化业务项目组,推动线上化信用产品"泰e贷",运用KPI结合OKR的量化管理机制,有效缩短新产品的上线时间。同时,通过多元化的沟通方式,宣导数字化转型、敏捷及创新等核心理念及目标,打造创新及敏捷文化。最后,建立科技派驻业务机制,科技人员深度融入业务领域开展工作,进一步促进业务与科技的融合,培养综合型人才。

重视创新体系建设:建立全员参与的创新机制,打造"创新直通车",鼓励员工围绕营销、产品、流程、制度、风控、考核、培训、渠道、系统等方面,大胆提出创新建议,使创新成为引领发展的第一动力,实现客户满意度、降本增效、队伍建设、品牌提升等经营管理目标。2021年下半年,"创新直通车"共受理440条创新建议,其中22.96%已经被采纳。

2. 基础设施转型

升级人工智能。以平台化为视角,利用语音识别、语音合成、人脸识别、

OCR 识别、视频认证等新兴技术，将人工智能与业务场景有效结合，建设以能力输出为设计要求的人工智能平台体系，构建"AI+金融"生态。目前已实现智能外呼、智能语音质检、智能柜台、智能语音播报、厅堂 VIP 客户识别、视频认证等多种业务场景，其中智能质检模型已建立 20 个通用模型、81 个业务模型，准确率达到 87.5%；OCR 识别超过 50 万次，证照识别人工替代率达 83.55%。

2021 年以来，泰隆银行重点推广 AI 在机器替代和风险控制等金融场景的落地，着力实现客户体验提升和为员工减压减负。在机器替代方面，进一步提升了语音识别、文字识别、智能外呼、智能客服、机器人作业等五大类"能听会答，能识会做"基本能力，并推广了证照类和票据类两大文字识别场景的应用落地。在风险控制方面，强化了以"能看会认，能核会验"的视频认证能力和人脸核验能力，在视频认证场景上覆盖信贷签约、担保人核实、大额转账、预约登记等场景，有效实现"客户一次也不用跑"，同时提升人脸核验和防攻击能力。另外，通过推进 AI 体系的数字化和平台化建设，实现音频、视频、图像、文字等基础资源共享，逐步实现统一接入、统一能力输出、统一管理、统一监控的基础数字化能力，为赋能业务提供了支撑。

部署云计算。2019 年运用云计算、大数据、智能决策、微服务等技术，启动泰隆决策云平台建设，截至目前生产效能突显。**一是**夯实了基础云平台的高可用能力，通过扩容实现关键节点的高可用、全覆盖和应用系统的上云服务，并为多个应用场景和系统提供文件存储和计算服务。**二是**深入开展了移动云应用体系建设，完成了近 10 个 App 云框架迁移，实现移动开发的快速迭代、版本发布的高效管理和框架体系的统一，并基于产品统计和流量分析、性能质量和用户行为等平台基础能力，实现应用产品、运营决策、数据分析一体化的移动渠道管理。**三是**加大了决策云体系的推广和应用力度。决策云 2021 年实现实时决策服务场景近 10 项，日均服务调用次数 7000 多次。

加强大数据建设。数据领域：持续加强与政府、社会数据类积极对接，在切实保障个人隐私、商业秘密与敏感数据的前提下，加强行内外数据的融合应用。同地方政府建立长期合作机制，引入了社保、公积金、行政处罚等政务数据。例如对接浙江省金综平台数据，建立了常态化工作机制，挖掘贷款、信用卡、客户营销等用例，构建政务大数据客户画像，助力营销获客、风险控制等，实现数据资源有效整合与深度利用。引入了工商、司法、行政处罚、发票、资产指数等特色社会数据，补充客户征信短板，丰富客户画像，提升风控和反欺诈能力，并提高产品模型的精准性和稳定性。同时，持续完善数据治理体系，推进机制建设，规范数据完整性、标准性、保密性、可用性。

数据平台领域：升级泰隆银行外部数据平台2.0，实现接口快速接入、流量智能分发、智能报表可视化、监控自动化等功能，让数据应用"看得见、管得了、控得住"，管理模式向智能化、精细化发展转变。推广数据分析平台，助力在线可视化数据分析，当前数据分析平台累计发布公共数据集超过27个。丰富可用数据资产建设，提升资产开放能力。当前数据实验室已有模型表600多张，应用表40张，贴源层数据资产近3000张。搭建全行客户大数据指标标签管理体系，统一对风险、营销、催收、员工管理等应用场景提供数据服务，发挥数据资产价值。

数据应用领域：大数据部门与业务管理部门成立联合作战室，探索"业务+技术"融合模式，建立了标准化工作机制，搭建了营销用例闭环，开放全行征集、门户流程等多个营销用例获取渠道。目前已开发完成覆盖贷款、存款、承兑、开户、综合经营等业务场景的用例并在试点推广中。立足泰隆银行"三品三表"和"两有一无"特色[一]，对标"模块化模型、混合模型，多数据源融合"的同业实践，围绕全行风险模型建设需求，打造特色风险模型体系，同时夯实基建，推进模型标准化工程。

3. 业务管理转型

推广线上金融服务（以泰e贷为例）。2020年，泰隆银行结合长期社区化经营优势，采用线上线下相结合的方式，对社区小额信贷业务进行优化，推出了"泰e贷"产品，为小额客户提供普惠、便捷的金融服务。该产品是面向社区建档客户的纯信用线上贷款产品，额度最高30万元，用途可根据客户的实际需要设定，随借随还，按日计息。

泰e贷对传统流程进行了优化，实现营销风控一体化（见图29-6）。通过预授信模式，在社区作业过程中，完成客户的调查、建档、预授信方案，主动授信，提前授信。客户有融资需求后，即可实现申请、签约、用款全流程线上化的便捷体验。办理业务"一次也不用跑"，且额度高、利率低，真正兼顾"普"与"惠"，提升服务效率和客户满意度。

[一] 泰隆银行特色模式，即对小微企业客户，主要考察人品信不信得过，产品卖不卖得出，物品靠不靠得住；核实水表、电表、海关报表，通过交叉验证，锁定客户的真实信息和实际需求。对普惠类客户，只要"有劳动意愿，有劳动能力，无不良嗜好"，就有机会获得贷款。

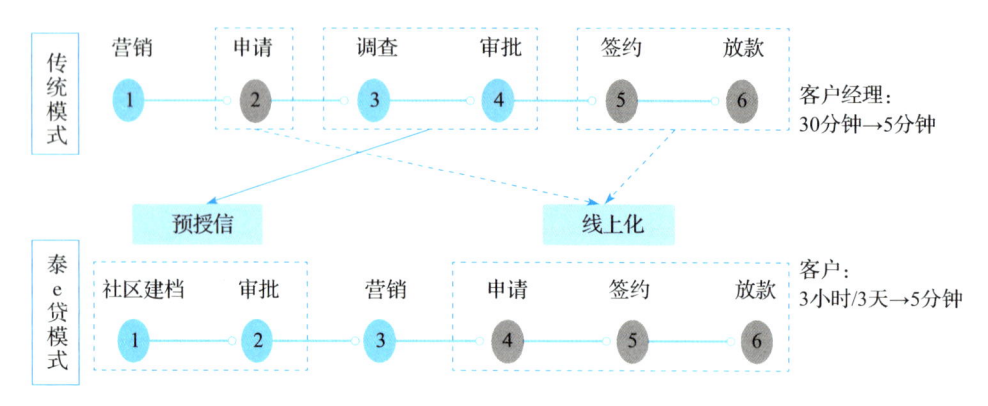

```
传统模式:  营销(1) → 申请(2) → 调查(3) → 审批(4) → 签约(5) → 放款(6)    客户经理：30分钟→5分钟

                    预授信 ↓                    ↓ 线上化

泰e贷模式: 社区建档(1) → 审批(2) → 营销(3) → 申请(4) → 签约(5) → 放款(6)   客户：3小时/3天→5分钟
```

图 29-6　泰 e 贷创新模式

延伸金融服务触点。通过开放银行对支付、账户及产品进行开放。主动与掌握优势资源的企业开展合作，切入贴近客户衣食住行、物业、教育等生活场景以及区域性产业链的场景，延伸金融服务触点，提升金融服务的可获得性。目前，泰隆银行通过开放银行已与 100 多家优质大中型平台完成合作对接，为 1.3 万个平台交易场景内的特定商户提供纯线上支付结算服务。

建立客户画像，精准挖掘客户潜在需求。利用大数据对客户行为进行分析并建立客户画像，将产品或营销信息推送到特定客户群中。目前已推出贷款、理财、信用卡分期三个场景的客户画像。例如：客服代表根据客户画像，推荐客户线上办理续贷，形成线上推荐、申请、分配、跟踪的服务闭环，真正让客户"一趟不用跑，全程线上办理"。

通过"泰惠收"场景营销（"商户+存款""商户+积分""商户+开户"和"商户+商户联盟"）模式，将商户的社区化地理优势、客群优势、品牌优势与银行经营活动、产品营销整合，通过利益互换形成紧密伙伴关系，共同发展社区经营，形成社区化经营的新落脚点。

加强智能营销建设。推进智能分析型 CRM 系统建设，以小微金融地图为载体，利用可视化的地图信息、立体化的客户 360° 视图展示与应用，结合内外部的大数据分析，支持客户经理作业范围内的潜在客户定位、智能营销商机推送，实现特色社区化营销模式的数字化升级。与此同时，推进大数据营销平台建设，构建营销管理闭环，支持大数据营销线索的自动化、精细化管理，通过打通线上、线下渠道，实现对客营销触达，赋能营销人员提升营销效率与成效。

打造数字化风控。在数字化背景下，泰隆银行在风险管理中更多地使用了模型和策略，进行分层分类，有针对性地管理风险。在推进线上化转型的同时，不断加强信贷风险管理体系的建设。贷前，运用大数据建立预评估准入规则，对客户的人品进行交叉核实，解决是否准入问题；贷中，运用征信、黑名单、法院、工商、公积金等内外部数据，对客户进行分层和排序，实现客户差异化管理；贷后，加强内外部数据的动态监测，及时交叉核实客户"两有一无"的变化，对客户风险进行全流程管理。

数字化转型成果体现在业绩中。截至2021年末，泰隆银行资产总额3035.94亿元，负债总额2800.28亿元；存款余额2075.04亿元，贷款余额1912.40亿元。全行有近55万贷款客户，户均贷款35.30万元。ROA（资产利润率）与ROE（资本利润率）分别为1.21%及15.35%。不良率为0.94%。

第3节 预测与展望

泰隆银行在战略、管理、文化、产品等方面不断加强数字化能力建设，在迈向"小微数字化和可持续发展好银行"的过程中取得了初步成果。接下来，将进一步转变管理思维和经营方式，通过三年三步走战略，建设价值驱动的精细化管理体系、大数据和金融科技规模化应用、敏捷组织和文化三方面的核心能力，持续打造科技赋能、用例驱动、内涵式、高质量、可持续发展的好银行。

根据客群选择与分层管理实现精细化经营。建立基于风险及综合盈利的客户分层体系；提升线上渠道运营能力，引导小额客户进行线上化自助服务，客户黏性与线上活跃度进一步提高，客户经营效率及产能大幅提升；建立一支专业的产品经理队伍，根据客群及其分层形式形成差异化的服务模式；通过自建及加入外部垂类场景，实现批量化、线上化获客，并整合外部场景数据，应用于精准营销与风控。

产品创新与敏捷开发能力进一步加强。首先，建立产品生命周期管理机制，落实产品规划、准入审批和后评估，针对一定规模的客群，通过行业特征和客户经营特征设置产品货架，打造敏捷产品设计和开发能力。计划三年内，实现重点产业和核心客群业务需求全覆盖，产品从创意到上线时间缩短一半。其次，建立产品线上化体系，结合场景和生态圈线上获客，全面提升产品线上化水平。在此过程中，将配套完善产品创新管理，提升产品创新能力。

科技赋能，提升营销效率。将持续升级小微金融地图，打通多渠道数据并强化系统分析能力，协助一线业务人员远程了解、记录、分析客户需求及管理客户组合，实现一线产能提升。同时，将进一步建立大数据营销管理平台，实现智能化、自动化的营销事件管理、客群策略、线索分发、渠道触达等功能，实现大数据线索助力营销。

加强智能风控体系。 进一步完善客户统一限额管理，从单笔业务审批思路转向单一客户 360° 统一授信管理；完善预警模型体系，建立营销综合评价管理闭环模式；建立智能催收体系，具备分层催收数字化模型工具；完善模型管理机制，形成模型全生命周期管理。

规模化应用大数据及金融科技。 完善数据架构管理体系，进一步引入高质量的行外数据源，构建大数据用例驱动的数据标签体系；建立金融科技加速器，识别业务痛点，围绕主要赛道，孵化场景化的金融科技合作。通过体系化的创新平台与常态化活动，建立全行万人创新文化，成为万人创新型企业，全行践行敏捷工作思维。

展望未来，随着数字技术与普惠金融理念的不断融合，数字化已成为银行经营与管理转型的主要动力。泰隆银行将在发展中直面机遇与挑战，全面理解科技赋能的内涵和要素，深化业务与科技协同，夯实转型基础，推动数字化转型。在经营中秉持初心，按照好银行的标准，不断探索和完善小微金融服务模式，努力成为中国小微金融标准建设的重要参与者和"人人平等"普惠金融愿景的积极实践者。

30 海口农商银行：打造全员营销线上经营管理新模式

吴 敏[①] 海口农商银行

2020年以来，中小银行通过传统网点获客的模式受到了较大冲击，如果不将数字化转型与银行的员工管理及组织流程优化等方面有机结合起来，将很难持续改善客户体验，也难以保持银行稳步经营所需的竞争力。

海口农商银行以科技赋能数字化转型，推行"全员营销＋惠银平台"线上经营管理模式，提供"人＋数字化"移动银行服务，让每一位员工成为一个流动的银行网点，让管理像水一样溶于营销全过程，使技术支撑、后台管理和线上经营有机结合成一个整体。

第1节 "人＋数字化"移动银行服务

从组织管理和业务管理的角度，海口农商银行首先从人出发，进行了全员营销培训和管理：一方面，培养每位员工的金融服务意识，培训营销方法，提升营销和客群服务能力，使得每位行内员工都成为客户经理，熟练地使用工具和手段进行营销和服务；另一方面，提高全行管理人员的管理水平，帮助其掌握任务分配、绩效管理和业务管理的手段和方法，全方位提升全行金融业务管理水平。

从科技赋能角度出发，以数字化为手段，海口农商银行经过多年研究与实践，与业内科技企业共同研建了惠银平台。该平台与行内核心系统等其他系统无缝嵌入和衔接，实现了千人千面、多端应用和线上经营，将银行数字化转型具象化，提供了"人＋数字化"的移动银行服务。2020年7月该平台投入试运营，

[①] 作者系海南省农信联社首席专家、原海口农商银行董事长。

2021年1月全面推广。结合全员营销的培训与推进，至2021年末共获客21.1万人，以平均每月约2万名客户的速度增长；累计营销存款和理财16.2亿元，余额10.3亿元；贷款申请15.8亿元，签约9.3亿元。

1. 惠银平台建设思路：所见即所得

惠银平台是贯穿前台、中台和后台的银行线上经营平台。前台包括在手机端实现客户的掌上银行功能、客户经理的营销展业功能和管理者的运营管理功能，并形成三个功能的打通与互动。中台提供组织管理功能、流程优化功能和风险管控功能，可以在PC端进行客户管理、组织管理、客户经理管理、业务管理、绩效管理、运营管理和风控管理等环节的配置与监测。后台则进行自动化的数据处理和风控管理，同步完成数据治理及业务流程和算法的优化，同时也与行内业务系统（如核心系统等）和风控系统（如大数据风控等）进行无缝系统对接、数据对接和业务对接。

银行日常经营过程中关注什么，惠银平台就致力于实现什么。因此，对于普通客户而言，惠银平台是客户经理可以随时提供服务的掌上银行，既保证客户自助操作时简便、安全，又使客户对客户经理营销的产品"所见即所得"，客户可以立即购买产品，也可以随时和客户经理互动。对于客户经理而言，惠银平台是便利的营销工具，可以随时获客营销，不仅获客快、营销快、办理业务快，而且能随时查看自己的工作任务、业务办理情况和业绩奖励及积分等，真正实现多劳多得。对于管理者而言，惠银平台是良好的管理手段，能使管理者随时在手机上审批业务、分配任务、查看业务总览和查看客户经理情况，提升了管理效率。

同时，惠银平台也提高了银行的业务风险管理效率，不仅可以洞察是哪位客户办理的业务，还可以让每个机构的每一位客户经理营销和办理的每一笔业务都有迹可循，控制了经营风险，缩短了决策路径，提升了决策水平。

2. 惠银平台整体架构：兼备敏捷与数字化

惠银平台通过嵌入层、能力层和服务层，实现敏捷技术、敏捷数据、敏捷组织、敏捷业务，以数字化名片、数字化海报、数字化分享、数字化管理、数字化产融结合为展现形式和手段，同时进行零售和对公业务的数字化转型。

在技术架构方面，嵌入层与行内底座系统（如核心系统等重要业务系统）进行系统、数据、管理和业务的API级对接，能力层则提供了大数据分析能力、AI人脸智能识别能力、灵动数据展示能力和快速交易处理能力，服务层为客户、员工和银行管理者三大类用户提供不同层次的服务（见图30-1）。

图 30-1 惠银平台技术架构

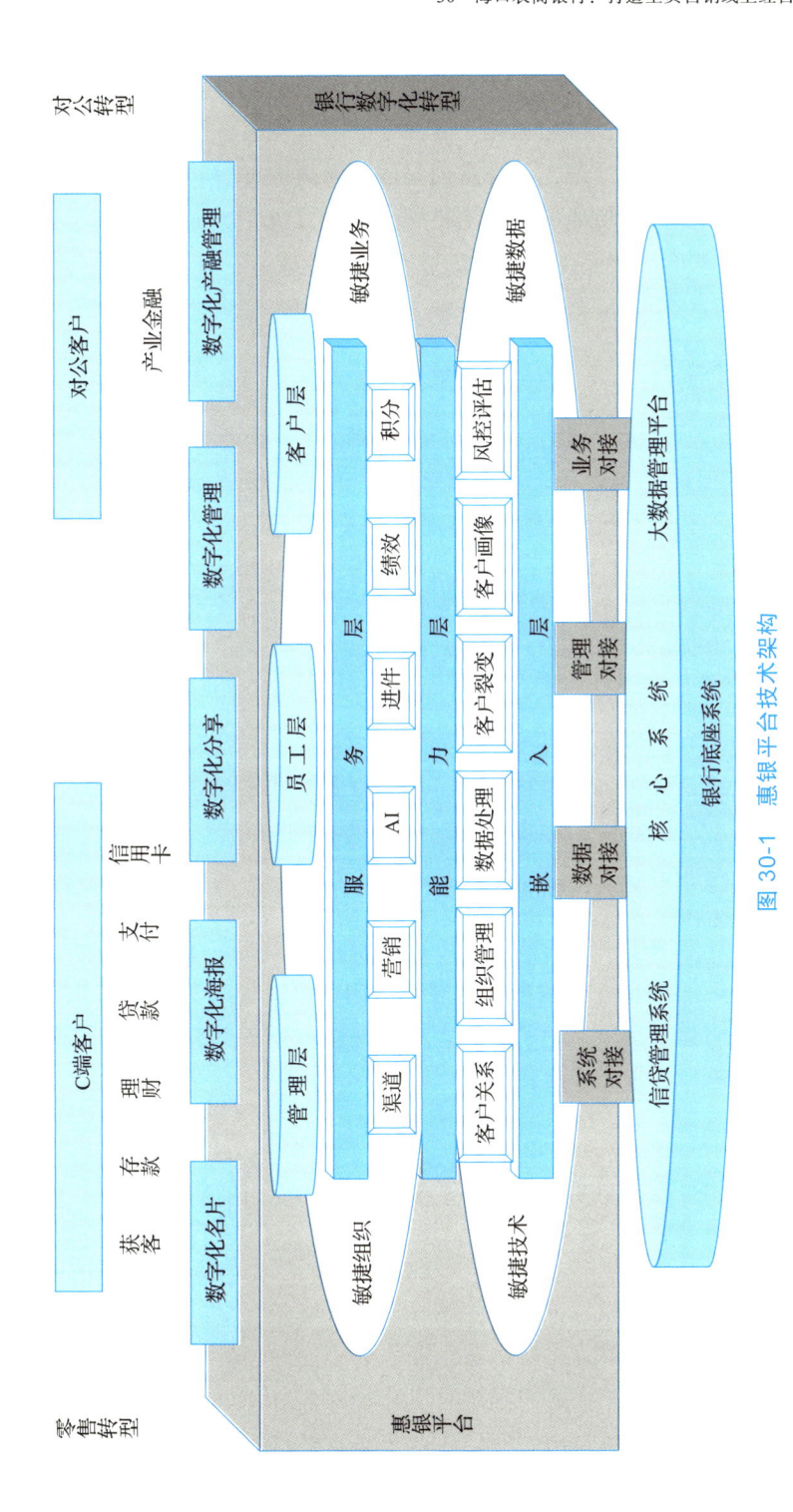

在数据架构方面，惠银平台深入理解业务和数据特点，根据数字化转型运行的思路，按时间、业务、机构和客户等多个维度，在客户从惠银平台进入和办理业务的同时就进行数据治理，从而水到渠成地实现数据管控和灵活运用，既可以及时汇总数据并将其灵活地展现在手机端，也可以进行数据钻取和切片，生成各种业务报表，还可以随时获取需要的业务和关联数据，使数据不仅能关联到客户，还能关联到办理的员工与网点管理人员，从而让管理像水一样溶于各种业务的办理之中（见图30-2）。

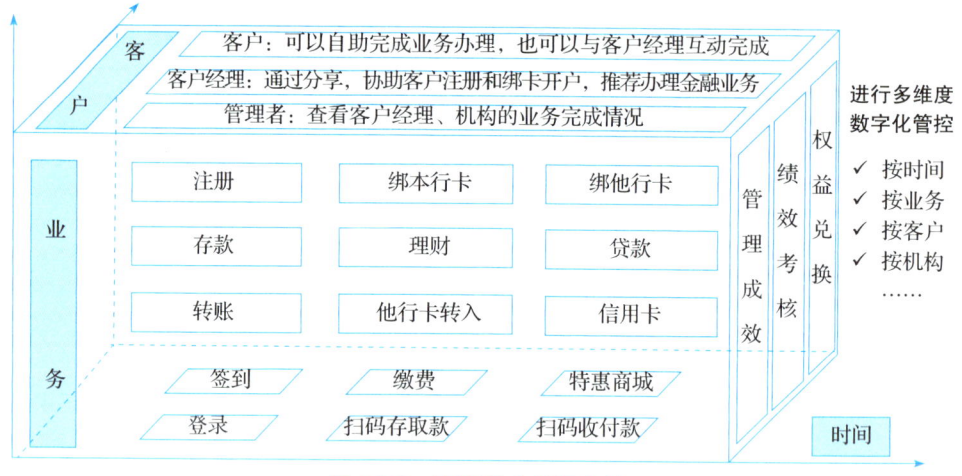

图 30-2 惠银平台数据架构

该技术和数据架构下，在移动端可以按照各类算法进行客户积分、客户经理积分、客户经理绩效和业务数据分析展现等的数据治理与分析，在 PC 端可以完成业务概览、明细查询、客户管理、客户经理管理、开户清单查询和各种报表查询、导出报表等各类业务管理。

第 2 节 让每一位员工成为一个流动的银行网点

全员营销下，每一位员工都是客户经理。员工在手机上通过微信小程序或公众号登录惠银平台，就可以完成线上网点服务，成为一个个移动的银行网点，真正实现金融服务触手可及，无处不在。

随时开户，快速拉新。客户经理可以随时为客户开户或激活，无须携带笨重的机具，也无须客户前往网点，只需一部手机直登惠银平台即可，做到既让客户经理获客不受时间和空间的限制，也让客户时时刻刻都能享受到银行的网点级服务。2021年，海口农商银行通过客户经理上门营销开户了673张银行卡，同时，经与海南省人社厅合作和系统连通，在惠银平台上为2万多名无社保卡人员进行了社保卡的线上申请，并完成了客户经理上门协助客户办理激活业务。

社交即成交，快速营销。 数据显示，2020年国内移动互联网用户人均单日使用时长达6.1小时，单日社交时间达1.83小时，且74%用户的消费决策是受私域影响的。因此，海口农商银行充分利用惠银平台的社交属性，为客户经理提供了个人二维码名片、（与自己属性直接关联的）产品海报、产品链接等各种个性化的分享素材，让客户经理在获客时，可以将自己的个人二维码名片台卡放在柜台或桌面供人随时扫码，以及在朋友圈或微信群里分享。在亲友聚会、上门团办、会议交流、宅家旅行等各种场合，做到扫码即可快速营销，无须客户输入客户经理的手机号或工号就能快速建立关联。

所见即所得，精准触达。 因为是微信端（公众号或小程序）的快应用，所以客户如果没有注册惠银平台，扫了客户经理的二维码就能自动进入注册和绑卡页面。对于未开户的客户，在平台首页就可以看到"申请储蓄卡"功能，实现随时与现场客户经理联动开卡。对于已经注册绑卡的客户，无论客户经理分享什么产品，都可以直接进入产品页面操作办理。例如，客户经理分享了7天大额存款产品链接，客户点击就直接进入这个7天存款产品的存入页面；客户经理分享了"线上社宝贷"产品海报，客户扫码或识别后，马上进入"线上社宝贷"申请页面。惠银平台让客户经理在营销产品时有的放矢，客户不犯选择困难症，提高了其对客户经理的依赖度。

贷款办理秒批秒贷。 通过惠银平台的线上社宝贷，不仅能对接大数据平台过滤黑名单客户，也能直接在线审批额度，实现自动化审核、签约、秒批秒贷，快速满足客户的小额融资需求。对于其他情况的用款需求，客户也可以通过惠银平台进行线上申请，信贷客户经理可以及时认领贷款订单，放款或拒绝客户的贷款请求，不仅提升了客户体验，而且节省了审批成本。普通客户经理在惠银平台推荐和营销各种贷款产品，结合信贷员的线下办理，基本覆盖和满足了各类客群的融资需要。

绩效+积分，良性竞争。 一是建立了线上绩效管理体系，在客户经理营销客户、办理业务的同时，惠银平台就在汇总关联到客户经理的客户数、绑卡数、经办各业务的业务量等，并根据算法计算对应的客户经理积分。二是根据考核管理办法进行线上计量计算优化，做到工作量直接量化、精准计算绩效、及时展示、积极激励。三是根据客户经理的积分和排名，计算网点的绩效和排名，进行"英雄联盟争霸赛"，竞选出全行的营销冠军团队，促进良性竞争。

客户裂变，乡村振兴。对客户进行专属客户经理服务的同时，还对城市社区的街道办人员、农村的便民服务点工作人员等人员进行培训，由行内员工一一对接，使其成为银行的"便民服务合作员"，起到了延伸金融服务的作用。"便民服务合作员"只负责推荐金融产品范畴内的服务工作，既保证了服务质量，实现了客户裂变，又充实了乡村振兴的工作内容。

第3节 让管理像水一样溶于营销全过程

银行科学经营的关键之一，是管理者如何利用数字化手段在业务活动中进行组织和控制、提升营销效率和控制业务风险。因此，通过"全员营销＋惠银平台"，海口农商银行从组织管理、流程优化和风险控制三方面着手，进行了创新。

快速完成线上审核。对于开户和激活等进件类业务，网点会计通过惠银平台远程完成开户审核等工作，随时审批或拒绝开户、激活申请等进件申请，既能提高业务办理效率，又能控制各类进件过程的业务风险，同时还可通过技术与业务结合以防范技术风险。对于存款账户关联客户经理的奖励，因涉及员工积极性和网点成本控制，所以要求网点行长在惠银平台上尽快审批，审批完成后，员工可立即查看相关的客户维护是否可以获得网点奖励，了解网点导向。

随时任务分配和洞察结果。首先，每个支行网点的行长都可以在惠银平台上按月分配本机构的营销目标任务，并实时跟踪每个员工的营销业绩，诸如客户数、绑卡量、存款月日均、理财月日均和贷款放款额等，解决目标不清、团队难管的问题。其次，任务下达后，行长和副行长等其他管理者都可以看到整个网点的任务及完成数据和完成率，以及每个客户经理分配的任务、完成的业务数据和完成率，同时每名客户经理立即可知晓自己每月的任务，做到办理业务的过程中随时了解完成数据和完成率。最后，总行领导可以看到每个网点的任务分配情况、完成情况，并可以了解每位客户经理的完成情况，可以随时通过平台给客户经理打电话，了解一手情况，实现线上扁平化管理。

开启业务驾驶舱，运筹帷幄。实现"行领导—条线部门—支行管理层"的垂直化管理，对不同层级的不同岗位给予不同的管理查阅权限。总行相关领导可以了解在惠银平台上办理的全行业务情况，如平台客户数、累计存款、存款余额、累计理财、理财余额、贷款申请、放款金额、线上社宝贷合同余额等众多的线上业务数据，同时还可以查看近一周、近一个月、近三个月、近一年等的数据趋势，了解业务动态。上述数据也提供按网点、按部门的查询功能。而且，相关领导还能够查看每个客户经理办理的业务数据，查看其在本机构排名和本行排名，做到直观、快速地考察业务人才，进行人才培养。

第 4 节 "线上经营、双轮驱动"创造经济和社会效益

通过在惠银平台上用各种手段及方法激励客户经理，提升管理客户经理的效率，最终实现获客量增长、业务量提升的经营目标，从而形成银行的客户经理营销管理和管理者审核监督管理的双轮驱动、线上经营模式，不断提升管理水平，促进业务量增长，产生良好的经济效益和社会效益。

惠银平台投入使用后，截至 2021 年末，海口农商银行客户数较年初增长了 465%；累计存款 11.07 亿元，同比增长 1033%；存款余额 8.19 亿元，同比增长 978%；累计理财产品 5.13 亿元，同比增长 492%；理财产品余额 2.1 亿元，同比增长 472%；贷款申请 15.8 亿元，贷款认领签约放款额 6.09 亿元，同比增长 3022%；线上社宝贷上线 3 个月，线上直接签约、可立即放贷金额 3.23 亿元，占全渠道（手机银行、微信银行、柜面和惠银平台等）业务量约 50%。惠银平台已成为客户经理营销的利器。近一年来，平台产生的毛利润约 1000 万元，降低的网点管理成本等约 1300 万元，合计降本增效约 2300 万元，取得了较好的经济效益。

惠银平台不仅带来了降本、提质、增效等经济效益，也产生了良好的社会效益。如对接房产中心，为客户提供房产查询服务；协助人社厅做好民生服务，支持社保卡工作人员通过惠银平台快速为未办社保卡人员服务，快速申卡、领卡等；通过便民服务合作员，为居民尤其是边远地区的农户服务等。

惠银平台利用微信生态和小程序直登，通过"人+数字化"的前、中、后台管理相结合，便捷了用户操作，更方便了营销和管理，使经营管理更科学、更精细、更具前瞻性，不仅打造了海口农商银行的普惠金融品牌，也助力了乡村振兴工作。长远来看，"全员营销+惠银平台"是符合银行数字化转型的一种线上经营管理模式，将持续创造良好的经济效益和社会效益。

第八篇

数字化风控

31　厦门国际银行：智慧风控引领小微企业金融服务转型升级
32　郑州银行：数字化风控护航商贸物流金融业务转型
33　网商银行：数字化智能风控服务实体经济"毛细血管"
34　大数金融：联合运营助力银行信贷技术数字化进阶

31 厦门国际银行：智慧风控引领小微企业金融服务转型升级

王鹏举[一] 胡 涛 江松波 厦门国际银行

为了应对数字化转型的挑战，银行需要解决短期利益和长期高质量可持续发展的战略平衡，坚定科技引领的战略定力，根据自身特色进行高屋建瓴的规划设计并坚持资源的长期投入；需要转变观念与思维及配套的机制，从组织管理上突破传统分条线作业模式的沟通壁垒，实现跨条线技术与业务的敏捷融合和高效协同；需要突破数字核心人才瓶颈，引进、培养高素质专业人才及兼具业务与科技能力的复合型人才；需要随着技术发展持续升级银行基础技术平台体系，锻炼自主核心技术能力，提升经营管理系统化、自动化水平；需要提升数据质量与应用能力，构建高质量、多维度的数据资产基础；需要把握数字化向智能化发展的趋势，引入与应用智能化工具，实现生产力变革。

第1节 厦门国际银行数字化转型规划与实践

厦门国际银行曾是中国首家中外合资银行，于2013年改制为中资商业银行并取得零售牌照。业务特性决定了厦门国际银行早期的客户数量与数据基础较为薄弱，经营模式及风控手段较为传统，数字化、智能化相对缺乏基础。除了在数据基础方面的痛点以外，还面临着战略、理念、组织机制、人才团队、基础平台、技术能力与智能化应用等方面的挑战。

[一] 王鹏举系厦门国际银行首席信息官。

在数字化转型成为经济社会变革中持续演进的系统工程背景下，厦门国际银行秉承科技引领业务发展的理念，树立数字化思维，通过科技创新重塑金融模式，加快构建智慧、开放的运营体系，按照"优机制、升平台、拓应用"的工作方针，打造支撑数字化转型的敏捷、开放、创新组织，逐步探索形成"系统化、信息化、智能化、开放化"的数字化转型路径。通过数字化转型赋能经营管理提质增效，强化金融风险防范能力，以普惠金融与交易银行为主题进行金融产品服务创新（见图31-1）。

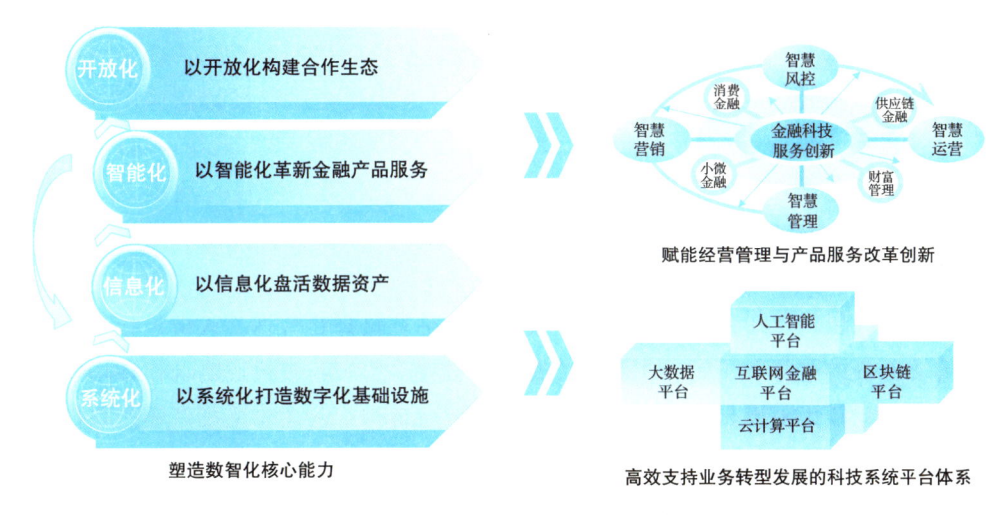

图 31-1　厦门国际银行数字化、智能化转型实施路径

建立支撑数字化转型的敏捷创新组织机制。为了满足数字化转型对创新、敏捷、开放化的科技运转机制及高素质科技人才团队的需求，建立了科技创新项目孵化机制，实施敏捷化改革；设立普惠金融工作室、交易银行办公室、数字员工工作组等业务与科技高度融合的敏捷团队，开展总行科技下沉分行工作，推动科技项目更好、更快落地；持续加大对复合型人才及专业领军型人才的培养和引进力度，加强科技人才梯队培育，快速提拔优秀创新型人员，源源不断地为数字化建设输送人才。

系统化打造数字化基础设施。为了构建金融科技创新应用所依托的基础设施，重点打造互联网金融、云计算、大数据、人工智能、区块链等新型科技平台，以构建数字化核心技术能力，建立覆盖银行核心业务、信贷流程、风险、财务、运营、营销等各领域的系统体系，有序推进系统分布式、微服务、云化、智能化升级改造，确保其满足互联网环境下的高频客户需求，有效优化业务流程，提升银行数字化经营管理水平。

以信息化盘活数据资产。建立大数据应用平台，搭建企业级金融数据模型，统一指标体系，引入数据挖掘、决策引擎、数据管控等各类数据服务工具；依法合规引入合作方数据和政府平台数据，强化行内外数据整合，构筑数字化转型数据基础。自 2018 年以来大数据平台数据量增长近 10 倍。同时，不断完善数据治理，提高数据质量，进一步盘活数据资产，为智慧风控、智慧营销、智慧运营、智慧决策等场景应用提供核心数据支持。

以智能化革新金融产品服务。建设机器学习平台和人工智能实验室，在营销、运营、风控、管理决策各经营管理领域持续深化金融科技智慧应用，将智慧化手段嵌入银行业务和管理之中，推进银行产品设计、业务运作、用户体验、流程机制、经营管理改革创新，提高产品与服务智能化成熟度，逐步形成智能化的运营服务体系，提升客户服务与运营效能，全面推进银行数字化与智慧化转型。

以开放化构建合作生态。通过开放融合，弥补自身在数据、人才、技术、场景等多方面的劣势和不足，广泛开展银企、银校、银政、银银战略合作和场景对接，与腾讯云、阿里云、华为、京东等达成战略合作并构建一系列产学研联创实验室。与厦门大学数据挖掘中心联合成立"数创金融"联合创新实验室并举办数据建模大赛；与厦门市地方金融协会联合主办金融科技创新创业大赛；举办金融科技论坛，搭建中小银行数字化转型交流合作的桥梁和平台。通过加强内外部金融科技联动创新，着手建立链接、共生的合作生态，提升技术能力、数据积累及模型研发能力。

第 2 节 打造智慧风控体系，构建数智化核心竞争力

风险控制能力是金融业的核心竞争力，是银行健康可持续发展的关键。数字化时代商业银行的风险管理必将是人的智慧与人工智能、大数据、云计算、区块链、物联网等技术深度融合的结晶。在银行通过数字化转型全方位提升服务普惠、服务小微、服务实体经济能力的过程中，线上化、自动化、精细化、智能化的数字风控能力是重中之重。

1. 规划智慧风控架构

2020年，厦门国际银行正式提出建立以"**数控、机控、智控、捷控**"为核心的智慧风控体系。**数控**即借助大数据等科技手段，建立数字化风控体系，自动采集数据，自动识别、评估、计量、监测、应对风险，实现风险管理的全面数字化。**机控**即借助云计算、物联网等科技手段，将风险管控的关键节点嵌入自动化系统，实现对风险信息的即时捕捉、实时响应、快速分析、有效应对，实现风险管理全流程的高效运转。**智控**即借助人工智能、区块链等科技手段，通过机器学习建模、交叉验证、强化模型监控等途径，精准识别和计量风险，使风险决策与措施更加准确有效。**捷控**即借助大数据、人工智能等科技手段，实现风险管控体系的主动学习、自动迭代，不断高效调整、改进和提高风险的识别、计量和应对能力，快速适应市场和环境变化。最终，进入一个自动、实时、精准、敏捷的全新阶段。

厦门国际银行通过从底层数据至顶层应用逐层递进的方式，推进智慧风控体系应用建设。

行内外风险大数据整合是智慧风控体系的基础。 通过对数据的清洗、整合，加工形成风险数据集市，并且不断积累历史数据，提升数据质量，丰富数据维度，为风险管理提供"燃料"。

风控模型及策略研发是智慧风控体系的核心。 基于数理统计、机器学习算法，从海量、多元的内外部数据中挖掘风险特征，建立有效的风控策略与人工智能模型，将数据转化为生产力，是智慧风控体系的"气缸"。

数字化风控系统是风控模型与策略的载体。 将数据、策略、模型有机组合起来，服务于业务流程，贯穿于业务的贷前、贷中、贷后环节，以自动化方式替代或部分替代人工判断和决策，达到风险管理流程自动化、决策智能化的目标，是智慧风控体系的"发动机"。

风险报告与监测体系是企业级风险驾驶舱。 通过对智慧风控体系的效果进行自动化监测，以图形仪表、移动互联的形式，生动、直观地展现银行整体风险水平，以指标下钻、灵活报表的方式提供日常管理和监管要求的风险数据，是智慧风控体系的"监控器"。根据监测结果，自动发现问题，及时回溯模型和策略，快速进行相应的优化和调整，形成"控制—监测—优化"的智慧风控体系生态闭环（见图31-2）。

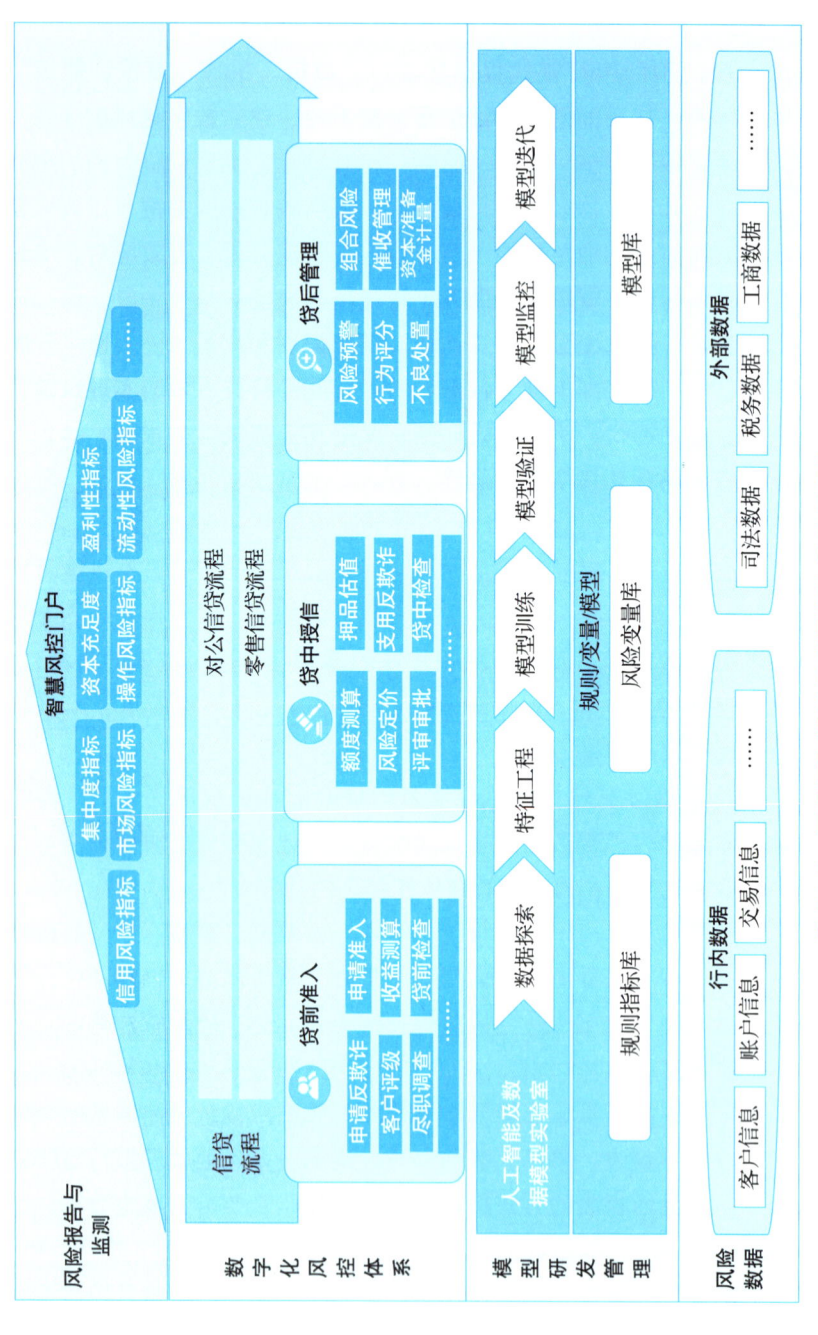

图 31-2 厦门国际银行智慧风控体系应用架构

2. 多措并举提升智慧风控能力

大力布局人工智能技术，以智慧风控体系建设作为切入点，通过构建人工智能及数字模型实验室，引进建模分析团队，逐步形成了一套以数据为基础、以机器学习平台为数据挖掘工具、以风险模型为决策依据的全景式智慧风控体系。

构建人工智能模型实验室：通过设立人工智能实验室，不仅为建模分析师提供便捷、高效的模型研发工作环境，同时也能够保障生产数据被安全、规范、可控地使用，防范信息泄露风险，并通过受控环境在准入控制、权限管理、行为监控、数据安全等方面进行统一规范化管理。

搭建人工智能模型数据集市：基于大数据平台，对行内金融产品数据、风险相关数据，行外第三方数据以及工商、司法、税务数据等进行处理与整合，形成统一的数据集市，经过处理、特征加工，形成数据预处理层和特征衍生层，并根据风控模型的业务需求进行模型训练与开发，进一步形成模型训练层和数据应用层。目前已逐步形成了一套层次清晰、架构分明的模型数据集市。

打造人工智能技术平台工具：搭建了企业级机器学习平台作为一站式人工智能基础平台，通过可视化拖曳方式自由绘制任务流，将数据和模型紧密结合在一起。平台涵盖了可视化建模、渐进式模型迭代、以实体为中心的特征管理、高并发智能决策引擎、智能化图谱分析工具等功能模块，以有效提高数据分析和模型开发效率，同时保证模型运行的高效性和稳定性。

积累人工智能模型研发能力：在风控领域陆续研发数十个机器学习模型，涵盖反洗钱智能筛查、互联网信贷信用准入、行为预警等，通过智能化技术，为风险业务保驾护航。

未来，智慧风控体系将不断完善，包括近期投产的自然语言处理平台、风控模型监测系统，以及正在建设的模型自动迭代平台、知识图谱和图像识别系统等，立足于体系建设与业务应用相结合，把智能化应用扩展到更多高频、可量化的业务场景，助力业务数字化转型。

3. 智慧风控在实践中的应用

厦门国际银行及时响应数智化时代风险管理的需求，循序渐进地构建智慧风控体系，实现智慧风控技术在风险管理全流程、全生命周期的渗透式应用。截至2021年末，共有近20个自主研发的智能风控模型服务于零售与普惠小微业务。

反洗钱自学习智能预警。目前在反洗钱可疑交易方面主要是通过人工方式制定洗钱预警规则，管理模式存在一定的局限性，例如不能枚举所有业务场景，无法对各类洗钱行为进行全面覆盖，也无法及时应对新型的洗钱手段。为解决上述问题，厦门国际银行引入机器学习算法，对客户进行多维度特征分析及甄别。

反洗钱排查涉及的大量数据在实践中多是弱相关数据，传统模型方法难以应对。用集成学习算法将大量弱变量集成为强分类器，能够显著提升模型性能；同时，采用自动化迭代技术能够弥补集成学习模型稳定性较差的短板。模型上线后经过半年的跟踪分析，其预测的高洗钱风险客群数量仅占采用传统规则所得到客群数量的四分之一，可覆盖 80% 的上报可疑案例，同时可排除现有监测规则中 50% 以上的预警客户，相当于减少 50% 的反洗钱排查工作量。

互联网金融信用风险机器学习模型。引入互联网生态数据，根据特征信息价值、群体稳定性等指标进行科学计算与分析，选择重要性较高的特征入模进行训练。同时进行多模型融合，构建多款基于互联网数据的授信申请评分模型，有效提升了对于互联网客群信用风险的识别能力。目前自主开发的机器学习风控模型已覆盖本行互联网消费贷产品，构筑了信用准入的安全网。预警模型在精准预测客户未来违约概率的同时，还能够较好地解释可能出现风险的原因，为制订相应的风险管理策略提供有力依据。

以某款互联网消费贷产品为例，模型上线后可以在只拒绝 3% 客群的前提下，拒绝近 12% 的坏客户，使 30 天以上逾期的比例下降 9%，提升了产品收益水平。以模型上线前后半年投放贷款的首逾率进行比较，模型应用后平均首逾率下降近 18%。应用贷后预警模型，对于低风险客群降低外部数据调用频率，每季度可节省费用 145 万元。模型评为高风险的客群，在预测时点之后 3 个月内 M2+ 逾期比例高达 9.5%，准确率高，对此类客户采取冻结额度、提前收回等管控措施，能够有效降低产品的违约损失率。

第 3 节　智慧风控支撑产品与服务创新升级

2019 ~ 2021 年，厦门国际银行围绕着渠道端、产品端、金融科技端、风控端等四个维度搭建全流程的数字化信贷业务产品及风控体系，通过科技支持平台、数据驱动风控形成风险管理闭环，从而形成较为完善的线上贷款全流程、全生命周期的完整数字风控体系，助力金融产品与服务创新升级。

1. 交易银行"国行信 e 融"

为在业务可持续的情况下有效解决小微企业信贷难问题，厦门国际银行推出纯信用、免抵押的对公线上贷款产品——国行信 e 融，通过大数据分析并结合人工智能、区块链、生物识别等技术，创造性地构建了新基建、制造业等行业中小微企业信用评价模型，以及贯穿贷前授信评估、贷中风险监测、贷后综合评价全流程的智能风控模型，实现线上申请，额度秒批，快速出账。

实现产品与商业模式创新。 相比于传统对公信贷，客户从申请、尽调、开户到提款，流程烦琐且冗长，需要 10 个工作日以上，通过国行信 e 融线上申请授信可实现额度秒批、快速出账，提高了客户提款的便捷性。同时，传统信贷评估企业信用风险、征信风险等往往消耗较多的人力资源，且主观性较强，存在操作性风险。而通过规则引擎模型的判断，准入审核全程无人工参与，提高了评估的效率、公平性与准确性。

国行信 e 融依托全国信易贷平台，基于行业经营和交易数据，结合外部公检法、征信等数据的应用，为特定交易场景中的客户提供可量化、纯信用、全流程的线上授信融资服务，实现客户授信自动准入、自动核额，具有快速、精准、灵活的优势，最快支持一秒出额度、一分完成审批、一天完成提款的高效体验，为符合条件的新基建、工程、制造业及信息化等行业客户提供融资支持。

实现数字化应用创新。 基于企业背景、行业实力、运营状况、创新能力、信用历史、履约行为，采用层次分析法（AHP），基于专家评分模型构建了企业信用风险综合评价模型，为每一家企业打上了可量化、看得见的信用值。同时综合利用大数据、人工智能技术核实客户融资意愿，充分挖掘客户信息，打破信息壁垒，进行动态模型管理，降低业务风险，提高授信审批的客观性、有效性和科学性，实现阳光金融，让信用数据说话。

国行信 e 融业务上线不到一年，累计申请客户 6000 多名，获批信贷金额超过 26 亿元，累计为 2200 多家小微企业提供融资支持。

另外，交易银行的电子保函业务实现申请、审核、开函、验真等全流程电子化，助力中小微企业降本增效。信用电子保函产品实现客户授信自动准入、自动核额、额度自动生效，具有快速、精准、灵活优势的同时，有效防范了风险，以数字化、智能化服务解决中小微企业"急难愁盼"痛点。截至 2021 年末，电子保函累计服务中小微企业 2300 多家，开函逾 3.7 万张，为企业节约保证金

139 亿元。

2. 数字小微"税享贷"

针对小微企业普遍缺乏有效担保品，银行传统抵押授信无法满足其融资需求的情况，厦门国际银行积极响应国家"银税互动"政策，针对广大纳税小微企业，以"银税互动"信息为基础，整合小微企业征信、工商、司法等外部数据，结合行内结算、授信、黑名单等内部数据，应用数理统计算法搭建风控模型，打造自动化决策引擎，推出数字化小微信用贷款产品——税享贷。借款人通过电子渠道在线申请，几分钟内即可取得授信批复。截至 2021 年末，该产品服务范围已覆盖北京、上海、福建、广东等厦门国际银行境内机构所在地，累计投放金额超过 60 亿元，贷款余额突破 38 亿元。

以"税贷"产品为基础，厦门国际银行已形成相对完善的数字小微信贷产品运营和风控框架。在此基础上，打造数字化小微产品矩阵，完善数字化、智能化小微风控体系，构建数字小微生态，提供面向小微企业（主）、个体工商户，涵盖产融平台、高科技创新、道路运输、批发零售业等多行业、多场景、多元化的小微企业线上融资服务。同时，持续整合各类小微产品由"以产品为中心"转向"以客户为中心"，搭建新型数字小微信贷运营体系，为小微企业提供更加全面、精准和便捷的金融信贷服务。

3. 数字小微"房 E 贷"

为有效解决传统抵押经营贷存在的申请流程烦琐、评估成本高、现场尽调耗时耗力、人工评审周期长、产品标准化程度低等问题，推进贷款流程优化及业务模式创新，实现零售贷款业务线上化、智能化、批量化作业，厦门国际银行依托其大数据服务和精准模型优势，推出了房 E 贷产品。

房 E 贷是一款线上申请、线上押品估值、线上自动化审批的抵押经营性贷款产品，客户可通过手机银行、微信公众号等渠道 7×24 小时发起贷款申请，客户经理完成尽调、提交业务申请后，系统自动估值和授信审批，一笔业务最快 10 分钟左右即可完成，提升了业务审批效率，有效兼顾规模及风险。

房 E 贷为客户带来优质的服务体验，同时通过流程创新为银行节省大量人力及经营成本。自 2020 年 6 月投产后，一年半时间贷款余额突破 60 亿元。

厦门国际银行坚持回归本源、服务实体经济的发展理念，聚焦结构优化和内涵式增长，坚持高质量发展。持续加大在普惠小微金融领域的投入力度，通过科技赋能、优化服务等系列举措，逐步构建起自主智慧风控体系及数字小微金融与交易银行生态。将智慧化手段进一步嵌入银行业务和管理各领域之中，推进产品设计、业务运作、用户体验、流程机制、经营管理的全面数字化、智慧化改革，形成全面应用金融科技创新的良好态势：整合内外部渠道资源与场景生态，提高营销执行与管理分析效能，构建全生命周期智慧营销模式；以新型客户服务形态推进智慧网点转型，推进线上线下渠道融合及流程无缝衔接，搭建智能云办公平台，打造开放、协同的智慧运营体系；通过构筑企业战略管理门户，依托精细量化计量引擎，围绕数据治理及高效数据服务，推进构建精细化智慧决策体系。

"十四五"期间，厦门国际银行将以"智慧革新、数字引领"为金融科技全新发展理念，以智慧化应用推进经营管理改革创新，以数字化生态经营模式引领业务转型，实现转型升级与高质量发展，践行服务实体的社会责任。

32 郑州银行：数字化风控护航商贸物流金融业务转型

孙海刚[一] 冯春阳 费亚磊 郭学涛 郑州银行

供应链金融是对供应链全链条金融赋能的综合金融服务，因供应链管理而生，因产业链升级而兴，因产融结合而荣。供应链作为一种新产业组织方式兴起后，供应链管理应运而生，并在财务管理方向逐渐从优化上下游收付款结构、提升资金流动效率，发展至提供一体化金融服务方案——供应链金融。供应链金融以核心企业为抓手，通过组合应收类（应收账款融资）、预付类（预付款融资）和存货类（存货质押融资）等多样化产品，为供应链整体提供一站式、综合化金融服务，助力产业转型升级（见图32-1）。

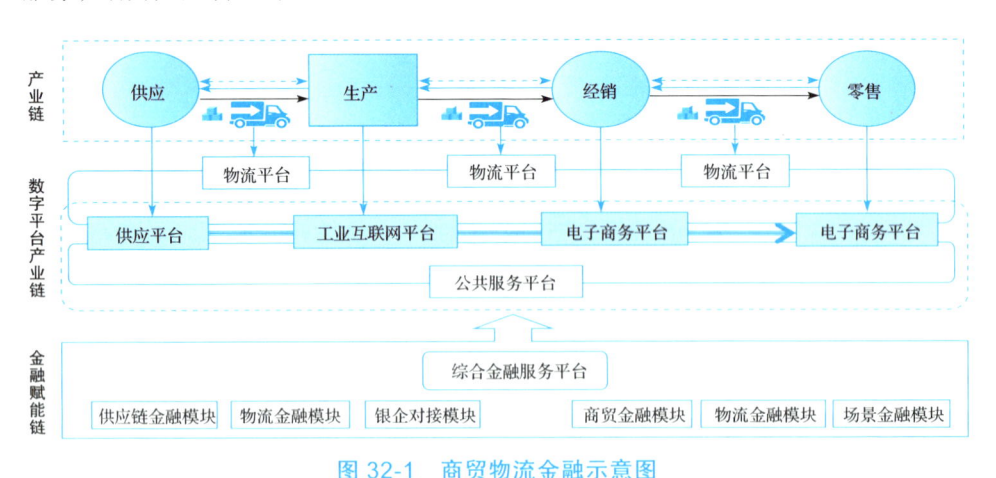

图 32-1 商贸物流金融示意图

[一] 孙海刚系郑州银行副行长。

河南省地处中原，联通东西，纵贯南北，区位优势明显，商贸物流产业发达，是国家畅通国际国内双循环的重要支点。商贸物流金融是郑州银行立足区域产业发展需求，融合供应链金融、商贸场景金融、物流场景金融服务体系形成的产业供应链综合金融服务生态。郑州银行坚持商贸物流金融特色定位，一方面大力发展供应链金融，另一方面针对供应链金融赋能产业供应链覆盖范围小、服务内容少等不足，从商贸交易和物流端两侧发力，着力发展商贸物流场景金融，并不断推动商贸物流金融"五朵云"金融生态圈建设，提升金融对产业供应链的赋能能力。

第 1 节　郑州银行商贸物流特色业务发展概况

现阶段，郑州银行商贸物流特色品牌"五朵云"市场认知度持续提高、特色供应链金融平台化服务质效不断提升、特色物流供应链金融模式基本成型、特色商贸物流金融生态加速构建，对产业链全面、深入赋能的能力日益增强。

1. 特色品牌"五朵云"：构建平台化多元服务体系

郑州银行率先开展具备特色化综合服务能力的"五朵云"建设，包括云商、云融资、云交易、云物流、云交易五大密切相关的部分。其中，特色云——云商、云物流——侧重于打造特色产品与拳头产品；基础云——云融资、云交易——提供支付结算、融资等基础服务；场景云——云物流——根据客户需求进行场景金融定制化开发。"五朵云"建设以互联网平台为核心，以先进的金融科技为辅助，基于核心企业及其上下游之间的交易信息，整合资金流、商流、信息流、货物流，打造涵盖"融资+结算+现金管理"+"物流+场景"平台化的多元服务体系，构建"四流合一"的商贸物流金融生态圈。

在推动商贸物流金融服务体系建设的同时，高度重视商贸物流金融品牌打造工作。一方面，广邀电商企业、物流企业、科技企业、金融企业等相关主体召开年度商贸物流业务创新发展研讨会，加强"五朵云"品牌推广；另一方面，积极推动"五朵云"创新应用成果宣传，先后荣获国家发改委、中国交通运输协会、中国银行业协会、中国物流与采购联合会等多个机构授予的数字化转型伙伴、供应链金融创新企业、物流与供应链优秀案例等荣誉，品牌认知度不断提高。

2. 特色供应链金融：平台化服务质效不断提升

郑州银行早在 2012 年即开始供应链金融布局，经过多年持续性建设，逐渐从最初的线下 1.0 阶段发展至目前的平台化 3.0 阶段。在新的发展阶段，依托互联网平台，供应链金融服务体系广泛链接多种金融、科技资源，支持多种银企互联模式协同发展：不仅支持企业通过网银端和供应链服务平台端直接合作，还支持客户业务系统和供应链金融平台直连。而且，伴随着大数据、区块链、人工智能等技术与供应链金融平台的深入融合，供应链金融线上业务流程更短，操作更加便捷，及时满足供应链上下游"小、快、频、急"的资金需求。

供应链上下游中的小微企业凭借与核心企业的真实交易，依托对核心企业的应收账款、应收账款电子化支付承诺（鼎 e 信）等，可在无抵押、无担保的情形下获取银行的低成本资金。供应链金融平台云商、云融资不仅能为客户提供金融服务，更重要的是，还可为整条供应链提供供应链管理功能等增值服务。此外，郑州银行积极探索通过标准化票据等产品引入市场的低成本资金，为小微企业融资提供更多的机会和便利，推动小微企业供应链融资成本进一步降低。截至 2021 年末，云商平台注册会员 2500 余户，其中核心企业 109 户，帮助核心企业上游 1440 余户供应商累计融资超 160 亿元；云融资平台融资余额近 200 亿元。

3. 特色物流供应链金融：新模式基本成型

争做区域物流金融创新排头兵，助力地区物流产业链发展潜力释放。河南省作为一个物流大省，物流产业发达，物流连接的上下游小微企业众多。调研结果显示，在当前物流业升级发展时期，无论是物流企业还是物流上下游企业，均存在较为强烈的金融服务需求。郑州银行基于河南省物流产业优势，将供应链金融 1+N 的核心服务理念延伸至物流产业供应链领域，加大对物流企业及其上下游企业的精准金融支持。目前，初步形成物流金融服务体系，目标是渗透行业和供应链，针对物流客户在做大做强过程中产生的实际痛点和需求，为其提供专业化、特色化和综合化服务方案。

在客户选择上，选定整车物流、零担物流等重点物流客群作为物流产业链金融领域的重点发力方向，并开发出针对物流企业及其上下游的运费代付、货款代付、物流托付、物流贷等物流场景的特色金融物流产品。其中，运费代付、货款代付在用信阶段"全线上化"自动运行，特色物流产业链金融线上化账户结算体系和融资服务体系不断完善。截至 2021 年末，云物流 D+0 货款代付产品实现代付近 140 万笔，金额 18 亿元；物流托付累计交易 108 万笔，金额 20 亿元。

4. 特色商贸物流金融生态：加速构建

聚焦区域特色产业供应链发展需求，构建商贸物流金融综合服务生态圈。为加速区域产业转型升级、服务地方经济高质量发展，郑州银行围绕目标产业供应链全链条的创新发展需求，一方面持续推动供应链金融、物流金融、商贸场景金融服务体系的专业化建设；另一方面开始着手打通供应链金融、物流金融、商贸场景金融，努力实现三大服务体系的统一与融合，构建可对产业供应链全链条进行金融赋能的商贸物流综合服务生态圈，提升对产业供应链的全链条金融赋能的服务水平与能力。力图通过特色化的商贸物流金融生态的打造，促进产融的高效结合，带动产业、实体经济的高质量发展。

第 2 节　商贸物流业务存在的问题

郑州银行在商贸物流业务方面进行了长期大量的探索，商贸物流金融服务体系日益完善，对客服务能力与水平稳步提升。但是，相对于产业数字化、产业结构升级以及银行数字化转型的要求，商贸物流服务体系的问题开始凸显，突出表现为业务自动化程度不高，供应链全链条赋能有待深化，大数据风控支撑能力有待加强。

1. 业务运行效率

在银行数字化转型的大时代背景下，郑州银行实现了商贸物流类业务的线上化改造，搭建特色"五朵云"平台，推动商贸物流金融的平台化升级。在疫情暴发之后，产业链各节点企业对无接触金融服务需求上升，对银行改善金融服务能力、提升业务办理效率提出了更高要求。但是，由于场景化业务的复杂性，相对于面向小微及零售客户全线上运行的"秒贷"类金融服务，商贸物流金融业务在图像资料识别、单据审查、银企对接等环节，面临对人工依赖性强、智能化程度低、业务办理效率不高等问题，阻碍了对客服务效率的进一步提升。

2. 供应链生态赋能

供应链金融因供应链管理而生，理论上可以对供应链上下游全链条各节点企业进行金融支持。但是从现阶段的发展实际看，存货类供应链金融的全面铺开尚面临诸多问题，预付类供应链金融受汽车金融业等的影响亦处于低谷，供应链金融实际业务类型以应收类为主，且主要覆盖核心企业上游的一级供应商。云商"鼎 e 信"等创新性服务模式的出现，一定程度上促进了核心企业向上游 N 级供应商的延伸，但是受多种因素影响，供应商层级越高，核心企业信用触达难度越大，目前仍主要覆盖核心企业上游较低层级的供应商，供应链金融对供应链全链条赋能的能力有待提高。

3. 数字化风控

由于中小企业数字化推进缓慢，财务系统和 ERP 等业务管理系统多数没有实现一体化互联互通，银行实时对接和使用企业数据的难度大。因此，银行作为数字化金融的主体，主动帮助客户企业融合打通全业务数据流，实现商品、库存、物流、支付全渠道互通共享就变得非常重要。具体的方法可以是，围绕关联客户、商品、订单、合同、票据等基本要素，追踪供应链各个环节的信息，沉淀真实、可用的数据，实现数据和指标的可视化管理，支撑业务全流程各环节的预测和科学决策。

大数据作为一种新的风控手段，在降低银企信息不对称、提升客户画像精准性方面具有显著作用，且在零售金融、小微金融领域得到了广泛应用。但是，难以获取供应链的真实、全量数据以及大数据风控建模人才短缺，导致大数据在供应链金融、物流金融等商贸物流金融业务中应用较少。

第 3 节 智能风控中台护航商贸物流金融数字化

1. 商贸物流金融数字化转型

与传统金融业务中一对一的借贷关系不同，商贸物流金融一般要有上下游更多企业参与其中。商贸物流金融要真正发挥价值，银行和客户企业间需要实现信息实时交互，获取供应链网络信息，并建设银企一体化服务平台，通过可视化的数据协同，提高分析决策的准确性。

业务平台化。用户企业使用金融要求极轻、极简、极快，商贸物流金融必须植入企业的供应链中，基于场景设计客户需要的产品，并通过搭建一个银行和企业协同的平台整合产业链中各方信息，促使银行从传统的资金提供方变身为结算、风险控制、数据运用综合服务商。

信息透明化。数字化商贸物流金融不仅要求企业内部有完善的信息管理系统，更要实现企业与企业间的数据互通，让信息和数据在供应链上各环节实时无缝流转，通过数字化商贸物流金融平台实现端到端的信息互通。

全流程可视可控化。流程可视可控要打破企业采购、生产、存储、物流、销售等流程的壁垒，实现在库、在途、在生产货物的实时可视化，甚至需要突破产业边界，让供应链全流程变得可视可控。

决策智能化。数字化商贸物流金融平台要对数据资源进行再加工，建立相应的指标体系，利用大数据分析、机器学习、人工智能等技术为供应链各环节提供决策支持，将人为因素可能造成的风险降到最低。

金融服务敏捷化、个性化。数字化商贸物流金融需要提高服务能力与服务水平，除了快速响应客户需求，还应通过数据分析的结果主动为企业提供金融服务。每个企业都有各自的特征和流程，数字化商贸物流金融最后必须实现个性化服务，才能满足每个客户的不同需求。

数字化商贸物流金融的价值体现，远不只是现有业务简单的线上化，而是建立用户需求驱动下协同、一体化的金融服务体系，通过数据的集成，分析和评估客户企业的经营状况，预测企业在贷前、贷中和贷后潜在的风险水平，为产业链上下游客户提供"解决方案+数据"的综合服务。

2. 智能化风控中台建设

传统的风控模式中，贷前尽调、贷中审核、贷后监控普遍依赖人工和专家经验，由于信息不对称等因素，难以及时追踪到企业经营和市场变化，对企业的评级模型更新周期拉长，风控效果不尽理想。

目前，郑州银行已经建立起大数据风控体系，重点结合场景特点广泛拓展数据来源，如单笔订单交易、运单、运输轨迹等业务数据，探索建设企业可视化管理看板，综合内外部数据，部署智能运行规则，加强对企业的智能化管理。

郑州银行新一代智能风控中台，以数据中台为基础数据服务平台，融合内外部数据，构建风险集市，打通跨业务、跨平台、跨系统的数据链路，形成集自动报表生成、数据分析、数据挖掘、模型管理与数据治理于一体的大数据智能风险管控体系。一方面，建立风险标签体系、风险集市、特征库和全行级的客户及客群相关风险统一画像；另一方面，基于指标计算平台、决策引擎、人工智能平台（知识图谱、图像识别、自动化流程机器人等），采用机器学习算法，构建实时数据交换、实时分析的风险预警机制，不断优化模型和策略，形成风控管理闭环。

在构建大数据风控体系的过程中,数据是基石。无论是传统供应链金融还是如今的商贸物流金融,银行都需要根据产业链上下游企业真实的交易信息评估和预测客户的经营状况,从而为拓展业务渠道、提升风控水平提供重要支撑。

首先,确立核心数据来源。 对于商贸物流金融而言,必须选择核心企业,通过这类企业来获取核心的交易数据。郑州银行主要寻找几大类企业:具有绝对市场地位的企业、渠道类交易平台、物流仓储平台。这几类企业一般都符合以下标准:行业中的龙头企业、具有大量上下游关联企业、具有稳定的采购和销售流水、具有较高的信息化水平。

其次,确定数据范围。 企业信息和数据复杂而纷乱,在繁多的信息中明确所需的数据是决定业务成败的关键。财务数据、业务交易数据、内部管理数据是企业内三类的主要数据。同时还需要校验:业务的真实性,例如通过查验交易凭证、单据和供应链运营状态来确保交易的真实性,运用大数据(关、检、汇、税、水、电等间接性数据分析)辅助判断供应链业务是否真实可靠;供应链物流能力和质量,例如物流运营能力、库存周转率、物流网络、单货是否相符等;资金财务风险是否清晰可控。

最后,不断优化风控指标体系。 在传统业务中,银行主要通过财务数据对风险进行评估。但由于财务数据属于结果性数据,无法及时地对企业运营状况进行监控及预警,因此在商贸物流金融中财务数据仅仅作为辅助数据,更重要的是交易数据,包括但不限于进销存、客户信息、资金收支信息等。

郑州银行大数据风控体系正在推动信贷业务数字化、标准化、智能化新模式,迈向自动化作业、智能化分析、可视化管理方向。通过数据挖掘分析,将客户交易或行为数据与传统的财务数据相融合,用动态的规则替代原有的静态指标,用动态的数据(例如交易行为)来预判未来的结果(例如客户未来经营状况),逐步改掉仅靠历史数据(例如客户已逾期贷款或财务数据)做决策的弊端,最终实现贷前贷中智能化(智能尽调、智能审批)、贷后智能化(智能预警、智能排查)和管理智能化(风险视图、风险分析监测平台)的目标。

第 4 节　商贸物流业务风控数字化案例

1. 业务数据数字化

业务数据的数字化是风险管理数字化的基础,是从数据角度管理相关业务风险的起点。以郑州银行云商"鼎e信"产品在某大型央企A企业的应用为例。该企业拥有建筑行业甲级资质，业务涉及多个省（自治区、直辖市），上下游企业众多，其对供应商的付款压力随着业务量的增加而加大（账期一般为6个月到1年）。但是A企业的供应商数量多、规模小且分散分布，传统信贷和线下供应链金融模式受制于风控要求高、操作流程多，因而难以对A企业上游供应商全体提供适宜、高效的资金解决方案。为解决客户痛点，郑州银行积极推动A企业及其多级供应商入驻云商平台，借助云商"全线上化操作流程＋平台自动化处理"的优势，为A企业及其上游多级供应商提供高效、便捷的金融服务，提高A企业供应链的资金周转效率。

商贸物流业务主要需要依托真实的贸易往来信息，相关业务数据的数字化是银行判断核心企业风险和贸易真实性的基础。云商平台在对A企业实行严格授信管理的基础上，依托电子签名、电子合同、发票在线校验及区块链技术等保证平台的可靠性、交易过程的安全性和风险可控性。具体而言，电子签名、电子合同等多种技术的并用保证了操作流程的线上化和安全性，OCR技术的应用提高了纸质材料的数字化处理效率，发票在线验证等技术保证了贸易背景真实性，区块链技术的应用则保证"鼎e信"流转过程的不可抵赖性。多种技术的综合应用充分发挥了数字化防控的效力，提升了风控质量，保障了业务的高效性、安全性。数据的不断积累将为商贸物流业务风险管理和信贷资产管理的数字化提供有力支撑。

2. 风险管理数字化

商贸物流业务风险涉及贷前业务审查和贷后资金管理两方面。对于贷前而言，商贸物流业务主要有两个风险：一是核心企业的信用风险；二是供应商与核心企业之间、供应商与供应商之间的交易风险。对于贷后而言，主要风险在于交易对手占压资金，导致企业流动性不足，进而造成企业信贷违约。

商贸物流业务中，上下游交易频繁，交易对手较多，传统以人工为准的贷前风险把控难以应对核心企业与上下游企业间的高频交易，无法满足对资金的即时需求。为解决这一问题，必须借助于数字化手段来弥补传统风控模式的不足。以物流行业为例，该行业经营有以下三个特征。

*轻资产化的经营模式。*网点加盟、车辆租赁等轻资产模式是我国物流业的典型经营模式，而以网络货运平台为代表的"互联网＋物流"更是呈现典型轻型化特征。

*"小、快、频、急"的资金需求。*网络货运平台自身不保有承运车辆，而是依

赖需要即时支付的社会个体运力,其资金需求呈现"小、快、频、急"的特点。

全线上化的金融服务方式需求。网络货运平台等"互联网+物流"实质为O2O平台,天然具备互联网基因,业务数字化程度高,传统金融产品及其线下服务模式难以有效衔接网络货运平台的线上化运营模式。

轻资产的运营模式导致关注企业抵押物、企业"抵借比"的银行传统风控模式难以开展;"小、快、频、急"的资金需求特征导致传统以人工为主的贷前风险把控因缺乏时效性而难以满足企业需求;"互联网+物流"全线上化的业务开展模式却能够为金融机构提供实时的企业交易信息,从而为以数字化为基础的资产投放提供了可能。

基于此,郑州银行开发了网络货运场景化、数字化的金融解决方案——云物流·运费代付,即基于托运人与网络货运平台签署的运输合同以及网络货运平台与实际承运人的运输数据,针对网络货运平台提供的道路货物运输服务向其提供融资服务,解决其及时向实际承运人支付运费的难题。

如图32-2所示,运费代付的具体业务模式为:依托对网络货运场景的把握,同时结合大数据技术,郑州银行首先为网络货运平台和托运人分别核定授信额度和合作额度;接着,网络货运平台在完成托运合同任务的情况下,凭借相关真实交易数据,向郑州银行申请用信,郑州银行实时审核网络货运平台的用信申请,并在审核无误后自动发放款项,向实际承运人支付运费;最后,待托运人支付运费后,网络货运平台归还郑州银行贷款。业务线上化自动运行,有针对性地满足网络货运平台"小、快、频、急"的资金需求。

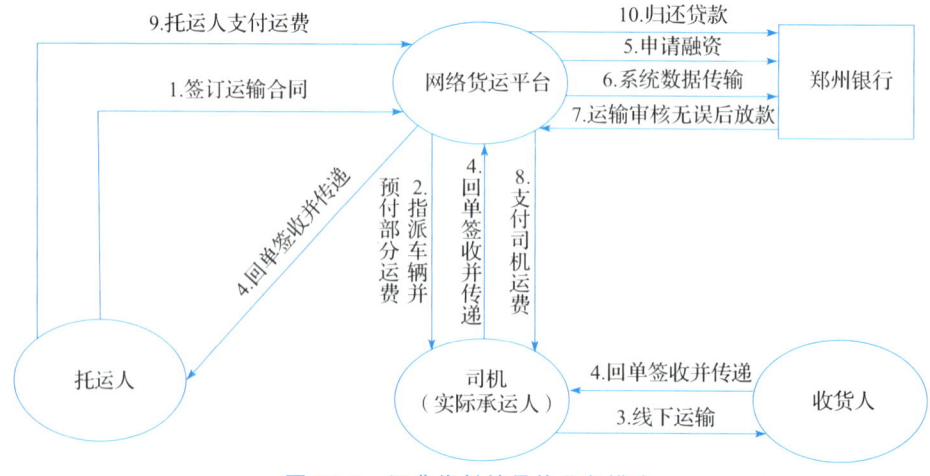

图32-2 运费代付的具体业务模式

运费代付是一种深植网络货运场景的数字化融资模式，相对于银行融资产品服务模式，具有五大显著特征，可高度适配网络货运平台的场景化经营特征和资金需求特征。

标准化接口。郑州银行开发标准化功能接口，以开放银行模式对外提供服务，支持网络货运平台系统多种形式的部署。

基于数据融资。考虑到网络货运平台的平台化经营模式，区别于传统的强抵质押担保型增信方式，该业务基于网络货运平台与其上下游真实的交易背景，借助网络货运平台实际发生的业务数据向其发放融资，让原本在平台沉睡的数据"开口说话"，实现业务场景、大数据信用对企业融资的有效赋能。

自动化出账。对网络货运平台业务数据的真实性进行自动校验，支持 7×24 小时线上自动出账，以线上对线上、以自动化对自动化，实现线上融资和线上业务运行的无缝融合。

资金定向使用。根据实际承运人与网络货运平台的约定，将融资款支付至指定收款账户，确保授信资金专款专用，既满足企业融资需求又可防控资金挪用风险。

智能贷后管理。对网络货运平台传送的订单、发票等数据进行真实性校验并自动关联运单，对到期未还款的运单进行提醒和风险预警；运费回款时自动判定来款人并归还相应托运人项下的到期借据，提前对到期的借据进行到期提醒。

3. 资产管理数字化

风险资产形成后，为保证风险资产的安全性，主要问题在于预测企业后续资金能否准时回笼及企业能否正常经营。对于银行而言，提早发现交易对手的异常经营信息是保证风险资产安全性的第一要义。因此，风险资产的数字化管理就在于解决以上问题，在方法上主要是盘活存量资产信息，打通零售和对公业务的信息壁垒，使各信息孤岛能够相互串联，信息能够交叉验证。

在银行已形成的存量资产内，使用企业唯一的统一社会信用代码将有业务关联的企业进行分组，观察企业间过去的业务往来情况。具体而言，需要观测企业间交易的频度及资金往来额度，待新的风险资产形成后，基于历史数据继续监测银行交易对手与其上下游企业的交易数据。若某些数据出现异常，如资金往来额度不断萎缩、交易时间跨度拉长，则应当认为企业与上下游客户的合作出现了问题，将该企业列入重点观测名单，同时现场核验企业交易信息以判断企业未来发展前景，并调整与该企业的合作方案。

除企业间的信息匹配外，在对公业务资产投放中，严格落实企业实际控制人的信息录入，依据身份证号码的唯一性，将对公业务和零售业务相匹配，观察企业实际控制人（必要时观察其家庭成员）的个人账户信息，如个人账户的交易往来情况，重点关注一些突发的大额交易，并将个人账户信息和企业经营信息合并进行综合判断。

将企业经营情况及与企业经营有关的实际控制人个人账户信息相结合，形成信息合力，综合验证企业经营情况。但需要说明的是，以上个人及对公交易信息的综合判断仅限于本行内部所掌握的信息。所以，不可避免的是，如企业实际控制人在本行没有个人业务的往来，那么这种关于对公和零售信息的综合判断是无法完成的，而这一问题的解决还依赖于未来区块链等新技术的应用和探索。

第5节　未来展望：平台银行

平台经济已经连续数次被写入我国政府工作报告。随着人工智能、物联网、5G、区块链等技术的发展，未来平台经济将以更迅猛的速度发展，更深、更广地影响和渗透经济社会。平台银行的兴起正是近年来平台经济快速发展的一个缩影。金融科技正在从技术应用、业务模式、商业模式等各个方面重塑银行业。金融科技与平台化相结合，激发了更多业务模式和商业模式的创新，平台银行随之兴起。

在数字化转型的基础上，未来许多银行将会积极探索平台银行战略，打破资产、负债与服务，以及公司、同业、个人业务与产品的界限，把金融活动融合到客户的经营和生活中，优化客户的资产负债表，进而形成能够快速适应市场和客户需求变化的竞争力。郑州银行为深化对产业供应链全链条的金融赋能，将继续优化商贸物流平台，推动供应链金融以及商贸、物流场景金融服务体系的数字化融合，构建商贸物流金融综合服务生态。商贸物流平台不仅是数字化转型战略的有益实践，也是对未来平台银行战略的积极探索。

33　网商银行：数字化智能风控服务实体经济"毛细血管"

孙晓冬[一]　刘恭亮　网商银行

小微企业信贷是个世界性难题，很多国家甚至个人积极采取措施以缓解小微企业"融资难、融资贵"的问题，例如尤努斯创办的格莱珉银行推出以小额联保为基础的"穷人银行"模式。我国小微企业同样长期受到融资问题困扰，随着信息技术不断发展，我国互联网银行创造性地运用数字化风险管理体系给出了对这个难题的另一种解法。

网商银行成立六年来，始终积极探索普惠金融服务新模式和新技术，应用云计算、大数据、人工智能、卫星遥感、区块链、隐私计算等技术，搭建了"准入—授信—贷中监控—贷后管理"的全流程信用风险管理体系，依托"场景—模型—策略"的数字化智能风险管理体系，通过线上触达、大数据风控和人工智能服务小微企业和三农群体，实现了大规模、低成本、高效率的普惠金融服务。由此，网商银行将服务不断下沉，切实发挥了金融"毛细血管"作用，为大量难以从传统金融机构获得金融支持的小微企业和三农群体提供"310模式"贷款服务，以中国特有的创新模式解决小微企业信贷难题。2019年，网商银行在全球范围内首次将卫星遥感技术运用于农村金融，为"农村贷款难"这一难题提供了全新解决方案。

[一]　孙晓冬系网商银行首席风险官。

第1节 服务实体经济"毛细血管"

网商银行利用移动互联网的技术、数据和渠道创新，帮助解决小微企业和个人创业者融资难、融资贵，农村金融服务匮乏等问题，促进实体经济发展，六年来累计服务小微客户超4000万户。以户均贷款来看，2019年末全国单户授信1000万元以下的小微企业贷款余额为161万元，个体工商户和小微企业主经营性贷款余额为31万元。而网商银行小微客户户均贷款余额则为3.6万元，其中超过80%是经营性贷款的首贷户。网商银行所服务的小微客户贷款规模虽小，但客户数量庞大，是真正的实体经济"毛细血管"，也是全球服务小微客户最多的银行。

新冠肺炎疫情发生以来，全国工商联会同多家行业协会联合网商银行于2020年3月5日共同发起"无接触贷款"助微计划，118家银行与金融机构积极响应。该计划推出了十项"无接触贷款"相关举措，目标是在半年内支持全国约1000万个小微企业、个体工商户及农户等，以全面打赢复工复产经济仗。截至2020年末，累计发放无接触小微贷款8700亿元，累计减免小微客户贷款利息6.65亿元。2021年，网商银行再次与全国工商联、中国农业发展银行、中国工商银行、平安银行、北京银行、重庆农商银行共同发起"稳就业、振乡村、兴科创"助微计划，通过专项信贷支持及减费让利政策，持续降低小微融资成本，提升金融服务质效。

1. 兼顾普惠与创新的经营发展理念

普惠理念和公益心态。中国不缺少银行，缺少的是专注于解决小微和农村金融服务问题的银行。网商银行秉承阿里巴巴"让天下没有难做的生意"的经营理念，将核心经营目标定为普惠金融服务，以普惠服务的客户数量和客户满意度作为经营考核标准，而非将利润作为重要的经营考核目标，这一理念为业务创新和服务创新提供了良好的机制保障。

商业可持续性原则。发展普惠金融既是大局和责任，也是市场和机遇。普惠金融之难，难在商业可持续，发展的关键点也在商业可持续，不解决这个痛点和难点，普惠金融既做不大，也难做久。在普惠金融的道路上，网商银行按照银行经营基本的风险定价原则保持自身的稳健发展，实现保本微利，不追求利润最大，但确保能长远发展。

科技发展定位。网商银行是互联网普惠小微银行，更是一家科技银行，员工中技术人员占比超过 60%，通过招聘顶尖技术人才、数据人才和风控人才，为基于科技能力的银行服务奠定了坚实的基础。

2. 着重小微和农村金融的业务发展特色

基于阿里巴巴和蚂蚁集团的生态体系，网商银行在小微商家数字化经营的各类场景中融合金融服务。面向阿里巴巴集团场景，向小微商家提供淘宝贷款、天猫贷款、阿里信用贷款等产品，围绕菜鸟物流、天猫超市平台向商家提供存货质押和应收预付的供应链贷款产品；面向蚂蚁集团场景，推出了支付宝收钱码商户贷款、口碑商户贷款等产品服务线下小店，让线下小店享受到普惠的信贷服务。

网商银行通过与县政府、保险公司、农业龙头等合作，提供针对农村场景、以数据化为主的涉农贷款产品。截至 2021 年末，网商银行已与全国超过 850 个县开展农村金融业务合作。

第 2 节　网商银行智能化风险管理体系

网商银行智能化风险管理体系以大数据与云计算为基础，以模型为手段，由策略来驱动，用创新来服务，为生态赋能。通过数字化风险管理和新技术在小微金融场景的应用，形成实时、动态、差异化、有效的线上风险管理模式，提供精准、高效、低成本、无接触的普惠小微金融服务，在提高小微客户贷款需求可获得性的基础上，让小额、分散的普惠金融具备商业可持续性。

1. 以模型为手段

充分运用技术优势，开发多种量化模型，对多维数据进行分析挖掘，识别客户各个维度的风险要素，覆盖贷前、贷中、贷后全生命周期，形成差异化的风险管理模式。模型算法从初始的以逻辑回归为主的建模方式，发展到现在的结合统计算法和机器学习的模式，并向人工智能建模发展。

风险模型体系包括欺诈识别模型、信用评估模型、经营画像模型三大类别。

（1）欺诈识别模型

欺诈识别模型用于在贷前环节辨识冒用他人身份申贷的行为，以及在线上电商及线下收单中识别虚假交易，防范贷款欺诈风险。如在订单贷款的授信计算环节中，使用电商虚假交易识别模型来剔除刷单、虚假发货等非正常交易，降低由虚假订单带来的风险。该模型利用交易发生的买家、商家、设备等节点，通过交易关系搭建了亿级节点和千亿级交易边的实时交易网络；通过社区发现算法（如Louvain等）进行黑社区的发现，识别刷单网络等高风险聚集性欺诈人群，并通过可疑资金回流找到高欺诈交易对（商户和买家），从而定义欺诈交易；使用 PU Learning（Positive-Unlabeled Learning）等半监督学习方法，结合深度学习模型识别虚假交易，头部准确率可达 95% 以上。

（2）信用评估模型

信用评估模型在贷前、贷中、贷后环节对客户行为进行预测，与主流银行的打分卡模型功能类似，对客户违约概率进行精准量化。如申请评分模型主要用于贷款申请阶段判断客户未来还款的可能性，用于决定是否给予申请人贷款，作为确定客户贷款额度和利率的决策依据。以电商信用评分模型为例，该模型使用了商家的人行征信信息建立征信信用评估模型，利用征信数据，依据外部贷款的次数、贷款金额、贷款额度、逾期次数和金额等维度，评估客户的风险等级。行为评分模型广泛应用于贷前准入、贷后提额等环节，通过使用客户在网商银行积累的信贷行为数据，如逾期、还款、额度使用率等信贷类行为特征，结合场景经营数据，有效评估客户风险的变化。信用评估模型主要应用统计模型（逻辑回归）、机器学习模型（如随机森林、梯度提升树等）算法整合客户在平台上积累的碎片化数据，提供客户级风险排序及风险绝对值的预测。

（3）经营画像模型

经营画像模型用于在贷前和贷中环节对客户当前经营状况的判断和对未来经营状况的预测。如电商交易下滑模型用于判断店铺的交易额是否处于下滑趋势中，以防范交易下滑导致的信用风险。该模型基于店铺成交、商品、浏览、点击、退款、处罚等维度的经营数据，通过开发类目排名、同比、环比等时序类特征，使用机器学习模型训练并预测店铺未来 3 个月交易下滑的概率。

经营画像模型针对不同的交易趋势，利用机器学习方法，设计差异化预测模型模块，将交易预测模型拆解为洋流（趋势性）、潮汐（周期性）、波浪（随机性）三个子模块。其中洋流模块主要预测店铺的趋势交易额，采用了店铺经营、运营、评价等微观商家基础信息，叶子类目交易的中观维度信息，使用 KF-LSTM（Kalman Filter based Long Short-Term Memory）、GBDT 等算法进行回归预测。潮汐模块主要挖掘店铺的季节性和大促备货需求，采用了店铺的历史交易、商品描述、大促活动参与度、过往交易提升度等多维信息，采用 NLP、XGBoost、ST-GNN 等算法，进行精准预测。波浪模块主要识别与春节、情人节等节假日相关联的店铺和交易。通过多类别的交易模型，可以准确预测商家未来的经营状况和波动性，从而相应地匹配合适的固定额度和临时额度，这样既满足了商家的备货资金需求，又能保证风险可控。

2. 由策略来驱动

基于大数据和人工智能，对客户的全信贷生命周期采取动态管理，建立多客群、多层次、多维度的授信决策规则，针对不同场景、不同信贷生命周期的客户，通过授信决策规则的不同组合，分别形成差异化的身份核验、授信准入、额度定价及贷后监控策略（见图 33-1）。

图 33-1 智能化风控体系信贷业务流程

（1）客户身份核验

互联网贷款业务对客户的身份信息审查包括贷前的身份信息核验。对企业客户须审核营业执照、法定代表人身份等信息，并采取对公账户打款验证、银行账户绑定手机信息验证等措施；对个人客户须审核 9 项基本要素信息、人脸识别等。在贷款申请环节，通过密码、短信验证码、人脸识别等核验客户的安全认证信息，同时对客户的手机设备、网络地址、网络环境等进行监测。

在实时识别支用款项存在非本人或者非本人意愿的风险时，通过校验、拦截等手段进行处理，运用人脸识别、智能语音回呼、短信、有权人校验等产品进一步验证用户本人身份，通过弹层提醒、安全守护等产品进行风险提醒及安全教育。此外，在消费者救济方面，已建立较完善的标准：在客户本人无过错的情况下，启动赔付机制；在客户存在过错的情况下，通过免息、分期还款等措施保障消费者权益。

（2）准入管理

设定风险规则对客户准入进行判断，针对电商、码商（线下收单）、供应链等不同场景的特点，制定账户安全规则、舆情风险规则及黑名单规则等准入策略；针对客户所处信贷生命周期进行客群分层，区分曾支用客户、已准入客户和首次准入客户等，对于不同的客群调用不同的准入规则，并在统一风险容忍度下，安排差异化准入策略。此外，在客户支用贷款时点，还会通过实时采集数据，结合盗用、冒用风控模型，对风险客户进行实时支用拦截，以有效防范欺诈类风险。

以码商场景为例，在定位目标客群上，由于码商群体在平台上开店的门槛较低，申请一个收钱码甚至直接用自己的个人支付宝二维码就可以完成经营中的收款行为。为了更准确地对线下经营场景进行授信，应首先基于客户授权提供的经营者标签，如工商、个体、口碑、饿了么、高德等，对高置信商家进行打标；其次根据客户的经营行为特征进行挖掘；最终结合客户在支付宝上的收单笔数进行交叉判断，确定网商贷在码商场景的目标客群。

（3）额度及定价管理

根据小微客户的交易信息、经营流水、季节周期性及经营需求等进行偿债能力和偿债意愿评级。同时，基于客户信贷使用行为和综合信用评分，对客户授信额度进行动态管理，对风险较低且额度需求较高的客群提升额度，对风险较高的客群降额，正向引导用户理性使用信贷产品、按时还款，提醒用户注意账户安全，从而避免出现逾期行为。对处于不同场景和生命周期的客户进行差异化的定价管理，以风险定价为原则，对高风险客户提高定价，对低风险客户降低定价，对不同的客群保持基本一致的利差。

第一，基础额度核给。基于以上基础额度框架，针对不同行业的深度场景制定了针对性的额度策略及风险管控策略。以物流金融业务为例，通过蚂蚁区块链平台为网络货运平台提供数据增信，利用技术手段实现运单的三流（运单流、资金流、轨迹）合一验证，在数据验真及行业化策略框架下，根据货品、运输地域、运力规模及分散度、上下游等预测物流经营者的经营风险，差异化核给运费融资额度，建立动态额度管理体系及实时运输经营动态监控体系。其中，区块链完成基础的物流数据三流合一验证，为数据化授信提供了标准支撑。

在上述区块链行业化经营场景的标准数据支持下，根据物流企业积累的链上运单及资金流，衍生出企业属性、上游货品集中度、运单稳定性、经营历史、运力分散度、运单规模、地域分布等维度，从而预测物流企业的经营风险及经营需求特征，刻画出优质、普通、低质、风险等不同等级的物流企业画像。

根据上述物流企业画像分层结果，以及渠道级评分及体系内基础信用风险分层，构建出在该运费融资场景下有着显著风险区分的综合决策分层，同时结合客户实际的运费融资需求、偿债能力等综合因素差异化核给授信金额。在贷中动态额度管理上，基于对运单的实时波动监控、集中性及地域风险情况，根据不同风险等级触发动态的额度调控策略，完成提额、实时高风险冻结等操作。在业务中搭建了完善的产品流程用以实现全流程额度及风险管理能力，通过对经营场景的真实性控制，货运平台全程不触碰资金，融资操作完全由货主及司机两端完成，并实时校验运单，保障了用途及真实性风险。

第二，临时额度核给。在为小微商家提供基础额度服务的同时，基于商家的差异化经营需求，设计了针对临时性、季节性周转需求的临时额度。以天猫场景为例，自阿里巴巴创立"双11"购物节以来，"双11"单日销售额飙升，电商卖家飞速发展。淘宝和天猫从9月就开始对"双11"进行预热，相应地，电商卖家会从8月底开始着手准备，包括制订营销计划、筛选货源、着手备货等，这意味着商家在预热期就需要投入大量的资金。

网商银行基于淘系场景构建商家分层模块、临额资格筛选模块、大促临额核给模块和大促表现监控模块，给予优质低风险客群差异化的大促临额扶持并实现临额动态管理，解决了电商卖家备战大促的资金需求。大促临额每年8月投放，额度有效期至当年12月底，涵盖商家大促备货整个周期。同时基于卖家大促早期表现（报名数据、广告投放效果、店铺收藏趋势、商品收藏趋势、商品加购情况等）、模型大促预测结果和大促实际销售表现，并结合综合风险评级，实现对大促临额及时回收，从而有效控制风险敞口。

（4）贷后管理

线上风控的贷后监控实现自动化，且监控粒度可以细化到天甚至实时，根据客户的还款、交易、支付等行为数据，每日通过模型评估客户的综合资质，当客户资质出现变化时及时调整额度。

第3节 共建开放银行生态，践行普惠金融

联合同业共建开放银行生态

在信贷智能化风险管理实践中，网商银行始终秉持开放包容理念，积极与银行同业分享科技能力，推进合作共赢，以更大范围实践普惠金融。结合应用场景推出联营产品解决方案，向合作银行开放客户导流、风控技术等能力，为合作银行在信贷审核、贷后管理、资金收付等客户风险评估中输出独立有效的技术支持，共同为小微企业、个人经营者、农村经营者及农户服务。

在与网商银行开展农村金融业务合作初期，大部分银行缺乏数据处理能力和建模分析经验，不具备大数据自主风控系统，业务审批系统建设成本高。网商银行通过探索行业云同业系统托管服务，与重庆银行、南通银行等合作机构进行试点，帮助其实现数据处理配置化、授信审批自动化、模型策略产品化和业务流程线上化，使其初步具备农村金融领域的独立自主风控能力，真正践行了"310模式"能力开放共享的承诺。

2018年，网商银行启动"凡星计划"（见图33-2），计划通过三年时间联合同业金融机构共同服务3000万小微经营者与农户，上述目标已提前实现。2019年，网商银行与三大政策性银行开展转贷款业务合作，通过合作方以低成本资金为小微客户降低贷款成本。

图33-2 "凡星计划"联合同业共建开放银行生态

未来，网商银行将继续秉持开放、合作理念，在小微和农村金融中的场景、客群、技术领域向金融机构进一步开放，联合更多的社会力量推动中国普惠金融事业的不断发展。

第4节　面向三农和小微的创新业务模式

1. 基于卫星遥感和人工智能技术的智能化农村金融

为了更好地服务三农，解决生产端农户贷款难问题，网商银行积极探索通过卫星遥感技术结合人工智能模型算法获取可信动态数据，创建"大山雀卫星遥感风控系统"（简称"大山雀系统"），将识别结果应用到涉农信用贷款模型中，服务全国的种植大户。

在创新应用方面，该项目基于深度神经网络、Mask-RCNN等人工智能模型算法建立了28个卫星识别模型，涵盖水稻、小麦、玉米等农作物的全生长周期识别模型，地块识别、云块识别等模型，模型准确率达93%以上。通过模型识别可以了解农户"种什么""种多大面积""种得好不好"等问题（见图33-3）。同时，通过研究农业的产业化发展趋势及行业特点，搭建具有农业特色的专属风控模型。结合各地农忙时间，在不同季节节点给予农户差异化的授信方案，在满足各周期生产经营所需的情况下，防止过度授信以降低信贷风险。利用时间序列等模型对各地历史气候数据进行深度挖掘，并对未来一段时间内的气候情况进行预测，形成基于"地域—气候—作物—农户"的全方位种植评价体系，进一步精准识别农户及贷款风险。在风险防控方面，在业务上线初期，通过客户随访、线下调查、线上交叉验证等途径，确保人工智能模型识别效果的准确性与有效性。

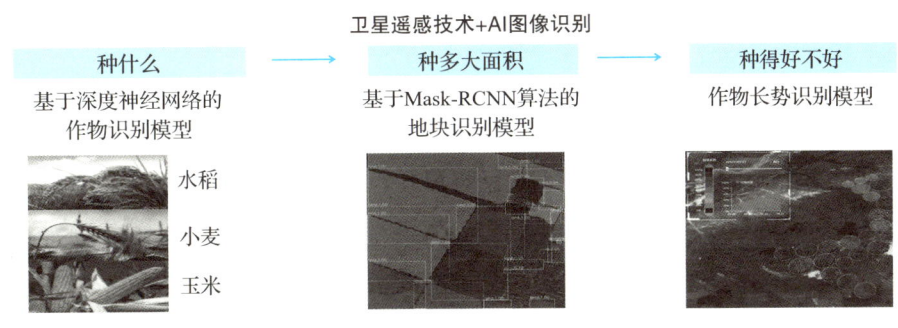

图33-3　"大山雀系统"设计思路

网商银行将此项目命名为"亿亩田"，意在服务中国亿亩良田，助力乡村产业振兴。

自2020年9月正式发布以来，"大山雀系统"已经覆盖全国超过三分之一的涉农县，数十万种植农户通过这项技术获得了信贷支持。卫星遥感和人工智能技术应用于农村金融，不仅提升了涉农群体的获贷广度，还能促进当地农业产业发展，支持农民生产经营，更好地满足乡村多样化金融需求。

2. 数字供应链金融解决方案

网商银行基于核心企业和上下游小微企业的供应链关系，开发了一套数字供应链金融方案"大雁系统"，以解决小微企业在供货回款、采购订货、铺货收款、加盟、发薪等生产经营全链路的信贷需求及综合资金管理需求。

20年前，业界提出"1+N"的供应链金融模式，依托核心企业这个"1"，服务围绕核心企业上下游的"N"个企业。"1+N"模式下，风控逻辑并不太看重上下游企业的主体信用，而是看重它和核心企业之间的交易关系、债项信用，因而对核心企业的信用或担保有所依赖，这在促进供应链金融稳健发展的同时，也使传统供应链金融的授信覆盖面受到了很大局限。供应链上下游更多的小微经营者，数量多、抵押少、分布不集中，难以对其做到全面覆盖。20年后的今天，经济、金融数字化已达相当程度，对供应链上小微企业的主体信用，尤其是其还款意愿应当更为重视，供应链数据、供应链交易关系更多的是提供其还款能力的佐证。

数字供应链金融"大雁系统"把每个"N"当作一个中心，一个新的"1"，去探寻和服务它们背后更多的"N"，服务 N^2 量级的用户，为更多小微经营者提供纯信用、纯线上的信贷服务。

全链路数字化信贷服务。"大雁系统"以数字化方式，对全链路提供了一整套在线信贷服务，从上游供应商在供货、中标、交付场景下的合同贷，到品牌下游经销商在采购场景下的采购贷，加盟场景下的加盟商贷，票据贴现下的网商贴，再到零售商端铺货收款场景下的回款宝，以及对员工发薪的发薪贷等系列产品，满足不同角色在不同场景下的信贷需求。这些产品都保持了网商银行一直坚持的"310模式"（3分钟申请，1秒钟放款，0人工干预），全线上操作，一点覆盖全国的优质服务（见图33-4）。

科技驱动。数字时代，海量信息可以多维度交叉验证，可以被识别和分析。"大雁系统"借助OCR（光学字符识别）、IRT（图像识别）等识别技术，以及区块链、隐私计算等验真技术，为小微企业提供关键增信维度验证，并基于大规模图计算及数据处理技术，识别企业关系，生成企业信贷数据的大底盘。

图 33-4 "大雁系统"全链路数字化信贷服务

开放模式。"大雁系统"以开放模式,与品牌商、数字化服务商、同业机构共同提供完善的供应链金融服务。与品牌商在联合运营、联合风控、联合营销上深入合作,以更好地满足每个品牌供应链上差异化的用户诉求;与数字化服务商在电子合同、电子发票、供应管理、货运物流等一系列数字化系统上进行联通,更好地感知小微企业在各个环节上的生产经营情况;与同业机构实现联合出资、联合风控,为小微企业提供体验更好的金融服务。

目前,旺旺、海尔、华为等超过500家品牌已接入"大雁系统",贷款可得率平均超过80%,累计有170万家小微企业接受了其提供的金融服务。该系统将循着这个路径以更丰富的综合金融产品服务更多的小微客户。

为全力做好小微企业金融支持和服务工作,全国工商联会同网商银行、中国农业发展银行、中国工商银行、平安银行、北京银行、重庆农村商业银行联合发起"数字供应链金融助微行动",接入"大雁系统"的品牌一起开展助微行动,网商银行将通过减免息费等方式,为200家绿色认证核心企业和100家农业龙头企业供应链上的小微经营者提供专项资金支持,助力产业链及其上小微企业的发展。

网商银行基于智能化风险管理体系开展的普惠小微贷款具备投放精准、发放高效、成本低廉、无须接触等特点,以稳健的信贷资产质量为银行业的风险管理实践提供了创新方法,为解决小微企业和个人经营者融资难、融资贵,农村金融服务匮乏等问题开拓了新思路。

未来五年,网商银行将继续坚持并升级智能化风险管理体系以提升核心竞争力,逐步实现"1234"四大普惠新目标。"1"即五年内用供应链金融方式服务1000万小微群体;"2"即与2000个涉农县区达成战略合作,实现贷款村村通;"3"即与金融机构合作,共同向小微群体发放3000亿元贷款免息券;"4"是将为4000万名女性提供资金支持,为女性就业创造更多选择机会。

34　大数金融：联合运营助力银行信贷技术数字化进阶

柳　博[⊖]　大数金融

信贷是金融服务实体经济的主要活动，信贷业务数字化是银行数字化转型的基本内容，对于发力零售业务的银行来说至关重要。在当前形势下，大多数区域性银行转型的现实诉求十分清晰：依托数字化技术自主经营本地客户，深耕小微。

近些年来，从对金融科技的观察到参与实践，银行业已充分认识到数字信贷技术在服务普惠客群、解决小微企业融资难问题方面的有效性。但一方面，大多数银行囿于业务模式的局限，并未能真正掌握自主的数字信贷能力，更难言自主风控；另一方面，数字技术在消费信贷领域早已成熟并催生了消费金融的爆发式增长，小微信贷的数字化却远未成规模。当下消费信贷增长乏力，小微信贷从政策导向到市场空间均未来可期，区域性银行应如何建立小微信贷自主能力实现转型目标？

第 1 节　数字信贷挑战与机遇并存

数字风控既是数字信贷技术的核心与难点，也是金融机构最迫切需要建立的能力。在小微信贷领域，数字风控之所以不似消费信贷领域应用迅猛而广泛，其技术门槛较高是主要原因。对于传统金融机构特别是中小型银行来说，自行开发

[⊖]　作者系大数金融公司董事长兼 CEO。

以"数字风控"为核心的新一代小微贷款技术难度较大，成本较高。

1. 银行建立数字小微信贷能力面临的挑战

需要积累大量有效数据。有效数据是指经过清洗、验真后的数据。以最简单的"学历"数据为例，如果仅凭客户填写而不核实，则这些数据很难作为变量进入模型。模型是有针对性的，即使银行在过去几年发放过几百亿元小微贷款，但如果产品的金额、利率、期限、是否抵押等品类繁多，则对于某个产品很难形成足够的数据积累。即使针对某一客群的某个产品似乎有足够的建模样本，但经济形势剧烈变化会导致较久远的历史数据缺乏预测的有效性，外部竞争变化会导致目标客群与历史客群发生偏移。

需要有足够多的坏账样本。评分模型要精准区分好客户、坏客户，就要求这些数据中有足够多的坏账样本。而笔均几十万的小微贷款动辄需要过百亿的放款量和较长的周期才能积累足够多的坏样本，对于小型银行而言，业务量与风险承受能力都很难达到。

需要有专业化的数字风控团队。数字风控团队建设有个从搭建到成熟的过程。真正有专业能力，且有成功实战经验的数字风控专家并不多，具有一定视野、能带团队的则更少，在主要一线城市之外更难招揽。一个完整的数字风控团队至少需要十几人甚至几十人，在能够独立开展数字风控之前，从队伍组建、在业务中学习到队伍成熟有一个过程，这对银行人力投入的决心、容错的文化都是个考验。

需要有规模效应。对于大中型银行而言，需要前期 2～3 年的数据积累和足够多的试错样本，时间与经济成本都很高。而对于小型商业银行而言，除面临同样的问题外，还需要更坚定的信念和规划来跨过规模经济的门槛。

2. 银行发展数字信贷的历史机遇

在新的业态环境下，银行建立数字小微信贷能力虽然面临较高的技术门槛，但也存在前所未有的来自时代与行业变迁的机遇。

银行业数字化转型提速。数字经济时代，客户方方面面的行为习惯都在数字化的方向上被重塑，一场疫情更是迫使整个社会迅速走向深度线上化阶段，数字经济的基础设施、数字技术、业务模式在加速成熟中。金融业是社会经济生活的血脉，市场急迫要求行业数字化，也已催生出一系列新的技术应用、服务场景与业务模式，这对银行数字化转型既提出了要求，也提供了条件。

数字小微信贷技术已经过市场周期验证。大数金融自2014年起在国内首次将数字风控技术应用在大金额、纯信用的经营性贷款领域，形成数字小微信贷技术的雏形，目前已将数字小微信贷技术应用于60余家银行的700多亿元大额信用贷款中，并已历经市场周期的考验，实现稳定的风险表现。在面向更下沉的小微客户提供小金额信贷领域，以蚂蚁金服（现蚂蚁集团）为代表的数字信贷技术应用，经过数年的业务实践，也收获了行业的认可。随着前沿科技的发展、可用数据的丰富，数字小微信贷技术本身也在持续精进，能够满足不断多元化、精细化的市场需求。

政策引导下，客户全面回归银行。过去几年互联网金融服务兴起时，金融科技公司与金融机构基于各自资源优势分工合作，在一些合作模式中，银行退居科技平台后方，失去了实际经营客户的功能。随着监管对互联网贷款业务、科技平台潜在垄断力量和行为等方面的治理，对银行自主风控提出明确的要求，银行的品牌正在走向前端，面向客户，客户的信息数据也逐步回归银行，加之区域银行的本地优势，只要有意愿，银行KYC能力的提升是具备条件的。KYC正是数字化经营客户的前提。

征信体系加速建设中，数据资源更丰富、更优质。金融业是数据密集型行业，数字经济时代，行业的稳定、健康发展更加迫切需要数据获取、流转与应用的合法化和规范化。《征信业务管理办法》的颁布正是征信行业规范化重塑的重要标志，为持牌机构合理、合法地获取与应用数据打好了政策基础。在监管引导、行业推动下，银行发展数字信贷的生产资料一定会越来越丰富、稳定、优质，这也为数字信贷技术的持续进阶奠定了基础。

第2节　整合第三方资源构建开放合作平台

在金融归金融、科技归科技、征信归征信的大趋势下，客户重新回归金融机构，数据生产资料日益充实，金融机构作为金融业中枢的地位会愈加强化。面对发展数字信贷的挑战与机遇，银行携牌照及资源之优势，完全可以构建起一个掌握金融核心功能的服务平台，通过引入第三方优势力量补足短板，快速推进技术的数字化进阶，提高信贷服务综合能力，打造可持续的竞争力。

一方面，银行构建合作平台避免了"大而全""小而全"的不经济与创新低效；另一方面，多方合作增加了业务的复杂性，加大了第三方表现不良可能带来的风险，这就对银行管理第三方合作风险、落实间接监管职责的能力提出了更高要求。

银行与第三方合作原本有成熟的管理办法，只是过往较少针对第三方合作的风险进行系统化管理，也很少涉及风险管理类业务的合作。笔者认为这方面可以参考国外的思路（见图34-1），同时结合中国国情，具体业务具体看待。

图 34-1 美国货币监理署（OCC）第三方风险管理指南做法

美国银行业对第三方合作风险实施全周期的管理，这套方法是基于第三方合作可能产生的风险类型，从风险管理规划、尽调选择合作方、谈判签约、合作期间持续监测到关系终止，在整个合作周期内各个环节都有相应的风险评估与管理机制，并从战略与目标、法律监管合规等多个维度上进行持续关注。

以此为借鉴，结合国内当前形势，笔者认为银行在引入第三方力量发展数字信贷时，须就以下六方面（见图34-2）对信贷合作方进行重点评估，以确保合作风险可控、实现预期目标。

- **战略与目标**：第三方的技术、所服务客群、所采用的业务模式能否服务于银行的发展战略与目标。
- **法律与监管合规性**：合作模式、产品利率、消费者保护、数据采集与应用是否符合法律要求，满足监管政策要求。
- **业务经验与运营弹性**：第三方的技术与业务应用是否跨越过监管周期并保持稳健，行业口碑如何，团队是否真正做过同类业务。
- **财务状况**：当信贷合作涉及风险分担时，合作方是否有相应资质与充足资本。
- **风险管控**：第三方的风险管理能力是否经历了经济周期检验，合作模式能否支持银行落实风控主体责任；第三方是否具备良好的声誉，且不会给银行带来声誉风险。

- **信息安全**：数据采集、存储、共享是否安全，技术内控管理是否健全。

战略与目标：技术、客群、模式与银行发展战略的一致性
法律与监管合规性：模式、利率、消保、数据采集与应用的合规
业务经验与运营弹性：跨监管周期的业务持续性、行业口碑

财务状况：分担风险的资质与资本充足率
风险管控：跨经济周期的信贷风控能力、声誉风险
信息安全：数据安全、技术风险

合作目标

自主风控　自营品牌　业务上量　能力建设
风险可控　技术开放　消保声誉　技术进阶

图 34-2　新形势下银行对信贷业务合作风险的关注重点

目前银行业面临着异常复杂的内外部环境，在加快数字化转型、打造可持续核心竞争力的过程中，需要提升的绝不仅仅是技术水平，战略规划、组织文化、综合管理能力是更关键且更需要紧跟时代步调的。

第3节　联合运营是发展数字信贷的有效途径

联合运营是有助于银行建立能力又完全符合监管导向的信贷业务合作模式。具体模式为，银行与金融科技公司基于长期一致的目标，共建产品、联合风控、共同运营银行客户，整套信贷系统实行银行本地化部署，合作中双方各自承担相应风险，金融科技公司提供项目全生命周期辅助，银行逐步掌握"Know-how"。

联合运营在满足银行普惠业务快速上量的基本需求之外，还具有多方面的优势（见图 34-3）。

技术有效性长期有保证。技术提供方对长期业务结果负责，就需要保证技术持续的最优化。

合作中银行真正落实风控主体责任。首先，双方各自承担风险，通过牌照和资本充足率来约束，风险外溢的隐患大幅降低，银行的风控主体责任得到落实。即便在银行尚未完全掌握技术时，由于整套信贷体系部署在银行，银行可以通过

对贷后结果的观察,掌握整包贷款的风险走势,主动管理,确保风险可控。其次,声誉风险管理对于金融机构的发展日益重要,双方共同服务客户使银行管理声誉风险的主动性提升。最后,由于银行赚取风险收益,为终极风险负责,也更有动力去提升自身的数字风控技术。

数据、技术共享,银行真正建立自主能力。 由于营销系统、风控策略、运营体系等全套信贷体系部署在银行,银行可以掌握全面的客户信息,并逐步将技术接手过来。

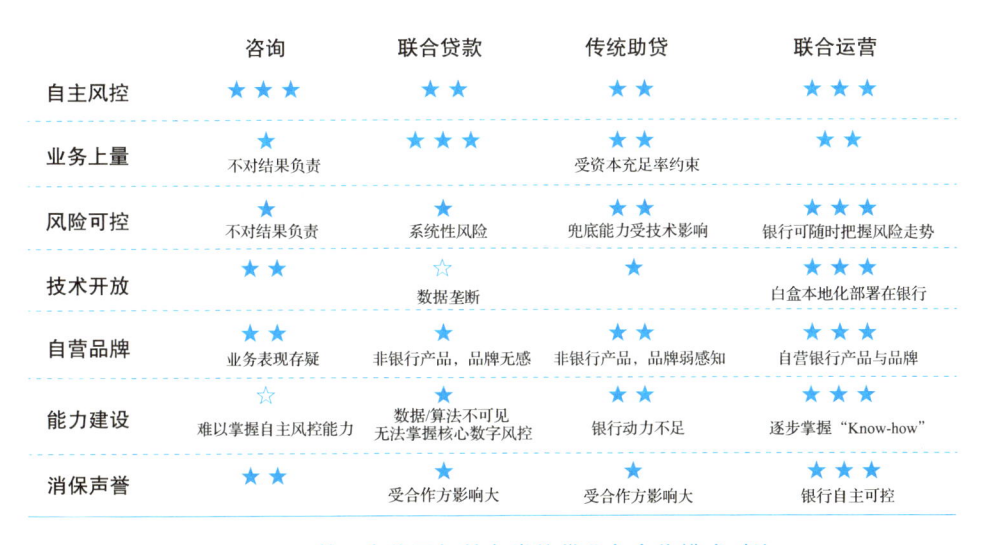

	咨询	联合贷款	传统助贷	联合运营
自主风控	★★★	★★	★★	★★★
业务上量	★ 不对结果负责	★★★	★★ 受资本充足率约束	★★
风险可控	★ 不对结果负责	★ 系统性风险	★★ 兜底能力受技术影响	★★★ 银行可随时把握风险走势
技术开放	★★	☆ 数据垄断	★	★★★ 白盒本地部署在银行
自营品牌	★★ 业务表现存疑	★ 非银行产品,品牌无感	★ 非银行产品,品牌弱感知	★★★ 自营银行产品与品牌
能力建设	☆ 难以掌握自主风控能力	★ 数据/算法不可见 无法掌握核心数字风控	★★ 银行动力不足	★★★ 逐步掌握"Know-how"
消保声誉	★★	★ 受合作方影响大	★ 受合作方影响大	★★★ 银行自主可控

图 34-3 基于合作目标的各类信贷业务合作模式对比

第 4 节 数字信贷联合运营实践

以联合运营搭建数字信贷业务体系、掌握数字信贷核心能力,需要金融科技公司能够帮助银行在产品、风控、获客、运营、系统等各个层面持续打造技能,直到银行能够应用技术独立开展业务。这就要求金融科技公司有业务实战经验,并具备全链路的数字信贷业务能力。

1. 联合运营合作方须具备的能力

数字风控能力。 数字风控是数字信贷技术的核心,是一整套决策科学,不是引入一套评分卡就可以开展的，更重要的是策略，即如何使用评分卡这个工具。和模型开发相比，策略应用更灵活、无定式，体现了风控人员通过数据去理解业务的方式，背后是"人"的能力。联合运营要求合作方能够依据银行需求定制模型与策略，并建立完整的指标体系和评判标准去处理模型监控过程中出现的各种问题，以保障风险表现的持续稳定。

数字小微信贷技术的重要特征之一，就是以"量化策略"为风控聚焦点，运用"政策规则＋评分模型＋量化策略"的组合方案来管理风险。针对不同风险目标设计应用方案，利用各种分类决策树算法和最优化算法达成目标、约束条件和变量的相对最优，从而最大化利用评分卡这一工具。

精准获客能力。联合运营需要金融科技公司具备多渠道获客的能力，并能够将大数据、人工智能技术应用于客户画像描摹与流量分发中，解决银行当前获客难、转化率低的痛点。例如，笔者所在公司通过覆盖24个省级区域的线下获客、多行业场景平台线上引流以及提升银行新客转化与存量激活等多种方式，帮助合作机构批量获取新客户、经营存量客户，并运用智能化营销技术实现风险可控下的高响应、高通过率。

产品搭建能力。联合运营在业务运行中落脚于信贷产品的竞争力，以及产品能否匹配银行客群、能否灵活满足银行定制化要求，考验金融科技公司贷款产品研发能力。丰富的产品体系和业务经验通常能够更好地满足银行多样化的需求，例如产品平台可以覆盖线上与线下、信用与抵押、小微与消费类不同额度、期数、利率的丰富产品体系，支持产品定制，在此基础上与银行共同搭建产品矩阵，使银行能够服务从优质到普惠客户的广泛客群。

线上线下智能运营能力。联合运营应实现银行运营体系在已有基础上的数字化、智能化进阶。数字小微信贷技术的运营体系颇具特色，它针对小微业务特别是大金额、纯信用、经营性贷款的特点，将信贷流程高度切分，应对不同贷款产品和银行需求，可实现O2O或全线上自动化作业。运营全流程布置了风险预警与规则引擎，支持根据银行已有流程和岗位进行配置并快速接入，能够有效保障银行的资产风险可控、运营降本增效与客户体验提升。

科技能力。科技系统是数字信贷运行的载体，联合运营中系统实行银行本地化部署，因此金融科技公司的信息科技能力要能够适配不同银行的科技能力，应对不同的业务逻辑，对技术安全性的要求也更高。例如，可以依托科技赋能平台开展联合运营，平台采用互联网微服务框架及业务全链路监控，可适配多租户、多场景、多流程、多产品模式的数字信贷业务，兼具互联网先进性和金融级别安全性，为合作机构提供敏捷、稳定、安全、合规的信贷科技支持。

基于全链路的数字信贷能力与多年来2B合作的实战经验，近年来大数金融已与多家银行开展联合运营，将数字小微贷款技术开放给银行，并帮助银行从理念、机制、队伍、考核上重塑能力，支持银行风控模型、系统、产品的持续迭代。这些实践也让我们对银行发展数字信贷的痛点和需求有了更深入的理解，不同类型金融机构依据自身属性、资源禀赋、发展战略往往需求各异，联合运营的具体落脚点也各有侧重。

2. 实践类型一：助股份制银行联合运营核心产品

股份制银行已具备较强的金融科技实力，痛点在于如何更有效地将金融科技能力转化为业务能力。股份制银行联合运营多侧重在全国范围内对某类业务或核心产品进行精细化运营，通过引进在专业化分工中锤炼出的优势技术并在业务中充分联动，银行可将数字化能力切实应用到具体业务中，并将数字信贷能力推进到更专业、更精细的水平。

案例：运营全线上经营贷产品

某股份行希望引入数字小微信贷技术，打造自营经营贷产品以进一步触达普惠客群，提升产品市场竞争力和业务规模。针对其小微企业客户纳税数据，大数金融与其共同开发了一款全线上税务类经营贷产品，大数金融提供全流程风控解决方案以及模型部署、产品销售与运营、产品贷后管理等服务，重点模块如下。

产品设计与风控技术输出：根据银行经营贷产品的不同定价客群定制风险逻辑和内核，开发差异化的模型和策略，从而抓住不同客户的风险特征，提高风险识别精准度。

- 数据治理：面对多渠道获取、字段差异大的税务数据，协助银行通过梳理和标准化形成优化建议，满足银行多部门业务管理及日后发展需要。
- 模型开发：从个人征信和企业税务两方面分别开发模型，对客户进行立体评估。针对该产品上线时间较短、数据较少的情况，大数金融运用已有的税务评分结合专家经验进行定制化调优。
- 贷前策略开发：包括准入规则的优化、客群分层、决策树或者多元矩阵的准入策略开发、模型评分 cut-off 的优化、额度和限额的设定、人工调查的触发优化等。确保实现预设的风险目标，提高产品的自动化效率，优化客户体验。

- 外部数据应用建议：在综合评估银行征信数据、纳税数据、自有数据基础上，针对该款产品提供第三方数据策略应用方案。
- 模型和策略落地及后续迭代优化：协助银行落地产品的所有模型和策略，提供监控方案，并持续进行效果追踪与迭代优化。

系统平台建设：为该行搭建产品综合作业平台，为营销进件、数字化风控有关的系统开发和数据对接出具详细的业务需求方案，并推进方案实施。

- 数字风控体系本地化系统部署：主体包括客户准入模型、审批决策模型、贷后预警模型等，提供数字风控体系本地化部署的技术实施方案，实现银行数字风控能力的落地。
- 小微信贷线上营销系统建设：根据银行现有系统架构，制订微信公众号、二维码、手机银行 App、微信小程序、H5 等数字化营销平台的优化方案和开发需求，以提升对小微客户的服务能力。
- 系统维护：配合银行按时完成产品系统建设中的优化、升级、改造及模型参数调优等。

目前项目已稳健运营近两年，产品在近 20 家分行上线，覆盖 40 余个城市，对小微客户放款 15 亿元。业务规模背后，是良好的风控与运营表现：项目上线至今核销前不良率低于 1%，远低于普惠类贷款平均不良率；通过率较银行自营业务提升 3 倍；缩短授信时长，全线上自动化审核，95% 以上业务在一小时内完成批复。在 2020 年新冠肺炎疫情严峻的几个月里，逾千位小微企业主通过该项目实现融资，数字信贷技术在非常时期展示出其普惠价值。

3. 实践类型二：助区域性银行深耕本地客户

区域性银行现阶段正在经历政策、市场、技术等因素带来的阵痛期，亟须进行全面的技术升级，从而提升对本地客户的服务能力。在数字信贷领域，区域性银行基础相对薄弱，有限的规模也决定了客户数据的体量难以支撑数字决策模型的精准性与持续迭代。与区域性银行开展联合运营，更多是协助银行全面搭建小微贷款业务体系，建立深耕本地长尾客户的能力。

案例：建立零售信贷业务能力

在某区域性银行面临零售业务增长乏力时，大数金融以咨询＋联合运营形式输出多种小微信贷产品的数字风控能力及全流程业务体系，助该银行从无到有建立全套小微贷款业务能力。

搭建小微贷款业务全流程系统平台：包含贷前、贷中、贷后各子系统，支持全业务、全流程管理的自动化处理。

- **全流程运营平台**：自动化、数据驱动、高效决策的运营平台，从客户营销、客户申请、信息收集、智能审批、合同签订、贷款发放、贷后管理到催收管理，梳理并优化整套标准化操作流程。
- **获客平台**：搭建银行本地化部署的获客平台，支持小微贷款产品多渠道多场景获客、客户申请提交、订单状态查询等功能。
- **风控决策系统**：定制风控决策系统，满足信贷业务贷前调查、贷中审批、贷后管理各环节的风险评分模型部署的要求。

帮助银行组建队伍，技能输出：以咨询形式为银行制订信贷全流程组织架构建议、人员管理与考核办法、工作流程机制等；帮助银行组建起涵盖前台获客及业务助理、中台面签与调查、后台审批和出账、贷后管理和逾期催收在内的各条线专业队伍；面向各板块人员开展技能和工具培训，通过联合运营打磨团队成熟度，提升队伍产能。

提供后台数字化风险管理支持：包括对银行每笔贷款给予评分建议，利用规则引擎对银行运营团队进行平台指导，协助银行对贷款进行审查审批并反馈结果等。

通过联合运营，该行小微信贷业务实现从无到有的跨越。合作一年时间后，该行即占领当地同类信贷产品45%的市场份额。随着合作的深入，双方逐步展开多类型产品的联合运营，并持续创新运营模式，深耕本地小微客户。项目推动该行组建了一支上百人的零售信贷业务团队，并逐步掌握了小微数字风控技术，自主开发的多款小微信贷产品实现高效运营、迅速上量，并开始联合大数金融向同业输出标准化运营流程。合作两年时间，该行新增零售贷款客户超2万户，零售信贷规模占全行总贷款规模比重从合作前的不足10%提升至70%左右，基于自主能力的零售信贷月放款额达4亿元，其中70%为小微经营信贷。

4. 实践类型三：助民营银行打造数字信贷业务生态

民营银行两极分化严重，除头部互联网银行建立起显著的技术、流量优势外，大部分民营银行在监管规范下，以往对互联网平台的路径依赖难以为继，对比商业银行又不具备网点、品牌等优势，因此构建有自营特色、可持续经营的业务生态成为当务之急。

案例：搭建线上数字小微信贷业务生态

某民营银行决定开展全线上的小微信贷业务，并逐步建立自主经营能力。大数金融为其定制了整合线上场景资源的联合运营方案，针对银行在接入各类场景资源中存在的用户识别与系统对接方面的痛点，输出从数据治理、风控建模到系统交互等方面的能力，共同构建产品体系。

接入并筛选场景流量： 助银行快速接入多个场景流量，完成与场景平台的系统交互，批量触达优质资产。同时协助银行对场景流量进行初步筛选与判断，匹配银行对客群质量的要求。

打造数字风控体系： 双方搭建起以个人信用为核心、叠加场景数据的"个人+企业"信用评估体系；采用"基于大数金融历史数据的数据驱动模型+银行业务定制化调整"的开发方法，补足银行历史数据不足，并将模型部署在银行端；辅助银行开发全套贷前策略与反欺诈体系；项目上线后，从技术和专家资源两方面支持整套体系迭代，确保业务的稳定和银行风险识别能力持续提升。

构建线上产品与运营体系。 针对线上场景资源特点，在银行大的产品形态下，提供多款子产品的内核设计，全线上进件与审批，对不同类型的客群进行风险定价，提升转化。

目前双方已完成数字小微信贷业务生态体系的搭建，业务体系运行顺畅，正在稳步上量。联合运营效果显现：早期的风险损失预估相对精准并可控，满足银行精细化管理的要求；通过率与银行自主风控产品相比预计提升4倍以上，且模型拒绝客户的预计损失是放款客户的3倍以上，有效平衡风险与业务规模；反欺诈关联网络减少80%的欺诈案件。

5. 实践类型四：消费信贷长尾客户的联合运营

当前金融机构消费信贷大多面临业务规模增长与风险控制不平衡的痛点。数字信贷技术近年来在消费信贷细分市场开展创新应用，在激活银行存量客户、助力消费信贷业务量倍增、拉低行内风险指标方面，收获超越银行预期的良好效果。

2020 年年初受新冠肺炎疫情影响，某股份制银行消费信贷业务增长乏力且风险提升。其与大数金融的合作以优化银行的个人无担保贷款业务体系并有效经营存量长尾客户为目标。针对该行的分期产品长尾客户，大数金融为其定制了消费信贷全流程风险管理方案（包括评分卡、准入策略、额度策略、个人征信策略等），提供差异化的额度、定价与风险管理建议，部署系统对接模型并持续调优。基于精细化运营的策略，帮助该行定制客户运营分层模型，提升营销转化。在流程中战略性引入信保，形成风控闭环。

经过一年多的联合运营，该行新增发放个人消费信贷 180 多亿元，累计激活 30 万存量长尾客户，客户营销转化效率达 10%。联合运营的资产质量表现良好，合作业务 M3+ 不良率仅为 1.1%，该行的信贷服务质效短期内得到显著提升。

实践证明，尽管信贷业务的数字化进阶具有挑战性，但银行可以充分运用牌照这一稀缺资源，构建以银行为中心的合作平台，引入外力，共建能力。

当然，不少金融科技公司对自己在银行掌握技术之后是否会被抛弃心存疑虑。也有不少金融科技公司并不具有实证战绩，对联合运营的结果也不见得深具信心。因此，双方都需要具有长远意识，诚信合作，在长期商业利益上给对方以保障，以发展的眼光去制定战略，甄选最适合的合作方。数字风控技术对于银行业而言是新一代技术，不可能一蹴而就，双方共建能力的道路既宽且长。

第九篇
数字化转型策略

35 德勤管理咨询:"01 银行"——远程银行的数字化新使命
36 波士顿咨询:公司银行数字化转型打造差异化竞争力
37 毕马威企业咨询:零售银行数字化转型,从新理念到新范式

35 德勤管理咨询："01 银行"——远程银行的数字化新使命

尤忠彬　王　凯　董潇锋　德勤管理咨询

"远程银行"虽然是一个比较新的词，但其概念由来已久。从最初的短信电话到现如今的视频，银行打破时空限制去服务和触达客户的愿景，因远程银行的不断发展而变得越来越清晰。新冠肺炎疫情迫使银行不断深化、细化客户经营，远程银行又被赋予了全新的使命和内涵。可以说，远程银行又站到了新一轮数字化转型的起跑线上。

第 1 节　远程银行转型新动能

过去十年，国内银行为应对客户金融行为线上化，以及由此带来的线下网点触客效率下降等挑战，积极顺应数字化转型浪潮，持续探索从客服中心向远程银行转型。而持续不断的新冠肺炎疫情迫使这一进程加速。

中国银行业协会 2019 年发布的《远程银行客户服务与经营规范》进一步明确了远程银行立足客户服务与经营，成为经营中心、价值中心与体验中心的定位。各家银行积极响应并落实"非接触金融服务"政策要求，加速推动远程银行转型。截至 2020 年末，已有至少 16 家银行将客服中心更名为远程银行（见表 35-1），另有至少 14 家银行的客服中心正在为向远程银行转型进行相关调研和准备[㊀]。

㊀ 数据来源于《中国银行业客服中心与远程银行发展报告（2020）》。

表 35-1 远程银行清单

序号	远程银行
1	中国工商银行远程银行中心
2	中国农业银行远程银行中心
3	中国建设银行远程智能银行中心
4	中国邮政储蓄银行远程银行中心
5	中国光大银行数字金融部远程银行中心
6	招商银行网络经营服务中心
7	中国民生银行远程银行营销部
8	浦发银行客户服务及远程银行中心
9	广发银行信用卡中心远程经营服务中心
10	恒丰银行零售金融部远程银行中心
11	宁波银行远程银行中心
12	长沙银行远程银行部远程客服中心
13	南京银行客服与远程银行中心
14	北京农商银行远程银行中心
15	上海农商银行远程银行中心
16	陕西秦农农村商业银行远程银行中心

虽然都叫远程银行，但很显然各家银行的理解有着很大的区别。有些银行致力于创新客户交互模式，有些银行将各个渠道资源进行了梳理和整合，还有些银行从客户服务转向了客户经营。

笔者认为，数字化时代远程银行建设的核心内涵是成为数据驱动的"01银行"（见图35-1）。"0"即进一步整合与布局诸如远程视频等新兴技术，拓展客户服务的媒介，实现客户服务"0"距离；"1"即基于客户分层，面向特定客群，贯穿全渠道与全场景开展远程客户经营，实现客户经营"1"体化。同时辅以机制保障、场景协同和数据支撑等配套能力建设，实现向远程银行的全面转型。

"01银行"

客户服务"0"距离　　客户经营"1"体化

图 35-1 远程银行核心内涵：数据驱动的"01银行"

整体而言，国内远程银行在客户服务及客户经营这两条主线上所处的转型阶段有着很大的不同。

客户远程服务方面，由于大多数远程银行由客服中心转型而来，已形成较为成熟的客户远程服务模式与体系。未来，利用视频和虚拟现实技术实现客户交互模式的丰富和升级成为转型的主要方向。此外，如何基于客户旅程，整合全渠道资源，实现客户体验的进一步提升成为转型关注的重点。

客户远程经营方面，国内远程银行受制于理念、机制、体制和技术等，目前仍处于转型初级阶段。尽管个别银行启动较早，依托较为领先的数字技术，建立了相对成熟的远程客户经营模式，理顺了与分支行间的协同关系，但诸如分润、计价、管户权等核心矛盾仍未得到实质性解决。而大部分远程银行还处于进行单一产品外呼营销执行的初级阶段。

第 2 节 "01 银行"之客户服务"0"距离

1. 远程客户服务发展趋势

伴随监管政策（如远程开卡、远程面签）的不断明确以及智能应用技术（如5G、生物特征识别）的不断成熟，远程客户服务已呈现出四大发展趋势（见图 35-2）。

远程客户服务四大发展趋势：
- 趋势1：从语音载体向多元载体转型
- 趋势2：从服务咨询向业务办理转型
- 趋势3：从对外服务向对内赋能转型
- 趋势4：从人工服务向智能服务转型

图 35-2 远程客户服务呈现四大发展趋势

从语音载体向多元载体转型。从过去通过语音载体为客户提供服务，逐渐拓展到通过文本、视频等多种形式为客户提供服务，以满足客户新的服务需求与业务要求。据统计，目前已有超过 80% 的客服中心及远程银行通过微信、短信、App 在线客服等渠道为客户提供文本交互服务。超过 30% 的客服中心及远程银行拓展了视频服务，提供有温度的"面对面"服务[一]，有效拉近了与客户的距离。

从服务咨询向业务办理转型。 远程银行从单纯为客户提供账户查询、业务咨询、投诉处理等咨询类服务，逐步扩展为向客户提供理财产品购买与赎回、贷款业务办理等交易类服务。客户足不出户，即可办理多种复杂业务。

从对外服务向对内赋能转型。 部分银行通过视频服务升级，不仅单纯为客户提供面对面服务，还进一步为一线客户经理赋能。客户经理可与后台相关业务审核与支持人员通过视频交互方式进行更为快捷的沟通，审核人员也可以对现场情况做出专业的指导。这大大提高了现场查勘、校验等领域的工作效率，有效提升了客户经理的产能。

从人工服务向智能服务转型。 远程银行持续提升智能服务水平，2020 年已有超过半数的客服中心及远程银行应用了智能语音导航、场景机器人、智能质检、机器人智能识别等人工智能技术。智能服务占比达 43%，微信、在线、App 等渠道的智能机器人文本分流率达 83.48%，较 2019 年大幅提升。超过 30 家客服中心新设机器人训练师类岗位，致力于提供更为贴近客户需求的智能化服务[二]。

2. 远程客户服务转型挑战及应对

在上述发展趋势下，各远程银行在客户服务转型过程中仍面临三方面挑战。

模式多样化： 随着文本、语音、视频等交互形式逐渐丰富，跨越 App、电话、短信、微信等多个渠道，远程服务模式的多变与复杂程度对远程银行管理团队及客服团队的专业性提出了新的挑战，围绕不同交互形式及不同载体的服务模式需要进行专业化的设计与运营。

渠道融合化： 跨渠道的协同服务场景不断涌现，远程银行需要从客户旅程出发，以客户体验进一步提升为目标，找准协同节点并实现渠道间的有效联动。

数据智能化： 远程客户服务过程中，产生了越来越多涉及不同渠道的业务数据，而且这些数据中的非结构化数据占比大幅度提升。银行需要配备专业团队并建设相关的工具平台对数据进行有效采集、存储和应用。基于对客户各个渠道数据的掌握，利用数据挖掘技术更为精准地判断客户金融需求、渠道和产品偏好，

[一][二] 数据来源于《中国银行业客服中心与远程银行发展报告（2020）》。

并制定差异化的客户接触策略，使客户服务和触达更为智能。

3. 远程客户服务实践

以某领先股份制银行 A 的远程银行为例，该行在团队组织、服务模式和数据应用等方面进行了积极的探索。

团队组织：组建专业的视频服务团队、运营支撑团队及 AI 创新团队。其中，视频服务团队不仅为大众及财富客户提供视频服务，也与私人银行部合作拓展服务场景，以"空中管家"身份为高净值客户提供一对一服务，包括财富顾问服务以及商旅相关的增值服务等，进一步拓展了视频服务的客群及业务范围。

服务模式：明确区分了人机协同模式与全委托模式，并由运营支撑团队对视频服务业务全流程进行了重新梳理与设计。梳理完相关服务流程后，再与相关部门进行业务沟通与会签，确保部门间的有效协同，最后完成视频服务上线。

数据应用：对于不同渠道及形式的远程客户服务，该行打通数据链路，支持针对全服务渠道的数据整合与统计，实现全渠道数据服务的一体化应用。

第 3 节 "01 银行"之客户经营"1"体化

1. 远程客户经营发展趋势

虽然大多数远程银行在客户经营方面的转型仍处于初级阶段，但仍有个别银行已基于先发优势，进行了积极且有效的探索。

从过去的发展历程看，远程客户经营主要经历了三个发展阶段（见图 35-3）。

图 35-3　远程银行客户经营的三个发展阶段

产品营销引擎：在这一阶段，远程银行职能进一步拓展，从过去的客户服务职能逐步向产品营销职能拓展。经过不断尝试，银行各业务部门逐渐意识到电话渠道在主动营销、客户综合经营及数据应用方面的价值，提出越来越多针对长尾客户的产品营销需求，并由远程银行根据相关部门提供的客户名单、产品服务范围及营销话术，通过电话渠道对目标客户进行外呼营销。远程银行由此开启了从成本中心向价值中心转变的进程。

客户经营阵地：伴随着远程银行在产品主动营销方面的能力逐步走向成熟，其业务价值不断放大并得到广泛认可。银行进一步意识到远程银行在长尾客户经营方面的独特价值，于是开始整合短信等电话渠道资源，要求远程银行组建专门团队对部分零售中长尾客户开展主动经营。远程银行职能由单一的外呼营销逐渐拓展为主动经营。同时，远程银行内部也越来越认识到客户洞察和策略能力的重要性，于是组建专业团队开展数据分析，自主探索并制订客户经营策略，再由外呼座席人员负责外呼执行，并辅以短信等电话渠道开展对客主动经营。

超级空中分行：伴随着银行客户经营由增量转向存量，围绕长尾客户进行价值挖掘成为各家银行关注的焦点。远程银行对于长尾客户主动经营的效果得到不断验证。银行逐渐认识到由远程银行承担全行零售长尾客户的主动经营职责将成为一条必由之路。个别领先银行已经开始了全新的探索。一方面，除电话、短信渠道外，将手机银行、微信银行等互联网渠道资源进行了全面整合，并打通了线下渠道的协同路径；另一方面，通过与分行的服务协议，获得一定条件下的客户管户权，并探索价值认定、利润分配、管户权转移等更深层次的机制体制变革，开启了"超级空中分行"模式的探索。此外，远程银行并没有停下数据能力建设的步伐，而是在进一步加强策略经营能力，不断探索客户、产品、渠道、场景等要素之间的最佳组合。

2. 远程客户经营转型挑战

从国内远程银行在远程客户经营转型方面的尝试来看，远程客户经营转型主要面临四个挑战。

目标经营客群定位不清：银行对远程银行的目标经营客群定位尚不清晰，部分银行受制于组织架构、总分机构关系等因素，难以根据自身客户特点及经营资源锚定目标客群，导致客户远程经营的探索陷入停滞。

策略中枢能力建设滞后：策略中枢应包含策略管理及策略执行两部分。部分远程银行尚不具备专业的数据分析团队，产品、渠道及客群策略的分析还高度依赖于业务部门。此外，负责策略执行的客户远程经营团队仍与客户服务座席混用，即使有专用的远程经营团队，其人员也多由客户服务座席转型而来，客户经营的相关技能培训不足。

各渠道间协同效率不高：远程银行因天然因素而对电话、短信等渠道的掌控力较强，但在与 App、微信等渠道的协同上还有很长的路要走：一方面，需要互联网渠道建立完善的运营体系以保证高效的数据流转和应用；另一方面，需要在多渠道协同场景挖掘和机制打通上进行更多的探索。

组织机制不符合转型要求：随着远程银行承担起远程客户经营的职能，在产品服务范围、客户经营交接、成本分摊等方面均需要对组织机制进行升级或创新。尤其在管户权、利润分割等涉及核心利益的关键问题上，如何打破业务部门和分支机构的陈规，建立充分互信，将是远程银行未来很长一段时间内的主要挑战。

3. 远程客户经营实践

以某股份制商业银行为例。该行是国内较早启动远程客户经营转型的银行，其领先经验可以总结为如下四点。

- **目标客群定位**：以 AUM 为划分标准对零售客户分层经营，由远程银行中心独立承担大众基础客群的经营职责。
- **策略管理**：远程银行中心内部针对其承接的长尾客群，组建策略团队与远程客户经理团队，负责全行级基础客群经营策略的制订与执行。
- **渠道能力整合**：由平台产品团队、数据中心、平台运营团队、平台体验团队等相关专业人员负责各渠道基本能力的建设及运营体系的搭建。
- **机制体制改革**：为保证远程银行与分行对客群经营的有效划分与协同，该银行制定了明确的客户委托与交接机制、成本分摊机制与价值认定机制，支持远程银行与总行相关部门及分支行的有效协同。

第 4 节　向"01 银行"前进

实现远程银行转型，打造数据驱动的"01 银行"，应围绕"专业""协同""数据"这三个关键词进行体系化设计与建设。

1. 专业

专业的体系设计：远程银行应通过顶层设计对客户服务及经营的发展愿景、目标、模式及所需能力进行体系化的设计。客户服务应以更全面、更高效、更精准、更智能为发展目标，实现文本、音频、视频等交互模式全覆盖，同时提供差异化服务与智能化服务。客户经营应根据远程银行当前发展阶段及资源禀赋，明确远程经营的目标客群，并指导远程客户经营模式的选择与设计。

专业的团队人才：远程银行应搭建一支具备较强能力和精细化分工的专业化团队，包括服务与经营团队、策略团队及后台业务支撑团队，并对整体团队架构、业务职能、绩效考核、培训体系进行规划设计。

客户服务方面，应在已有客户服务团队的基础上，进一步拓展远程视频服务、业务运营及智能技术等团队。针对远程视频服务团队，以服务质量及服务效能为导向制订相应的绩效考核方案；针对业务运营团队，以业务替代率、客户满意度等指标为导向制订绩效考核方案。

客户经营方面，应重点打造策略管理团队及远程客户经理团队。由策略管理团队作为长尾客群经营的策略中枢，通过数据分析，识别重点经营客群。此外，还应围绕细分客群组成不同的策略小组，实现客群的差异化和精细化经营。对远程客户经理团队则应明确要求，从单一产品营销转向为客户提供综合金融服务，持续挖掘高潜客群需求并提升其价值贡献。因此，远程客户经理团队在招聘标准、专业能力等方面较以往外呼座席有更高的要求。此外，还应以客户经营业绩为导向制订客户经营相关团队的绩效考核与激励方案。

专业的业务能力：为满足远程客户服务及经营转型的需要，远程银行应进一步加强并升级运营管理、质量管理、风险管理等业务支撑能力。以质量管理为例，远程银行原有围绕客户服务搭建的质量管理体系，在理念层面与实操层面均难以满足客户远程视频服务的要求，应围绕指标制订机制、管理机制、监测机制等方面进行构建与升级。

2. 协同

协同场景建设：银行须基于客户整体经营策略，识别并梳理出客户服务与经营中的协同场景。从客户视角出发，对每一个协同场景的服务与经营流程进行梳理，确定协同环节及其涉及的渠道与交互形式，最终形成可落地的全渠道客户服务与经营动作，在不同渠道进行部署与执行。

协同机制设计：远程银行在客户服务与经营方面的转型，须与行内相关业务部门、分支行构建明确的协同机制。为确保与分支行在客户关系转移方面的有效协同，银行应制定明确的客户委托及交接机制，基于固定周期与明确标准，及时完成客户关系的转移，实现线上线下全渠道的共同经营。在客户经营资源的使用方面，应建立成本分摊机制与价值认定机制，支持相关部门以内部计价方式使用远程客户经营资源，内部以业绩双记方式对远程银行客户经营业绩进行管理与记录，从而保证远程客户经营资源的使用效率。

3. 数据

数据采集与存储：为有效采集与存储覆盖文本、语音、视频及生物特征等多种形式的数据，尤其是非结构化数据，远程银行应从数据采集软硬件配置、数据存储平台架构和建设、数据存储管理等方面着手，进行专门的设计和技术升级。

数据加工与共享：针对存储、归档的数据，通过音视频数据拆分、多维度分析等加工方法进行处理，利用语音识别等技术将音视频数据转换为文本脚本，提高后续数据调用和分析的效率。

数据建模与分析：远程银行应整合全渠道客户服务与经营信息，形成专属的客户标签，进一步丰富客户360°视图，围绕实际服务与经营场景进行建模分析与挖掘，为客户洞察、满意度评价、商机识别等应用方向提供数据服务支持。远程银行可围绕事件营销、客户生命周期价值提升、客户渠道体验等主题构建模型，进行数据的深度挖掘和应用。

近几年银行在推进数字化转型的过程中，纷纷将远程银行的建设和转型作为最核心的任务之一，主要是因为远程银行在满足客户服务模式拓展和升级的同时，又不断延伸出全新的客户接触场景和远程客户经营的创新模式，对客户体验提升、业务价值扩张、员工降本增效等数字化转型的核心价值主张都产生了强有力的拉动和支撑。而这一领域的探索目前尚未有银行能完全走通，各家银行在各个方向和场景上不断尝试。这些尝试都紧紧围绕客户服务"0"距离和客户经营"1"体化两大主线开展。银行应牢牢抓住转型机遇，快速布局，实现远程银行数字化转型的跨越式发展，成为引领行业的"01银行"！

36 波士顿咨询：公司银行数字化转型打造差异化竞争力

童翔云　波士顿咨询

经济新常态、利率市场化、供给侧改革、疫情来袭等多重因素叠加令中国银行业过去十多年的高速增长画上了句号。"高质量""可持续"成为新发展阶段的关键词。而作为国内银行业基石的公司银行业务，承受的冲击是巨大的。依赖"规模×利差"模式实现粗放增长的黄金时代已经一去不复返，如何选择差异化的发展路径，形成特色化的业务模式，推动精细化的营销管理，建设专业化的人员队伍，实现真正的价值创造，是摆在每个银行领导者面前亟须解决的难题。公司业务能否顺利转型取决于以上四大维度竞争力的打造，更离不开数字化转型的强力支撑。可以说，数字化创新能力将成为决定公司银行业务未来发展的"胜负手"。

第 1 节　公司银行数字化面临的挑战

过去几年，公司银行业务一直深受增长乏力、客户难觅、利润受压、不良包袱重等困扰，而数字化浪潮正为公司银行业务带来前所未有的发展机遇。

1. 外部机遇

机遇一： 无论是政府还是监管部门，近年来一直都对金融机构的数字化尝试秉持支持和鼓励的态度，为银行的数字化转型营造了良性和相对宽松的宏观环境。

机遇二： 随着企业和机构客户自身数字化能力的不断提升，其对银行定制化、个性化解决方案的需求水涨船高，而对数字化平台的接受程度亦持续提升。

机遇三：金融科技快速发展，应用领域持续增加，使得公司银行在业务模式、产品组合、风控体系、运营流程等端到端的诸多创新构想具备了落地转化的可能。

　　机遇四：行业价值链不断整合，各类生态圈渐趋成型，推动新商业模式的建立和金融需求的迭代更新，进而赋予传统银行新的市场定位和价值主张。

2. 内部机遇

　　机遇一：近年来，不少领先同业已经将打造交易银行提到了战略高度，作为新时期公司业务的重要支柱和转型核心主题。而交易银行业务的迅猛发展和创新迫切需要数字化的支撑，同时为数字化的落地提供了有效的"试验场"和载体。

　　机遇二：在追求高质量发展的背景下，各家银行对包括客户经理在内的前线团队人数增加开始"精打细算"起来。"控量提质"，发挥数字化优势有效赋能营销人员，实现产能的跨越式增长无疑具备巨大的吸引力和实战价值。

　　机遇三：利差收窄的趋势不可逆转，向综合化经营要业绩，向精细化管理要效益，成为新的利润增长点，这已成为行业共识。而无论是打造客户洞察、重塑业务旅程还是优化销售过程管控，都需要数字化技术与手段为之助力。

　　机遇四：不良资产压力巨大，公司业务的发展难免"瞻前顾后"，在转变业务模式、推动创新产品时更是顾虑重重。数字化信贷决策引擎、智能化预警系统的引入和金融科技在端到端信贷流程的广泛应用，让银行看到了"轻装上阵"的希望。

　　众多的内外部机遇让公司银行数字化的蓝海令人充满遐想和期待。但成功的旅程从来就不会是一帆风顺的，看似平静的水面下往往暗流涌动，眼前所见可能只是冰山一角，前行者必须对转型路上的诸多挑战有清醒的认识和心理准备。

3. 外部挑战

　　挑战一：大型企业金融脱媒的趋势早在数年前就已经显现，数字化发展正不断加速这一进程。很多优质企业的数字化能力完全不亚于甚至超越银行，这使得银行在面对自己的战略级客户时，不断丧失议价能力和在传统银企关系中的主导权。

　　挑战二：迅速崛起的金融科技企业早已不再满足于"系统供应商"的定位，凭借自身技术和机制的优势，一跃成为银行业的"进攻者"。继对零售业务形成重大冲击之后，业已开始蚕食传统公司银行的优势阵地。

　　挑战三：数字化时代强调共赢，但"赢者通吃"的态势也已露头。"快吃慢"取代"大吃小"成为主流生存法则。那些率先启动数字化转型并取得阶段性成效的银行往往能取得竞争中的先机,并不断沉淀、固化其领先优势,打造难以逾越的"护城河",让后来者弯道超车变为"不可能完成的任务"。

4. 内部挑战

挑战一:数字化潮流不可否认,但创造银行业过往十多年高速发展的传统业务模式令不少公司银行管理者难以舍弃。对数字化转型的必要性及实际效果抱观望甚至怀疑心态者往往不在少数,这让达成战略共识困难重重。

挑战二:传统银行业务流程冗长,环节众多,线上化程度低;组织架构"叠床架屋",业务边界重叠,跨部门、跨条线沟通成本高企、效率低下。这些将导致银行往往跟不上数字化对快速反应、高效协同的要求和敏捷的转型步伐。

挑战三:银行内部既懂科技又懂业务的复合型人才稀缺,内部培养、外部招聘渠道不畅。系统开发、大数据分析、建模等数字化能力不足,与转型对产品、流程、平台、管控等方面持续增长的需求存在巨大的缺口。

机遇与挑战并存,这将会是未来数年公司银行数字化转型的核心基调。但数字化浪潮汹涌,大势已经不可阻挡,公司银行的市场竞争如逆水行舟,不进则退,蓝海可能转瞬就会化为红海,推动转型刻不容缓。

第 2 节　公司银行数字化六大维度

"到底什么才算数字化?"相信这是不少人心中的困惑。就公司银行业务而言,完整的数字化需要包含六大维度的内容(见图 36-1)。

图 36-1　公司银行数字化转型六大维度

1. 客群经营数字化

国际领先银行的公司业务发展历程就是持续塑造并强化行业专业化的过程。尤其在2008年金融危机之后，"战略聚焦"取代"全覆盖、全能银行"成为国际银行公司业务的发展主旋律。国内公司银行业务也已经从高速扩张时期的"来者皆是客"，逐渐开始尝试向战略重点行业倾斜资源和精力，而找准行业才能起到事半功倍的效果。打造行业评估模型，建立规模、盈利、风险、潜力等多维度指标体系，对行业进行合理评估；同时结合国家、区域、行业政策导向，所处地域特点，银行自身资源禀赋、业务基础等因素，综合评定出公司业务需要聚焦的十来个行业，集对公条线甚至全行之力打造行业专家地位，形成差异化竞争力。而这些重点行业往往不是一成不变的，不少银行每年定期对行业组合进行价值分析，配合对市场走势的预估，对接下来一年的行业投向进行动态调整。

规模扩张时期的公司银行，不是在家"等客上门"，就是出外"乱枪打鸟"。而高质量发展阶段，需要对目标客户实施"精准打击"，在营销资源有限的情况下提升转化效率。整合行内外数据，形成重点行业数据库和产业图谱。沿行业价值链进行深度分析，挖掘产业链上各环节的核心企业以及它们的上下游，进而通过行业洞察推动客户洞察，发掘业务机会。将客群经营由"点"及"面"再拓展到"圈"。某国有银行曾经分析重点授信客户的交易对手情况，识别其上下游客户，并根据发生在行外流水比例有效指引客户经理开展营销，推动新客拓展、提升结算存款留存，取得显著成效。这也可算是数字化在客群精准营销上的一次牛刀小试。

2. 覆盖模式数字化

有限的公司银行客户经理团队规模、不断丰富的银行产品，以及日益复杂的客户需求，似乎是永不可调和的一组矛盾。国外的最佳实践表明，将相对稀缺的营销资源按客户（实际及潜在的）价值进行分配是最为高效的方法。国内银行也早已按照企业规模、行业地位、对银行业绩贡献等多个维度对公司客户开展分类。但这仅仅是第一步，真正产生资源优化效果的，是基于客户分层设定差异化的战略定位，并匹配相应的营销与覆盖模式。以某国际银行为例，其对企业客户按照规模分为大、中、小客层，并分别制定了与客层一一对应的"做第一梯队银行""做主要营运行""做主办行"的战略定位，作为客户营销与管理的核心纲领。

在新的发展阶段，单一的客户经理在管理客户（尤其是大中型客户）时往往会捉襟见肘、疲于应付。领先银行多年前已开始使用团队化的覆盖模式，通过高效协同的专业分工，为客户提供综合化服务，在更好地响应客户需求的同时，显著提升了客户的利润贡献。以某国内股份制银行为例，其为每个对公战略客户配置了"客户经理—产品经理—审批官"的铁三角团队。而在这背后，更是有总行的行业研究、数据分析等多类型专业化团队提供支持与赋能，将战略客户对业绩的支撑作用发挥到最大。

国内银行的数据显示，很多时候"大"客户并不等同于"好"客户，其对银行的贡献，除了存贷规模以外，还受到使用产品数、风险定价、结算归行率等多重因素的影响。只要简单将客户为银行创造的经济利润和银行为客户提供的信贷资源进行比对，就能清晰地看出哪些客户是真正在为银行创造价值，哪些正在毁灭价值。利用数字化分析工具，将此种分析常态化，并对全部有贷户甚至重点无贷户开展账户规划，制订"一户一策"并落实有针对性的营销举措，对存量客户进行价值深耕，所实现的收入提升将不亚于新客拓展带来的收益。

3. 营销管理数字化

经营模式的粗放带来的是管理手段的粗放。而新的高质量发展时期，数字化将极大提升营销管理的精细化程度，让营销管理不再是销售完成后的数字检视，而是将管理前置，在销售动作启动前提供明确的指示和引导。对于身处销售一线的客户经理而言，对数字化最直观的感受就来自对行业趋势、客户情况、自身业绩、营销方向等及时而全方位的掌握。打造客户经理数字化工作平台，是国内外领先银行营销数字化转型的重要发展方向之一。行业趋势分析（基于深度行业研究）、客户360°视图及完整企业图谱、各项关键指标实时进度、产品方案推荐、精准客户名单乃至建议的营销话术，一件件高精尖"装备"让客户经理真正"武装到牙齿"，以整个银行而非一己之力去营销、去服务客户，占据对同业的竞争高地。

对于管理者而言，有了颗粒度细化到每个营销单位的数据，就能清晰勾勒出分客群、分产品、分区域的"作战全景图"，精确了解从名单下发、客户接洽、产品设计直到审批落地的销售过程各环节，从条线、分行、支行直到团队与个人的各层级，哪里遇到了瓶颈，哪里出现了"肠梗阻"，从而及时采取措施，对症下药，保障整个营销体系的健康运转。不少银行更是进一步借鉴互联网思维，开始着手打造数字化营销管理体系，以基于客群策略的大数据用例为抓手，形成一套数据建模、线索触达、客户交互、销售督导、前线反馈、优化迭代的高效闭环体系。

4. 产品体系数字化

客户的金融需求不断深化，传统的简单存贷汇产品既不能满足客户需求，又无法有效增强客户黏性，还动辄将银行拉入价格战的泥淖。因此，综合产品解决方案成为各家公司银行业务竞争的主要工具，而交易银行产品则成为新的"钩子产品"。同样，产品体系的数字化不是单纯地将基础产品线上化，而是要建设跨产品、多场景的交易银行平台，整合各类渠道，以支付结算为基础，以基于场景的融资工具为抓手，充分利用新的金融科技，实现端到端全流程的线上化和产品创新，让客户养成使用习惯，进行有效绑定，极大增强客户黏性和提高利润贡献。

同时，数字化时代，公司银行产品体系需要深度融入产业生态，将定制化的行业解决方案打造成线上+线下联合、产业+金融联盟、场景+生态联动的全面合作方案，将金融生态圈和产业生态圈融合，使数字化、平台化的产品能力成为银行树立牢固"行业专家"战略定位最重要的支柱，实现由传统的关系驱动、价格驱动向高效能的产品驱动、数据驱动的良性转换。

5. 风险管控数字化

公司业务的转型升级离不开风险管理的有力协同与支持。数字时代，风控也从传统的、基于少量数据维度的静态评估模式，转向基于多元数据的动态决策引擎模式。整合行内+行外、传统+非传统、结构化+非结构化等各类数据源，为数字化风控体系提供支撑。超过半数以上的国际领先银行已纷纷采用"大数据湖"式数据管理架构，对各类数据开展集中化分类、清洗、分析等处理，进而为从评级、定价、审批、预警、贷后、组合管理、清收等端到端风控环节提供决策的关键输入。

而诸多金融科技正在被广泛应用到风险体系中，加速了新的业务及风控模式的推广与运用。例如：利用区块链技术实现线上信用凭证的有效拆分和流转，推动了线上供应链金融业务的快速发展；使用大数据分析工具自动筛选，识别市场、行业、舆情、财务等多维度数据，帮助智能化预警系统提升了准确率；运用 5G 和物联网，对质押货物状态、人员操作行为等实现实时监控与管理，增强了存货质押的风控力度。这一切增强了风险管理的有效性和时效性，更为重要的是，风控的强力保障将解决前线"开疆辟土"时的后顾之忧，使得业务模式变革和产品创新成为可能。而预警及贷后管理数字化程度的不断提升有助于实现风险前置的管控效率，帮助打好"降存量、控新增"这一持久战。

6. 运营流程数字化

高质量发展的阶段，客户与银行合作体验的好坏成为客户选择银行、分配业务份额时的一个重要的考量因素。对大部分公司银行而言，如何提升客户体验可能是一个崭新的话题。首先，银行需要建立一套客户体验的数字化监测系统，通过系统指标、数据分析、客户问题反馈甚至投诉等定性＋定量的方式，实时了解公司客户对小到单个业务流程的具体环节或步骤，大到整体银行服务的满意情况。其次，通过对客户体验仪表盘数据的变动、比对及趋势分析，及时"诊断"出业务流程的痛点。最后，基于"诊断"结果，进行数字化的关键业务旅程重塑，从开户、支付结算、授信、用信等各个业务环节实现流程优化，精简冗余环节，缩短周转时间，从而提升客户以及内部员工的满意度。

客群经营、覆盖模式、营销管理、产品体系、风险管控、运营流程是公司银行数字化缺一不可的重要组成部分。只有对这六大维度给予同等的重视和投入，协同发展，形成合力，才能确保数字化转型的引擎高速运转，驱动公司银行业务走向成功。

第 3 节　公司银行数字化实施路径

1. "五步走"转型路径

和所有重要的战略落地一样，公司银行的数字化转型不可能一蹴而就，一定需要经历爬坡、起伏、最终实现从量变到质变。参考行业最佳实践，要成功实现转型，必须坚定而又扎实地走好以下五步。

1）**定战略**：明确对公数字化转型的发展愿景，更为重要的是，要确保数字化战略是完全服务于公司银行整体业务战略的。两者必须有机结合，而不是成为"两张皮"。

2）**画路线**：想要同步推进对公业务数字化的六大模块是不现实的。银行需要对自身的数字化能力、业务现状进行明确的评估和认识，从战略攸关性、落地难易程度等维度对各项关键战略举措进行优先级排序，先补短板，再创特色，制定分阶段的转型落地路线图。

3）**配资源**：数字化转型需要大量而持续的财务资源投入和支持，尤其在数据治理、系统建设方面。但此类投入往往无法在短期产生效益，甚至无法用传统方式准确核算投入产出比。因此，需要为转型设置专项数字化预算，作为战略投入进行资源配置。

4）**推速赢**：同样，数字化转型是无法产生立竿见影的业绩提升效果的，甚至在一定阶段，业务模式、经营习惯的改变，理念冲突等因素会造成业绩波动甚至下滑。因此在转型的启动阶段，设计有效的速赢举措就显得尤为重要。举措的落地并产生实效，将极大强化全行对数字化转型的信心，并为之后进行批量的复制打造"样板间"。

5）**建能力**：数字化转型的基础不是系统，而是人员。在转型过程中，培养懂业务、识数据、会分析的复合型数字化人才是一项需要提到战略高度并持续推动的关键举措。只有专业化的团队，才是确保数字化转型成功、对公业务保持可持续竞争力的有力保障。

2. 公司银行数字化转型五大核心支撑

"兵马未动，粮草先行。"数字化转型的巨轮能否扬帆起航，取决于是否做好了充分的准备。一个高效的战略支撑体系往往由五个关键模块组成。

思想转型：意识和理念的转变是战略转型的先决条件。只有将公司业务数字化转型提高到全行战略的高度，领导层以身作则，持续沟通，分层宣贯，才能实现上下同心，从思想上接受进而拥护转型。只有这样才能让员工尤其是基层团队深刻意识到数字化转型不仅与全行利益相关，还与个人利益紧密相关。

组织架构：传统的银行组织形态往往无法满足数字化转型对协同、高效和敏捷的需求。配合新的业务模式，对现有架构进行优化是必需的准备工作。例如国外银行经常采用的数字化工厂，就是一种让跨职能部门人员同址办公，并配置专项人员管理机制的新型组织形式。多个成功案例已经充分证明其在推动数字化创新方面的高效。

人才体系：数字化人才需要匹配定制的专业序列，规划清晰的职业发展路径和晋升标准，确保相比其他序列有足够大的竞争力，吸引行内高潜力人才。而针对紧缺的战略关键人才，可通过设立"人才特区"制度引入领军人物；同时，建设"课堂+实战"培训体系，提升全行人员的数字化能力。

绩效考核： 发挥考核指挥棒作用，改变传统强调规模的指标体系，加大效益类、高质量发展相关的指标，尤其要加强对战略转型关键指标的支持力度，提升对前、中、后台的激励力度。

创新机制： 全面推动敏捷机制落地，设计高效的前中后台、总分行协同机制，并匹配相应的决策、独立预算、开发和风险容忍机制，真正实现以科技敏捷带动业务敏捷，加速数字化转型。

3. 数字化转型三大关键

纵观国内外领先同业的数字化转型成功案例，掌握以下三个诀窍定能乘风破浪。

- **高层挂帅：** 必须将数字化转型定为"一把手"工程，唯有如此，才能充分调动资源，集全行之力支持战略转型。
- **小步快跑：** 定期检视各项举措推进成果；快速响应市场及前线对数字化转型各项举措的反馈与建议，持续优化方案。
- **贵在坚持：** 不回避转型过程中的业绩波动，直面暴露的各项问题、挑战与掣肘。战略转型漫长而艰巨，只有坚持向前才能获得成功。

数字化转型是手段，是工具，而不是目的，不能为了转型而转型。公司银行数字化转型的终极目标是实现公司业务的整体转型，通过行业化市场拓展、分层化客户经营、精细化销售管理、专业化团队建设和数据化风控决策，打造在市场竞争中立于不败的差异化战斗力。

37 毕马威企业咨询：零售银行数字化转型，从新理念到新范式

李达哲　开　云　毕马威企业咨询

随着经济增长进入新阶段，从高增速转向高质量，银行业也在探究高质量发展路径。聚焦"以客户为中心"的思维制订经营策略是未来制胜的关键。当下，数字化理念不断深入人心，技术不断发展成熟，数字基础设施不断夯实，低成本、高效率实现"以客户为中心"经营的客观条件已经具备。零售银行特别是区域性零售银行，应正视数字化浪潮带来的发展机遇，重新思考"以客户为中心"的理念内涵，谋篇布局，实现"以客户为中心"新范式，定义下一代零售银行，从而在未来激烈的竞争中脱颖而出。

第 1 节　零售银行"以客户为中心"的新理念

数字化时代"以客户为中心"的新理念是全时空陪伴式交互体验，千人千面的产品设计，一站式的服务模式。全时空陪伴式交互体验，意味着从客户视角看，银行服务要能够即时获得。客户在生活场景中获取嵌入的金融服务，并伴随着人生成长持续感受到银行提供可信赖的服务体验，可以感受到银行服务内容的专属性、服务过程的专业性、服务方式的亲切感。千人千面的产品设计，意味着产品和服务要满足客户的个性化需求。一站式的服务模式，意味着客户在服务场景中感受到的是单一场景下各服务环节的无缝切换。新理念下零售银行经营手段正在被全方位重塑，形成数字化经营新范式。

更深入的客户洞察： 数字化手段让银行更全面、深刻地了解客户需求，"比客

户更懂客户"。一方面，通过移动互联网等更多渠道和方式触及客户、低感知收集客户信息，银行可以获得更多维度、更细颗粒度的客户数据，如行为、社交舆情、业务交易数据等；另一方面，更先进的分析手段如大数据、机器学习等，帮助银行从数据中更深入地了解客户需求及其背后的逻辑，进而预测客户行为，如基于消费数据等对潜在资产水平做出判断分析等。海量数据、先进分析方法及更强大的算力让银行实现更深刻的客户洞见。

更全面的客群覆盖：受限于技术手段及成本限制，以往的客户经营通常只能考虑价值客户的需求。基于头部价值客户的需求进行整体客户经营的规划，是一个"做减法"的过程。如今自动化的客户分析和运营工具使企业可以低成本、高效率地执行面向更多细分重点客群的需求分析，执行细分重点客群的个性化拓客、客户转化及提升、流失召回等经营策略。

更精准的客户营销：有效营销的核心是在客户有需求的瞬间用合适的产品引导客户，需要动态地进行客户需求和营销素材间的高效匹配。数字时代的营销工具可以让企业识别小客群的潜在产品和服务需求，克制地在合适渠道、合适时点引导客户，并通过自动化分析及执行工具调整市场预算分配和投放，降低整体营销成本。同时，客户在线上的平台偏好也在不断变化，如从社交网络私域到短视频、直播平台等。很多零售银行在传统营销渠道效果不断下降的情况下，积极利用新兴触客平台进行客户营销。数字化平台营销的整体流程和工具不断完善，为营销方提供了闭环的营销环境。

更灵活的产品设计：市场需求的快速变化要求银行灵活响应，在产品层面不断推陈出新。领先银行利用中台沉淀产品研发能力，提升产品创新速度，通过抽象通用能力、开放设计、构建基本产品组件，形成模块化的基础技术架构，业务人员可以更好地创新试错，同时降低开发成本，缩短研发时间，更快地响应转瞬即逝的市场机会。例如，基于细分客群、细分场景推出多种信贷产品（装修贷、车位贷、物流贷、科技贷等）。另外在推向市场的过程中通过对照实验（A/B测试）、概念验证（PoC）等机制，测试客户对新产品的反馈和实际产生的经营成效，快速迭代产品设计和关键参数，创设出符合实际需要的新产品。

更稳健的风险控制：近些年零售信贷采用评分卡模型和规则引擎等"强特征"进行风险评分。随着经营压力持续上升，银行的风险偏好越发谨慎，开始根据履约记录、社交行为、行为偏好、身份信息和设备安全等"弱特征"进行用户风险评估，通过建模计量风险得出信用评分，形成更为精准的客户风险画像。在移动互联网时代，对"弱特征"数据间关系进行挖掘的优势愈加凸显。随着风控模型和信息系统的持续迭代，智能风控将不断完善银行在风险、收益、客户体验三方面的平衡，提升信贷资产质量。

更极致的客户体验： 如今银行往往采取多渠道组合策略来满足不同客户的个性化需求。在客户体验方面需重点关注：渠道协同效率，减少客户在不同渠道间切换的摩擦，例如保持各渠道验证方法统一，确保客户在每项交易中只需进行一次验证；在规划触客渠道及服务方式时，需综合考虑客群偏好、产品复杂程度、监管要求等，基于此设计最合适的触客渠道组合及服务提供方式；体验流程闭环，不断审视异常客户旅程及断点，形成客户体验迭代机制。

更多元的生态搭建： 数字化转型是从关注头部场景到向更多样化的长尾场景渗透。客户主要活跃在头部场景的平台，银行在寻求合作或自建场景时，主要关注点在与头部平台的合作或模仿。随着互联网渗透程度提升及产业互联网加速发展，更多长尾场景在逐步线上化。长尾场景的活跃用户规模不断上升，教育、医疗、出行、康养等场景在为银行带来新流量入口和触客渠道的同时，也为内嵌金融业务的场景生态搭建提供了更多可能性。

更敏捷的组织构建： 银行通常是从"管理视角"按照价值链分工划分团队的。在"以客户为中心"的新理念下，客户需要银行提供一站式服务，银行内部队形应是按照服务客户时所需的组织能力进行快速组合。构建更敏捷的服务团队，应将目标不一的跨部门协作转化为利益一致的团队内合作，如在总行层面构建经营平台，围绕细分客群建立端到端的经营小组，负责客群策略、产品匹配、风控策略等的一体化搭建。

第2节 零售银行"以客户为中心"新模式

领先零售银行已经感知到经营压力，主动求变，呈现出"以客户为中心"转型新理念引领新一轮数字化转型的趋势。当下有四种模式尝试全行层面的转型（见图37-1）。

1. 渠道一体化驱动模式提升触客效率

在渠道一体化驱动模式下，银行不断提升全渠道建设的广度与深度，以优化不同渠道间的联动与交互。广度即渠道覆盖全面，最大化触及潜在客户及现有客户，提升获客基础，全渠道客户运营；深度即在渠道整合基础上，无缝衔接客户在不同渠道之间的切换，同时基于不同渠道特点制订适合渠道的营销与运营策略。在客户视角，实现同一服务旅程期间的无感知跨角色服务切换；在银行视角，实现面向同一个客户服务旅程各渠道多触点信息的完整承接与留存、主动营销与服务、过程记录与监控。

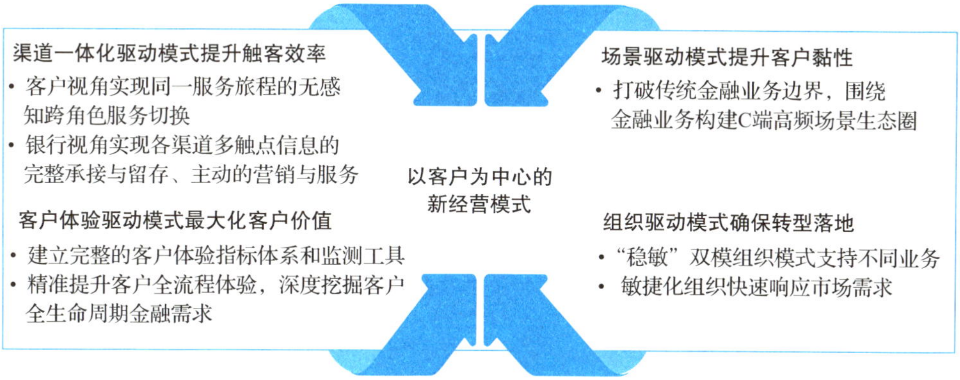

渠道一体化驱动模式提升触客效率
- 客户视角实现同一服务旅程的无感知跨角色服务切换
- 银行视角实现各渠道多触点信息的完整承接与留存、主动的营销与服务

客户体验驱动模式最大化客户价值
- 建立完整的客户体验指标体系和监测工具
- 精准提升客户全流程体验，深度挖掘客户全生命周期金融需求

以客户为中心的新经营模式

场景驱动模式提升客户黏性
- 打破传统金融业务边界，围绕金融业务构建C端高频场景生态圈

组织驱动模式确保转型落地
- "稳敏"双模组织模式支持不同业务
- 敏捷化组织快速响应市场需求

图37-1 零售银行"以客户为中心"的四种典型转型模式

案例：平安银行重构零售银行销售模式

在渠道管理与销售领域，平安银行建立了全新的SAT模式：S代表新兴社交网络；A代表App及PC端，包括客户App及客户经理App等；T代表传统线下远程服务团队。通过构建线上线下多渠道联动能力，进行数字化精准营销，优化客户服务，促进交易转化。

在S（社交网络）层面，客户经理及寿险代理人通过社交网络与广大的用户交流，建立主题式高频互动圈，适时引入产品销售及银行App。

在A（App）层面，用户通过整合的口袋银行App可获得各类金融服务和产品以及平安生态圈的非金融服务和产品；口袋银行App基于全渠道整合的客户数据洞察，进行千人千面的信息推送及活动运营。

在T（传统线下）层面，远程服务团队则根据线上客户线索主动介入，或按需提供人工服务，及时解决业务断点。

通过SAT全渠道一体化模式，平安银行打破了传统银行计量增长的方式，通过社交化、移动化、远程化提升拓客接触效率及推荐精度，重构零售银行销售模式。

405

2. 场景驱动模式提升客户黏性

在场景驱动模式下，零售银行打破传统金融业务边界，围绕其核心金融业务布局外延场景，整合场景服务，将低频次的金融服务嵌入更高频的 C 端衣食住行等生活场景中以获取流量、提升客户黏性。与以往不同的是，越来越多的大型银行选择自行搭建非金融生态，聚合或自建各垂直领域服务，而非简单地将金融业务搭载于垂直领域的头部互联网平台，以减轻对外部渠道的依赖，直接面向广大客户。

围绕居家住宅场景，浦发银行甜橘 App 瞄准按揭客群，围绕其买房前、中、后流程聚合各类生态服务并嵌入金融服务。在看房、找房场景，用户可在 App 上进行看房、咨询、房贷预申请和批贷房款等业务；买房后，提供与场景相关度较高的家电、家装、汽车、保险等全方位的服务及房产抵押等配套贷款入口，用户直接在 App 内点击相关服务即可进入合作方提供的场景之中。

3. 客户体验驱动模式最大化客户价值

在客户体验驱动模式下，领先银行关注客户在每个触点和环节的体验过程。通过建立完整的客户体验指标体系和监测工具，形成客户从接触、了解到使用银行产品与服务全旅程中整体感受的洞察，不断提升客户体验，最终实现客户价值最大化的目标。

案例：招商银行打造"最佳客户体验银行"

近年来招商银行将践行最佳客户体验上升到了发展策略层面，以月活跃用户（MAU）为指引，建立了客户体验闭环监测体系及指标体系，开展定期评估并持续优化客户旅程，通过对客户的体验运营提升零售客户的留存率及转化率。

通过零售客户体验监测"风铃系统"，打通了行内几十个系统，监测客户体验指标 1000 多项，其中包括投诉、App 服务里的各项断点、客户办理完业务后的不满意反馈等。同时根据客户旅程，智能组装体验问卷，主动对客户进行抽样和调研。

基于更全面的客户体验数据，一方面不断优化业务流程、提升自动化程度，为用户简化业务步骤、缩短业务时间；另一方面深度理解客户需求，增加业务协同，在满足客户全生命周期需求的同时，实现了对客户的交叉销售。

---

4. 组织驱动模式确保转型落地

数字化零售银行不是简单的技术应用或 IT 规划，而是需要高屋建瓴、长期投入的战略方向，意味着全面洞察客户、快速响应需求，因而要求组织变革与管理创新作为其成功的保障，搭建敏捷、高效的组织架构以打破壁垒、提升管理效率是成功的关键所在。

在组织驱动模式下，银行往往会建立"稳敏"双模的数字化组织模式。"稳态组织"服务于与传统线下业务或外围支持管理类更相关的业务、产品及服务，以满足高强度的监管要求；"敏态组织"服务于新兴创新型业务，以快速响应市场需求。

通过推进组织敏捷化转型，促进全行上至核心高管层，下到执行层的组织行为和工作方式转变，包括依照业务场景和任务目标构建跨部门的敏捷团队来共同完成需深度协同的工作；授权层级下放，赋权一线，精简冗余流程；专项项目组成员利益绑定，承担整体"端到端"职责等，培养全行的创新高效土壤。

领先零售银行在科技发展、疫情影响的背景下，正在利用数字化手段率先实践"以客户为中心"的经营理念，重构商业模式、业务流程、组织机制，建立全渠道联动策略以提升触客效率，搭建金融/非金融场景以提升客户黏性，打造极致体验以形成独特的竞争优势，建设组织以确保长期数字化战略的推动与落实。"以客户为中心"的新理念为这一转型过程提供了新的路径。

第 3 节　零售银行"以客户为中心"新范式

在"以客户为中心"的新理念下，零售银行数字化转型该如何做？

其实，银行零售转型具有后发优势，在数字化手段相对成熟时，可以快速构建相关能力，赶上领先银行的数字化水平。为加速这一进程，持续构建银行服务零售客户的差异化竞争优势，需全面分析客户需求，将各个业务场景嵌入客户需求中，强化营销策略、产品创设、渠道资源、服务团队、交易服务等的策略建设，全面提升与零售客户全生命周期的陪伴服务。

1. 客户营销和活动管理新范式

银行在营销管理时，需从客户的角度寻找共性进行分类，挖掘客群的不同需求和属性，提供有针对性的差异化营销服务。在分类出不同客群的基础上，对特定客群进行再次细分，对于不同的客群子群有不同的经营目标，从而形成不同的营销策略。例如在本地代发客群中，医生群体是其中的高质量子群，因医生群体日常工作繁忙，在银行维护不到位的情况下会导致留存率较差。某行通过大数据分析发现，此类代发子群在工资到账后的几日内产生本行他名转账和他行他名转账的行为，再分析可得知转账对象较为稳定，从而判定转账对象为家庭关系圈成员（夫妻、父母等）。所以对本地代发客群中的医生群体进行营销触达时，会以家庭关系圈营销为主要策略。

银行在执行营销活动时，往往缺乏规范、完整、有效的营销活动全流程管理体系与后评估机制。因此，规范营销活动的各个环节是营销数字化的基础。

2. 银行资源配置优化新范式

银行产品设计与创新。在产品创设上，部分银行还是以产品为主视角去匹配适用的客户，存在着客户需求"迷"、管理"散"、标准"乱"、创新"慢"的情况，进而导致客户无法快速、准确地获悉需要的产品，产品在银行内部缺乏统一认知，无法进行精准评估。一方面，银行需满足于不同客群和不同客群下细分子群的需求，打造差异化的产品服务，例如不同客群在对产品（资产端、负债端）的申购金额、额度、封闭时间、专属样式等方面有着差异化的需求；另一方面，银行需完善以客户需求为核心的产品评估机制，加强专业化产品分析与绩效评估能力。建立舆情信息采集、客户和员工反馈、报告制度，提高客户和员工满意度；从客户市场、财务绩效、增长潜力和风险等方面设计产品评分卡，形成完整的产品评价和报告体系，实现对产品经营状况的全面评价；建立基于产品评价结果决定后续产品战略的决策机制，并与相应的执行流程衔接；通过对产品收益、成本和经济资本回报进行测算，满足精细化管理的要求。

渠道资源优化与增强。客户在体验银行服务时，在渠道上较难感受到有针对性的经营，因此银行在渠道资源的设计与铺设上，应依据区域内客户特点，充分梳理现有渠道资源与功能，完善线上渠道功能，同时重新定位线下渠道并梳理与线上渠道的融合服务方式。有些银行对客户的交易服务缺少专属的服务区，未以整体视角管理客户接触，导致各个交易服务渠道之间不互通，客户被忽视或者被重复、过度打扰，影响客户体验。

交易服务建设上，可根据特定客群成立专属线上服务区，提供专享的产品、权益和非金融服务等。交易服务管理建设上，加强交易渠道触客的服务融合，充分发挥各渠道优势开展集约化客户经营，并针对不同客户在不同阶段提供差异化的渠道服务；加强各服务渠道间的协同作业，提供一致性、连续性的用户体验。网点服务上，梳理客户的真实需求与反应，提高服务客户的运营效率，提升客户体验。同时，通过各个交易服务渠道的客户信息采集与分析，为业务开展、客户体验升级提供二次应用。

以北美某领先银行为例，其社区生态模式对渠道提出了新要求，促使其重新审视各渠道资源定位，优化各渠道资源部署。在网点方面，通过轻型化、智能化、移动化办公，缩减网点面积；增加网点人员的外向型服务，如通过对本地超市收银员培训，增加产品交叉销售。在联络中心方面，23个联络中心按客户类型和提供服务内容的差异进行差异化定位，如军人银行联络中心（每个专员都有军人亲属）、专属管家联络中心（针对偏好线上渠道的中高端客户）、多语言专员联络中心、小微企业信贷服务中心。在数字银行方面，简化业务流程，提升便捷性和易用性，提升对客户的反馈效率。

服务团队的精准配置。 对于不同层级和类型的客户，一方面需匹配不同层级客户的客户经理和金融顾问，另一方面对服务团队的员工进行性格画像描绘，去匹配与客户性格互补的一线员工；对服务团队进行能力画像描绘，基于不同的客诉场景，派遣不同能力的服务人员去处理。

3. 开放银行场景选择新范式

银行在场景选择与设立时，首先要做的是洞察区域内客户的真实需求，分析客户的消费品类、时间、地点，打上消费偏好类的标签；其次是通过客户标签进行分类汇总，选出客户喜好的业务场景；最后依据客户喜好链接本地商户、政务服务、教育服务、医疗服务等资源，进而形成一条由洞察C端客户的真实需求出发，对B端及G端资源进行对接与整合的链路（见图37-2）。

区域性银行可以从本地特色生活场景切入，打造本地商户联盟，连接吃喝玩乐娱等小额高频消费场景，构建本地化流量联盟，实现银行与商户之间的客户双向导流。打造本地"爆款节日""爆款活动"，持续引流获客。这需要银行打造场景的自营能力，通过打通场景上下游各个环节，形成完整的场景平台。同时，本地商户联盟为小微商户提供客户经营工具，形成银企共享会员流量池。深度洞察行业客户痛点，为产业服务和政府公共服务进行科技赋能。例如为学校、医院等提供数字化解决方案和系统，帮助银行实现与行业客户的深度绑定和批量获客。

打造适配场景的数字化产品，提升场景方的日常管理能力，同时在解决方案中嵌入基础金融服务（如支付缴费、交易统计等），从而获得 B 端场景下的大量 C 端客户。

图 37-2 从 C 端客户需求出发构建开放银行新场景

4. 组织融合敏捷新范式

银行在服务个人客户时，零售与科技、数据、对公等部门间往往存在服务客户上的割裂，这会传导到客户层面，影响客户对银行的黏性。

零售部门需根据行内核心客群成立专门的经营小组去服务客户。例如某股份制银行在零售条线下设立代发客户经营组，包含 2B 端中心、2C 端中心、数据分析中心。B 端中心主要负责代发单位和代发单位关键人的渠道拓展和渠道维护；C 端中心负责代发客户的个人端潜在客户经营和存量客户经营；数据分析中心负责对代发集体和代发个人的分析，为 B 端中心和 C 端中心的业务决策提供输入。在跨部门层级的组织架构上，为构建业务联动、业技融合的敏捷组织，零售业务部门、IT 前置团队、科技部门三者需紧密结合，前提是明确三者之间的职能差异。

在宏观层面，零售银行数字化转型需建立营销策略、产品创设、渠道资源、服务团队和组织架构"以客户为中心"的能力，进而打造出差异化的竞争力，向智能化、自动化、敏捷化、集中化、生态化演进。在微观层面，需实现营销活动"以客户为中心"的能力，建立规模化的数据挖掘能力、大批量最小可行性测试能力、快速且有质量的活动优化能力；建立交易服务"以客户为中心"的能力，加强专属的交易服务场景建设，提升全交易渠道触客的服务融合能力，建立客户信息采集与分析能力。基于上述建设，实现客户的千人千面、千人千愿、一人千愿的远景。

第 4 节　数字化零售银行制胜之路

新时代带来新机遇、新挑战，零售银行要在未来竞争中胜出，需要依靠"以客户为中心"的新理念引领数字化转型，结合自身资源与能力构建转型新范式。零售银行特别是区域性零售银行，可以采取如下路径开启通往制胜未来之路。

凝聚"以客户为中心"新理念共识，开展顶层设计。明确可衡量的转型目标，在其牵引下推动全行各业务条线制订转型核心举措，在客群营销、产品设计、风险管控、渠道经营、生态搭建等方面形成数字化经营新范式。

强化战略执行力，成立数字化转型项目管理办公室（PMO）。项目管理办公室需要发挥转型设计、参谋、监理、调度四方面的作用，及时解决数字化转型落地执行中遇到的具体问题，并建立转型项目评价机制、项目考核和激励机制，牵引组织向转型目标发力。

打造数字化人才队伍。转型离不开人的思维转变和能力提升，数字化转型需要具有业务经营思维并了解数字化能力边界的复合型人才，转型过程也是发现人才、培养人才、运用人才的过程。建立敏捷工作机制，带动行内数字化人才队伍成型，将"以客户为中心"新理念和新范式融入数字化转型的持续推动中。

"以客户为中心"的零售银行数字化转型需要久久为功，以长期思维和延迟满足的心态看待转型过程，打造使银行在未来竞争中取胜的核心能力。

第十篇
数字化转型评价

38　探索银行数字化转型评估体系构建

38　探索银行数字化转型评估体系构建

付晓岩　刘绍伦　林　延　王世新　银行数字化转型课题组[一]

中国人民银行 2021 年 12 月发布了《金融科技发展规划（2022—2025 年）》，指出到 2025 年，我国金融科技整体水平与核心竞争力将实现跨越式提升，从"立柱架梁"全面迈向"积厚成势"新阶段。中国银保监会 2022 年 1 月发布了《关于银行业保险业数字化转型的指导意见》，提出以数字化转型推动银行业保险业高质量发展，构建适应现代经济发展的数字金融新格局。两份文件直指关键技术能力自主可控等核心问题，也使数字化转型以按照不同侧重点分工的方式，全面推向所有银行。人才、技术、资金实力较为雄厚的大型银行将承担起重点领域攻关及行业能力输出的责任，而中小型银行应尽快推动自身基础能力建设，为充分利用两份指导文件创造的数字化发展环境做好能力储备。

因此，不同类型的银行应尽快采取不同的策略，在"战略转型—架构转型—技术转型—业务转型"这一参考路径下，规划出实现数字化这一"第二发展曲线"的顶层设计，推动转型工作落到实处。数字化转型是长期、复杂、艰巨的系统性产业升级，需要以国家政策为中心坚定信念，"一念山河成"。

数字化转型面临的一大挑战是快速的环境变化，包括国家政策推动的数字经济、数字社会、数字政府的发展，鼓励技术攻坚带来的技术进步，数字化推动的生活、生产方式变化等。因此，为数字化转型工作建立可动态调整的评估体系，经常衡量转型效果，及时改进转型策略，是十分必要的。

[一] 本文支持机构：德勤管理咨询、波士顿咨询、毕马威企业咨询。

第 1 节　银行数字化转型成熟度评估的意义

构建数字化转型成熟度评估体系，对数字化转型的战略、执行过程、实现效果等进行跟踪监控，以实现转型的以下核心价值。

- **引导方向与路径**：数字化转型的切入点众多，从哪里入手以及沿着什么路径推进，关系到转型效率及效果。建立多维度的数字化成熟度评估体系，有利于厘清数字化转型方向，有利于帮助银行明确数字化发展路径与举措。
- **评估进展与成果**：有利于帮助银行根据各业务条线数字化的深入程度来评估数字化转型成果，通过可比较的基准衡量数字化转型战略规划周期内的进展。
- **明确重点资源投入**：有利于帮助银行厘清数字化转型发展所需的关键资源与短板领域，协助银行确定重点资源投入的优先顺序、范围和内容，有的放矢地增加资源投入。
- **催化数字化价值**：有利于推动并催化银行数字化转型成效显现。成熟度评估体系下各维度、各领域的提升，标志着银行数字化能力与价值的提升。

数字化转型评估总体可分为战略部分和业务部分。

第 2 节　银行数字化转型战略评估

数字化转型是面向未来五到十五年推动的长期演进，必须将其上升到银行战略层级，才能有效调动资源；将其作为未来业务发展的新理念，才能推动全员数字素养的提升；将其落实到业务与技术的深度融合中，才能实现数据要素向全价值链的注入。从这个角度看，数字化转型评估体系中必须包含对银行战略设计与执行能力的评估，这是数字化转型的起点和舵盘（见图 38-1）。

1. 战略指标分布

为保证对战略从设计到执行落地全过程的覆盖，指标包含战略规划、战略分解、战略追踪、战略评价四个考核维度（四项能力），这也是战略全生命周期管理必然涉及的四个环节。

数字化战略不仅对数字化转型的整体推动意义重大，更是业务人员建立全局思维、形成数字化转型统一认知的关键。战略的"空"源自未来视野的"短"，源自环境认知的"偏"，源自执行力的"缺"，源自变化反应的"僵"。如果上述四方面没有问题，战略是不会"空"的。战略不"空"的企业，其战略管理甚至已经融入了日常行为当中。

图 38-1 银行数字化转型战略评估

因此，应从重视战略开始，延伸到这四项能力的补齐上，所有能力的产生都必定源自某一个过程。希望获得某项能力，就必须执行相应的过程。数字化能力不会从天而降，"流水争先，靠的是绵绵不绝"。

2. 战略规划

在战略规划环节可以重点关注战略周期和战略合理性两大部分。

战略周期：首先应当养成制订周期性规划的习惯，这也是战略管理能够得到数字化加持的基本条件。没有形成过程的管理，也就无法成为数字化的服务对象。战略周期通常可以分为短、中、长三类，一般低于1年的为短期战略，1～3年的为中期战略，3年以上的则为长期战略。对于数字化转型而言，短期战略显然价值不大，其通常属于快速追踪市场变化的适应性战略，而非能够形成长期优势的积厚性战略。制订不同周期长度的战略规划，往往反映出的是银行对未来掌控意愿的强烈程度和信心。

国家"十四五"政策远景展望时间长度长达十五年，这给了银行做长期规划有力的支持，有宏观方向做依据，可伴随国家政策实施情况进行调整。对这部分给出的3个参考指标（见图38-1）可以设计不同的分值，而因为3～5年的长期规划一般会带有实施路线图和年度规划，因此可以累积获得的分数，以鼓励对长期规划的探索。这些探索是银行努力将未来环境的不确定性转化为确定性的过程。不能以不确定性为名，忽视对自身价值主张的合理坚持，否则银行会迷失在不确定性中。

战略合理性：具有一定的主观性，毕竟很难在事情有确切结果之前准确评价战略的合理性，因此本项指标重在评价银行战略中的数字化成分及其可行性，检验银行对政策导向的理解。

银行不仅是企业层面的数字化转型主体，也是国家政策落实过程中的执行者，符合国家政策方向的数字化转型规划是战略具备合理性的基础。各类银行会陆续响应政策要求制定数字化转型战略，同类型银行之间的数字化战略可以进行比较。技术具有一定的通用性，因此可以用来衡量评估对象在战略方面是否可以达到同类型银行中的平均水平。在平均水平之上、具有自身定位特色的战略将是更富有执行效果的战略。

战略的比较终究会带有一定的主观性，因此，来自具有更广阔横向视角的组织的评价会更有价值。银行自评时则要加强信息收集和长期的观察积累，所有对战略的评价都应当具备持续性，只有这样才能减小评估误差。某种程度上讲，只有战略上的勤奋才能帮助银行真正做到行稳致远。

3. 战略分解

未经分解的战略只能算是良好的愿望，因为没有分解就没有执行，也就谈不上落地。战略分解评估分为两大部分，即非结构化分解和结构化分解，二者不必同时进行。在分值设置上，结构化分解应远高于非结构化分解。

非结构化分解：多数银行的现有方式，最常见的形式为会议纪要方式，即通过会议布置任务的方式，以会议纪要作为分解的记录依据。比会议纪要更强力、重视程度更高的方式，则是以文件形式正式进行任务分解，包括结合战略、有详细目标设置的综合经营计划等方式。综合经营计划之类的行级计划下，也可能会有一些详细的分条线、分地域、分客群、分产品、分机构的细化执行规划，与综合经营计划共同构成分解体系。总体而言，综合经营计划之类的分解方式较为注重结果的达成而非能力的建设，偏任务式，容易导致缺乏积累。本部分评估指标按最高得分项打分即可，不必累加。

结构化分解：数字化银行必须具备的基础能力。战略的实现有赖于从战略到业务到技术的传导路径的建立，而银行大部分产品已经数字化，经营管理等方面的数字化能力也在持续增强，因此，战略一定要具有更强的结构化特性，才有利于战略的分解和向系统实现方向的传递。

本部分的第一项指标为战略是否具备架构化特征（战略总体设计中将银行视为整体而不是分割的条线），是否以统一的横向视野进行总体规划。例如以价值链或其他管理工具为全行建立有效的整体视角，这是全局思维、系统观念的体现。第二项则是考察银行是否具有高阶整体架构，比如到业务组件级别或中台能力域、能力中心层级的高阶架构视图，并通过高阶架构视图进行战略能力分解，使能力承载主体可以明确，形成对战略的有效分解。第三项则是更进一步的架构能力要求，需要银行具有完整的业务架构、应用架构、数据架构、技术架构、安全架构等企业架构中的细分子架构，并能将战略能力沿架构设计层级逐层分解至最底层设计单元，将战略能力落到实处。

数字化银行是不能凭感觉落实战略的，系统观念、架构思维是数字化银行必备的管理思维。

4. 战略追踪

战略分解之后进入执行状态，执行效果需要持续追踪，有追踪才能真正了解执行状态。在分值设置上，结构化追踪应远高于非结构化追踪，二者不必同时进行。

非结构化追踪：与战略分解相似，多数银行对战略执行的追踪也是非结构化的，这是传统管理方式遗留下来的问题。尽管非结构化追踪可能在效率方面有一定不足，但是仍好过没有对执行状态的追踪。非结构化追踪的常见形态为会议追踪和报告追踪，即通过定期和非定期会议的方式了解、督促战略的执行情况，比如经营形式分析会、专项会议等。会议通常会形成会议纪要，记录战略执行情况。传统的综合经营计划过于业务化，在计划和追踪两个环节上都会存在对业技融合关注不足的情况，因为很少将技术相关事项或转型相关工作纳入考核体系。这是在面对数字化转型时需要在战略管理中思考的问题。

结构化追踪：如果能够对战略进行结构化分解，自然也就有条件进行结构化追踪。第一项评估指标为比较基础的结构化追踪形态，即传统的战略分解产生的需求进入系统开发阶段后，能够从战略能力追踪到系统需求。这是在没有完整的整体架构的情况下形成的从战略到项目的追踪，虽然形式上可以支持追踪，但由于在操作中需要在战略文件、业务需求、开发任务之间建立基于文档的关系，容易出现不易维护、不易保管、不易分析等问题，追踪链路不够稳定。

第二项评估指标则立足于银行建立完整的企业架构。根据企业架构搭建的层级关系，战略能力可以在各子架构上均有所体现，可以更直接地找到落地证据。在有架构管理工具支持的情况下，可以形成相关数据，对战略执行进行更有效率的分析，比如历年执行情况、能力演进情况、执行周期比对等。由架构关系形成的数据可以让企业对战略的管理更加精益化。而且，与一般海量数据分析的大数据技术不同，这些架构数据属于含义明确、价值清晰的小数据分析，更加富有效率。

5. 战略评价

战略评价是一个经常被忽视的环节，亦如工程中经常强调的复盘，没有复盘就很难有能力的持续提升，尤其是在集体层面。集体不同于个人，个人能力提升来自持续的实践和思考，而集体能力的提升除实践和思考外，还需要达成共识，达成共识的能力才是真正的集体能力。

评价方式：战略评价可以有多种方式，有些评价可能比较随意、简单，也没有留下正式的记录，可能是在会议中进行的夹带讨论或者口头总结，这样的战略评价对今后的执行改进贡献相对较小。部分留痕评价对战略执行的评价并非完整评价，而是针对部分执行内容进行的重点评价，提出改进意见，并留有正式的会议纪要或者评价报告的文件记录。保留文件并非为了留痕管理，而是希望能够督促评价者认真对待评价工作。整体留痕评价则要求对战略执行情况进行完整复盘，认真分析战略得失，尤其是子战略或者细项战略彼此间带来的影响，能够站在全局视角俯视战略执行情况，从而对战略的整体设计和实施推进进行完整复盘，推动经验向共识和方法层面转化。

基于架构的整体视角则是将整体留痕评价建立在架构分析视角之上，这样的分析能够反映出企业各组成部分之间的深刻关系，也更容易反映出不同能力之间的相互影响。

复盘是一件非常重要的事情，企业的当前是由其过往塑造的，能力也是基于对过往的反思演进的，从外部引进的新思维能否落地，取决于企业对其过往认知的深刻程度。互联网企业取得的一些跨界成功，正是来自对一个行业传统弊端的深入思考而非单纯的技术突破，是有的放矢的结果。

调整频率及效果：战略的执行并不是僵化的，亦如计划的执行、架构的执行，图省事的工作方式带来的往往是对战略内在价值的损害和对人能力提升的忽视。战略调整频率通常与其执行周期的长度成反比。周期越短的战略，调整频率越低，否则只能说明原有战略不合适。周期越长的战略，调整频率可能越高。比如年度计划可能只有一次中期调整，而三年、五年的计划则可以增加调整频率，因为时间跨度越长，导致变化的因素就越多。长期计划调整太少，反倒可能说明对战略执行不够重视。

除了调整外，应当对调整效果有所评价。尽管该项可能偏主观，但是通过对效果的评价可以提醒战略执行者关注战略调整的性价比，积累动态执行战略的经验。

6. 数字化战略小结

在经常谈论不确定性的"乌卡"（VUCA）时代，在面对技术带来飞速变化的数字化转型浪潮中，讨论中长期战略及战略执行问题显得有些"跳脱"，但是，银行是以安全性、流动性、盈利性为经营原则的金融机构，承担事关社会稳定、经济发展的重要基础性职责，也是"数字中国"建设的重要执行者，其长期发展利益远远优先于短期发展利益，这是由行业的特殊属性决定的，技术发展本身不会改变这一行业属性。因此，银行的数字化转型需要有基于其自身行业使命的战略理解和战略定力。

强调战略的重要性不仅符合国家政策的要求，也符合行业自身的特点。银行必须有"一念山河成"的信心与坚持，做好"第二发展曲线"的顶层设计，实现对技术的驾驭和业务与技术的深度融合。业技融合是数字化转型的本质，通过技术提升对数据的运用和用户体验，从而以更经济、更合理的方式实现高质量增长。

第 3 节　银行数字化转型业务评估

银行数字化转型应是以客户体验和开放创新为核心、数据为驱动、效能为本、科技为根基、组织与文化为基因，从外至内的触动，从内至外的转变。我们聚焦客户体验、开放化业务创新、数字化流程、数据驱动经营、技术与基础设施、组织机制与文化培育六个领域，搭建数字化转型业务评估体系（见图38-2），并说明各领域的重点方向。

客户体验	开放化业务创新	数字化流程	数据驱动经营	技术与基础设施	组织机制与文化培育
产品体验	数字生态建设	流程线上化、一体化	数据治理	金融科技投入产出	数字化组织机制
服务体验	场景化综合服务	流程移动化	大数据分析应用	IT基础设施建设	职能协同
交互体验	开放化服务	流程自动化、智能化	数据经营管理	IT成效	数字化文化培育
品牌体验		精细化流程质效管控			

图 38-2　银行数字化转型业务评估

1. 客户体验

银行通过多渠道触达客户，让客户真切感受到银行服务的极致体验。客户体验是金融服务工作的出发点，一切从满足客户需求出发，推动全行前、中、后台的转型。

客户体验评估的重点有四方面：为客户提供切中痛点、满足需求、触手可及的产品体验；通过不同渠道、不同服务方式，为客户提供场景化、智能化、人性化的服务体验；关注客户与银行的每次交互感受，特别是人与人、人与内容、人与界面之间的交互感受，提供便捷、稳定、友好的交互体验；为客户提供有温度、有认同感的品牌体验，通过树立银行品牌，获得客户情感认同，激起银行品牌与客户个体的共鸣，提升客户对品牌的认可度。提升客户的产品体验、服务体验、交互体验、品牌体验是实现良好客户体验的基础。

越来越多的银行通过打造有竞争力的数字化产品，来提升银行对客户的产品体验，通过产品在 App 端或生态渠道端的点击或调用，满足客户对金融产品的需求，银行可设置量化的评估指标引导行内设计，打造更有吸引力的产品。同时应考虑指标在适配零售与非零售业务数字化产品、采集与监控等方面的落地可执行性。

2. 开放化业务创新

银行是一种服务，而不是一种场所，用户在哪里，银行的服务就应该出现在哪里。银行应深耕产业、消费等数字生态，开放银行服务，广泛链接生态资源，打造生态化、场景化创新服务，基于数字生态推动客户经营模式、产品服务模式等领域的创新。

开放化业务创新的成熟度评估，以数字生态建设、场景化综合服务、开放化服务为重点评估维度。一是联合合作伙伴构建优势共享、价值共创的数字生态，为银行增加新的流量入口和数字化场景，提升获客能力，拓展银行服务领域，助力银行构建私域流量。二是基于客户生产经营、日常生活等场景，整合自有及合作伙伴的金融及非金融服务，为客户提供场景化综合服务，提升客户服务能力和产品竞争力。三是通过 OpenAPI、SDK 等方式将银行服务标准化、开放化，支持银行及合作伙伴便捷地将银行服务无缝嵌入生态场景中，实现场景服务的快速构建与拓展。

开放化服务创新体系构建需要明确重点发展的细分生态领域，需要寻找合作伙伴，为客户提供金融＋非金融的场景化服务。多数银行在这些领域缺乏经验，体系的构建还需要一个过程。而将银行现有服务进行标准化输出的实施难度相对较小，因而成为多数银行进行开放化业务创新的先行举措。多家大型银行已建设开放平台系统，将成百上千个银行服务封装成 OpenAPI 供合作伙伴使用，并且部分银行已经将 OpenAPI 个数、调用次数等作为数字化转型评估的重要量化指标。

3. 数字化流程

银行数字化转型强调实现业务全生命周期全流程的线上化、智能化，围绕内外部用户体验，深挖体验触点环节的痛点，打造数字化、智能化业务流程，进化对客服务思维模式，推进业务和流程重塑，实现业务运营降本增效。

数字化流程评估以流程线上化与一体化、流程移动化、流程自动化与智能化、精细化流程质效管控为重点维度。一是实现流程线上化、一体化，针对零售、对公、同业等各类业务全生命周期的流程，实现所有流程环节的线上化，同时注重跨条线流程的一体化处理，如信贷放款审批结束后直通放款交易处理流程，通过业务全流程线上化，提升业务运行效率，为银行沉淀数字资产。

二是为客户及行内员工提供全面的移动化流程，如为个人及企业客户提供丰富的手机银行、微信银行等功能，支持员工移动办公、移动展业、移动尽调、移动审批等，全面满足客户及员工随时随地处理业务的需求。

三是利用人工智能、生物识别等技术，实现流程的自动化、智能化，如通过风险模型自动开展信贷业务审批，利用机器人实现智能客服、智能催收等，通过使用智能程序代替人工作业，降低人工成本，实现业务运营降本增效。

四是对流程运行的效率和质量进行精细化管控，使得业务流程运行看得清、管得住，并能够基于流程运行数据发现流程运行低效、低质环节，从而更加有针对性地进行流程优化，保证业务流程持续高效、高质量。

数字化流程是多数银行数字化转型的普遍实践，多家银行正在开展业务流程重构、流程银行建设等工作，首先实现流程线上化、移动化，然后逐步实现流程智能化和精细化管控。在此过程中，银行会通过业务线上化占比、流程总体运行时间、流程运行质量等指标，对数字化流程实现程度进行量化评估，从而不断推进业务全流程线上化、智能化。

4. 数据驱动经营

重视银行数据治理基础，增强数据应用能力，挖掘数据价值，以数据为驱动力，重塑银行对客营销、风控、产品、运营等核心竞争力，提升银行洞察力、防控力、执行力与决策力。

数据驱动经营评估中，**以数据治理、数据应用、数据经营的数字化驱动经营新模式为重要评估维度**。一是对全行内外部大数据进行综合数据治理，提升全行数据质量、数据标准、数据资产管理能力，为业务开展、经营分析、监管报送打下坚实基础。二是充分发挥大数据存储、实时计算、人工智能分析的数据应用能力，使数据支持分析挖掘，提升数据价值，满足业务需求。三是数据经营能力，即在银行对客服务、内部管理、风险管控、财务管理等经营活动中，通过数据产出的价值，为银行带来成本的降低、效率的提升；数据驱动作为银行新的驱动模式，对银行内外部的数据进行综合治理、分析并挖掘出数据中蕴含的价值，从而指导经营，并最终赋能前台的数字用户经营、中后台的数字风控与数字运营领域。

在数据驱动经营评估落地中，重点是将银行数据作为重要资产进行全行统一管理，提升数据质量管理，通过大数据模型等科技手段挖掘数据潜力，并将数据分析能力应用到业务场景中，用数据方式真正为银行带来效能的提升。通过数据驱动经营成熟度模型，评估运营管理能力与风险防控能力，促进业务发展和风险防控之间的平衡，打造事前—事中—事后闭环风控体系，实现对事前反欺诈、客户准入、客户自动审批决策、大数据风险监测预警、贷后风险评估的全面数字化风控手段，评估数据分析挖掘成果在营销支持、产品创设、客户服务、业务运营、风险管理、财务报告与管理决策等银行业务经营管理活动中的应用情况，以引导大数据应用支撑更多业务场景，有效发挥数据价值，实现数据驱动经营。

5. 技术与基础设施

基于大数据、云计算、人工智能等技术，构建具备科技驱动能力的数字化平台，以快速、高效、灵活、智能的方式支撑业务开展对科技的需求。对标互联网企业夯实平台能力，让数字化平台建设满足业务快速发展的需求，以提升IT赋能效果为最终目标。

银行在技术与基础设施评估主题下，**以金融科技投入产出、IT基础设施建设、IT成效为评估重点**。一是数字化转型是长期工程，为确保数字化转型的成果，应保障金融科技、信息化建设的投入比例，同时也应避免"假大空"工程出现，从产出效能、落地效果角度出发，对IT投入产出进行评判。二是基础设施建设作为数字化底座，应关注其"质"与"量"，特别是大数据平台、网络安全、云平台等基础平台方面，夯实基础设施建设，确保业务的快速迭代需要。三是关注基础设施投产上线后，为业务带来的价值和产能提升。技术与基础设施是保证数字化转型落地的基础性工作，评估过程不仅关注 IT 投入，更应该关注科技为全行发展带来的转变，只有这样才能形成良性循环，不断加大投入，夯实 IT 基础设施，为业务发展及产品创新带来可能。

银行每年在金融科技方面投入巨大，且明显有逐年递增的趋势，基础设施与信息化平台建设为业务快速发展起到了重要的支撑作用。IT 投入所带来的价值不仅体现在业务发展与商业价值等方面，还体现在对客价值、管理价值、市场估值等方面，为银行激发客户的活跃度、提升客户黏性与忠诚度、降低内部管理成本、提高处理响应效率，甚至带来市场估值的提升。

6. 组织机制与文化培育

建立创新文化，促进数字化、创新驱动企业思维转变，建立科技创新、数字化培育的土壤；打造敏捷组织，培养数字化人才，建设适应数字化转型的组织，切实保障数字化转型的落地实施。

金融市场环境与金融科技日新月异，对传统银行基于审慎控制、追求稳妥理念打造的组织架构及企业文化形成了巨大冲击。为此，多数银行正结合自身优势与业务定位，通过变革组织架构及业务流程、推行创新文化及开放精神等手段，重塑数字化管理组织架构与企业文化，为银行数字化转型的成功落地提供机制保障。因此，对于数字化组织机制与文化创新的评估亦成为数字化转型成熟度评估之中不可或缺的关键一环。

数字化组织机制与文化培育成熟度评估需重点关注两个领域。

一是在数字化组织机制方面，数字化转型必然会对传统组织架构带来冲击，银行是否通过内部组织架构优化重构（如成立敏捷小组、组织架构扁平化等）或设立独立创新单元（如独立法人直销银行、金融科技公司、创新研究院）等予以应对，将成为数字化转型底层组织模式构建的关键一环；在职能发挥方面，全新的组织结构充分发挥其独立性和灵活性，对内协同、对外联动，充分发挥其在数字化转型过程中的纽带作用，激发全行的创新活力，并引领技术与业务间融合及对数字化改造的积极探索，是数字化组织机制助力数字化转型变革的核心要素。

二是要评估银行的数字化文化培育成熟度。企业文化承载了银行全体员工的价值观共识，是银行内部凝聚力的核心体现，其独特的作用定位促使大多数银行在推行数字化转型过程中给予其高度的重视。因此，在开展数字化文化培育成熟度方面，应重点关注银行是否在企业文化建设方面对数字化精神、敏捷创新等领域给予相应的引导和支持；是否通过恰当的文化引导及理念宣贯，为数字化文化建设提供实质性的推广和普及；是否建立合理的容错机制，为创新基因提供良好的生长空间并促使数字化创新成果的落地。

银行在组织机制与文化培育上的数字化转型程度，决定了它是否能够充分发挥新型创新组织及创新文化在开展数字化转型研究、试点等方面的独特优势：区别于传统决策流程及文化，创新的数字化组织结构及创新文化氛围，允许银行采用试错、验证、成熟再扩大的模式，规避银行传统系统、业务、管理等方面积累的包袱和约束，引导银行积极探索数字化转型能够为本银行带来的业务经营变革。数字化组织机制与文化培育成为银行数字化转型成熟度评估中不可或缺的重要一环。

综上，合理的数字化成熟度评估体系能够为银行指明发展方向与重点，使银行能够在坚实的 IT 基础设施下，重塑数字化流程，建立开放化业务创新模式，以数据为驱动，打造更好的客户体验，营造数字化转型文化氛围，实现业务盈利的提高与管理效能的提升。它是在银行数字化转型实践的道路上不断引导、监控与提升成效的"指南针"。

附录　从全行业视角看数字化转型成熟度

栗　蔚　徐恩庆　董恩然　宋佳明　中国信通院

目前，开展数字化转型已经成为企业的共识，数字化转型成为企业战略的重要组成部分，数字化能力建设逐渐从关注局部迈向全能力领域提升。随着企业在数字化转型领域的资金投入力度加大，管理层越来越关心转型后的效果，以确保自身处在正确的转型道路上。

为帮助企业明确未来的发展方向，评估自身数字化转型情况，中国信通院提出企业数字化转型 IOMM 评估体系（以下简称"IOMM 评估体系"），其中 I（IT）是指数字技术，O（Operation）是指业务运营。总体来讲，该体系是评估企业将数字技术与业务进行融合的程度的成熟度评估模型。

IOMM 评估体系从能力构建和价值驱动两个视角，以六大价值维度、六大能力维度为转型路径基础进行评估（见附图），将企业数字化转型成熟度分成由低到高五级，分别为电子化、线上化、协同化、智能化、生态化。

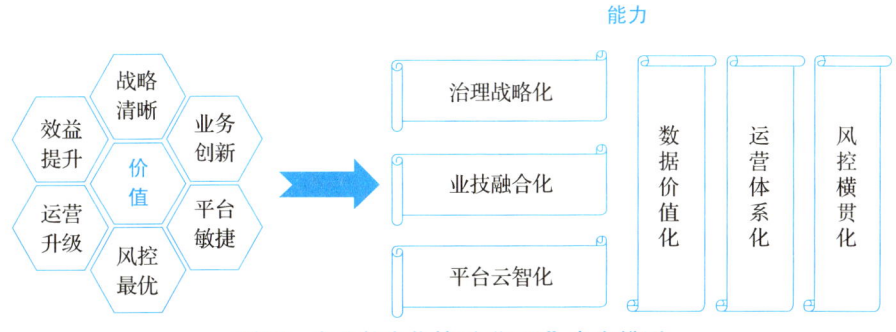

附图　企业数字化转型"6+6"参考模型

IOMM 评估体系六大价值维度

1）**战略清晰**：企业通过数字化转型对自身核心战略目标、愿景蓝图等顶层规划的逐层分解、落地执行，从而达成企业行业影响力、品牌认同感持续提升等效果。

战略清晰具体从两方面进行考量：一方面，考核企业战略目标制定、分解、落地和评估的实际效果，通过对重点工作分解、绩效考核表设计、KPI 规划和绩效计划制定、绩效责任落实等维度的工作开展情况进行考量，评估企业战略目标的实现情况；另一方面，围绕核心战略目标开展数字化转型，践行企业社会责任，打造行业影响力，提升品牌认同感，构建完备多样化的生态体系，无缝链接上下游关键环节，助力全产业链协同创新的价值效果。

2）**业务创新**：通过数字化转型实现业务和技术的深度融合，实现传统业务的升级改造以及产品创新服务形态，拓展业务领域范围，提升企业科技创新的价值成效。

业务创新具体从两方面进行考量：通过数字化转型充分梳理现有产品和服务形态，对存量的传统线下业务产品和服务进行线上化、网络化改造迁移；对现有的线上产品和服务进行自助化、自服务化升级，以客户为中心打造全新的用户体验。深度应用数字化技术，依托现有产品服务基础，创新产品服务形态，延伸产品服务边界，拓展业务版图，并在持续创新中健全科技成果转化机制，持续沉淀业务创新带来的价值。

3）**平台敏捷**：通过建设数字基础设施一体化云平台、智慧中台、数字化业务平台等，实现从底层平台至上层业务全栈的资源敏捷交付和需求快速响应的效果。

平台敏捷具体从两方面进行考量：通过建设企业级数字基础设施平台，对底层分散的物理资源进行统一集约化管理，实现基础资源申请、审批、创建、交付的全生命周期管理优化的价值体现；通过建设技术中台、业务中台、数据中台、数字化业务平台等，沉淀共性服务能力，实现新建业务系统开发周期缩短、现有系统更新迭代灵活等方面的价值体现。

4）**效益提升**：通过数字化转型，在研发设计、生产运营、经营管理等全环节实现降本增效的价值体现。

效益提升具体从两方面进行考量：管理效益提升，通过应用数字化技术和相关平台工具，提高企业内部人财物管理、行政审批等职能管理环节的效益；生产效益提升，通过在关键生产经营环节融入数字化技术，引入先进工具平台，加强生产环节各要素的动态优化配置，提高生产经营环节的效益。

5）**运营升级**：通过利用新一代数字化技术，以客户为中心打造全新的运营体系和服务渠道，从而体现出企业转型的价值效果。

运营升级具体从三方面进行考量：通过客户分类、客户标签、用户画像实现"千人千面"和精准营销带来的获客率、成单率、客单价、复购率等方面的提升情况；营销渠道拓展、多渠道整合带来的品牌渗透能力提升和渠道管理价值提升；客户满意度提升、投诉率下降、问题解决效率提高等方面的价值体现。

6）**风控最优**：在数字化转型过程中，通过制定完备的风险管理制度，配套以相应的数字化安全防护手段，加强事前风险精准防控能力所带来的效果体现。

风控最优具体从两方面进行考量：数字基础设施、业务应用系统等信息化层面的网络安全防护、系统高可用性、故障自愈等方面的能力提升；企业安全生产、保密廉政、采购履约、内控合规等全方位各环节的风险前瞻预警和处置监控能力增强。

IOMM 评估体系六大能力维度

为实现数字化转型的价值目标，企业需要从治理战略化、业技融合化、平台云智化、数据价值化、运营体系化、风控横贯化六个能力路径，通过数字技术与实际业务、应用、场景等相融合，提升自身的数字化转型能力。

1）**治理战略化**：将数字化转型理念全面融入企业发展过程中，强化统筹规划、顶层战略架构设计与落地实施，从战略层面高度重视并稳步推进转型工作的开展。企业治理战略化能力可从以下方面进行考量。

管理理念转型：企业将数字化转型作为"一把手"工程，各级领导对数字化发展愿景明确，并可以协调相关部门共同推进数字化工作；从企业领导层到各级员工，树立"以客户为中心"的理念，建立健全内部创新创业机制和数字化文化氛围，鼓励试错并加强长期创新激励机制建设等。

数字化顶层设计：企业结合数字化战略目标和商业目标，综合运用企业架构思维制定数字化转型规划、目标和方针等，并逐层分解重点任务，明确重点 KPI 指标、绩效考核计划等，规范企业中跨部门之间的协作制度和流程规范，依据相应规划进行顶层战略的落地实施、评估、优化等。

组织架构优化：企业打破原有组织、部门之间的权责壁垒，构建灵活、扁平的组织模式，并通过设立首席数字化转型官（CDO），成立以数字化转型为专属职责的数字化转型中心、实验室或团队，由其牵头统筹推进企业数字化转型工作。

数字化人才建设：企业制定数字化人才战略，通过相关政策，招募既懂业务又懂数字化的优秀人才。同时，将员工培训学习方法与数字化的工作内容相匹配，快速反应，灵活应对，推动高绩效产出。

数字化考核评估：建立匹配数字化转型目标的绩效考核机制，根据数字化工作中新角色岗位进行分级考核，设置差异化考核指标，将绩效考核结果及时向员工反馈，并结合奖惩原则，与人员激励、劳动薪酬、岗位调整挂钩，通过有效数字化绩效管控工具，推动绩效管理执行。

2）**业技融合化**：通过在研发设计、生产运营、经营管理、用户服务、供应链协同等关键业务环节，全面深化数字技术应用，实现业务与技术的深度融合。企业业技融合化能力可从以下方面进行考量。

流程协同贯通：根据企业相关业务流程的制度规范，绘制业务域、管理域端到端的流程全景图，梳理并识别可以数字化的流程环节，通过 BPM、RPA 等数字化平台工具，实现流程优化贯通，打通业务环节和管理环节之间的流程断点，促进业务域、管理域流程的全面协同。

业务应用平台化改造：在"一切业务平台化"的趋势下，遵循业务架构、应用架构、数据架构、中台架构等架构思维，对现有"烟囱式""孤岛式"的应用系统进行持续优化，解耦可沉淀、可复用的能力组件和共性服务，打造业务中台，实现现有应用系统的集成贯通和开放共享，同时支撑新业务、新产品、新服务的快速开发和应用模式创新。

3）**平台云智化**：对技术架构进行提升，构建虚拟化云平台、基础软硬件管控平台、技术中台、数据中台、低代码和无代码开发平台、AI 中台等，提升平台整体云原生化和智能化水平，实现技术对业务的支撑。企业平台云智化能力可从以下方面进行考量。

数字基础设施建设：企业自建或采用服务搭建底层技术平台，实现 IT 服务平台化、敏捷交付等需求。具体包括数据中心、云计算平台（公有云、私有云、混合云）、大数据存算平台以及数字基础设施一体化云平台等。

数字基础设施管理：通过整合基础设施能力，打造数字基础设施管理平台，提供异构架构管理、自动化运维等能力。具体包括云资源管理、多云管理、自动化运维等能力。

共性组件中台：企业信息化部门通过提供共性组件支撑，丰富模块化、组件化能力，响应财务管理、客户服务、组织管理、经营管理、供应链协同等业务需求，为快速开发和交付提供支撑。具体包括技术中台、低代码开发平台、数据中台、风控中台等。

异构生态兼容性：企业为响应国家产业发展战略，建设端到端的异构生态兼容性适配能力。具体包括软硬件兼容性适配、业务与技术兼容性适配、异构兼容性适配平台、兼容性适配迁移等。

4）**数据价值化**：通过一体化大数据运营平台，充分利用贯穿业务产品的开发、部署、上线、运营整个生命周期的数据，构建完整的数据归集、分析、应用和开放的数据治理体系，最终发挥企业数据价值。企业数据价值化能力可从以下方面进行考量。

数据治理：通过搭建符合自身需求的数据治理体系，实现数据价值的升华，提升经营管理水平和市场竞争力。具体包括数据治理框架、数据管理、数据质量控制、数据价值实现、监督管理等能力。

数据资产管理：在业务数据化的基础上，通过对全域数据进行汇总，构建数据资产体系，为数据价值挖掘提供坚实基础。具体包括数据高效汇集贯通、数据管理规范、数据资产运营机制等能力。

数据服务体系：构建统一的数据服务出口，提供多种形式的数据共享开放模式，并提供应用场景化的服务能力，满足内外部数据使用的需求。具体包括数据服务规范、数据共享开放、数据支撑业务创新、数据服务优化等能力。

5）**运营体系化**：通过建立标准化、可量化、智能化的服务运营体系，为客户提供全渠道、体系化、一站式的服务，优化客户的数字化体验，建立统一的客户服务体系，高效响应客户需求。企业运营体系化能力可从以下方面进行考量。

客户运营：通过数字化手段，围绕客户开展相关运营的能力，包括客户信息管理、客户标签维护、客户画像生成、用户体验升级等。通过以客户为中心的服务运营，能够对客户全生命周期进行管理，精准定位客户需求，在进行精准营销的同时，提升客户黏性并提供高效服务。

产品服务运营：企业对生产经营的产品和服务进行全生命周期管理，包括产品信息、产品配置、产品组合、产品测试、产品上架、产品推广、产品库存、产品评估、产品优化等。

渠道运营：利用数字化技术对传统线下渠道进行升级转型，开拓新渠道，对多触点、多渠道整合打通，形成线下线上相结合、体验一致的一站式渠道服务。具体包括渠道加盟、渠道考核、渠道评估、渠道推出等方面的考核。

生态运营：在生产经营过程中与上下游合作伙伴协作运营与管理的能力，包括内外部资源协同能力、合作伙伴产品融合能力、生态圈构建、能力沉淀对外赋能等方面的考量。

6）风控横贯化：在转型过程中，加强风险预警、防控机制等数字化能力建设，加快形成全局化、智能化、组件化、工程化的安全保障能力。企业风控横贯化能力可从以下方面进行考量。

业务风控：通过数字化手段实现合规风险、经营风险、生产风险、内控风险等层面的风险识别、预警、处置、监控的全流程能力。

数字化安全：通过相关安全平台和技术手段，实现企业信息化、数字化平台层面的安全防护，包括信息安全、运行安全、身份安全、内容安全、数据安全等。

保障机制：为实现全面风控体系建设，配套相应的安全合规、风险管控的规章制度、流程规范、文化指引及技术平台支撑等方面的能力。